文化中国

天地日新

中国人的精神生活与礼俗

蓝吉富　刘增贵
主编

总 序

林载爵

这一套“文化中国”丛书原来是以“中国文化新论”之名，于1982年10月在台湾由联经出版公司出版，总共12册，将近4000页，约400万字。这套丛书讨论了10个主题，包括：文明的根源、思想、文学、科技、制度、经济、学术、社会、艺术、宗教礼俗。以118个题目全面性的讨论了中国历史与文化的各个层面，组合成一幅比较完整而丰富的中国文化图像。撰写者一共96位，网罗了当时年龄约30到40岁的青年学者，反映了1970年代以来台湾年轻一代对中国文化的反省与思考，构成了中国文化再诠释的新篇章。这些学者在三十年后的今天，几乎都位居台湾学术界与文化界的重要位置，当年所发表的论点今天仍然具有新意，可以提供读者了解中国文化的另一种视角。

我们当时的想法是，在受到西方文化长期的冲击以及连带对传统文化进行无情的批判之后，好不容易终于体认到传统与现代是连续性的整体，不可分割断绝。因此，一部超越传统的论述，适合于当时处境与需要，又有系统的中国文化史论著，显得十分迫切。其次，中国文化在1970年代的华人世界需要重新被检视，而台湾则是一个恰当的地方。台湾的学生从小接受中国文化的教育，在大学又接受了西方式的学术训练，西方汉学家或台湾出身在美国获得博士学位并在美国任教的文史学者，不断在台湾传播新的观念与思维，他们给台湾学生带来了深刻的影响。到1970年代，这样一批受到西方式现代教育熏陶，对传统中国文化又有新见解的年轻学者已经在台湾出现，成为台湾学术界的一股新兴力量，他们对中国传统历史与文化，自然有着不同的视野与不同的解释。我们感觉到有必要将他们集合起来，总体呈现一个全然有别于过去的中国文化的新观点与新解释。

于是，《联合报》的创办人王惕吾先生以他所设立的“文化基金会”资助了这个庞大的出版计划，目的就是要“提供一部丰富新颖、流畅可读的中国文化史丛书”。撰述者之所以以年轻一代的学者为主，最重要的原因是，想借着这次机会呈现二次世界大战以来三十年台湾文史教育的成果，并且深信年轻一代学者以其所吸收的西方知识、所接受的近代治学方法训练，必能对传统文化提出新的解释观点。

从历史背景来看，1975年是台湾思想发展很重要的一年。这一年，林毓生教授首度返台任教，开启了一批想要获得更精密的思想方式的青年学生的视野。他在这一年的5月发表了一篇长文：《五四时代的激烈反传统思想与中国自由主义的前途》，点燃了沉闷气氛下青年学生重探狂飙年代的兴趣，与领会思想问题的不同讨论方式。同年年底，余英时教授发表了《清代思想史的一个新解释》，文章中深入而前所未见的观点，让青年学生发现思想的新世界，这个世界辽阔无边，只要运用理智的思考与分析，加上一些想象力，便可展翅飞翔，一股思想史研究的热潮开始出现。

隔年，1976年，余英时在《联合报》副刊上陆续发表《君尊臣卑下的君权与相权》、《反智论与中国政治传统》、《唐、宋、明三帝老子注中之治术发微》等文，为当时争论不休的“专制”问题提出了中肯而又有说服力的解释。9月，余英时将上述文章及其他论著结集为《历史与思想》，由联经出版，这是余英时在台湾出版的第一本著作，产生极为广泛的影响。

不论林毓生或余英时，在讨论问题时都不时引用当代西方学者的观点，对台湾青年学生带来极大的刺激。此后，翻译现代思想名著成为几家出版社的共同职志，知识青年在这方面所表现的求智渴望，是1970年代末期台湾文化界极为突出的现象，这是一个思想燃烧的年代。在这个年代中，知识青年一方面向西方看，一方面又回望中国传统文化，企图让中国传统文化在长期受到批判之后赋予新的解释，这是一个奇妙的组合，“中国文化新论”就是这个组合的产物。

这套丛书的编撰过程也有其新颖之处。一般丛书的编撰，惯例上都是汇集单篇论文而成，这一次突破了旧有的方法，从开始就采取了以研究讨论为基础的共同参与方式。自丛书的主题、篇目，各篇间的相互关联，以至各篇文章的论旨，都经过每册作者讨论后才决定。初稿完成时，也经过切磋、问难，然后，再次修改定稿。所以，这套丛书并非过去旧有形式的论文集，而是具有主题、结构的集体创作。

有关文化史的研究，不论通史式的概述或断代式的专论，都不可避免的有其缺失。概述易省略其深奥与意涵，专论易疏忽其源流与发展。这套丛书则采取以问题为主的研究，完全根据问题的性质，或通贯而观，或断代而论。这种研究方式，保留了方法上的极大弹性，同时，也更容易彰显问题本身的性质，提出更周全的解释。以关于文学的两册为例，一册从人与自然、人与社会、人与历史、人间情爱的关注、幻想与神话，到智与美的融合，一共设计了六项我们认为能够充分表征中国文学传统的主题，给予系统性的解说，并讨论了文学的形式与意义、抒情精神与抒情传统。另一册则分别就诗经、楚辞、汉赋、唐诗、宋词、宋诗、咏怀、咏物、小说、戏剧等重要的文学类别加以论述。两者配合，相信不但突破了旧有的文学史形式，而且更能深入了解中国文学史的内容。有关学术的一册，问题的选定则侧重每个时期的不同成就，从学术的萌芽到经学、注疏、理学、考据学，一一论列，以见学术的发展。关于制度与艺术的卷册则又注重各个不同的部分或类别。制度的一册里讨论了皇帝、宰相、监察、选举、考试、史官、地方行政、君主教育等官僚体系中的重要制度，并申述中国政治制度的特色与历代政治改革的理想。关于艺术一册的内容包括了美学思想、青铜、玉器、陶瓷、雕塑、书法、绘画、文人生活工艺品、建筑等重要部分。

这套丛书既然是以问题为主的研究，自然而然，提出了不少新的问题。这些问题的提出，一则反映了年轻一代学者的主要关心所在，一则想透过新问题表达新的解释观点。以关于思想的两册为例，讨论了忠、孝、仁、礼、公、私、仕、隐、常、变等传统思想中的重要观念，并作了新的阐释；同时也提出了理想人格、政治权威的合法性、德治与法治、儒家政治理想、法理依据、个体自由与社会秩序、均富理想、管制与放任、道德自主与社会约束、道德与政治、自然秩序与人文秩序、自然观念等新问题，赋予传统思想新的意义。借着尝试提出新解释，中国文化的重要特质更能显现出来。

然而，新的解释观点并非凭空杜撰而来，在这一点上，这套丛书特别强调广泛利用前辈学者的杰出研究成果，以此为根基，再作进一步的发挥。因此，钱穆、萧公权、李济、徐复观、牟宗三、杨联陞、屈万里、全汉昇、刘若愚、陈世骧、李剑农、赵冈、劳榦、张光直、余英时等等许多前辈学者的优异著作，都随时被年轻一代的学者所征引。这种现象除了说明前辈学者的研究成果受到年轻一代学者的绝对肯定与尊敬外，更表示了处于变动之中的中国近代学术生命，在台湾的一脉相传，其意义自是无限深远。

尽管当时两岸隔绝，但各篇文章中，凡是论及根源，都运用了最新的地下考古材料来印证解说，根据最新的地下出土文物，分别从居址、器物、食粮、国家等方面，完整而清晰地描绘了八千年前开始的新石器时代文化的发展。我们对先民活动起居的情形、食米（小米、稻米）吃肉（以猪为主的家畜饲养）的文明、上古社会形态的变迁、国家组织的出现，也就有了比较清楚的了解。特别是提出“满天星斗”

的上古文明的多元发展史观，更是开启了对中国传统文化多样性的了解。其他诸如讨论到地理环境、原始艺术、原始宗教、人文思想、天下观念等问题的文章，也都能参证地下材料。

这套丛书自始即希望能涵盖较为广阔的文化活动层面。不可否认，近代历史教育过于偏重政治史，这使得历史教育的文化内涵，显得极其贫乏。这套丛书除了具备广为熟知的学术、思想、文学、艺术、制度之外，更包含了以往较受忽视的社会、经济、科技、宗教、礼俗等层面。过去，对于中国科技史的了解，总是借助于英国李约瑟或日本薮内清的著作，现在终于有了第一本与科技有关的专著，这也代表着年轻一代的科技史研究者踏出了一大步。在台湾，经济史是当时的一门新兴学问，年轻一代投入这项研究工作的，愈来愈多，相关经济的这本便是这些研究者所展现的成绩，分别从农业的自然环境、农业水利、新耕地的开发、土地分配、生产技术、商业、城市、货币信用、交通、海外贸易、财政税务等十一个方面，建构一部经济发展史。关于传统宗教，也选择了几个重要的问题来讨论。特别要一提的是风尚礼俗。近代以来，在对传统进行批判时，礼俗必定首当其冲，自命新派者，即清末所谓的“文明人”，弃之如敝履。然而，这套丛书中关于礼俗的则本着学术研究的客观立场，探讨了祭祀之仪、婚丧之礼、长幼之伦、以及民间节庆、娱乐的文化意义，赋予这些传统礼俗一个新的文化生命，纳入中国文化的主流之中。

在简述这套丛书的编撰过程与内容特色后，作为当年的执行编辑，我非常高兴这套丛书在李安小姐的主持之下，以新的面目重新出版，期待书中的观点能够对读者了解中国历史文化有所助益。

2011年11月

目 录

导 言

蓝吉富　刘增贵

尽管中国人曾被认为是宗教意识极淡的民族，尽管与宗教本质相背离的人文精神一直笼罩着历代的知识界，但两千年来的民众阶层里，宗教思想仍然不断地蔓延着。从东汉到现在，大大小小的宗教，此起彼落，与我国各地区百姓的精神生活，一直有相当密切的关联。其中，外来宗教有佛教、景教、回教、天主教、火袄教、摩尼教等；本土宗教也有道教、白莲教、白云宗、罗教、真空教、黄天道、一贯道等等。在这些宗教里，论传播地区之广阔、历史之悠久，乃至影响之深远，无疑地，当以佛教与道教居各教之冠。

由于佛教的教义庞杂、宗派甚多；道教也派别纷陈、内容繁复，因此，现代人要理解中国历史上这两大宗教，并非易事。本书宗教部分所收的五篇文章，就是为使读者大体认识佛道二教之根本特质及其历史角色所作的初步尝试。

杨惠南先生的《一苇渡江·白莲东来》，就两千年来中国佛教的流变史作一鸟瞰，并特别着重佛教的输入及本土化问题。杨先生以为：佛教初入我国之时，原被视为“异端”。魏晋南北朝时代，由于佛教本身具备摄受异质文化的特性，加上当时中国思想界相当开放、自由，佛教乃逐渐本土化，终于成为中国文化的重要内涵。隋唐时代，佛教更发展出天台、华严、禅、净四个具中国风味的宗教而广泛影响中国文化的各个层面；其中尤以禅与净土的影响最为深远与普及。宋以后，佛教受到理学家的批判，提出了儒、佛、道“三教调和”的理论；其中，禅宗道化较深，净土宗则有儒化倾向。

拙作《传灯的人》是对历代佛教僧侣阶层的分类考察，分别用“高僧、名僧、凡僧、恶僧”四个类型来概括历史上的本国出家人，并指出他们的特质及产生各类僧人的原因。此外，又有“外国僧人”一节，主旨在于指出这类僧人对我国佛教的重大影响。本国僧人各类型人数比重之不同，直接影响到佛教社会地位的高低；外国僧人之零散而无组织的传教方式，也与我国佛教发展的趋势有相当大的关系。拙文希望为此中关系，提供一条观察的线索。

佛教内部的出家人现象在我国历史上存在了将近两千年，这些出家人在社会上所获得的评价，也随着各种因素之不同而有差异。历代社会人士对僧侣阶层的价值评断并不一致。拙文认为，他们所扮演的是正反两极评价兼而有之的社会角色。

丁敏小姐的《方外的世界》，分别就僧人的寺院生活与社会事业两个层面，揭开方外世界的帘幕。让现代人对两千年来出家人的主要日常活动，有一扼要的认识。长久以来，僧侣阶层的内部生活一直是世俗的社会人士所知之甚少的世界，现在，透过丁小姐的整理，我们对这一以“青磬红鱼”为象征的方外园地，当不至于再度沉醉于幻想与憧憬之中，而忽略活生生的事实。

这三篇佛教文章的设计意义是这样的:《一苇渡江·白莲东来》谈的是佛教之输入与本土化的史实,《传灯的人》与《方外的世界》则分别就“人”与“活动”这两个层面来看我国佛教。用三篇文章的篇幅，要囊括两千年的中国佛教，当然是极其困难的。然而我们相信，这三个角度所能看到的佛教景观是比较宽广的，这三个问题，也是国人所较少留意的。

道教方面，则由李丰楙先生分别就《不死的探求》与《仙道的世界》这两个主题来论述道教的信仰内容以及与中国文化的关系。

不死的探求是人类为超越时间、空间的局限，而寻求的一种解决生命危机的思想与方法。我国的原始宗教、神话，以及道教本身，都曾经对这种“不死境界”作过探求。其间虽曾引起能否修养成仙的大辩论，但道教中人不仅坚持其信念，而且实验出各种方法：像外丹、内丹之类。他们希望透过各种方法来役使自然、益寿延年，以达不死的最终目标。这些融合宗教、巫术与科学的作为，使中国人发展出一套独特的养生之术，并且产生了相当程度的社会功能。李先生的第一篇大作，就是顺着这一脉络，对道教内容所作的分析。

仙道的世界是道教本身所形成的宗教世界。道教在千余年来，发展为若干不同的道派，其中龙虎山正一教、茅山道、全真道以及净明忠孝道等影响较广。这些道派里，有娶妻生子、传袭符剑的，也有居住道观、过道团生活的。这些体系自具的教团道教，对于政治、文化和社会伦理道德，都曾有过相当程度的影响。其在科技史上的重要贡献，更是近代世界学术界所特别瞩目的。这是李先生第二篇大作的行文取向。

透过上述这五篇文字的分析，相信读者对中国历史上所产生的这两个主要宗教，能有较正确的认识。

二

文化是生活的产物，其最亲切自然的表现就是礼俗。礼俗是在世代的绳绳相继里，共同的生活环境中，人群不断接触下逐渐形成的。由于“习惯成自然”，它具有很强的持续性；在长久的文化递嬗中，许多政治制度、思想器物早已一去不返，而礼俗仍然相沿不替，深植在人们的生活中。

我国素称礼义之邦，礼是传统的社会规范；它虽然是知识分子理性的产物，却根源于民间的习俗。套用西方人类学者的概念，礼可说是中国文化的大传统，俗则是民间的小传统，二者相互依存、彼此交流。透过政令上的“化民成俗”、阶层的流动、种族的混合等，礼不断扩大其影响力，形成传统的主流。不过，礼虽然包容了俗，但仍予习俗相当的尊重。在广土众民的我国，存在着“千里不同风，百里不同俗”的事实，各地习俗差异甚大，大传统下及民间时，只是作了原则的统整，而仪文习惯，则因时地制宜，所谓“修其教，不易其俗；齐其政，不易其宜”，正说明了二者的关系。

传统中国社会曾被称为“礼治社会”，以别于西方的“法理社会”，这种分别虽然过分简化了复杂的社会现象，但确能说明中国社会的独特形态。礼治社会中的秩序、和谐与情感是配合着农业生活的作息而产生的，因此农业生活中的共同活动，以及对组成社会基础的家族伦理、人际关系的重视，是传统礼俗的重要特点。基于这种认识，本书礼俗部分的论文不详述个人生命过程中的“过关仪式”，而从社会生活的角度说明传统礼俗的特质。

从丧、祭礼俗方面看，国人的宗教观念，不但在于敬天，也在亲人。人文精神的跃动逐渐取代宗教的色彩，是丧、祭仪式演变的共同趋势。王明珂先生的《慎终追远——历代的丧礼》，以丧礼的发展，说明礼俗的交融过程。从新石器时代模糊的亲族意识，逐渐形成殷商的祖先崇拜，到了周代，丧礼中的伦理性与政治性更为突出，继起的儒家更加强了丧礼的伦理道德结构，彻底抛弃了宗教的特质，形成中国丧礼的大传统。然而，“灵魂不死”的宗教特质，通过佛教轮回观念的转化，仍普遍为民间所接受。经过魏晋隋唐的演变，无论上层阶级与民间都完成了三教的归一；明清以后，大小传统遂混融无迹。这种融合的过程，同时也是中国文化扩大的过程，儒家慎终追远的孝道精神，便是融合的基础。

洪德先先生的《俎豆馨香——历代的祭祀》说明了同样的发展。祭祀礼俗的完成，也通过礼俗的交融。祭祀中最主要的是祭祖、社祭与祭天，这三种祭祀都能超脱原始的宗教精神，而与现实生活相结合。经过长时间的普遍化与平民化后，祭祖的伦理功能、社祭的社会功能以及祭天的政治功能，形成一套发于个人、上达国家的祭祀系统；这个系统不只安抚了个人心灵的空虚不安，同时也维系了上层社会的运作与平民社会的凝聚不散。

中国文化的理想既是安顿于现世生活之上，因此人际关系的和谐成为社会追求的目标，这也是礼的主要作用。中国的礼绝不只是森严的“礼教”，也含有情感的和谐。这种关系，造端于夫妇，扩大而为父子、君臣、朋友。拙文《琴瑟和鸣——历代的婚礼》，对历代婚礼的演变略作描述。从人伦关系的肇始，到阴阳纲纪的建立，是礼制形成的过程；无论婚姻的形式、程序与婚姻关系都受婚礼的支配。古人缘情以制礼，礼的内涵具有相当的弹性；虽然强调男尊女卑、夫刚妻柔，但也常有夫妇对等的观念为之缓冲。整个婚姻关系是立足于和谐与恒久之上，琴瑟的和鸣是人伦安定的因素。

婚姻虽然也有假合强为的成分，但以此为基础的亲族关系交错盘亘于整个社会中，形成社会的基干。耿立群小姐的《礼法、秩序与亲情——中国传统的长幼之伦》从称呼的繁复、避讳的事实，以及父子、兄弟、夫妇、乡里的交接之礼，说明中国人对人伦关系的重视。文中指出，由于辈分、年龄、性别的不同，形成中国长幼亲疏的地位，使整个社会表现出稳定的秩序。为了整体的和谐，不得不压抑个人的情感，于是礼成为解决争端的手段；但礼的背后，隐含着诚挚的亲情，此种亲情也扩大到整个的宗族、乡里与社会。长幼之伦的施行虽然产生了若干弊端，但仍是中国人谦逊、和气、有节制、讲礼貌的表现。如何形成秩序和谐、有礼有情的社会，仍然是今日的重要课题。

中国是个农业社会，为了配合农业生活的起居作息而有一连串的节令，这种活泼的节令，说明了农业社会的一张一弛；人们不但在节令中得到苏息，也培养了浓郁的感情。节令中最热闹的要算过年了，李今芸小姐的《旧桃新符——话过年》对年俗的源起演变作了详细的讨论。在延续长达一个月的年节里，多彩多姿的活动显示了中国文化丰富的内涵；而旧桃新符的更递，更表现了中国人对时间的深刻感受。除了过年外，几乎每个月也都有应时的节令，何湘妃小姐、周云锦小姐的《闲情试说时节事——清明、端午、中秋、重阳》对几个重要节令详加描述。从此可看出我国的节令具有多重的功能：清明祭扫祖坟，追怀先人，也具有团结族人的作用；端午纪念前贤，更有卫生保健的措施；中秋的团圆观念，最能说明中国人的现世理想；重九的登高含有延年、思亲的意义。这些节令不但显示人群的交融，也表现人与自然的相亲。

所有的节令原都具有浓厚的宗教色彩，但演变的结果，其娱乐性渐超过宗教性。除了岁时行乐外，传统的娱乐也包括庙会与平时的娱乐，江淑玲小姐的《陶情怡性、移风易俗——传统社会的民间娱乐》旨在点明传统娱乐对个人及社会的潜移默化作用。百戏竞呈奇技，球戏寓武于娱，博弈玩物适情，皆能陶情怡性。而宋代以后的戏剧，以象征的手法，演出忠孝节义的故事，具有移风易俗、教化社会的功能。乡土社会的价值观念，不只存在于知识分子的礼乐典籍中，也在民间故事的扮演、故老的口耳相传中绵延下去。

从以上各文，可知传统礼俗具有丰富的内涵。虽然时移世变，传统礼俗已不尽适合于现代，但人类社会仍存在着对社会和谐的不断追求。如何摄取传统礼俗的精神，以塑造通俗文化，提高生活品质，仍然是今后所应努力的方向。

一苇渡江·白莲东来[1]

佛教的输入与本土化

杨惠南

佛教在印度，相对于“正统的”（āstika）婆罗门各教派，是一个“异端”（nāstika）[2]。它从印度的东北角，传播到印度的各个角落，在阿育王时代（Aśoka；公元前269—前232年），一度取得了“正统”的地位；最后却从朴实的、重经验的“原始佛教”，流变而成崇尚玄理、华丽浪漫的“大乘佛教”，遂在婆罗门教的批判下，淹没于“正统”当中，日趋衰微！

随着中西交通的开辟，佛教从印度辗转传入大汉帝国。在这尊儒崇道的古帝国里，佛教作为一个外来的宗教，不可避免地，依然扮演着“异端”的角色。面对着来自四面八方的批判，这个“夷狄之术”[3]，不得不层层剥除它原有的衣裳，换上一袭纯粹中国风味的新装。“佛教到了中国以后，被中国人改造成合乎中国人需要的形态”，这是许多史学家的断语。这种“中国形态”的佛教，渐渐与中国的“正统”合流。在印度，“异端”的佛教，因为汇入“正统”而走上衰微的道路；在中国，扮演着同样角色的佛教，会因为它的流入中国“正统”，而走向衰微吗？这是一个难以作答的问题。但是，它与中国“正统”文化这一段漫长的交涉与激荡，却是每一个关心中国文化史的人所感兴趣的！

本文希望通过历史的简略考查，依两汉、魏晋南北朝、隋唐、以及宋元明清等四个阶段，逐一讨论佛教本土化的过程。希望在千头万绪的众多问题中，勉强理出一条一贯的线索。

1.“一苇渡江”是有关中国禅宗初祖菩提达摩的一则传说。相传，达摩甫至中国，晋见梁武帝，语不投机而去，以一叶芦苇为工具，横渡扬子江，隐居于北魏的洛阳嵩山。其后开展出纯粹中国化的禅宗。这则传说，《景德传灯录》、《五灯会元》、《指月录》等中国禅宗史料，都不曾记载。但，日本曹洞禅太祖莹山绍瑾（1264—1325年）所述、侍者所编的《传光录》卷下，却有详细的记载（详《大正藏》，八二册，页76）。其次，“白莲”是佛教，特别是大乘佛教菩萨道的象征。《维摩诘经·佛道品》第八说：“譬如高原陆地，不生莲华；卑湿淤泥，乃生此华。”（《大正藏》，一四册，页549）此乃取喻莲花之出淤泥而不染，以象征菩萨行的深入世间而又超越世间。中国佛教是标榜菩萨行的大乘佛教，唐宋后又以禅宗为最盛；因此，本文以“一苇渡江·白莲东来”为题，探究印度大乘佛教中国化的过程。

2. S. Chatterjee 及 D. Datta 二氏，曾把印度历史上九个教派，分成“正统”与“异端”两大类，而以承认《吠陀》（Vedas）之权威与否为区分之标准。详见 *An Introduction to Indian Philosophy*（台北，双叶，1972年影印版），Chapter 1。

3.“夷狄之术”系《牟子理惑论》的用语。

汉朝的佛教

• 佛教的初传及其特色

有关佛教入华的传说很多，在这些传说中，有些明显是后人的误传[4]。比较可靠的是东汉明帝永平年间遣使前往西域求法的传说。这是出自《牟子理惑论》、《四十二章经》序、《老子化胡经》等古籍的记载。《牟子理惑论》说：

> 昔孝明皇帝，梦见神人，身有日光，飞在殿前，欣然悦之。明日，博问群臣，此为何神？有通人傅毅曰，臣闻天竺有得道者号曰佛，飞行虚空，身有日光，殆将其神也。于是上悟，遣中郎蔡愔、羽林郎中秦景、博士弟子王遵等十八人于大月支，写佛经四十二章，藏在兰台石室第十四间……。[5]

《老子化胡经》中，不但有类似的传说，还说是永平七年遣使，十八年还（64—75年）。而《法本内传》、《广弘明集》等，亦有大同小异的记载[6]。

这些传说尽管稍有出入，但推测佛教入华在汉明帝前，应该是合理的。历史学家以为，东西陆路的要道——“丝绸之路”，约开拓于公元前1世纪间，那么，佛教在此时，随着西域商旅东传，是很自然的事情。

入华的佛教，最初仅仅流传在外国商旅与上流社会之间。《晋书·佛图澄传》曾说：

> 汉代初传其（佛）道，唯听西域人得立寺都邑，以奉其神，汉人皆不得出家。魏承汉制，亦循前例。

4. 汤用彤，《汉魏两晋南北朝佛教史》（台北，鼎文，1976年再版），一分一章，页2—5。

5.《弘明集》(《大正藏》，五二册，东京，大正一切经刊行会，1922—1934年）卷一，页4—5。

6.《法本内传》作永平三年感梦;《广弘明集》卷一引《吴书》，作十年感梦；隋朝费长房《三宝记》作七年感梦，十年还汉，并引陶弘景《帝王年谱》，称十一年梦金人遣使。详汤用彤，《汉魏两晋南北朝佛教史》，一分二章，页1—7。

可见，当时的佛教，即使产生影响力，也仅仅限于上流社会或思想界而已。事实上，像这样一个受到重重限制的宗教，在传入之初，也不曾被正确地认识。

初入中土的佛教，和黄老之术一样，都被看作是祭祀的方术。汉明帝写给楚王英的诏书中，就曾经把“浮屠”（佛陀）与“黄老”相提并论[7]。当时或稍后的史书，也把来华的西域高僧，描写成方技道术之士。例如，萧梁、僧祐所撰的《出三藏记集》卷一三《安世高传》，曾对安世高（148年来华），作如下的描述：

> 七曜五行之象，风雨云物之占，推步盈缩，悉穷其变。兼洞晓医术，妙善针脉，睹色知病，投药必济。乃至鸟兽鸣呼，闻声知心。[8]

被描写成方技道术之士的安世高，原是这一时期最重要的译经家。从他所译的《安般守意》、《六度集》和《阴持入》等经来看，可以肯定这一时代的佛教，的确是方术化的佛教。他在译文里，大量援引汉儒所惯用的名词，例如“阴”、“元气”等等[9]。而所谓“安般”，乃“安那般那”（āna-apāna）的简称，意思是“呼吸”；也就是一种把注意力集中在呼吸上的禅观。这种禅观，实际上很容易与食气、吐纳、胎息等道教的方术相合为一。

安世高所阐扬的小乘禅观，不但是这一时代的佛教主流，而且也深深影响了其后佛教的开展。没有安世高的小乘禅做开路先锋，隋唐以后盛极一时的大乘禅是难以兴盛的。

- 汉朝佛教的神不灭论与三教调和论

在这种方术化的、道教化的佛教思想下，有两点特别值得注意，它们深深影响了后代中国佛教的开展：其一，印度佛教的“无我论”

7.《后汉书·楚王英传》。
8.《大正藏》，五五册，页95。
9. 例如《六度集经》，卷八，有底下几句：“元气强者为地，软者为水，暖者为火，动者为风。四者和焉，识神生焉。”（《大正藏》，三册，页51）

（无灵魂论），被改造成“神不灭论”（灵魂不灭论）；其二，《牟子理惑论》中所力倡的“三教调和论”。

首先，就“神不灭论”来说。释迦的根本教义之一是“诸法无我”，也就是无灵魂说。“我”（ātman）是印度传统婆罗门教的用语。从婆罗门教的文献看来，“我”不但指生命体内在的灵魂，也指能够创生宇宙万物的“梵”（Brahman）。因此，所谓的“我”，实际上是指一种“绝对妙乐的精神实体”（saccidānandam）[10]，它与古代中国人所谓的“神”相似，也与现代人所说的“灵魂”雷同。释迦的“无我论”，乃在否定这种“绝对妙乐的精神实体”的存在。

“无我论”随着佛教的其他教义，传入中国，却被中国人改造成某种形式的有我论——“神不灭论”。例如，袁宏的《后汉纪》就曾经说：

> 佛者，汉言觉，其教以修慈心为主……又以人死精神不灭，随后受形。生时所行善恶，皆有报应，故所贵行善修道，以炼精神而不已，以至无为而得为佛也。

显然，袁宏所了解的佛教，不过是一种“人死精神不灭”，乃至“以炼精神而不已”的宗教，不出道术之流。事实上，“神不灭论”是汉代思想的主流。首先，汉武帝以来的神仙思想一直绵延不绝；其次，董仲舒所尊崇的儒学，从开始就杂有阴阳家的“萨满信仰”（shamanism）——一种崇尚巫术的原始宗教[11]；第三，汉代的统治者，为了维护政权的稳定，刻意提倡厚葬的、有鬼的孝道思想：所以，“神不灭论”盛行于汉代。佛教在这样的机运下，传入了大汉帝国，其不得不改头换面，将释迦教义的精华——无我论，抛诸九霄云外，是可以想见的[12]。

---

10. 详见高楠顺次郎、木村泰贤著，高观庐译，《印度哲学宗教史》（台北，商务，1971年），页260。

11. 有关萨满（萨蛮）信仰之讨论，详胡耐安，《边疆宗教概述》，《边疆论文集》（台北，“国防”研究院，1964年），下册，页974；Mircea Eliade著，札奇斯钦译，《萨蛮教》，《新思潮》，第45期（1955年1月），页108。

12. “神不灭论”之所以盛行于后代的中国佛教，除了中国传统文化使然之外，还因为后代的印度佛教也渐渐走上“有我论”的思想道路。因此，中国佛教的“神不灭论”，一方面是中国传统文化所促成的，另一方面也是佛教的母体——印度佛教本身的流变使然。

发端于汉末，却严重影响后代佛教的开展，除了“神不灭论”，还有《牟子理惑论》中的“三教调和论”。牟子是东汉末年避世乱于交州的文人[13]。汤用彤说：“是时交州为东西海程之中心，因能吸收异教殊俗，思想较中州能自由开放。”[14]牟子就在这样有利的环境下，完成了有名的《理惑论》。他一方面以一个中国人的身份，谦卑地压低孔子的成就说：“书不必孔丘之言……合义者从”；另一方面，又以一个佛教徒的身份，把佛教提升到与道家相等的地位，说他自己“锐志于佛道，兼研老子五千文”。他那试图调和儒、释、道三家的苦心，卓然可见。

不过，牟子虽然努力于调和三家，而且“书无大小，靡不好之”，却非常轻视“神仙”、“辟谷”之术。这种“弃道术而谈玄理”的倾向，已开魏晋佛教“雅尚老庄”的风气之先[15]。

13. 本文有关《牟子理惑论》的引文，皆见《大正藏》，五二册，页1。

14. 汤用彤，《汉魏两晋南北朝佛教史》，页79。

15. 同上书，页80。

16. 例如，《后汉书》，卷九二，《陈寔传》说：“汉自中世以下，阉竖擅恣，故俗遂以遁身矫絜放言为高。”这是把清谈玄风归因于政治迫害。近人陈寅恪、汤用彤都采取类似的说法。其次，颜之推则把清谈玄风归因于汉儒的“空守章句”，见《颜氏家训》，卷三，《勉学篇》。

17. 钱穆，《国学概论》（台北，商务，1956年），上篇，页150；余英时，《中国知识阶层史论——古代篇》（台北，联经，1979年），页205—327。

魏晋南北朝的佛教

- 玄学化的格义佛教

如果说，汉代的佛教是方术佛教，那么，发端于《牟子理惑论》，却大成于魏晋南北朝的佛教，应该是更上一层楼的老庄佛教。这当然与魏晋南北朝的清谈玄风有关。

清谈玄风的产生，原因很多，但不外：（一）汉、魏两朝对文人士大夫的迫害；（二）汉代儒学“空守章句”所激起的反动。这两种原因，旧日学者论之甚详[16]。今人钱宾四及其学生余英时，更把玄风归因于“士之内心自觉”[17]。

“士之内心自觉”，表现的方式固然很多，其中反“名教”而重“自然”，更特别值得注意。因为，一批群体意识薄弱而又轻忽固有秩序的文人学士，活跃在魏晋时代的思想界，其促进社会开放而有利于吸收新文化，是必然的结果。佛教就在这样的情形下，从汉代的播种，进而至于魏晋南北朝的发芽、茁壮了。

这个说法，可以从当时佛教弘法者的行谊，得到证明。例如，《出三藏记集》对于当时来华传教的竺叔兰，有这样的描写：

> 性嗜酒，饮至五六升方畅。常大醉，卧于路傍。仍入河南郡门唤呼，吏录送河南狱。时，河南尹乐广与宾客共酣，已醉，谓兰曰：“君侨客，何以学人饮酒？”叔兰曰：“杜康酿酒，天下共饮，何问侨旧！”广又曰：“饮酒可尔，何以狂乱乎？”答曰：“民虽狂而不乱，犹府君虽醉而不狂！”广大笑……遂释之。[18]

显然，竺叔兰的饮酒狂乱，有违释迦所制定的“不饮酒”戒；但为了传教，“戒缓乘急”（智顗《法华玄义》语），甘与世俗合流，以致与嗜尚玄谈、“脱衣服，露丑恶，同禽兽”[19]的士人，有许多气味相投之处。这就难怪有人把当时的七位高僧，与“竹林七贤”相提并论了[20]！

魏晋南北朝的高僧，不但与玄学家合流，就是他们所开展出来的佛法，也染上浓厚的玄学色彩。这一阶段（前半期）的佛教，史称“格义佛教”。“格义”一词，最常用的意思是“格义配说”，也就是以佛理附会中国文化，特别是老庄思想。从底下的简表，可以看出这一时代的高僧，多方面地从事于“格义”的工作[21]：

18.《出三藏记集》;《大正藏》，五五册，卷十三，页98。

19. 这是描写阮籍等清谈之士的几句话；见《世说新语》，卷一，《德行篇》，注引王隐《晋书》。

20. 孙绰《道贤论》，曾把竹林七贤拟配七僧。见梁朝慧皎，《高僧传》(《大正藏》，五十册），卷一，页326—327。

21. 此表修订自林传芳，《格义佛教思想之史的开展》，《魏晋南北朝佛教小史》（台北，大乘文化，1979年），页65—133。

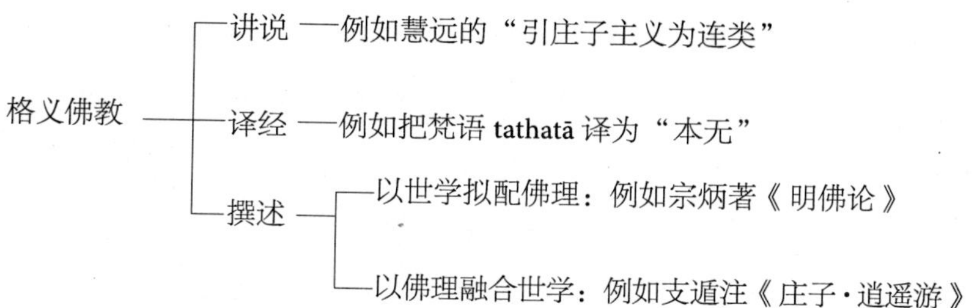

- 玄学化的般若学与涅槃学

在“格义佛教”下，源自《牟子理惑论》的“三教调和论”，得到了进一步的肯定。颜之推的《颜氏家训》就是一个最好的例子。他把佛教的五戒——不杀生、不偷盗、不邪淫、不妄语、不饮酒，附会为儒家的仁、义、礼、智、信，并说：“内外两教，本为一体；渐极为异，深浅不同。”[22]

除了“三教调和论”得到进一步的肯定之外，最值得注意的是这一时期所开展出来的新佛学——般若学与涅槃学。无疑地，它们都与清谈玄风有关。

魏晋南北朝是个思想开放、众说杂陈的时代。源自何晏、王弼的“贵无派”，反对“名教”、崇尚“自然”，其末流则为阮籍、嵇康等破坏纲纪的一群。另一方面，保守的礼法之士，站在维护名教与群体利益的立场，把贵无派当做异端，《崇有论》的作者裴頠，便是保守派的典型人物。另外，一方面延续“贵无”思想，同时又受到“崇有论”影响的，还有向秀与郭象为代表的“折中派”。这些派别，构成了魏晋南北朝玄学的大观。般若学在这三大流派的激荡下开展出来，也反映了这三大流派的玄学特色。道安说得好：“以斯邦（中国）人，庄老教行，与方等经兼忘相似，故因风易行也。”[23] 其实，早在汉末，支谶及其再传弟子支谦便已开始弘扬般若之学。支谶译有《道行般若经》十卷，支谦也译有《大明度经》六卷，这是两部最早流传至中国的《般若经》，也是印度最早期的《般若经》[24]。但是，为什么般若学一直到一两百年之后的魏晋

22. 颜之推，《颜氏家训》，卷五，《归心篇》；《广弘明集》（《大正藏》，五二册），卷三，页107。

23.《鼻奈耶序》（《大正藏》，二四册），页851。

24. 印顺，《初期大乘佛教之起源与开展》（台北，正闻，1981年），十章，一节。

才突然兴盛起来?道安的话，正好可以作为这个问题的答案。

依据唐代元康的《肇论疏》，鸠摩罗什来华(401—413年)前的般若学，有“六家七宗”之多。从这“六家七宗”所留下的文献看来，它们恰巧是玄学三大流派——贵无、崇有、折中派的反映[25]。以道安的“本无家”来说，它就受了“贵无派”的影响[26]。

“无”或“空”，是《般若经》所努力阐扬的，虽沿袭道家术语，其意义却有重大差别。老子《道德经》说:“无，名万物之始。”《晋书·王衍传》也说:“何晏、王弼等祖述老庄立论，以天地万物皆以无为为本。”可见，“贵无派”所说的“无”，是能生宇宙万物的本体;和《般若经》所阐扬的“无”或“空”显然不同。《般若经》站在“诸法因缘生”的立场，宣称一切事物的存在都是不真实的(空的、无的);这样的“无”，当然不同于能生万物的道家之“无”。然而，被视为极力反对“格义”的道安，却把《般若经》的“无”，解释成道家式的“无”，这不能不说这一时代的佛教，仍不自觉地受到“格义佛教”的影响吧[27]!

魏晋南北朝的中晚期，佛教宗风起了很大的转变;主要是因为这一时代出现了许多译经家。首先，鸠摩罗什译出大量《般若经》，延续了道安以来的般若学。其次，觉贤译出了《华严经》，开展出唐代的华严宗。第三，昙无谶译出了《大般涅槃经》，开展出以道生为领导中心的涅槃学。

---

25. 陈朝小招提寺慧远法师作《肇论序》，有“或六家七宗，爰延十二”之语。唐朝元康《肇论疏》释此句曰:“或六家七宗，爰延十二者，江南本皆作六宗七宗，今寻记传，是六家七宗也。梁朝释宝唱作《续法论》一百六十卷云，宋朝庄严寺释昙济作《六家七宗论》，论有六家，分成七宗。第一本无宗，第二本无异宗，第三即色宗，第四识含宗，第五幻化宗，第六心无宗，第七缘会宗。本有六家，第一家分为二宗，故成七宗也。”依汤用彤，《汉魏两晋南北朝佛教史》二分九章，这六家七宗的代表人物，分别是:本无，道安;本无异，竺法深、竺法汰;即色，支道林;识含，于法开;幻化，道台;心无，支愍度、竺法蕴、道恒;缘会，于道邃。这六家七宗，道安等的“本无”、“本无异”，乃何、王“贵无派”的反映;支愍度等的“心无”，有“崇有论”的迹象，可视为“崇有派”的反映。剩下的即色、识含、幻化、缘会四宗，可归为一派，既不断然否认万物之“有”，也不断然言其必“空”，因此有向、郭“折中派”的意味。

26. 参见吉藏，《中观论疏》(《大正藏》，四二册)，卷二，页29。

27. 道安反对“格义”，例如他曾说:“先旧格义，于理多违。”(慧皎，《高僧传》，卷五，《僧光传》;引见《大正藏》，卷五十，页355)但事实上，道安仍不离“格义”的旧模式。宇井伯寿，《释道安研究》(东京，1956年)，页63下，曾从道安所撰的各种《经序》当中，录出许多老庄式的用语，例如:升仙、本无、谷神、无为、兼忘、真人等。吉藏，《中观论疏》卷二也说:“安公明本无义……此与方等经论……无异也。”(《大正藏》，四二册，页29)

另外，菩提流支和真谛，前后译出了《十地经论》和《摄大乘论》，开展出地论宗和摄论宗，进而汇入唐代的华严、唯识（法相）两宗。其中，鸠摩罗什的般若与道生的涅槃，是这一时代的佛学主流。

罗什入华后，在长安译出了七十四部三百八十四卷的大小乘经论，其中最具影响力的有：（一）《弥勒经》，成为历代"教匪"的思想泉源；（二）《法华经》，开展出天台宗；（三）《般若经》，开展出三论宗，并通过天台宗，集大成于唐宋间的禅宗；（四）《小阿弥陀佛经》，开展出净土宗。从这四大类的经论看来，罗什的影响，远超过同时及其以前的任何一位高僧，甚至唐代的大译经家——玄奘，都无法望其项背！

罗什门下有三千人，僧肇与道生是最有成就的两个。僧肇著有《肇论》，首次将《般若经》的本义介绍给中国学界，使得中国人恍然了悟"格义迂而乖本，六家偏而不即"[28]。其次，道生的涅槃学，更决定性地影响其后中国佛教的性格。无疑地，纯粹在中国开展出来的四个佛教宗派——天台、华严、禅和净土，无一不受道生涅槃学的影响。如果把印度大乘佛教分成般若、唯识、涅槃三大系，则涅槃系实为影响中国佛教最深的一系，其关系如下表：

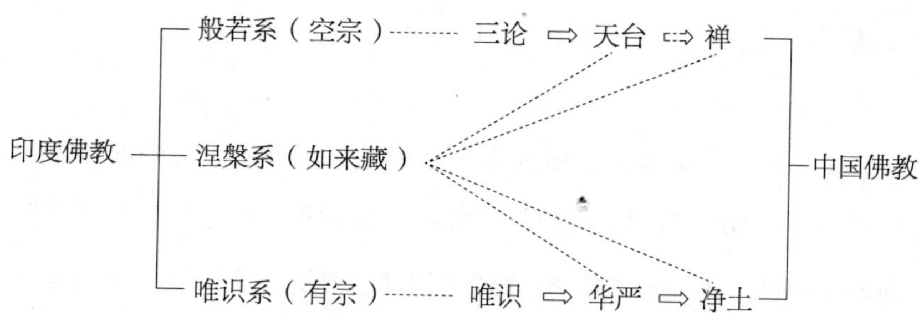

道生的涅槃学，主要是依昙无谶所译的《涅槃经》开展出来的。《涅槃经》阐扬的是"人人皆可成佛"的"如来藏"（佛性）思想。依经文看来，那是一种与婆罗门教的"梵"相似的"有我论"。道生最初倡涅

28. 梁朝僧祐，《出三藏记集》，卷八，僧睿，《毗摩罗诘堤经义疏序》第十四（《大正藏》，五五册，页58）。

槃学时，并不受佛教界欢迎，因为这种似“梵”的“有我论”，与鸠摩罗什的般若空宗相抵触[29]。罗什（及僧肇）所领导的般若学，是纯粹印度风味的佛法，因此，相对于汉末以来那种方术化、玄学化的中国佛法来说，多少有着“回归印度”的意味。道生的涅槃学却是中国式的佛法，它远承汉代“神不灭论”的传统中国思想。通过短暂时期的激荡、倾轧后，罗什的回归运动失败，而认同中国的道生却成功了。

29. 参见汤用彤，《汉魏两晋南北朝佛教史》，二分十六章，“竺道生佛性义”条。
30. 详《卍续藏经》（台北，新文丰，1976年），七四册，页91—93。
31. 同上书，页92。
32. 汤用彤，《汉魏两晋南北朝佛教史》，709。

涅槃学的成功与“神不灭论”有关，那是非常明显的。就《涅槃经》本身来说，“佛性”或“如来藏”本来就容易附会成为“真我”（灵魂）。例如，《涅槃经》卷五说：“我见者，名为佛性。”卷八也说：“我者，即是如来藏义；一切众生悉有佛性，即是我义。”其次，当时主张“神不灭论”的梁武帝，也把“佛性”解释成为人心中的“神灵”或“真神”。均正《大乘四论玄义》卷七，把当时的涅槃学分成“本三家”和“末十家”[30]。其中，“末十家”中的第四家，即梁武帝的主张：

> 第四、梁武萧天子义，心有不失之性，真神为正因体。已在身内，则异于木石等非心性物。此意，因中已有真神性故，能得真佛果[31]。

从均正这段介绍看来，梁武帝把“佛性”解释成人心中的“不失之性”——“真神”；这个人人本有的“真神”，使人“异于木石”，因而能够成佛。汤用彤说得好：“武帝佛性之真义，实即可谓之为常人所言之灵魂。”他还说，误把常人所说的灵魂当做佛性，并不止梁武帝一人，而是当时“神不灭论”的流行说法[32]。可见道生所领导的涅槃学，能在南北朝风靡一时，进而成为中国佛教的主流，正是因为它和两汉以来的思想核心——“神不灭论”相结合的关系。

• 魏晋南北朝的排佛运动

在儒、释、道三家的交涉、倾轧过程中，最值得注意的是魏晋南北朝以来的排佛运动。其中虽曾涉及深邃的思想层面，但主要的原因仍在风俗习惯的歧异。

范缜的《神灭论》，是思想层面中最强有力的排佛理论。魏晋南北朝，儒家的地位急速下降，代之而起的是老庄思想以及已与“神不灭论”初步结合的佛教。因此，代表儒家立场的“神灭论”，在这一时期相继出现：何承天的“白黑论”、刘孝标的“辩命论”，就是两个例子。而范缜的“神灭论”尤其是震撼朝野的特例。

范缜（450—510年），《南史》卷五七本传，说他“博通经术，尤精三礼”，与何承天等，同属儒家人物。他是个“偶然论者”，以为人生的荣枯、贵贱，都像“树花同发，随风而堕”，不管堕在“茵席”或“粪溷”，都只是偶然而已，其中并没有什么必然性的因果报应[33]。他更进一步从“形”（肉体）与“神”（灵魂）相同的观点，建立他的“神灭论”思想。他说：“神即形也，形即神也。是以形存则神存，形谢则神灭也。”又说：“形者，神之质；神者，形之用。是则形称其质，神言其用；形之与神，不得相异也。”[34]在这种“偶然论”、“形神合一论”的思想下，他说出了“神灭论”的功用：

问曰：“知此神灭，有何利用耶？”答曰：“浮屠害政，桑门蠹俗，风惊雾起，驰荡不休。吾哀其弊，思拯其溺。”[35]

由此也可以清楚地看出他撰写《神灭论》，是为了拯救佛教所带来的“弊害”。

依《南史》本传，“此论出，朝野喧哗”。虔奉佛教的梁武帝，读了《神灭论》之后，下令朝臣六十余人围剿范缜；不管这场论战的是

33.《梁书》，卷四八，《范缜传》。
34. 同上。
35. 同上。

非对错，都是中国思想史上一件大事[36]。

在“神不灭论”的思想洪流里，范缜的主张就像一朵飘堕水中的野花一般，终于被冲打得不知去向。得胜了的“神不灭论”，是一种儒、佛、道三家合一的主张，从武帝的敕文即可看出：“观三圣设教，皆云（神）不灭。其文浩博，难可具载。”[37]像这样的“神不灭论”，更进一步和道生等人所提倡的涅槃学结合，逐渐成为中国佛教的主流。

魏晋南北朝的排佛运动，除了纯属思想层面的“神灭论”之外，大体都是有关风俗习尚的论争。分述如下：

一、伦理问题

主要是与孝道有关的论辩。例如，孙绰的“喻道论”，有这么一段问难：

> 或难曰：“周孔之教，以孝为首……而沙门之道，委离所生，弃亲即疏；刓剃鬚发，残其天貌；生废色养，终绝血食；骨肉之亲，等之行路；背理伤情，莫此之甚！”[38]

孙绰站在佛教的立场，回答说：“孝之为贵，贵能立身行道，永光厥亲。”[39]

“孝”是儒家的根本学说。《孝经》说：“孝者德之本。”又说：“夫孝，天之经也，地之义也，民之行也。”可见“孝”在儒家眼中的重要地位，出家人“委离所生”、“刓剃鬚发”，自然被认为大不孝。佛教为了回应这种批判，除了撰文反驳，还积极地译出（或造出）许多与“孝”有关的经典。依据道端良秀的研究[40]，被译出的孝经主要有如下几部：《佛升忉利天为母说法经》、《六方礼经》、《佛说父母恩重难报经》、《四十二章经》、《佛说孝子经》、《佛说睒子经》等。道端良秀以为这些经中所说的“孝”，都是建立在“报恩”的思想上，与儒家的孝道奠基于上下纲纪上

36. 这六十余位大臣的文章，都收集在梁朝僧祐，《弘明集》（《大正藏》，五二册），卷十，页60—68。

37.《大正藏》，五二册，页60。

38. 梁朝僧祐，《弘明集》（《大正藏》，五二册），卷三，页17。

39. 同上。

40. 有关道端良秀的主张，请见其《佛教与儒家伦理》（台北，中华佛教文献编撰社，1979年，三版），四，“佛教的孝经典”条。

不同。其次，道端良秀还指出，部分孝经是在中国成立的，而非印度原有，例如《父母恩重经》，是参照《孝子经》、《盂兰盆经》而组成的；《盂兰盆经》也很可能是中国所造。这些孝经，很多成了俗文学的材料，例如《父母恩重经变文》、《目连救母变文》等等。

二、君臣问题

儒家认为臣属礼拜君王是天经地义的事。因此，当佛教势力越来越扩张、僧团越来越庞大的时候，儒家自然会提出"沙门礼拜君王"的理论来。例如，晋成帝幼年，辅政的庾冰，即曾下诏要求出家沙门礼拜君王；六十年后，宰相桓玄，又重弹沙门礼拜君王的旧调，使得朝廷分为赞成与不赞成两大派[41]。高僧慧远针对这次纷争，写出了著名的《沙门不敬王者论》[42]。慧远把佛教徒大分为在家与出家：如果是在家，当然应该"奉法"，做一个"顺化之民"；反之，"出家则是方外之宾，迹绝于物"，既然"迹绝于物"，自然不必拘泥于世间礼法。因此他说："凡在出家，皆遁世以求其志，变俗以达其道。变俗则服章不得与世典同礼，遁世则宜高尚其迹。"这些话，在在显示一代高僧风骨嶙峋、不畏权势的气概，也成了其后所有"沙门不敬王者论"的理论基础。

儒家思想中，"忠"与"孝"是不可分的。《孝经》说："以孝事君则忠。"吕维祺的《孝经或问》更说："孝经何为而作也？曰，为阐发明王以孝治天下之大经大法而作也。"[43]这在在证明忠与孝的密切关系。魏晋南北朝的排佛者，也就秉持这种"忠孝合一"的理论，鼓吹其"沙门礼敬王者"的主张。庾冰主张沙门礼拜王者的理由之一便是："因父子之敬，建君臣之序。制法礼秩，岂徒然哉？良有以矣！既其有以，将何以易之！"[44]

这种"忠孝合一论"下的"沙门礼拜王者"的主张，从晋朝的庾冰开始，吵吵闹闹地争论到李唐，始终得不到最后的决定；唐高宗甚

41. 同上书，页68—73。

42. 有关慧远"沙门不敬王者论"的引文，皆见《弘明集》(《大正藏》，五二册)，卷五，页30。

43. 黄得时，《孝经今注今释》(台北，商务，1979年，八版)，页1。

44.《弘明集》，卷十二，"尚书令何充奏沙门不应尽敬"(《大正藏》，五二册，页79)。

至发动了三百多位大臣来围剿出家的沙门！最后，他做了折中的裁定：沙门可以不拜帝王，却不能不拜父母。裁定是裁定了，或许也没能严格执行，以至到了明代，还有云栖袾宏提出父母与出家儿子互拜的调和说来！云栖袾宏的调和说，使得印度佛教更进一步地中国化，但多少已丧失了庐山慧远那种不畏权势的风骨了[45]。

三、夷夏之辩

从孔子的“内诸夏而外夷狄”[46]开始，分辨华夏与夷狄，一直支配着部分中国人的思想。他们站在“我族中心主义”的立场，排斥所有外来的文化，以为外来的必定劣于我族。佛教是外来的宗教，在这些褊狭的民族主义者眼中，自然也在排斥之列。

很多迹象显示，佛教刚刚传入中国，就受到这些人的排挤；从《牟子理惑论》中的一段问难即可看出：

> 孔子曰：“夷狄之有君，不如诸夏之亡也。孟子讥陈相更学许行之术曰：‘吾闻用夏变夷，未闻用夷变夏者也。’吾子弱冠学尧舜周孔之道，而今舍之更学夷狄之术（指佛教），不已惑乎！”[47]

这一问难虽是牟子自设的，但他所以这样自设问难，想必当时确实有人以“夷狄之术”来非难佛教吧。

到了魏晋南北朝，随着佛教的广泛流布，依“夷夏之辩”而反对佛教的理论，自然也就多了起来；其中，最有名的应该是刘宋道士顾欢的“夷夏论”，以及齐梁间，相传是道士张融所撰的“三破论”。这些排佛论，大都从风俗习惯的差异，来分辨华夏和夷狄，进而反对佛教[48]。这样的排佛论，比起诸佛教教义的博大精深及其思想的深邃玄远，自然

---

45. 唐高宗下诏后，仍有道宣等人上表反对。到了宋朝，礼拜君王的仪式，仍然未被佛门承认。元朝以后，僧侣始向君王称臣。而明代的云栖袾宏，更主张“互拜”的调和论；见《正讹集》“出家父母反拜”条，《莲池大师全集》（台北，中华佛教文化馆，1973年），卷四；又见道端良秀，《佛教与儒家伦理》，页75—84。

46.《公羊传》成公十五年。

47.《弘明集》（《大正藏》，五二册），卷一，页3。

不足以说服人心；佛教还是在这喧嚣喋喋的非难声中，逐日逐夜地壮大起来。

虽然，“夷夏论”和“三破论”仍有其深远的影响，后代站在民族主义立场来排佛的，包括唐代的韩愈，仍不脱其樊篱。他们的特色是褊狭和错误的地理知识[49]，鲜有深刻的理论基础。少数的例外之一是唐朝李仲卿的“十异九迷”，以阴阳五行的理论，来说明出自西方的佛教不如源自东方的中国文化：

夫东西二方，自有阴阳之别；左右两位，便成仁义之殊。仁唯长善，阳又通生；义主裁成，阴论肃杀。二气为教，则阴不及阳；五德为言，则仁深义浅。[50]

“夷夏之辩”的集大成，首推《老子化胡经》一书，此书相传为东晋道士王浮所作，实为完成于唐代或更后的伪书[51]。经上说：太上老君（老子），曾两度入西域，度化胡人。第一次在周昭王时代（公元前1052—前1002年），经函谷关，西度教化于阗等八十余国；最后，更进入印度摩竭陀国，“立浮屠教，号清净佛”。第二次在周桓王时代（公元前719—前697年），指派尹喜[52]，“乘彼月精，降中天竺国，入乎白净夫人口中，托荫而生，号为悉达（释迦俗名），舍太子位，入山修道，成无上道，号为佛陀”。经文甚至还说：老子在周襄王时代（公元前651—前619年），回到了中国，“授孔丘仁义等法”。像这种“老子——释迦——孔子”的道统说，当然是道家（教）者流伪造的无稽之谈，却辗转流传到现在，被一些民间的秘密宗教，改

---

48. 例如，“夷夏论”说佛教无“搢绅之饰，罄折之恭，殡葬之礼”（《弘明集》，卷七；引见《大正藏》，五二册，页45）。又如，“三破论”说：“剃头本不求佛，为服凶胡。今中国人不以正神自训，而取顽胡之法。”（《弘明集》，卷八；引见《大正藏》，五二册，页52）

49. 例如“夷夏论”说：“东有骊齐之丑，西有羌戎之流，北有乱头被发，南有剪发文身，姬孔施礼于中，故有夷夏之别。”（《弘明集》，卷七；引见《大正藏》，五二册，页47）又如，韩愈《原道》说：“且佛夷狄之人，与中国言语不通，衣服殊裂，不知君臣父子为何物！”

50.《广弘明集》，卷十三，释法琳，《辩正论·十喻九箴篇》（《大正藏》，五二册，页178）。

51.《老子化胡经》，大约是摩尼教传入中国后的作品。参见陈垣，《摩尼教入中国考》，《国学季刊》（北京大学），一卷二号（民国十二年四月），页203—240；许地山，《摩尼之二宗三际论》，《燕京学报》，第3期（民国十七年六月），页383—402。

52. 尹喜，周朝人，字公度，乃函谷关吏，相传作有《关尹子》，但依其内容杂有佛教《楞严经》思想看来，应属唐以后的作品。参见梁启超，《古书真伪及其年代》；张心澄《伪书通考》（台北，盘庚，1979年），子部，《道家篇》。

头换面而成如下的次序：老子——孔子——曾子——子思——孟子——释迦[53]。

“夷夏之辩”下的排佛论，由于其理论的褊狭与肤浅，并不能直接促进佛教的中国化。但是，它一方面鼓舞着中国人的心，鞭策他们开展出以中国文化为本位的思想（宋明理学）；另一方面也间接迫使佛教在制度、仪礼方面尽量的中国化。就拿出家人的服饰来说，唐朝李仲卿所反对的“左衽右袒，右肩全幅，横缦之裙半片，只支之服”[54]，后来渐渐修改而成目前的式样了。这些，不能不说是佛教为了因应“夷夏之辩”而做的修正吧？

四、政经问题

佛教僧侣出家修行，不事生产，对社会、经济、国势盛衰，自然有着不利的影响。历代排佛论者便往往基于实际的利害来攻击佛教。魏晋南北朝时便有人指责僧侣“坐食百姓”、“不蚕而衣，不田而食”、“聚敛百姓”，以致“天下有饥乏之忧”。又指责僧侣“规免租役”、“空国赋算”，更有人指责僧人逃避劳役与兵役，以至于“伤治害生”[55]。前文提及的“三破论”，便认为佛教破国、破家、破身，故名“三破”；其中，“破国”，是说佛教“苦克百姓，使国空民穷”，亦即使国运衰微[56]。

以国家之政经、治乱为理由来排佛，是历来排佛运动当中最猛烈的一支。历史上以政治力量来迫害佛教的“毁佛”运动——所谓的“三武一宗”，尽管有其表面的原因，国家利益的考虑，才是背后真正的动机[57]。南北朝时代，只要出家成为僧侣，即可免受劳役、兵役，乃至税捐的优待，因此寺庙住有一大批不是真正向道的莠民，以致南朝有“天下户口几亡其半”之叹，北齐亦有“缁衣之众参半于平俗，

53. 详李世瑜，《现在华北秘密宗教》（台北，古亭书屋，1975年），页51—55。

54.《广弘明集》，卷十三，释法琳，《辩正论》（《大正藏》，五二册，页180）。

55. 详《弘明集》，卷六（《大正藏》，五二册，页35）、卷八（《大正藏》，五二册，页50）、卷一（《大正藏》，五二册，页8）。又，《广弘明集》，卷七（《大正藏》，五二册，页130）、卷三（《大正藏》，五二册，页108）。又，《弘明集》，卷十二（《大正藏》，五二册，页85）。

56. 详《弘明集》，卷八（《大正藏》，五二册，页五〇）。

57.“三武一宗”，“三武”是北魏太武帝、北周武帝及唐武宗；“一宗”，即五代后周世宗。其中，以唐武宗会昌年间的毁佛影响最大，史称“会昌法难”。参见孙广德，《晋南北朝隋唐俗佛道争论中之政治课题》（台北，中华，1972年），第六章。

黄服之徒数过于正户”乃至“国给不充”、“因兹取乏”之忧[58]。再加上这些莠民，在无心向道之余，难免做出不轨的行为，轻者饮酒行淫，重者图谋叛乱，因此引发这些毁佛的不幸事件[59]。

佛教为了对抗这种“坐食百姓”、“使国空民穷”的批判，奋力自强，逐渐建立了“丛林制度”（详下）。依据这个制度，僧侣不管职位尊卑，都必须严守“一日不作，一日不食”的清规[60]——寺庙经济完全独立，不再是“不蚕而衣，不田而食”，但是也因此违背了印度佛教的戒律，依据那些戒律，僧侣是不能掘地种田的！丛林制度是农业社会中佛教遭受批判之后的因应产物，一直到清朝中叶都还维持着它的外表形式。清末、民初，由于工业化的侵蚀，这个制度开始崩溃，寺庙经济再度陷入困局，那些无人供养的僧侣，只好靠着经忏、法会糊口维生。佛教的地位降至最低。五四运动后，接受西方新知识的青年，除了反儒家，也反宗教[61]，佛教自然也受到激烈的批判，因而引起太虚（1889—1946年）等人所提倡的佛教革新运动，可惜却因为两次世界大战以及圆瑛等保守僧人的反对，而遭挫折[62]。

58. 详《广弘明集》，卷二四（《大正藏》，五二册，页273）。

59. 例如北魏太武帝的毁佛，就因为发现寺庙中酿酒、私藏兵器的关系。参见孙广德，《晋南北朝隋唐俗佛道争论中之政治课题》，页180—181。

60. 详《怀海禅师塔铭》（《大正藏》，四八册，页1156）。

61. 参见周策纵著，杨点夫译，《五四运动史》（台北，龙田，1980年），第十三章，第三节。

62. 有关太虚法师所提倡的佛教革新运动，请参见印顺，《太虚大师年谱》（台北，慧日讲室，1950年）。

隋唐的佛教

隋唐佛教的特色，一方面在教理上趋向于综合、融摄，另一方面在师承上又形成了许多彼此对立的宗派。二者看似矛盾，却又巧妙地并行而不悖。一般的佛教史家，总把这一时代的佛教分成八宗，它们是：三论、唯识、天台、华严、禅、净、密、律。事实上，在这大乘八宗当中，只有天台、华严、禅、净四宗，是纯粹具有中国特色的宗派，其他都只是印度佛教的延长。

- 天台与华严的判教

就综合、融摄这一特质来说，最显著的莫过于天台与华严两宗。它们都通过“判教”的方式，把当时流传在中国的大小经论，依其性质，分门别类地加以检讨，最后找出它们认为最高深、最究竟的经典出来。例如，天台宗的智顗（538—597年），把各类经典区分成四种，即所谓的“四教”:（一）三藏教——代表小乘佛教的《阿含经》;（二）通教——代表介于大小乘之间的《般若经》;（三）别教——特别为大菩萨们宣说的《华严经》;（四）圆教——能使一切众生都趋向佛道的《法华经》。依智顗的看法，这四教是由浅而深的。稍后，华严宗的法藏（643—713年），更参照智顗等十家判教[63]，提出了“五教十宗”的判教[64]，并下结论说:

> 此上十家立教诸德，并是当时法将，英悟绝伦，历代明模，阶位叵测……此等诸德岂夫好异？但以备穷三藏，觌斯异轸，不得已而分之。遂各依教开宗，务存通会，使坚疑硕滞，冰释朗然。圣说差异，其宜各契耳！[65]

从“务存通会”、“其宜各契”等语，可知法藏的“五教十宗”判，是融摄分歧、综合异说的表现。这种“异中求同”的嗜好，似乎是佛教学界的特色。牟子、颜之推乃至明末诸高僧的“三教调和论”，以及目前的天台、华严“判教”，都是这种嗜好的不同表现。

63. 法藏，《华严一乘教义分齐章》卷一曾说他的“五教十宗”判，乃以十家为“龟镜”。这十家是:（1）菩提流支的“一音教”判;（2）护法师的“渐顿二教”判;（3）光统律师的“渐顿圆三教”判;（4）大衍法师的“四教”判（四教是：因缘宗、假名宗、不真宗、真实宗）;（5）护身法师的“五教”判（五教是：前四同（4），另一为法界宗）;（6）耆闹法师的“六教”判（前四同（4），另二为常宗、圆宗）;（7）天台宗的“四教”判;（8）江南慜法师的“二教”判（二教是：屈曲教、平等道教）;（9）梁朝光宅法云法师的“四乘教”判（即羊车、鹿车、牛车、大白牛车）;（10）唐朝玄奘法师的“三教”判（即转法轮、照法轮、持法轮）。详《大正藏》，卷四五，页480—1481。

64. 法藏的“五教”是:（1）小乘教;（2）大乘始教;（3）大乘终教;（4）大乘顿教;（5）大乘圆教。“十宗”是:（1）我法俱有宗;（2）法有我无宗;（3）法无去来宗;（4）现通假实宗;（5）俗妄真实宗;（6）诸法俱名宗（以上六宗，相当五教中的小乘教）;（7）一切法皆空宗（即大乘始教）;（8）真德不空宗（即大乘终教）;（9）相想俱绝宗（即大乘顿教）;（10）圆明具别宗（即大乘圆教）。详《华严一乘教义分齐章》(《大正藏》，四五册），卷一，页481—482。

65. 法藏，《华严一乘教义分齐章》(《大正藏》，四五册），卷一，页481。

事实上，天台、华严两宗的融摄精神，不但表现在综摄各类经典，还表现在它们对宇宙真理——“实相”的独特体认上。以法藏来说，他认为五教经典都是对同一“实相”的不同看法。他在《华严金师子章》中，把“实相”比喻为“金师子”（金制的狮子）[66]，而五教经典，不过是这只“金师子”的各种不同描述而已。例如，他认为“小乘教”（愚法声闻教）对金师子的观点是：“师子虽是因缘之法，念念生灭，实无师子相可得。”[67]而“大乘圆教”（一乘圆教），对金师子的了解则是：

> 一乘圆教者，即此情尽体露之法，混成一块。繁兴大用，起必全真。万像纷然，参而不杂。一切即一，皆同无性。一即一切，因果历然。力用相收，卷舒自在。名一乘圆教。[68]

像这样，把各类性质不同的经典，看作是同一真理的不同阐发，无疑是融摄精神的高度表现。基本上，那是要求“吾道一以贯之”的绝对一元论，也正是中国人传统思想模式的展现。

天台与华严两宗的融摄精神，不但可以从它们对佛教内部教理的“判教”看出来，也可以从它们吸收中国固有文化这一层面看出来。这也正是它们所以在隋唐之时盛行不衰的基本原因。

以天台宗为例，智顗的老师慧思，曾受到道家方术思想的影响。慧思在他的《誓愿文》中说：

> 今故入山，忏悔修禅，学五通仙，求无上道。愿先成就，五通神仙，然后乃学，第六神通。受持释迦，十二部经，及十方佛。[69]

这证明他的佛教信仰，杂有道家的神仙思想。

---

66. 宋朝赞宁，《宋高僧传》，卷五说：“（法）藏为则天讲新华严经……帝于此茫然未决，藏乃指镇殿金狮子为喻，因撰义门，径捷易解，号金师子章。”（《大正藏》，五十册，页732）

67. 宋朝承迁，《注华严金师子章》；《卍续藏经》，一〇三册，页152。

68. 同上书，页153。

69.《南岳思大禅师立誓愿文》，《大正藏》，四六册，页789。

其次，智顗本人也曾主张“佛不断性恶”。他认为，“恶”有“性恶”与“修恶”两种，性恶是本质上的恶，连解脱了的佛陀也无法断除；修恶是后天习得的恶，只要通过刻意的修行，即可断除。他说，如果佛陀连“性恶”也断除了，怎么可能下地狱救度众生呢？下地狱必须以“恶”为条件，而“性恶”正是佛陀下地狱度众生所凭借的条件[70]。这种“佛不断性恶”说，无疑是印度所没有的理论，其来源虽不甚清楚，大致上是受到魏晋南北朝以来“圣人有情”说的影响。“圣人有情”是王弼的主张;《三国志》卷二八《王弼传》裴松之注说：

> 何晏以为圣人无喜怒哀乐，……王弼不同，以为圣人茂于人者神明也，同于人者五情也。神明茂，故能体冲和以通无；五情同，故不能无哀乐以应物。然则圣人之情，应物而无累于物者也。

依汤用彤的分析，“圣人无情”说是汉魏以来的流行说法，他们承袭汉儒，认为“性”是阳、是善，而“情”是阴、是恶；圣人无恶至善，所以圣人无情。但王弼“圣人有情”说却近于刘向的说法，刘向以为“性情相应，性不独善，情不独恶”[71]。这样看来，天台智顗的“佛不断性恶”说，不是与王弼、刘向的主张很接近吗？

- 禅与净土的尚简约

隋唐佛教，不但天台、华严这两个注重玄理的宗派，具有融摄中国文化的倾向，即使是偏重修行的禅宗与净土宗，也同样具有这种倾向。

中国传统的儒、道两家，都十分重视现世的利益。儒家高唱“修

---

70. 智顗，《观音玄义》卷上曾说：“阐提（罪大恶极者）断修善尽，但性善（佛性）在。佛断修恶，但性恶在。”并接着说：不断性恶的佛陀，“以自在故，广用诸恶法门，化度众生。”又说：“佛亦不断性恶，机缘所激，慈力所熏，入阿鼻（地狱），同一切恶事化众生。”（俱见《大正藏》，三四册，页882—883）

71. 详汤用彤，《王弼圣人有情义释》，《玄学、文化、佛教》（台北，育民，1980年），页71—82。

身、齐家、治国、平天下”，其宗教态度是“未知生，焉知死”，乃至“未能事人，焉能事鬼”。而道家，虽热衷于丹药，以求长生不老的仙术，似乎把今生的幸福，寄托在渺不可知的未来；但就其强调肉体的健康，以达到现世寿命的无限延长来说，其认同现世利益的本质，是很明显的。佛教移植到这块礼赞现实的国土，自然大量汲取了这一方面的养分。禅宗与净土，就是两个最显著的例子。

禅宗初祖菩提达摩所弘扬的是以《楞伽经》为主的“楞伽禅”[72]。从注重固定的方法、次第来说，这种禅法与汉末安世高所阐扬的小乘禅——“安般”禅（详前第一节），有某种程度的相似。而《景德传灯录》也说达摩曾与佛大先、佛大胜多，共同拜在佛陀跋陀罗门下，学习小乘禅[73]。安世高的禅法，已与汉末的道家禅合流，与之雷同的达摩禅，自然也会受其影响吧？从这一段历史看来，禅宗的道家化，似乎一开始就已注定了！

禅宗的中国化，最明显的阶段是六祖惠能（638—713年）时代。惠能的重视现世，可以从他的（敦煌本）《坛经》看出来；他说：“勿离世间上，外求出世间”[74]。他以一个出家人的身份，甚至还说：“若欲修行，在家亦得，不由在寺。”[75]这种重视现世的精神，后来更被元朝宗宝本《坛经》，发挥得淋漓尽致：

心平何劳持戒，行直何用修禅。恩则孝养父母，义则上下相怜。让则尊卑和睦，忍则众恶无喧。若能钻木取火，淤泥定生红莲。苦口的是良药，逆耳必是忠言。改过必生智慧，护短心内非贤。日用常行饶益，成道非由施钱。菩提只向心觅，何劳向外求玄。听说依此修

72.《景德传灯录》卷三说，菩提达摩曾以《楞伽经》四卷付二祖慧可。而原注则说：“此盖依《宝林传》之说也。”（详《大正藏》，卷五一，页219）按，四卷《楞伽经》应指刘宋朝求那跋陀罗所译的《楞伽阿跋多罗宝经》。此经阐述每一众生都本具“如来藏”（佛性），而且，此如来藏可以幻生山河大地。

73. 详《景德传灯录》（《大正藏》，五一册），卷三，页217。

74.《南宗顿教最上大乘摩诃般若波罗蜜经六祖惠能大师于韶州大梵寺施法坛经》（即《敦煌本坛经》）；引见《大正藏》，四八册，页342。另外，元朝宗宝所编的《六祖大师法宝坛经》，把这两句偈语改成底下有名的形式：“佛法在世间，不离世间觉；离世觅菩提，恰如求兔角。”（《大正藏》，四八册，页351）

75.《大正藏》，四八册，页341。

行，西方只在目前。[76]

惠能禅的道家化，不但表现在重视现世利益上，更重要的，还表现在好简约、好直接上。惠能反对有固定方法、固定次第、固定教条的禅法，相反地，他提出一种直截了当、自由放任、迅速悟入的法门。他说：

迷人着法相……真心座不动，除妄不起心……。若如是，此同无情，却是障道因缘。道顺通流，何以却滞？心不住即通流，住即被缚。[77]

惠能的这种禅法，后来被称为“顿禅”或“祖师禅”，他所批评的禅法，即神秀所阐扬的“渐禅”或“如来禅”[78]。许多文献显示，神秀的“渐禅”，更近于达摩所弘扬的禅法；因此，胡适之称惠能后的“顿禅”，是中国佛教的“革命运动”[79]。无可置疑地，惠能的顿禅得到了胜利，因为它附合了中国儒道两家重视现世利益的倾向。

净土宗的好简约和重视现世利益，更为明显。在印度，龙树（Nāgārjuna，150—250 年）曾把净土信仰判为“易行道”，依他所说，那是“伫弱怯劣、无有大心，非是丈夫志斡之言也”[80]。奇怪的是，龙树的思想传入中国，“易行道”一词却一变而成赞叹净土行的名词！例如，唐代道绰的《安乐集》，即曾引述龙树的“易行道”说：

言易行道者，谓以信佛因缘，愿生净土。起心立德，修诸行业。

76.《六祖大师法宝坛经》；引见《大正藏》，四八册，页 352。

77.《敦煌本坛经》；引见《大正藏》，四八册，页 338。

78.“顿禅”、“渐禅”之分，乃《敦煌本坛经》所本有。详《大正藏》，四八册，页 338。而“师祖禅”与“如来禅”之分，则出自《景德传灯录》(《大正藏》，五一册），卷十一，页 283。一般以为，凡落于功动渐次的称为“如来禅”，顿超直入的称为“祖师禅”。

79. 胡适，《禅宗史的一个新看法》，《胡适禅学案》（台北，正中，1975 年），页 150 以下。

80. 龙树，《十住毗婆沙论》，卷五，《易行品》九（《大正藏》，二六册，页 41）。“易行道”乃相对“难行道”而言。“难行道”是菩萨的正常道，菩萨发心上求不退转（阿毗跋致）的佛道，在没有完成之前，应该“不惜身命，昼夜精进，如救头燃”。但是，一般“懦弱怯劣、无有大心”的众生，不易信受这种难行能行的“难行道”，佛陀为了度化这些怯劣众生，不得已才开出“易行道”的方便法门。这个方便法门的大要是：“念是十方诸佛，称其名号”，亦即净土法门。详《大正藏》，二六册，页 40—45。

> 佛愿力故，即便往生。以佛力住持，即入大乘正定聚。正定聚者，即是阿毗跋致不退位也。譬如水路，乘船则乐，故名易行道也。[81]

道绰不但以“易行道”来赞叹净土法门，还依《大集月藏经》，说“称佛名号”的净土法门，正是“赴时机”而“易修易悟”的法门。甚至拒斥其他诸般法门，以为“唯有净土一门，可以情悕趣入！”[82]充分显示其重易行、好简约的态度。

重易行、好简约，不喜欢繁文缛节，是道家的本色。净土与道家的交流，是显而易见的。净土宗的早期弘传者——魏朝的昙鸾，据说就曾游学于道士陶弘景门下，后来还作有《调气论》[83]，其“神仙意识”是很明显的。昙鸾作有《往生论注》，在中国佛教史上首次注意到龙树所说的“易行道”[84]。道绰的理论，可以说是继承昙鸾而来的；从道绰《安乐集》屡次提到昙鸾，即可证明。其后，善导的净土理论，不过是这二人思想的更进一步发挥而已。

事实上，净土宗所信仰的阿弥陀佛与西方极乐世界，本质上和道教所向往的神仙与蓬莱仙境并无二致。神仙是长生不死的，阿弥陀佛也是“无量寿”的。蓬莱仙境有玉液琼浆，西方极乐世界也是“万金为地”乃至“无有众苦，但受诸乐”[85]。这两个教派，都希望把今生的快乐，无限延长于未来；它们看似向往渺不可知的来世，其实不过是“重视现世利益”这一中国传统价值观的另一种表现而已。

唐朝以后的佛教

- 禅宗的道化与净土宗的儒化

唐代以后的佛教，大都趋向于“三教调和论”；进一步细分，则禅宗道化较深，净土儒化偏甚。

---

81. 道绰，《安乐集》(《大正藏》，四七册)，卷上，页12。

82. 同上书，页4。

83. 道宣，《续高僧传》，卷六，《释昙鸾》条；引见《大正藏》，五十册，页470。

84. 详昙鸾，《无量寿经优婆提舍愿生偈注》(即《往生论注》)，卷上；引见《卍续藏经》，卷七一，页228。

85. 详《佛说阿弥陀经》；引见《大正藏》，十二册，页346—347。

惠能后，禅宗分化成“五家七宗”[86]，实际上则可归纳为洪州、石头两宗。这两宗道家化的情形非常显著。道家反名教、反礼法，标榜任运、无为；这些都可以在这两宗的门下看出来。例如，属于洪州宗的百丈怀海禅师曾说：“解得三乘教……觅佛即不得！”[87]而石头宗的德山宣鉴更说：

达摩是老臊胡，释迦老子是干屎橛，文殊、普贤是担屎汉，等觉、妙觉是破执（戒？）凡夫，菩提、涅槃是击驴橛，十二分教是鬼神簿、拭疮疣纸，四果、三贤、初心、十地是守古冢鬼、自救不了！[88]

这真是令人惊心动魄的“呵佛骂祖”，而云门文偃——云门宗的创始者却赞叹说：“赞佛、赞祖，须是德山老人始得！”[89]

越到后来，禅宗的道家化越是明显，其中尤以石头宗为甚。隶属于石头宗的曹洞宗开山祖师之一——洞山良价（807—869年），传说因参“无情说法”一句而悟入[90]，并作了一首《悟道诗》：

切忌从他觅，迢迢与我疏；我今独自往，处处得逢渠。渠今正是我，我今不是渠；应须恁么会，方得契如如。[91]

这首诗，最能看出洞山之道化的，是“渠今正是我，我今不是渠”两句。“渠”，是宇宙的绝对真理，亦即“道”；“我”，可以代表洞山

86. 惠能以下，有荷泽神会、南岳怀让、及青原行思三人。其中，荷泽神会系（荷泽宗）数传即绝。南岳传洪州的马祖道一，称为“洪州宗”。青原之徒为石头希迁，称为“石头宗”。洪州宗数传后，又分成沩仰、临济两宗。而石头宗也开出曹洞、法眼、云门等三宗。沩仰、临济、曹洞、法眼、云门等五宗，史称“五家”；以临济宗最盛。宋代，临济宗又分成黄龙派与杨岐派，就成“五家七宗”了。参见望月信亨主编，《望月佛教大辞典》（台北，地平线，1979年影印），卷二，页1166—1168。

87.《古尊宿语录》，卷一；引见《卍续藏经》，一一八册，页85。

88.《五灯会元》，卷七；引见《卍续藏经》，一三八册，页116。

89.《指月录》，卷十五；引见《卍续藏经》，一四三册，页173。

90. 详《景德传灯录》，卷十五；引见《大正藏》，五一册，页321。又，“无情说法”显然是道家的思想，佛教中受道家影响的天台宗及牛头禅，都主张“无情有（佛）性”和“无情说法”。而洞山良价则受牛头禅的影响。详杨惠南，《坛经的作者及其中心思想》，《国立编译馆馆刊》，10卷第2期（台北，1981）。

91.《景德传灯录》，卷十五；引见《大正藏》，五一册，页321。

自己，也可以象征一切由“道”衍生的万物。依道家，道无所不在而又超越万象，所以《道德经》说：“道常无为，而无不为。”（三七章）而“渠”既是道，当然遍一切处，也遍入于“我”；虽然如此，属于现象界的小“我”，却并不等于超越的、无为的“渠”。洞山良价的证道歌，显然是道家思想的改装[92]。

唐以后的禅师，常有“棒喝”或“公案”等超乎情理的对答，困扰了许多人，其实，说穿了，不过是道家那种任运、无为，不拘泥于固定教条的思想，更进一步渗入禅宗而已。

净土宗的偏于儒化，最明显的例子是明末的云栖袾宏（莲池大师，1535—1615年）。他认为儒佛之间非但不应该“相病”，相反地，应该“相资”：他首先指出“儒者非佛，佛者复非儒”，皆非正理[93]；紧接着，又提出“儒佛相资论”：“核实而论，则儒与佛不相病而相资。”[94]显然，他的这些理论，都是针对宋、明儒家的排佛而发。他把儒者分成诚实儒、偏僻儒和超脱儒三类，并认为唯有超脱儒“识精而理明，不惟不辟（佛），而且深信；不惟深信，而且力行”[95]，才是真儒。

他不但消极地调和儒佛二家，还积极地倡导儒家的伦理观。他身为佛教僧侣，却说：“今僧唯虑佛法不盛，不知佛法太盛，非僧之福。稍制之、抑之，佛法之得久存于世者，正在此也！”[96]他大力提倡孝道说：“戒虽万行，以孝为宗。”[97]又反对在家居士结社念佛，说：“家有父母，孝顺念佛可也，不必外驰听讲；家有经书，依教念佛可也，不必惟施空门！”[98]甚至还沿袭太微仙君的《功过格》，撰成《自知录》，条举善恶诸行，以警惕自己、奉劝他人多行善事。其中所列善行、恶行，除了佛教的戒条之外，全都是儒家的伦理条目；例如：事

92.洞山良价还作有一首《无心合道颂》：“道无心合人，人无心合道；欲识个中意，一老一不老。”（《景德传灯录》，卷二九；引见《大正藏》，五一册，页452）显然也含有道家“道常无为而无不为”的思想。参见杨惠南，《坛经的作者及其中心思想》。

93.《竹窗二笔》，页24—25；引见《云栖法汇》，《莲池大师全集》（台北，中华佛教文化馆，1973年），卷四。

94.《竹窗二笔》，页25。

95.《竹窗三笔》，页42—43；引见《云栖法汇》，《莲池大师全集》，卷四。

96.《竹窗二笔》，页25。

97.《正讹集》，页3；引见《云栖法汇》，《莲池大师全集》，卷四。

98.《竹窗二笔》，页22—23。

父母致敬尽养、事君王竭忠效力、敬奉师长、敬兄爱弟、居上官慈抚卑职、视民如子、不义之财不取等[99]。可见其调融儒佛的苦心。

• 唐后的排佛论与三教同源论

唐以前的排佛论，除了范缜的“神灭论”，大都从风俗习惯或国运政经入手，甚少有深刻的理论基础。唐以后，特别是宋、明儒者，经过深刻的反省，援佛入儒，提出了许多精辟的排佛理论。这些理论，直接促进佛教学者的深思，开展出明末各式各样的“三教调和论”。

宋、明儒所开展出来的新儒学，一般认为源自唐朝的韩愈与李翱。韩愈一方面撰写《谏迎佛骨表》来辟佛，一方面又写出《原道》以建立儒家的正统地位。李翱更著有《复性书》，建立“灭情复性”的理论，并依此批判佛教的教义。然而，他们辟佛的理由仍不脱前人窠臼，基于褊狭民族主义的立场者多，深刻论及佛教哲理的较少[100]。

韩、李二氏之后的宋明理学，大致可分二系：（一）以程明道、程伊川、朱熹为中心的“理学”；（二）以陆象山、王阳明为中心的“心学”。这二系都受到佛教，特别是禅宗的影响，但程朱系极力辟佛，可说继承了韩愈、李翱的传统；陆王派因受禅宗的影响较深，辟佛的言论也就少见，以致清儒王船山说他们是“阳儒阴佛，诬圣之邪说”[101]。

程朱一系的排佛论，当然也有不少非理性的成分，但大抵都能扬弃前人的浮泛之见，改从佛教教义来非难。例如，张载即曾针对佛教的“万法如幻”说，做了深刻的批判：

> 释氏妄意天性，而不知范围天用，反以六根之微因缘天地。明不能尽，则诬天地日月为幻妄，蔽其用于一身之小，溺其志于虚空之大。所以语大语小，流遁失中。其过于大也，尘芥六合；其蔽于小

99.《自知录》，页4—10；引见《云栖法汇》，《莲池大师全集》，卷二。

100. 韩愈、李翱的排佛论，参见韩逋仙，《中国中古哲学史要》（台北，正中，1971年），三章，七节。

101. 详杨胜南，《理学家与佛教之关系及其排佛原因》；及唐君毅，《略谈宋明儒学与佛学之关系》；收于张曼涛编，《佛教与中国文化》（《现代佛教学术丛刊18》，台北，大乘文化，1978年），页321以下。

也，梦幻人世。谓之穷理可乎？不知穷理而谓尽性可乎？[102]

佛教在程朱“理学”的批判下，首次遭遇劲敌；其因应的理论，则是“三教同源论”——一种发端于《牟子理惑论》，而大成于明末的妥协主义。

明末的四大高僧：云栖袾宏、憨山德清（1543—1623年）、紫柏真可（1543—1603年）以及藕益智旭（1599—1655年），没有一个不极力提倡“三教调和论”的。袾宏的儒释二教调和论，前文已略微论及。另一方面，他虽辟道者多，赞道者少，但从《北门长寿庵放生池记》一文[103]，也可看出他的“佛道调和论”。

不过，严格而论，云栖袾宏的理论，只是“三教调和论”，而不是“三教同源论”。例如，他认为儒释二家只是“不相病而相资”（详前文）；甚至用了许多篇幅，细述佛法与儒道二教有其根本的不同[104]。可见，袾宏仅止于“相资论”，而尚未进入“同源论”。

从“三教相资论”，进一步成为“三教同源论”的是憨山德清。德清曾注《老子》与《庄子》，对于儒家的经书也有深入的研究。他认为三教之间的差异只是“迹”，其心则无有不同，苟能“心迹相忘”，则“万派朝宗，百川一味”[105]，绝无畛域。

他的三教“同源”论，还可以从他以三事自勖看出；他说：“不知春秋，不能涉世；不知老庄，不能忘世；不参禅，不能出世。”[106]他甚至大胆地推论：

孔圣若不知老子，决不快活；若不知佛，决不奈烦。老子若不知孔，决不口口说无为而治；若不知佛，决不能以慈悲为宝。佛若不经

102.《张子正蒙·大心篇》。

103.《戒杀放生文》；引见《云栖法汇》，《莲池大师全集》，卷三。

104. 参见《竹窗随笔·道原篇》;《竹窗二笔》的《儒佛配合篇》、《阴阳篇》、《金丹篇》;《竹窗三笔·中庸性道教义篇》;《正讹集》的《佛法本出老庄篇》、《佛号仙人篇》、《三教一家篇》、《三宝篇》、《三教同说一字篇》、《槁木死灰篇》、《佛者弗人也篇》、《背本崇释篇》。

105. 德清，《老子道德经解》卷首；引见《观老庄影响论》（台北，广文，1974年），页56。

106. 德清，《观老庄影响论》，引见《观老庄影响论》，页11。

世，决不在世间教化众生。愚意孔老即佛之化身也。后世学佛之徒，若不知老，则直管往虚空里看将去，目前法法都是障碍，事事不得解脱；若不知孔子，单单将佛法去涉世，决不知世道人情，逢人便说玄妙，如卖死猫头，一毫没用处。[107]

最后，他还把三教同源（同一“理体”）的理论，建立在如来藏“心”、“平等法界”、乃至《华严经》所说的“毗卢遮那（大日如来）海印三昧”等如来藏佛教的唯心思想上：

不独三教本来一理，无有一事一法不从此（如来藏）心之所建立。若以平等法界而观，不独三圣本来一体，无有一人一物不是毗卢遮那海印三昧威神所现。[108]

三教调和或同源论，明显的，是佛教受到外教攻击或日趋没落之后的妥协理论，它的影响却是深远的。明朝末年，云栖袾宏还曾与耶稣会传教士利玛窦（Matteo Ricci；1552—1610年），展开一场热烈的辩论，当时的佛教界称之为“辟邪运动”[109]；但是，核实而论，不同本质的儒、释、道三教，既然可以“迹”不同而“理”同、“体”同，那么，为什么这三教不能再加上耶稣教和回教，而成为“五教合一论”呢？由此也可明白，为什么目前有些民间宗教，例如理教、天德教、一贯道等，极力主张“儒、释、道、耶、回五教同源”了[110]！

107. 德清，《老子道德经解》卷首，页55。

108. 德清，《观老庄影响论》，页11—12。

109. 详王煜，《明末净土宗莲池大师云栖袾宏之佛化儒道及其逼近者耶教与反驳天主教》，《明清思想家论集》（台北，联经，1981年），页111以下；又，袾宏，《竹窗三笔》（页72—78）中有《天说》四篇，全是批判天主教义的主张，可参看《莲池大师全集》，卷四。

110. 李世瑜，《现在华北秘密宗教》。

- 丛林制度与结社念佛

唐以后的佛教，为了回应教外的批判，成立了丛林制度与结社念佛两种形式的佛教团体。佛教僧侣教团刚在中国成立时（魏晋南北朝），就受到严厉的批判。在那些批判当中，主要的有："背理伤情"的"不孝"说、非圣无君的"不忠"说、"坐食百姓"的"聚敛"说，以及最重要的"图谋叛乱"说（详前文）。佛教僧侣为了回应这些批判，乃有丛林制度之产生。

丛林制度，是唐宪宗元和九年（814年），惠能的三传弟子百丈怀海禅师，依其《百丈清规》而创立的。它的特色是：僧侣依长幼辈分，各安其位，住在一个像"家"一样的大寺院里共同生活；劳役平等，福利、经济平等，即使是丛林的领导人——住持和尚，也必须严守"一日不作，一日不食"的规则，此外，丛林中的经济，完全自给自足，不必仰仗信徒的施舍或奉献[111]。显然，这个制度是僧侣集团为了对抗不孝、不忠、聚敛乃至图谋叛乱而设立的。在印度，僧侣所共同遵守的规约是《四分律》、《十诵律》、《五分律》等"五部律"。但在中国，由于地理环境、风俗习惯的不同，这些规约并不容易实行。因此，中国僧侣大都改采《梵网经》——一部普遍认为是完成于中国的经典，作为戒律的范本。这部经，特别强调忠、孝以及不食肉、不食葱蒜等五辛（《大正藏》，二四册，页1005）。这些成了中国佛教特有的戒律。依据《百丈清规》所建立的丛林制度，可以说是这部经的最佳楷模。所以，《咸淳清规》序曾自豪地说："吾氏之有清规，犹儒家之有礼经。"[112]这个制度刚刚创立的时候，就受到热烈的响应，连辟佛甚力的宋儒程明道，在参观了丛林僧众的生活之后，也不得不赞叹地说："三代威仪，尽在是矣！"[113]

这个原本出于禅宗的制度，其推广的范围、维持的年代，已无可稽考。不过，可以肯定的是，明朝末年的僧侣，并不完全受这种"清规"的限制；因为云栖袾宏的《竹窗三笔》，曾大肆抨击当时的僧人"务杂术"，说他们"有作地理师者，作卜筮师者，作风鉴师者，作医

111. 有关《百丈清规》及"丛林制度"的概观，参见李瑞爽，《禅院生活和中国社会——对百丈清规的一个现象学的研究》；南怀瑾，《禅宗丛林制度与中国社会》；收于张曼涛编，《佛教与中国思想及社会》（《现代佛教学术丛刊90》，台北，大乘文化，1978年版）。

112.《大正藏》，四八册，页1158。

113. 杨胜南，《理学家与佛教之关系及其排佛原因》。

药师者，作女科医药师者，作符水炉火烧练师者”[114]。此外，这些不守“清规”的僧人，还有“畜童仆供使令者”[115]；“有手持缘簿如土地神前之判官者；有鱼击相应，高歌唱和，而谈说因缘如瞽师者；有扛抬菩萨像、神像而鼓乐喧填，赞劝舍施，如歌郎者；有持半片铜铙，而鼓以竹箸，如小儿戏者……”[116]，真是不一而足，琳琅满目！难怪他痛心疾首地说：“末法之弊极矣！”

到了清朝，这个制度更面临全面崩溃的边缘，从当时的谚语，即可窥见一二：“无法子就做和尚，和尚见钱经也卖，十个姑子九个娼，剩下一个是疯狂，地狱门前僧道多！”[117]如果了解明末及清代佛教的腐败、没落，即可体会为什么当时会有那么多的秘密宗教起来批判佛教而却又以“正统佛教”自居了[118]。

唐朝以后，佛教为了对抗教外的批判，开创出另一种制度——“结社念佛”。从许多文献看来，这是一种以在家居士为主的佛教团体。它的兴盛，是否反映了当时佛教僧团的腐败，虽不太清楚，但是，无可置疑的，它与中国人所注重的“家”和“孝道”思想有很密切的关联。

远在晋代，道安的徒弟慧远，即曾与刘遗民、周续之等一百二十三位僧俗名士，结“白莲社”于庐山东林寺[119]。不过，隋唐时代这种结社念佛的风气并不盛行。一直到南宋，才渐渐兴盛起来。依野上俊静等著《中国佛教通史》说：“宋代净土教的思想与信仰，系由天台《观无量寿经疏》的研究而兴于两浙地方”，而且是采取“复兴白莲社的姿态”[120]。在宋代，第一位结社念佛的高僧是省常（958—1020年）。志磐的《佛祖统纪》对于省常的结社念佛，有如下简短

114.《竹窗三笔》，页16。

115. 同上书，页22。

116. 同上书，页54。

117. 野上俊静，《中国佛教通史》（台北，牧童，1978年），页160。

118. 清朝黄育楩，《破邪详辩》卷二载：明末秘密宗教，仅河北巨鹿一带，即有红阳、飘高等十六个教派。这些教派制造出无数的“宝卷”，严厉地批判当时的佛教徒是“人面兽心”：“燃灯佛子，兽面人心；释迦佛子，人面兽心；弥勒佛子，佛面佛心！”引见泽田瑞穗，《校注破邪详辩》（东京，道教刊行会，1972年），页58。这些教派后来演变成民国以来的各个秘密宗教，如一贯道等。可见，一贯道的极力辟佛是有其历史渊源的。（有关一贯道的辟佛，参见杨惠南，《我所知道的一贯道》，《联合月刊》，第7期（台北，1982年2月），页43以下。

119. 有关慧远结“白莲社”，请参见宋朝志磐，《佛祖统纪》，卷二六；引见《大正藏》，四九册，页260以下。

120. 野上俊静等，《中国佛教通史》，页123。

的记载：

> 宋淳化中（990—994），住南昭，庆慕庐山之风，谋结莲社。以西湖天下之胜游，乃乐嘉遁。无量寿佛往生之仰止，乃刻其像。华严净行品成圣之宗要，乃刺血而书之。于是易华社为净行之名，士夫预会者皆称净行社弟子。而王文正公且为之社首，一时公卿伯牧三十余年预此社者，至一百二十三人，其化也若此。比丘同志，复千大众。有以见西湖之拟于庐山者，无惭德矣！[121]

其后，遵式、知礼、宗颐等高僧，相继于各地结社念佛。于是，一种僧俗混杂的佛教团体，遂大肆流行起来。

这种僧俗混杂的佛教团体之所以能在宋明流行，大体是受了中国人“家”或“孝”等观念的影响。儒道两家的人士，从魏晋以来，就一直批评出家的僧侣“委离所生”、“刓剃鬓发”、“背理伤情，莫此之甚”（详前文）。佛教面对这样严苛的批评，虽然译出、甚至伪造出许多孝经，也创立了像“家”一般的丛林制度，但是，僧侣们毕竟还是要抛家弃亲。唐以后，儒家的势力渐趋强大，佛教中“三教调和”的妥协论调也日见抬头；因此，一方面具有出家欲望，另一方面却又谨守儒家伦理条目的佛教徒，为数必定不少。这批具有双重性格的佛教徒，在省常等高僧的号召之下，抟聚结社，一时之间成了极盛的景况。清代彭际清《居士传》所述的一百余位明末在家居士，大都皈依云栖袾宏修习净土法门，而且也都富有浓厚的三教同源的色彩[122]。到了清朝，僧团的腐败越甚，居士的地位相对地越高；周安士、龚自珍、谭嗣同等儒士成了这一时期的佛教领导人物。他们大都属于公羊学派的儒家人士。而他们之皈依佛法，不仅有其宗教的动机，更具有抗拒满清政权的表现[123]。

---

121. 宋朝志磐，《佛祖统纪》，卷二六；引见《大正藏》，四九册，页265。

122. 彭际清，《居士传》；引见《卍续藏经》，一四九册，页791以下。又，参见释圣严，《明末的居士佛教》，《华冈佛学学报》，第5期（台北，中华学术院佛学研究所，1981年），页7以下。

123. 野上俊静等，《中国佛教通史》，页164。

在诸多结社念佛当中，最值得注意的是南宋时子元（1085—1166年）所号召组成的“白莲菜”。志磐的《佛祖统纪》描述如下：

> 白莲菜者，（宋）高宗绍兴初，吴郡延祥院僧弟子元，依仿天台，出圆融四土图，晨朝礼忏文，偈歌四句，佛念五声，劝男女修净业，戒护生为尤谨，称为白莲导师。有以事魔论于有司者，流之江州。其徒展转相教，至今为盛。[124]

子元所倡组的“白莲菜”，被当时的人视为“事魔”之一。所谓“事魔”，即“吃菜事魔”或“事魔邪党”，乃盛行于宋元明清各朝的一种秘密宗教。依志磐的说法，唐宋间“事魔邪党”有三，即：“末尼火祆”——唐初由波斯传入中国的末尼教（摩尼教；Manichaeism）；“白云菜”——宋徽宗时由禅宗分化出来的教派之一；以及“白莲菜”。这三个“事魔邪党”，后来在教义、师承上都混为一体，开展出许多不同教派，广泛流传在民间（特别是福建、江苏、浙江各省），甚至连宋朝的一代大儒朱熹都被当时的人视为这些教派的信徒。更值得注意的是，它们都以鸠摩罗什所译，却盛行于隋唐的弥勒经典为根据，成为作乱、反叛的教团[125]。清代黄育楩《破邪详辩》卷一所列举的红阳教、飘高教等十六个教派，即是这些“事魔邪党”的余绪[126]。目前流行在民间的秘密宗教——一贯道，也是由它衍生出来的[127]。

依此看来，“结社念佛”这种有组织的佛教团体，其影响可谓极深且巨。

124.《佛祖统纪》，卷五四；引见《大正藏》，四九册，页475。

125. 有关“事魔邪党”的历史、教义，参见吴晗，《明教与大明帝国》，《清华学报》，第13卷第1期（民国三十年）；陈垣，《摩尼教入中国考》；许地山，《摩尼之二宗三际论》；陶希圣，《明代弥勒白莲教及其他“妖贼”》，《食货》半月刊，第1卷第9期（民国二十四年四月）；李守孔，《明代白莲教考略》，《文史哲学报》，第4期（台湾大学，1951年）。

126. 泽田瑞穗，《校注破邪详辩》，页31—32。

127. 参见杨惠南，《我所知道的一贯道》。

结语

佛教作为外来的宗教能在中国这块文化、风俗完全不同的异地生根，并不是偶然的事。以往，论者多从中国文化的博大含容，乃至魏晋南北朝人心的空虚论其原因。其实，佛教本身具备摄受异地文化的能力，恐怕是更重要的因素。印度的大乘佛教，标榜菩萨道的救度精神，而其基本的教义，在于视宇宙万物如幻如化的“法空”思想。一个彻底体悟了“法空”的菩萨，一方面固然可以因而消极地悟入个己烦恼的虚妄性，以获得究竟的解脱；更重要的是，菩萨以“法空”的智慧——般若，能够不畏艰难、不拘形式地救度众生。这种因为“法空”而显发出来的自由性与多样性，可以从《法华经》卷八的《观世音菩萨普门品》看出来。在中国，《普门品》应该是流传最广的一部经，其中描写观世音菩萨变化出三十二种身形（三十二应）以度众的故事，更是家喻户晓。像这样一个无拘变化的大乘菩萨道，其超越种族、地域，乃至具备强而有力的含容性，是可想而知的。再拿广泛流传在南北朝和隋唐时代的《维摩诘经》来说，经中主角——维摩诘居士，是一个辩才无碍而又不拘小节的在家菩萨，他不但能够“奉持沙门清净律行”，而且必要时还会“入诸淫舍，示欲之过”[128]。像这样一个自由自在的菩萨，正好契合当时中国人放任、浪漫的心态，其强而有力的摄受、含容性，是显然可见的。

128. 详《维摩诘所说经》，卷上，《方便品》第二；引见《大正藏》，十四册，页539。

然而，摄受异地或异质文化应该是有限度的，否则原有的母体文化将会丧失它的本来面目；印度后期大乘佛教漫无节制地没入“正统”之流以致衰亡，就是一个活生生的殷鉴。唐以后的中国佛教，由于战乱频仍，贵族阶层渐趋衰微，佛教义学丧失有力的支持者，因此，以义学见长的宗派，如三论、唯识、天台、华严各宗，急遽中衰；唯有偏重修行的禅宗和净土宗仍盛行于宋明两朝。其中，禅宗的后代，开展出慢经、慢教、呵佛、骂祖的宗风，其轻视经论是可以想见的。而净土宗的高僧，虽劝人多看经论，却因所接引的对象，多半属于无知的庶民阶层，因此，浩瀚经论只能束诸高阁，成了“镇寺”法宝了！这些衰相，明末的云栖袾宏虽已力图振挽，但他何尝想到那正是佛教儒化、道化必然的趋势？

入清后，情况更加惨淡。硕果仅存的禅与净土两宗，在雍正皇帝的压迫下，也只剩下了净土宗[129]。更何况，即使是净土宗，也不曾受到清朝帝王的善待。依据《大清律·礼律》亵渎神圣条：“若有官及军民之家，纵令妻女于寺观神庙烧香者，笞四十，罪坐夫男；无夫男者，罪坐本妇。其寺观神庙住持及守门之人，不为禁止者与同罪！”又说：“僧道不得于市肆诵经托钵、陈说因果、聚敛金钱，违者惩罚！”这样景况下的净土宗，这样景况下的佛教，能不衰微吗？

129. 依野上俊静等《中国佛教通史》页162所说，雍正皇帝认为当时禅僧结交士大夫而不结制、不坐香，因此压制禅宗的流传，提倡由云栖袾宏等人所鼓吹的净土法门——一种禅与净土共修的“禅净双修”法门。

目前的中国佛教，与印度后期佛教一样，给人的印象是消极与迷信；这当然是历史造成的，决不是释迦的本意。宋明以来，由于义学的荒废，佛教渐渐与知识阶层脱离了关系；入清后，又硬生生地被隔绝于社会大众之外，如何不陷于消极、迷信之讥？从这两千年中国佛教流变史的回顾，无疑可清楚地看出今后中国佛教所应该走的道路；同样地，面临西方文化带给中国的另一次冲击，我们是否能记取中国佛教的殷鉴，而更加明智审慎呢？

传灯的人[1]

历代僧侣的分类考察

蓝吉富

僧侣阶层的形成

“僧侣”，是由“僧伽”一词演化而来。“僧伽”本系梵文 Sangha 的音译，原义是指出家僧团。经过辗转讹传，乃逐渐地被用来形容个别的出家人。本文中的“僧侣”或“僧人”，即是指佛教的出家人而言。

出家（pravrajyā）是印度修行者共有的风习，并不是佛教所特有的制度。不过，佛教对出家修行也相当推许。在佛典中，对出家生活的赞美词句记载甚多[2]。就一个佛教徒而言，离开俗世家庭前往参加佛教的团体生活，象征着人生理想、目标、与价值观的转移，并非只是生活方式的变更而已。

依据佛教的原始律典所载，出家必须具备某些心理、生理及现实环境上的条件。以僧团的核心分子——比丘及比丘尼为例：必须受过具足戒、身体没有重大残障、年纪已满二十岁、必须得到父母的许可等等。具备戒律所规定的条件，才算是合格的出家人。

我国佛教的第一位出家人是汉末的严浮调[3]。严氏曾在汉灵帝时助当时译师安玄译经，且曾随当时外籍名师安世高研究佛法，并撰有《十慧章句》一书。因此，他也是我国第一位有佛学著作的僧人。

女性出家人方面，至迟在西晋已有比丘尼出现。晋愍帝建兴年间，彭城女子仲令仪等二十四人从比丘法始剃度出家，并在京城西门立竹林寺[4]。这是载籍所见我国最早的女性出家人。从这时候开始，女人出家者陆续增多。梁武帝时僧人宝唱所撰的《比丘尼传》，即载有六十五位比丘尼。这些人虽然没有什么丰功伟绩，人数也远不如男众，但是其中也不乏戒行精严、学优行粹的修行者。她们不只行为合乎法度，而且能登台讲经、研制经疏，这在古代重男轻女的社会下，自是

1.“传灯”是佛教术语，指佛法的传承。佛法的代代相承，犹如灯火的接连点燃，故以灯为譬。《大智度论》，卷一〇〇《释嘱累品》：“汝当教化弟子，弟子复教余人，展转相教。譬如一灯复燃余灯，其明转多。”本文所谓的“传灯的人”，是指佛教的出家人而言。

2.《大宝积经》，卷八二，瑜伽长者会；《释氏要览》，卷上，“出家”条。

3. 汤用彤，《汉魏两晋南北朝佛教史》（台北，鼎文，1976年），页65。

4. 宝唱，《比丘尼传》，卷一。

一件值得瞩目的事。

由于早期（汉末）佛教被视为斋戒祭祀一类的异端，是鬼神方术的附庸，因此僧人在社会上不能有较高的地位，是可想而知的。但是这种情形维持得并不长久，经过三国、西晋，到了东晋之时，佛教已挣脱神仙方术附庸地位，成为社会上的一种重要阶层。佛教能打入上层社会的因素自然很多，但是有两个原因应该是最重要的：其一是佛教经论的不断译出，使世人逐渐了解佛法自有其庞大艰深的玄理体系，并不只是一种巫术式的灵异现象而已；其二是在两晋南北朝的清谈玄风下，有不少僧人是清谈名家，而且当时清谈的内容也有佛法。

从汉末以来，西域译师陆续东来，安世高、支谶、支谦、康僧会、竺法护等人的译经事业，奠定了佛教在我国传播的义理基础。虽然他们的译业，各有瑕疵，远不能与稍后的鸠摩罗什相提并论，但是在“扭转世人对佛法的印象”一事上，自有其相当大的影响力。尤其所译的各部般若经，专谈性空玄理，恰恰投合两晋上流社会的清谈玄风；而上流知识分子对佛法义理的肯定，当然会风动草偃地影响到世人对佛教的印象。

在两晋那种清谈风气极盛的社会里，名僧支道林为玄谈名家，才藻俊拔，望重士林。于法兰、于道邃、支孝龙等名僧，都具有名士风范；而竺法雅、支愍度等人之六家七宗的般若学说，也能达到当时世俗知识分子的鉴赏水平。在这种情形下，僧人社会地位的提高，及在世人心目中方伎印象的转换，自是一件水到渠成的事。当时的竹林七贤，负士林重望，也是年轻人模仿的对象。东晋孙绰著《道贤论》，即将竺法护等七僧，拟喻为佛门的竹林七贤，在当时那种极其讲究身份等级的社会里，僧人可以与上流社会中的偶像人物相拟配，可见其地位的大幅度提升。

大约在东晋道安、鸠摩罗什的时代，佛教可能成为我国主要宗教的情势，已然形成。道安订定我国寺院生活的基本制度，号召全国出家人以“释”为姓，襄助翻译佛典，并分张徒众，命其到处弘法，使我国佛教的传播面大为扩张。其高徒慧远，德高行粹，不唯为出家人树立一卓然不群的典范，而且将佛教推展到南方中国。

此外，鸠摩罗什的庞大译经事业与卓越的僧侣教育成果，也为我国的佛教研究，开创出一个前所未有的大局面。其所译经典，结束了前此六家七宗对佛学义理的争论，使我国佛教有较明显的思想根据可资遵循。至于其门下佛学人才之众多，尤为一时盛况。其中道生、僧肇、僧导、僧嵩等人，皆成为后代某一学派之创始者。由于一时人才荟萃，际会风云，乃使佛法之光大明于世。东晋僧人在社会上之能形成一种不可轻侮的新形象，主要便是道安、慧远、罗什等诸师的努力成果。

东晋以后，译经名家陆续东来，佛典大出。西域高僧、印度大德，交互为我国的佛典译业续放异彩。而国内佛学研究水准的提高、弘法范围的扩大，也使佛教逐渐成为全国性的大宗教。

以北魏末年为例，当时仅洛阳一地，就有寺院一千三百余座。北魏全国，寺院三万余所，僧侣有二百万人[5]，加上南朝僧寺的数量，也可推知佛教在当时普及的程度。当时北方有魏太武帝的排佛事件，南朝也有不少儒者反佛。一种外来宗教遭受本国统治者的全面干涉与本土知识分子的大力排斥，而仍屹立不倒，可见其基础必已相当深厚。因此，我们大体可以这么说，距道安与罗什之后不久，僧侣在我国已经成为一种普遍而稳固的社会阶层。“方外的世界”在南北朝初期，已经从儒家社会的夹缝中异军突起地形成了。

5.《魏书》，卷一一四，《释老志》。
6.《般泥洹经》，卷上。

僧侣阶层与统治阶层的关系

对于王法及统治阶层的尊重，是印度佛教自古相承的传统。释迦牟尼即曾谓“天下多道，王道最大”[6]，而戒律里，“半月洗浴戒”的制戒缘由，也可以明白地显示出释迦对统治者所持的态度。当时摩揭陀国的瓶沙王，是一位护持佛教的国王。有一次，他到迦兰陀竹园中的水池沐浴，当时正好也有一群比丘在那儿洗澡。这位尊敬僧侣的国王没有惊动他们。他在旁边静静地等候多时，终以无法久候，未洗而离去。

这件事被释迦知道，他为此制订一戒。规定比丘、比丘尼如无疾病、酷热、远行等原因，不必常洗澡。在一般情形下，半月只能洗澡一次，以免妨碍国王[7]。这件事例，至少说明一项事实，即：为了弘传佛法，佛教徒对统治阶层应该尽可能地采取不违抗、不干犯的态度。

佛教传入我国，僧侣以戒律为平素的行为标准。在不违背重戒的原则下，对王法一向是顺从的。这种认同于统治阶层的态度，素为大部分正统佛教徒所秉持不渝。前引的东晋高僧道安，就曾说“不依国主，则法事难立”[8]。东晋成帝时尚书令何充，也曾说：“每见（僧人）烧香咒愿，必先国家。”[9]影响唐以后佛教甚巨的《百丈清规》，卷首也明白地规定：丛林僧众每天必须登殿颂咒，祝福“今上皇帝圣寿万安”[10]。

因此，虽然古代僧人曾有“不致敬王者”（即不向国王礼拜）的争议，但是这只是对佛教戒律的维护，并不代表我国僧人对王权的挑战。更何况连这种维护也并不彻底，历史上，“沙门致敬王者”的朝代还是相当多。北魏僧官法果，即倡言信佛之国主即是当今如来，沙门宜应礼拜[11]。可见僧人对王权所采行的态度，大抵是低姿势的。这应该也是僧侣阶层与统治者大部分都能和谐相处的原因吧！

我国佛教史上，除了少数帝王因为信仰异教，或有其他具体的政治、经济原因而排佛之外，在一般状态下，僧人大体都能得到统治者相当程度的礼遇。但是，仔细透视这种礼遇，则会发觉其动机并不一致。至少我们可以看出有下列几种类型。一、真正信仰佛教而敬僧；

7.《四分律》，卷十六，“波逸提”第五十六条。

8.《高僧传》，卷五，《道安传》。

9.《弘明集》，卷十二，“尚书令何充仆射褚翌等三奏不应敬事”。

10.《敕修百丈清规》，卷一。

11.《魏书》，卷一一四，《释老志》。

二、为利用佛教而敬僧；三、由于赏识其人的学养德行，而特别礼遇该僧；四、由于向往神异境界或秘术而敬僧；五、胡人君主对于同样“出自夷狄”的佛教兴起种族认同感，故礼遇胡僧。上述这五种动机的划分，并不十分严格。历代国君同时具有两种以上敬僧动机的，也不在少数。本文所以如此分类，只是为了说明时较为方便而已。

第一类：真正是由于信仰三宝（佛法僧）而敬僧的统治者，在我国历史上所占的比例不大，其中最著名的是南朝的梁武帝。武帝本人从天监年间（6世纪初）开始，即不肉食、远嫔妃。而且研佛甚勤，能升座讲经。甚至于数度舍身佛寺，为僧人执仆役[12]。当他在位时，某些名僧可以自由出入宫廷，“宫阙恣其游践”、“入金门、上正殿、踞法座”[13]。这段期间，真可以说是我国历史上僧侣阶层的黄金时代。梁武帝之外，梁简文帝、梁元帝，五代十国的吴越王钱俶、南唐王李璟等人，也都奉佛甚诚，礼僧甚敬，为一般国君所不及。

第二类为利用佛教而敬僧的帝王，历史上的事例也不少。隋文帝在位时，颇为信佛，当时他的次子杨广为了讨好他，以取得继承帝位的资格，也在所驻地——江都大弘佛法，并多方延礼僧人，遂使江都成为南方重要僧人的荟萃之地。此外，并且从天台宗智顗受菩萨戒。凡此种种，都可以从他即位后对僧人态度之转变，而窥见其利用佛教的动机[14]。

此外，我国历史上唯一的女皇帝武则天，在夺取帝位时，也曾表示出其奉佛的虔敬。先后曾提高僧侣的政治地位（使之高于道士），礼遇僧人，对法藏、神秀、菩提流支等人皆曾延揽。凡此诸事，并不完全出自武氏的单纯信仰，其主要动机，实是在为她的“女性为国君”一事，在儒家标准以外求得一种合理的解释，并向百姓作政治宣传[15]。

第三类指的是帝王对某些学优行粹的僧人的礼遇。这是国君对僧

12.《梁书·武帝本纪》。

13.《续高僧传》，卷五，《智藏传》。

14. 蓝吉富，《隋代佛教史述论》（台北，商务，1974年），第一章。

15. 参见陈寅恪，《武曌与佛教》，《中央研究院历史语言研究所集刊》，第五本第二分（民国二十四年十二月），页137—147。

侣个人学养或修行的单纯尊敬，与是否信仰佛教、利用佛教无关。最显著的例子，是唐太宗对玄奘的礼遇。太宗初即位时，虽然也做了些佛教事业，但都别有作用。从种种迹象看，他都不是一个真正的佛教徒。其所以礼遇玄奘，主因是由于太宗爱才，并不是在弘法护教[16]。否则他必不至于两次劝玄奘还俗参政。除了唐太宗以外，东晋时前秦苻坚之礼遇道安，后秦姚兴之厚待鸠摩罗什，情形也颇为类似。

第四类是由于向往神秘境界，或某些秘术而优礼僧人。这种现象也不少见，尤其是胡人国君更多。以《晋书·艺术传》为例，该传中载有五位名僧的事迹。此诸僧皆各具神异能力。佛图澄“能役使鬼神，腹旁有一孔，……孔中有光”，单道开“昼夜不卧，恒服细石子……日行七百里”，僧涉“不食五谷，日能行五百里。言未然之事，验若指掌”，昙霍“言人死生贵贱，无毫厘之差”。这几位有神异能力的僧人，都曾受知于胡族统治者。佛图澄受知于石勒、石季龙，单道开也受石季龙“资给甚厚”，僧涉为苻坚所护持，昙霍为秃发傉檀所知遇。

至于因为嗜好秘术而优礼僧人，显著的例子是元顺帝之崇信喇嘛恶僧。那些西藏妖僧之所以受到崇信，是因为他教顺帝一种房中邪术（大喜乐定，音译曰“演揲儿法”）[17]的缘故。

第五类是指胡人君主由于种族认同感所引起的礼僧态度。譬如4世纪中，后赵国君石季龙，即曾经下诏宣称：“朕出自边戎，忝君华夏。至于飨祀，应从本俗。佛是戎神，所应兼奉。”这种态度，当是历史上若干胡人入主华夏时礼遇僧人的原因之一。

大体而言，历代国君之善待僧人，多半含有上述一种或多种动机。加上僧侣阶层一向具有“不依国主则法事难立”的传统，乃使历代僧侣阶层与统治者大体保有颇为密切的关系。这种关系，可以从隋唐间各大宗派的重要僧侣与统治者的交往情形，窥见端倪：

天台宗的创始人智顗，是隋炀帝杨广即位前的戒师，他的“智者”

16. 汤用彤，《唐太宗与佛教》，《往日杂稿》（台北，庐山，1978年），页151。

17.《元史》，卷二〇五，《奸臣哈麻传》。

大师的称号，还是杨广赐封的。三阶教的创始人信行，虽然与帝王没有直接的交往，但在隋初也曾被召入京，受知于仆射高颎。三论宗的吉藏，曾入住杨广所设的慧日寺与日严寺，到唐初也与高祖李渊父子颇有往来。唯识宗的玄奘，受优礼于唐太宗。华严宗的法藏，极受武则天赏识，与唐代皇室关系密切，曾为高宗、武则天、中宗、睿宗、与玄宗的“五帝门师”。

此外，禅宗的神秀曾得武则天之知遇。慧能也曾蒙武氏诏邀而未赴。密宗的开元三大士在玄宗时也都显赫一时。其中，善无畏死后被玄宗赠号“鸿胪卿”，金刚智死后被玄宗敕赠“国师”，代宗时又追赐“开府仪同三司、大弘教三藏”。而不空三藏“翼赞三朝、近三十载”[18]，与唐皇室的关系更非等闲。净土宗的道绰，曾在太原玄中寺得到太宗的布施供养。唐高宗时武后在洛阳所造的大石佛像，也由当时的净土宗大师善导担任“检校”一职。律宗名僧道宣曾参加唐王朝所开办的玄奘译场，虽然与皇室不曾有较密切的来往，但死后也蒙玄宗下诏绘画图像以为纪念。而弘传“说一切有部律”的义净，也颇受武则天礼遇。

18. 赵迁，《不空三藏行状》，引见《大正藏》（台北，新文丰，影印本），第五十册。

从上列诸例可知，我国所开创的几个大宗派，其关键人物与统治阶层的关系都是和谐的，有时候甚至是极其亲密的。

虽然如此，除了梁武帝以外，历代统治者仍无法将佛教视为国教。个中原因，应该是政治价值与宗教价值两种标准平行发展而不密合的缘故。统治者与僧人各自怀有各自的行为标准而无法完全认同对方。在这种情形下，至多只能“相敬如宾”，而势必无法“水乳交融”。而且，当对方的价值凌越了本身的价值到一定的限度时，“相敬”的情势随时可能终止，冲突随时可能发生。这就是三武一宗排佛事件所以发生的背景，也是僧人常有不遵守王法情事的原因。

所幸的是，每次的排佛事件都维持不久，都在新王即位时即告取消。而且也很少伤害到重要僧人。除了北魏排佛时，所杀的禅师玄高较为时人所推重外，殉教的高僧名僧并不多。在另一方面，正统各宗派的僧人在为维护佛法而反对王权时，也都不曾发动政治革命事件。这种现象必然多少影响到中国佛教发展的方向与性格，是可以推见的。

僧人的类型

南北朝梁代以前所通行的僧传著作，大都叫做“名僧传”；梁代慧皎以为“若实行潜光，则高而不名。寡德适时，则名而不高。”因此，他把自己的著作另取名为《高僧传》[19]。此一名称，后代不断沿用，迄今不衰，民初喻昧庵所撰的僧人传记，仍然称为《新续高僧传》。

近人汤用彤先生沿袭慧皎的说法，并作进一步的阐释：

> 名僧者，和同风气，依傍时代以步趋，往往只使佛法灿烂于当时。高僧者，特立独行，释迦精神之所寄，每每能使教泽继被于后世。[20]

汤先生这种阐释当然比慧皎所说更中肯綮。而慧皎的简单界定，往往容易使人误以为“有名的一定不是高僧，高僧一定不会有名”。其实，依史实所示，历代能体现释迦精神而兼享大名的高僧，也为数不少。而且，慧皎本人及其后所出的各种《高僧传》，所收僧人也不见得每个人都是“实行潜光、高而不名”。可见“名”之与“高”，这两个范畴的内涵，并非必定相互排斥。

依据各种僧传及古代史籍所载，僧侣阶层当然不只包含“高”、“名”二种僧人而已，在这两种类型之外，也有干法犯纪、行为恶劣的比丘，也有数量繁多的凡庸僧侣。恶劣僧众虽然行为不足取法，但对各时代的佛法与社会，却有相当程度的负影响；而数以万计的凡庸僧侣，也与各时代的社会、经济息息相关。站在历史学的立场，任何

19.《高僧传》(《大正藏》，第五十册)《序录》。

20. 汤用彤，《汉魏两晋南北朝史》，第八章。

偏颇的认识，都可能导致错误的判断。只知道有高僧名僧的信仰态度，常会为僧侣阶层的行为作文过饰非的解释，以及对僧人产生由过分崇拜所引起的盲目憧憬。另一方面，只看到凡僧与恶僧，对佛教也容易引起情绪化的厌恶，以及缺乏理性的排斥。因此，要对僧侣阶层有确实的理解，就非秉持不偏颇的客观态度不可。

这种不偏颇的认识态度，看似简单，其实，真能恰如其分地看待僧侣的人，在历史上并不多。一般佛教徒不敢衡量或品评三宝之一的僧宝，对恶僧的行为当然要加以隐讳或曲解，其对僧人所生印象之可能错误，是容易理解的。至于由厌恶凡恶僧侣而对全体僧侣的正面意义作全盘的否定，这种评断者也代不乏人。因此，将历代社会上的良僧莠僧，作平面的陈列，并稍加疏解，相信当有助于读者对僧侣阶层的判断。这就是我们在“高僧”、“名僧”之外，也论述“凡僧”、“恶僧”的原因。

僧侣阶层的这四种类型，是依“僧格”的高低来划分的。这里所谓的“僧格”，是指其人在律己与度人方面，能秉持多少释迦遗训，能贯穿多少佛教的真精神而言。第一类所含的高僧，便是指僧格最高的人，如果能怀抱佛家信念、戮力以赴，则不论成果如何、声名如何，都可预高僧之列。这种人是我国佛教命脉的主要维系者，也是释迦风范在我国的主要传播者。

第二类的名僧，与慧皎所谓的“寡德适时、名而不高”者大体类似。这种僧人在当世能名著一时，也往往有相当程度的事业表现，但是所行与释迦之舍己为人的慈悲风尚并不尽合。其名利欲望比高僧要重，甚至与凡人无异。换句话说，这种人虽然也出家、也从事弘法工作，但在潜意识里却将“弘法”视如世俗人所经营的事业。因此，尽管他们也许能相当精进地奋斗，也许有异于常人的才学或地位，但是由于缺乏精纯的宗教精神，乃使其所显现的风格，总是相当的世俗化。依照我们的标准，历代《高僧传》所载，有不少人只能属于此类，并不能视同高僧。

第三类的凡僧，是指出家人中之平凡的大多数而言，历代僧侣，未能被选入僧传的，有一大部分属于此类。他们缺乏作为一个高僧所应有的经常反省与自觉，也没有名僧的地位或才学。他们虽然不能自觉地体现大乘佛教舍己利人的慈悲精神，但也没有国法所不容或世俗道德所不许的劣迹。

第四类的恶僧，则是指佛门中的败类，也是破坏佛教教团秩序及声名的恶劣僧尼。这种人不只是佛教戒律的重大违犯者，也是世俗道德与法律所指斥的坏人。

由于历代僧侣的成分相当复杂，各人的行为过程也并非一成不变，甚至于有些人僧格的高低，只有他自己才能了解。因此，上面这四种类型的划分，其必不能完全恰当是可想而知的。是否能涵盖历史上所有各型的僧人，也不敢断言。我们所确信的是，上述这四类僧人在佛教史上的各个时代都曾存在，而且对当时社会或佛教都有一定的影响。而且，在研究佛教的历史地位与影响时，如能先行对这四类僧人的性格稍作认识，则必定比只知有高僧名僧（或只知有凡僧恶僧），要来得客观一些。

• 高僧

高僧是历代各种僧传的主要描述对象。他们的特色是：在个人修持方面有不迷恋物欲的情操，所行大体能合乎戒律的根本精神[21]，至少要经常有持戒的自觉。在对外方面，必须对佛教或社会有正面的影响。

历代高僧的形态与风范，是不太一致的，有的是潜修隐逸型；有的是入世度众型；有人以神异事迹为信徒所尊奉，有人则以义学见长。此外，也有用单项特长（如诵经、梵呗、禅定……）来表现其宗教精神的。甚至于自律甚严、度人甚慈，一生默

21. 由于佛教的戒律是释迦就当时环境及社会背景所制定的，因此有不少条文，由于后代人的国情不合、经济社会结构改变等原因，已无法遵守。所以，要求我国僧侣的行事完全合乎各项条文的规定，是不可能的，也是不必要的。因此戒律中的各项规定，不是我们用以衡量僧格高低的标准。这就是我们说“必须合乎戒律的根本精神”，而不说“合乎戒律的各项规定”的原因。

默行化而不为世所知的，也必然会有。由于篇幅所限，本文只选择几类比较显著的例子来说明。

1. 潜修隐逸型：这一类高僧的风范，最易使世人兴起圣洁的印象，因此古今文学作品中即常以之为素材。而这些人“远离尘世、栖隐山林”的风格，也成为中国人心目中“高僧”的主要象征。

这一类型的僧徒为数甚众，最典型的事例是前引东晋庐山的慧远。这位净土法门的开创者卜居庐山三十余年，影不出山，迹不入俗。每次送客，常以虎溪为界。在庐山结莲社、修净土，四方学徒群来求法，终使庐山成为当时南方的佛学重心。

禅宗六祖慧能自从在乃师弘忍处得衣钵后，即隐遁多年。当他在韶州弘法时，他的同门师兄神秀曾向武则天推荐，武则天乃诏请他到长安，然而他固辞未往。后来神秀又亲自写信邀请，他也没去[22]。这种专事潜隐、不事权贵的精神也是相当难得的。此外，为了个人的修行成果而栖隐山林十年二十年、甚或终生不出俗世的例子也屡见不鲜。

这些潜隐型高僧们的影响力，主要在佛教内部。其所显现的宗教意义远较社会意义为重。对他们的直接弟子而言，他们是在传承释迦的慧命；对他们的信徒而言，则是树立了一种离俗绝欲、不慕名利的典型。但是如果过分强调舍离尘世、潜隐山林的重要性，流风所及，往往会演变成只务自我修行、不问世事的小乘行径。甚至会形成“为潜隐而潜隐”的无意义的隐遁风习。至于有人认为出家为僧就是“不管世事、逍遥山林”的同义语，这当然更是等而下之的想法。因此，潜隐型高僧之所以为“高”，并不是以“潜隐”为唯一的充足条件，而且也要看他们在潜隐期间的行持是否合乎僧格标准。

2. 入世度众型：这一类高僧的形态，与前述隐逸型刚好相反。他们的行事目标在入世度化众生。“度众”的工作大体有两类，其一是度人信仰佛法，这是基本的弘法工作。其次是度人离苦得乐，这是社会

22.《旧唐书》，卷一九一，《神秀传》附见。

慈善工作。

这一类高僧是佛教史的主要缔造者。他们的行事，是历代佛教史籍的主要内容。事例甚多，兹举若干显著者稍加说明。

三阶教的创始人隋代的信行，行头陀苦行，日食一餐，毕生“誓愿顿舍身命财”，以“布施”为其个人修行的主要内容，并以之为该宗主要教义。他曾明白地宣称：“修道立行，宜以济度为先。独善其身，非所闻也。宜尽弘益之方，照示流俗。”他生前利用信徒布施给寺庙的钱财去救济天下寺庙及社会贫困大众，死后他又遗嘱将自己的尸体布施给森林中的动物食用[23]。这种大悲利他精神的具体表现，正是佛教菩萨道精神的重要特征。

天台宗的开山祖智顗，是陈隋间倍受帝王尊崇的高僧。其人修持与学养俱臻上乘，诲人不倦、著述等身。其思想更是中国佛教哲学体系的最佳代表之一。而毕生所造大寺、佛像及所度僧众也都至为可观。在个人修行与弘法事业上，他都令人觉得毫无瑕疵。尤其难得的是，他具有“不媚权贵、守道自足”的高僧风范。他早年在金陵时，以禅法闻名于世。就在他成名的时候，忽然离开金陵入天台山修苦行。入隋以后，当时身为晋王的杨广请他到王府，他“初陈寡德，次让名僧，后举同学”。三辞不准，才勉强前往，并且在为杨广授菩萨戒后不久，随即辞行他去[24]，这种不以受帝王之邀为荣的心态，也是典型的高僧风范。前文述及的禅宗六祖慧能，当武则天召他上京时，他也“托病不出”。这两位祖师的行为风格，可以说是异曲同工。

唐代的译经大师玄奘，游学印度十七年，回国以后仅仅准备了三个多月时间，就开始他下半生的译经事业。先后十九年的时间里，他译书七十五部，共达一千三百余卷[25]。一直到逝世前一个多月，由于自觉“死期已至”，才正式停止译事。然后利用一个多月的时间专精修行，临终时，弟子问他能否如愿得生弥勒菩萨的兜率天，他肯定地回

23. 蓝吉富，《隋代佛教史述论》，第五章及第七章。

24. 灌顶，《隋天台智者大师别传》，引见《大正藏》，第五十册。

25. 吕澄，《慈恩宗》，《现代佛教学术丛刊》（台北，大乘文化，1978年），第三十一册。

答“得生”，并且自谓：“所作事毕，无宜久住，愿以所修福慧，回施有情……。”[26] 玄奘这种对死后生命去向的肯定，属于宗教行为的范围，兹不详论。但是从佛教的立场来看，至少可以看出其人平素戒行的清净。否则到生死关头，是不可能这么有把握的。

玄奘的一生显示出一个学者形态的高僧典范。如果他一生所显现的只是认真的游学与翻译，则这种敬业精神仍然是世俗的。在宗教观点上，玄奘行事之难能可贵，除了空前绝后的翻译事业以外，也在他曾两度婉拒唐太宗之“还俗参政”的邀请，而且，从佛教立场看，他一生的大部分时间都在从事“对佛教及文化有益、而对本身修行无大益处”的工作。他只利用临终一个多月时间，为自己的“生死问题”稍稍筹划而已。这种精神与那些毕生只在参究个人生死公案的某些隐逸型高僧相比，一为己一为人，菩萨道境界的高低是显然可见的。

大体而言，历代各宗派的几位大祖师，大部分是属于这一类入世度众型的。所以，中国佛教史虽然不能说全部是这类高僧创造的，但至少可以说由他们创造出一大部分。

此外，散布在大小寺院的僧人中，也有很多默默行化、不求私利、不为世所知的高僧。他们也许没有显赫的地位与过人的才学，但在日常生活中，却能在一举一动之中尽量去践履佛陀的遗训，因而，所显现的是“平凡的伟大”的风格。他们在日常的慈悲行为中，对佛教的影响，与对社会净化功能，都是不可忽视的。因此，这些未被收入僧传的高僧，也应属于入世型。

依古代各种史料所载，这类高僧在社会上所做的慈善事业，种类颇多。举凡天然灾害的救助与预防、贫困百姓的救济、对疾病贫民的医疗及犯罪的防范、社会的教化、甚至于爱护动物运动的提倡等等事项，都有相当程度的成绩。可见这类高僧，也都在历史上产生了相当程度的社会功能[27]。

26. 慧立，《慈恩传》，卷十，引见《大正藏》，第五十册。

27. 道端良秀著，关世谦译，《中国佛教与社会福利事业》（台北，佛光，1981年）。

3. 舍身型：这一类高僧指的是僧人能不顾本身生命的安危，为佛法或为众生而牺牲。这种舍身行为由动机的不同，可分为几种。分述如次：

首先要提的是西行求法的高僧。在古代那种不便旅行的环境里，由我国到西域或印度，其旅途的艰难与危险，都是现代人所难以想象的。依史乘所载，从西晋到唐末，西行求法的高僧大约有一百七十人。然而比较有成就的，也不过是法显、玄奘、义净等有数的几个而已。失败及客死异地的比例甚大。

依法显《佛国记》、慧立《慈恩传》及义净的《求法高僧传》所载，这些求法高僧旅程中的困难情形，现代人读了还是不免有惊心动魄之感。旅途中陆路的热风烈火、积雪层冰、悬崖峭岭、梯道索桥……，海路的黑风暴雨、惊涛骇浪……，在在都使人觉得成功的可能性极其渺茫；而侥幸成功归来的人，从他们的文章中，我们还是可以读出他们那种心有余悸的感觉。

法显的感受是这样的：

> 顾寻所经，不觉心动汗流。所以乘危履险，不惜此形者，盖是志有所存，专其愚直。故投命于必死之地，以达万一之冀。[28]

为了求取佛法，而能“投命于必死之地，以达万一之冀”，这种精神正是高僧的典范。如果没有强烈的宗教精神相驱使，大概很少有人会去从事这种与本身现实利益不相干、而且成功的希望又不大的冒险行为。

唐代的玄奘，从印度回国之后，也曾发出这样的慨叹：

> （奘）常思访学，无顾身命。……冒越宪章，私往天竺。践流沙之漫漫，涉雪岭之巍巍。铁门巉险之涂，热海波涛之路，……所经五万余里，……艰危万重。[29]

28. 法显，《佛国记》（《大正藏》，第五十一册）卷末。此书又名《高僧法显传》或《历游天竺记》。
29. 慧立，《慈恩传》，卷五。

义净在他的《大唐西域求法高僧传》序文中，称这些求法者为“轻生徇法之宾”，并对求法的艰难有生动的描述：

或西越紫塞而孤征，或南渡沧溟以单逝。……或亡餐几日，辍饮数晨。可谓思虑销精神，忧劳排正色。致使去者数盈半百，留者仅有几人。设令得到西国者，以大唐无寺，飘寄栖然，为客遑遑，停托无所……。[30]

这段文字很清楚的描绘出当时高僧旅印之不易。这类人物之所以能被视为“高僧”，由上引三段文字，大体可以窥见缘由所在。

其次是为护教而舍身的高僧。这种高僧在佛教中也不少见。在历代几次排佛及沙汰沙门的事件里，往往有僧人出来向执政者抗议，甚至以身相殉。

北周武帝灭北齐，即将实行全国性的排佛运动时，曾召集重要僧徒四百余人，宣布排佛一事。其时即有沙门慧远出来抗辩。为了维护佛教的存续，他居然敢以被征服国僧人的身份，向征服者投诏辩论排佛一事之不当[31]，这种为法忘身的精神，也是一般人所不能企及的。

隋炀帝大业年间，曾有沙汰沙门与裁并寺院的诏令。当时有一高僧大志，曾上书炀帝请求停止此一政令。如果炀帝答应，他愿意在嵩山燃烧一臂，以报国恩。在炀帝答应之后，他果然依约燃臂而卒。《续高僧传》对他燃臂的经过，有一段逼真的描述：

敕设大斋，七众通集。（大）志不食三日，登大棚上，烧铁赫然，用烙其臂，并令焦黑。以刀截断，肉裂骨现。又烙其骨，令焦黑已，布裹蜡灌，下火然之。……而（大）志虽加烧烙，词色不变。……为众说法，声声不绝……七日入定，跏坐而卒。[32]

30. 义净，《大唐西域求法高僧传》序，引见《大正藏》，第五十一册。

31.《续高僧传》（《大正藏》，第五十册），卷八，《慧远传》。

32.《续高僧传》，卷二七，《大忘传》。

另外一种舍身是为了救护众生。南朝刘宋初年，彭城驾山下有老虎经常出没食人，村人常有为虎所噬者。高僧昙称，即为此舍身喂虎而死。据说“尔后虎患遂息”[33]。像这种事例，在各种佛教史传里，有不少记载。有人为了救济饥民，而割下自己身上的肉给饥困民众食用[34]。甚至于有为了营救猎人所追逐的雉，而割下自己的耳朵送给猎人的[35]。被认为菩萨再世的南朝傅翕，且曾卖掉妻子，举办大法会来为众生消灾集福[36]。

最后一种是由信仰狂热而来的舍身行动。由于佛书中常有舍身供养诸佛的故事[37]，因此，我国僧人也常有起而仿效者。尤其《法华经》在我国一直甚为盛行，该经《药王菩萨本事品》中即载有烧身供佛的事迹，因此我国受该经影响而烧身的僧人也不少。这类僧人显现的虽然只是一种由信仰引起的狂热行动，但对古代信徒则有相当大的影响力。

（四）神异型：尽管正统的佛教徒都不断强调“神通”只不过是一种弘法上的权宜措施，并不是佛教徒的目标，不宜多加提倡。但是自古以来，神异的能力仍然是大部分信徒所崇拜、所热衷的宗教行为。而神异僧也常是一般信徒所追随的偶像。如前所述，历代帝王所信仰的僧人，往往是具有神异能力的，从正史所收僧传即可概见[38]。明成祖还编了一部《神僧传》，专载一些“神化万变，超乎其类”的神僧，目的在“使人皆知神僧之所以为神者有可征矣”[39]。

历代以神异名世的僧侣代有其人。然而并不是具有这种能力就可预入高僧之列。其中至少有一部分人的僧格并不高。他们不唯缺乏大乘佛教舍己为人的真精神，而且对佛法精义也往往并不认识。兹以我国历史上假借弥勒信仰图谋不轨的某些邪教为例：他们往往自以为是佛教徒，然而却常聚众造反。如果仔细推求他们所提倡的教义，立刻

33.《高僧传》，卷十二，《昙称传》。
34.《高僧传》，卷十二，《法进传》。
35.《续高僧传》，卷十七，《智舜传》。
36. 楼颖，《傅大士传录》（台北，老古，1978年），卷一。傅翕虽然不是出家人，但是他的宗教狂热与奇特行为，在佛教徒心目中，地位是不亚于一般高僧的。故此处亦以之为例。
37.《法华经·药王菩萨本事品》、《全光明经·舍身品》。
38. 蓝吉富，《我国传统史籍中佛教专篇史料之检讨》，《现代佛教学术丛刊》，第五十册。
39.《神僧传》序，引见《大正藏》，第五十册。

可以透视到他们对佛教教义的无知。他们大都是借用佛教的弥勒信仰来妄加附会。教义甚为肤浅，而居然仍能吸引一群信徒，主要原因便是他们之中有人具有神异力量。像这种神异人物，当然不能算是高僧。

佛教中，神异能力的表现方式之一是感应。亦即透过某种宗教行为而产生超人的能力或现象。譬如历代僧人经由持咒、诵经、念佛等方式，常会有不可思议的现象产生。当他们具有这种能力而为人所知时，信徒便会蜂拥而至。名利既至，立刻可以分辨出此人僧格高低。简单地说，高僧与俗僧的差别，端视此时是否通得过名利欲望的考验。有关这类神异僧，史乘及各种笔记小说所载甚多，兹不赘列。

上面所列举的这几类高僧，是中国佛教中最核心的“传灯的人”。释迦牟尼的精神与智慧就是由他们在中国传承与发扬光大的。其次，我们从社会学的角度，来检讨这些人在我国古代社会究竟发挥了什么样的功能。

依照美国结构功能学派的社会学者墨顿（R.Merton）的说法，社会功能有显性与隐性两种。“显性”是社会人士所期求的表面功能。隐性则是本来不为人所直接企求的效果[40]。宗教的社会功能如果借用这两个概念来考察，会显得清晰易辨。有趣的是，中国高僧所产生的社会功能，隐性的并不比显性的来得逊色，有时甚至还比显性功能为多。

我国的佛教是大乘佛教。大乘佛教的根本理想，是在解脱世人的生命束缚，其最终目标，是要使众生都能成佛。这一点，是佛教传教者所预期的显性功能。但是自古以来，在我国所盛行的几个大宗派，如天台、华严、禅、净土等宗派的祖师与信徒，并没有人宣称已经成佛。由于佛教的成佛并不是一生必定可达到的境界，而是累世修行的成果，所以我们不能说在一生之中不能成佛，就是宗教功能的瓦解。但是，至少我们可以说这种功能并不圆满。换句话说，中国高僧在“帮助众生成佛”这一点上，所产生的显性功能并不大。

40. 墨顿，《显性功能与隐性功能》，《现代社会学结构功能论选读》（台北，巨流，1981年），第二章。

除了“成佛”这一根本目标之外，中国高僧另外还有很多层次较低一级的宗教目标。这些目标的显性功能就比较明显。譬如由慈悲观念所导引出来的社会救济事业，由教义及戒律的宣导，使信徒在心理上得到某种程度的安宁。千里求法与长期的翻译，保存了卷帙庞大的佛教经典。长期的劝人为善，也使社会风气得到若干程度的净化，凡此种种，都是显性功能之具体可见的事例。

然而，如果我们从社会学尺度而不从宗教尺度来衡量，高僧在我国历史上的隐性功能反而比显性功能更清晰易见。讲经说法的集会，虽然不一定能使听讲的百姓得到宗教感召，但是，在古代那种单调的农业社会里，却也增加了不少百姓们社交活动的机会。教义的阐扬，固不必然促使所有信徒真能从虚妄杂染的世界觉醒，但却丰富了中国人的精神生活内涵；也为中国文学、哲学、艺术添加了不少新的成分。

戒律的宣导，也许无法使所有信徒都遵守那些严格的行为规范，但多少总会提升世俗的道德水准。书写佛经、雕塑佛像也许不见得必定使那些人都达到消灾延寿的宗教效果，但却为我国保存了无数的佛教文献与佛教艺术作品。寺院庵堂的林立，虽然不见得必使所有入住其中的僧侣都能开悟解脱，但却为我国社会增加了不少精神生活的避难所。而高僧们的恬淡风格与方外特质，也树立了一种中国文化原所未有的典范，也成为部分国人心目中所憧憬的理想。他们的言行謦欬，也往往对信徒产生潜移默化的无言之教。因此，如果站在非信徒的立场，对佛教的社会功能及僧人的存在价值持怀疑态度，这往往是只瞩目于显性功能而忽略隐性功能的缘故。客观的考察态度，是两种功能都不能忽略的。

此外，有一种现象可附带一提。在西洋，基督教会的组织严密，其所发挥的社会功能相当显著。神职人员隶属在教会组织之下，角色并不十分凸显。但在我国，情形刚好相反。由于我国的佛教教团（宗派或寺院）并没有严密的组织，因此，佛教教会的组织力量远不能与基督教会的组织力量相比拟。在我国历史上，佛教所产生的各项社会功能，主要的推动力往往不是寺院的组织，而是来自某位高僧或名僧。所以，在我国佛教里，教会（寺院）的社会角色远不如僧人来得凸显。大抵可以这么说，我国佛教以人为主导，而教会则居辅佐地位；这与西洋之以教会为主导，僧人居辅佐地位的形势，显然是不同的。

• 名僧

在我国佛教史上，有才学及地位的僧人为数不少，但是能兼具释迦精神，律己谨严、一心度众者却不多。“名僧”便是指仅具前项条件的人。他们或者名气大，显赫一时，或者事业有成就，为凡僧所不及，然而他们的僧格都不高。从下列这些抽样事例，大体可以窥见这类僧人的格调。

东晋孝武帝时，比丘尼支妙音才学不恶，名气亦大，且与帝王贵族常相往来。史书谓其“（寺）门有车马，日百余乘”、“权倾一朝，威行内外”。尽管气势如此显赫，才学也为时人所知，可是在其人传记中，却未见有任何著述或佛教事业传世[41]，如果史料所载属实且无遗漏，则其人正是汤用彤先生所谓的“名僧”典型。

南朝刘宋文帝时，被称为“黑衣宰相”的僧人慧琳，内外学都通达，文章也作得不错。元嘉四年（427年），文帝下诏，命他与颜延之同议朝政。当时他“著高屐，披貂裘”、“宾客辐凑，门车常有数十两（辆），四方赠赂相系，势倾一时。”[42]这位披着袈裟的政客，也是名僧的另一种典型。

隋唐间的嘉祥吉藏，是我国三论宗的集大成人物，学养丰赡，智慧甚高，且擅长玄谈。曾先后受知于隋代齐王杨暕、晋王杨广（即后来的隋炀帝），到唐初又被选为“十大德”之一。以世俗的角度来衡量，他是一个相当出色的学者、辩论家、演说家。然而，由于长期沉溺在王公大臣的浮华环境里，缺乏远离名利的高蹈情操，未能经常提

---

41. 宝唱，《比丘尼传》，卷一，引见《大正藏》，第五十册。

42.《宋书》，卷九七，《天竺迦毗黎国》；《高僧传》，卷七，《道渊传》；《佛祖统纪》，卷三六，“元嘉四年”条。

醒自己去维护僧格，因此，其人是否为高僧，也是须再推敲的。关于这一点，唐初的佛教史家道宣，在其《续高僧传·吉藏传》中，也曾评吉藏为“爱狎风流，不拘检约。贞素之识，或所讥焉。”可见对这位三论宗大师的评断，古已有之，并不是我们的刻意吹求。

名闻利养之不应沾染，是佛教的古训，也是出家人的常谈。然而，历代受帝王或贵族礼遇的僧人中，真能身在魏阙、心怀江湖的人并不多。东晋的道安、隋代的智顗、唐代的玄奘等人，都能在浮华的环境与显赫的尊礼中守身自持、不为名利所迷。但是，像吉藏这样，虽然不曾明显地呈现出丑陋的市侩相，却也长期沉溺于统治阶层的眷顾里。他的特长是讲经说法与研究佛教教义，如果只怀抱这一单纯的理想而不涉遐思，实在不必仰仗国君的恩赐。道安之与统治阶层周旋，是为了奠定佛教的传播基础，玄奘是为了译经；而智顗则随时作高蹈远引的打算。然而，以研学及著述为世所知的嘉祥吉藏，对于帝王贵族的眷顾，却是随时可以远离而终其生未尝远离的。因此，除非他具有其他特殊的原因，否则是没能达到上述之高僧标准的。

宋初名僧赞宁，是一个博学善辩、且显赫一时的僧人。他曾为僧侣之接近统治阶层的行径作辩解：

> 教法委在王臣，苟与王臣不接，还能兴显宗教以否？……今之人情，见近王臣者则非之，曾不知近王臣人之心，苟合利名，则谢君之诮也。或止为宗教亲近，岂不为大乎！[43]

赞宁这段话自是不错。问题是这种“止为宗教亲近”的行为，是否真系其人的唯一动机，或者只不过是他找来的堂皇借口而已。如果其人的内心动机隐晦不明，而一生的事业也并非必恃贵族的护持始能成就，那么对这种僧人的倚附权贵，历史家是不会轻易相信其确“为宗教亲近”的。据近人陈援庵的研判，赞宁其人的行径即“沾染五代时乡愿

43.《宋高僧传》(《大正藏》，第五十册)，卷六，《宗密传》。

习气，以媚世为当”，陈氏并且说：“若赞宁者，真可谓名僧也矣，以言乎高，则犹未也。”[44]

上述名僧的主要特征是，虽然身为出家人，却仍然具有世俗的名利与权势心态。因此，不论他们的手段多高明，才情多敏捷，总让人觉得其行为与其所应具有的僧格不相称。清人陈其年（维崧）为《百愚净斯禅师语录》所作的序文，对清代这一类人的形态，颇有生动的描绘：

44. 陈援庵，《中国佛教史籍概论》（台北，九思，1978年），卷二，《宋高僧传》。

45. 陈援庵，《清初僧诤记》，卷三，《善权常住诤》。本文所引之陈其年语，即转引自该书所载者。

吾见今之执拂而踞上座者矣。其上者剽窃古德传灯……，辄扬扬然诩于人曰：我临济嫡传也。是与王谢家不慧子弟，专以门阀上人者何异？甚或牵缀权势，凭借贵游，攫人之田庐而鱼肉之（作者按：此指争夺寺产而言）……。识与不识，无不从而呕哕之……。[45]

陈氏这段文字原意所要指责的，是清初显赫一时的名僧玉林通琇（即坊间所谓的“玉琳国师”）。但是历史上像玉林通琇这样的名僧，代有其人。因此，我们也可以视之为历代名僧具体而微的缩影。

除了名利权势之外，男女之间的情欲也是我国僧人最忌讳的行为之一。一般世俗舆论对僧人这方面的行为也比较敏感。从佛教律藏的制戒因缘里，也可以看出出家人通不过这一关的人为数不少，可见情欲对一个出家僧侣而言，也是相当困扰的。

在我国历史上，僧人干犯淫戒的事例相当多，其为名僧的也大有人在，例如：

隋唐以前我国最伟大的翻译家——姚秦时代的鸠摩罗什，学养丰赡，志大才高，其翻译业绩及僧教育成果，对我国佛教有空前的影响，真正堪称为我国佛教中“改变历史的人物”。然而在戒行上，他却守不住淫戒一关，曾先后数次破戒。最初，他是被姚秦将领吕光“强妻以龟兹王女”，后来又被秦主姚兴“以妓女十人逼令受之”[46]。依《晋书·艺术传》的记载，他也曾与宫女育有子嗣。

46.《高僧传》，卷二，《鸠摩罗什传》；《晋书》，卷九五，《艺术传》。

47.《晋书》，卷九五，《艺术传》。

据《高僧传》所载，罗什后来已“不住僧坊，别立廨舍”，可见他已形同还俗。像他这种行为，是很让后人不忍心评断的。在当时的长安，他是全中国佛教界最尊仰的译经大师与佛学权威，然而遗憾的是，在私人行为上他却犯了我国出家人最忌讳的淫戒。而且，《晋书》里还有一段更不利于罗什的记载，说他曾经在讲经会上，忽然向听讲的国君姚兴说“欲障，须妇人”，而姚兴也果然“召宫女进之”[47]。我们不敢贸然相信这种记载的真实性，但是由正史上的这种记载与其育有子嗣的传说，也使我们对《高僧传》上所说他受吕光“强妻”与姚兴“逼令受之”的说词感到怀疑。大体地看，罗什冲不破女色一关应该是毋庸置疑的。

淫戒是佛教戒律中最重的波罗夷（pārājika）罪，犯了这项戒律，是要被逐出僧团，而且要堕入地狱的。所以，尽管罗什在佛教史上的功业彪炳，在《高僧传》中也赫然有名，甚至直到现代，甘肃的武威县都还存有他的纪念碑，然而就僧格的标准来衡量，他实在只能预乎名僧之列。

罗什之外，西藏的达赖六世也是同类型的名僧。达赖六世名叫仓央嘉措（Tshangs-dbyangs-rgya-mtsho），生在清康熙年间。虽然他被认为是转世而来的活佛，且是西藏的政教领袖，但却纵情声色，行为不事拘检。由于他的文学素养好、才分高，所作诗歌，一直被后代西藏人所传诵。其人之所以不是高僧，只要看看他所作的这两首诗，自可了然：

入定修观法眼开，启求三宝下灵台；
观中诸圣何曾见，不请情人却自来。
曾虑多情损梵行，入山又恐别倾城；

世间安得双全法，不负如来不负卿。[48]

48. 曾缄译，《达赖六世情歌集》（台北，老古，1978年）。

49. 四依，《佛教与文学》，《觉世杂志》（1978年十月号）。

身为西藏佛教最高偶像的达赖活佛，居然有这么多情的诗句，要说他是高僧，恐怕他自己也不敢承当。以世俗的眼光来衡量，他可算是一位杰出的浪漫派诗人。然而，遗憾的是，他却是一位以严守戒律名世的西藏黄教（格鲁巴 Dge-lugs-pa）的最高领袖。身居黄教的最高地位，而行为又干犯黄教的重戒，当然不能算是高僧。

除了达赖六世之外，清末民初的文坛名流苏曼殊（玄瑛），也是同类名僧。苏氏在身份上虽然是出家人，其心态与世人却无二致。尤其对"情"之一字，执着甚重。其所作情诗，也颇为脍炙人口，传诵一时。在这些诗歌里，可以与达赖六世的情歌相比美的名诗颇多，兹摘数句，以见一斑：

偷尝天女唇中露，几度临风拭泪痕。《寄调筝人》

还卿一钵无情泪，恨不相逢未剃时。《本事诗》

像苏曼殊这种人，内心所持的行为标准，显然与一般出家人大异。其非合格的僧人，自是有目共睹。然而有趣的是，到现在居然还有不少人称他为"曼殊大师"，而且还有人认为他是用文学在修行[49]。这种误解，大抵由于相信传闻，未尝深究史实而来。

上举事例，只是为了说明方便所作的大略分类，将名僧分成上述二类，显然并不严格，但大体可以彰显此类僧人的行为特征——他们的地位（或事功、或才学）造成他们相当程度的声誉，但对释迦精神的服膺与践履，总是有所不足。也许他们并非生来如此，也许他们在初出家时也以高僧自许，然而遗憾的是，他们所表现在历史上的却是未能通过世俗欲望的考验。

尽管如此，这类人对佛教或对社会并不因此而毫无贡献。事实上，他们所表现的有形成绩，往往不亚于高僧，甚至超过高僧。其所以如此，是有一定的理由的。

第一类的名利（或权势）心重的名僧，大抵对佛教的舍离（尘世）精神都缺乏体验，因此，其内心与世人无甚分别，亦即世俗利益的追求欲望仍然不低于常人。在这种心理背景下，他们便缺乏高僧那种“有所不为”的狷介风范，显得长袖善舞、手段灵活，因此，就表面上的社会功能看起来，他们的成就有时会比高僧显著。

其次，名僧只是僧格不高、具有世俗利益的追求倾向而已，并不是为非作歹的坏人。他们的身份是出家人，为了达到他们内心的私人目标，他们当然只能用佛教的方式来表现。尽管这种表现方式并不是他们的本意，但多少总会产生一些正面的社会功能。譬如一个有名利心与权利欲的僧人，他为了达到拥有名利权势的目标，除了运用种种手段之外，当然也必须兴办各种能吸引信徒的佛教活动或社会慈善事业。虽然他的主要目的不全为佛教，也不全为社会，但是兴办这些事业之后，佛教或社会成员当然也可能蒙受到相当程度的利益。

明末大儒王船山，在他的《读通鉴论》里，曾评及秦始皇为他自己的子孙所作的“废封建、行郡县”等措施。他认为秦始皇的行为动机虽然出自私心，但却利益了后世的中国人。他说这是“天假其私以行其大公”[50]。其实，上述这一类名僧何尝不是如此。虽然他们怀抱着个人利益的企图，但是由于身为出家人，当然要做一些佛教徒所应做的慈善事业。想要达到“为自己”的最终目标，就必须表现一些“为别人”的事业成果。而佛教史的局面，至少有一部分也就借着他们这种“假私济公”的行径而打开。西哲黑格尔曾有“理性的狡狯”的说法，所表示的便是这种“假私济公”或“假恶为善”的概念。我国古代这些名僧的行为，又为黑格尔的说法增加一项新的例证。

第二类情欲心重的名僧，其对佛教或社会之可能有贡献，也是不

50.《读通鉴论》，卷一；贺自昭，《文化与人生》（台北，地平线，1973年），下篇，页129。

难理解的。因为这类名僧本就是有扬名于时的条件。或者是才学、或者是地位等等。他们当然可能凭借着本身的条件而产生某些社会功能。至于恶劣影响方面：除了可能对佛教教会的名誉稍有妨碍之外，是不会有其他弊害的。因为依照我们的尺度，这类名僧必须维持一项行为标准，亦即其人虽然干犯佛教的淫戒，但却不能违犯世俗法律，也不能危害到他人。如果超过此一限度，则其人即使具有名僧的基本条件，也应置入恶僧之列。譬如唐代为玄奘《大唐西域记》一书执笔撰文的僧人辩机，相传曾与唐太宗的第十七女高阳公主有染，而被处以极刑[51]。高阳公主是唐代名相房玄龄的儿媳妇。与有夫之妇私通是犯法的行为，也是道德上的大忌，世俗人尚且不可，何况是出家人。因此，如果史乘所载未诬枉，则尽管辩机在当时颇有名气，且文章作得相当好，但是仍然应该被视为恶僧。

51.《资治通鉴》，卷一九九，“永徽三年”条;《新唐书》，卷八三，《合浦公主传》。

52.《魏书》，卷一一四，《释老志》。

53.《佛祖统纪》，卷五三，“经目僧数”条。

- 凡僧

凡僧是方外世界中“平凡的大多数”，按理并无特别论述的必要，然而，由于他们的数量大，其平均素质的高低与行为风尚的优劣，都可能影响到整个社会。因此，这一类僧人的整体社会性也值得注意。

南北朝以来，各时代的确定僧数，由于文献不足，目前还无法知道。但是从部分资料，多少也可以推知僧侣阶层在社会上所占的比重。如前所述，北魏末年，洛阳一地有一千三百六十七座寺院，全国寺院总数有三万余，僧尼约有二百万[52]。北齐文宣帝时，北齐全境寺院约有四万座，僧尼约有四百万人[53]。在6世纪中期的北方中国有这个数目，其在我国社会上所可能产生的影响力，是可想而知的。这些数以万计的僧尼之中，当然凡僧占大多数。又由于凡僧的成分不齐，素质参差，其社会功能也必然正反两面兼有。

在正面功能方面，首先是凡僧的襄赞力量。尽管推动中国佛教发展的主要成员是高僧与名僧。然而，如果没有这些占大多数的“襄赞阶层”做助手，当然也不会有多大的效果。事实上，各寺院之各种有益社会或文化的活动，策划的人固然是高僧或名僧，但实际操作的人绝大部分是这些凡僧。

其次，尽管凡僧没有高僧的涵养与精神，也缺乏名僧的才能或地位，但是出家身份在社会上是“善”与“道德”的具体象征，加上“劝善弃恶、舍己为人”一类的德目，又是佛门中的口头禅，因此，凡僧虽然缺乏自觉或学养，但在那种宗教环境的熏陶之下，其平素所表现的外在行为，也必然是善的影响要比恶的影响大。简单的说，社会上有了象征“道德”的僧侣阶层存在，即使成员大都为不自觉的凡僧，然其对社会风气的影响，多少会有某些移风易俗的正面功效，是可以想见的。

在负面功能方面，凡僧由于成员良莠不齐，必然会有因缺乏出家人应有的自觉而引起的某些行为偏差；又因为数量庞大，对历代社会、政治所造成的恶劣影响也就颇为显著。

在古代社会里，出家人常可以免除纳税及服役等义务，甚至有时还可以享受到政府配给的农田及佣人[54]。享有这种特权的僧侣阶层，数量如果达到某一程度，必然会影响到国家的经济力量，这也是显然可见的。我国历代的排佛事件，尽管也有宗教冲突等因素，然而僧侣阶层对国家经济力量的耗损，往往也是主事者所考虑的重要原因之一。

北周武帝灭齐排佛以前，北齐文宣帝对僧人道士之充斥，即颇有感触，曾诏曰：“缁衣之众，参半于平俗。黄服之徒，数过于正户。所以国给为此不充，王用因兹取乏。”[55]

唐武宗会昌五年的排佛诏书中，也指出僧人众多对国家经济的弊害：“九有山原，两京城阙，僧徒日广，佛寺日崇。……一夫不田，有受其馁者，一妇不织，有受其寒者。今天下僧尼，不可胜数，皆待农而食，待蚕而衣，寺宇招提，莫知纪极……晋宋齐梁，物力凋瘵，风

54. 北魏即有“僧只户”、“佛图户”之设。见《魏书》，卷一一四，《释老志》。

55.《广弘明集》，卷二四，北齐文宣帝《议沙汰释李诏并启》。

俗浇诈，莫不由是而致也。”[56]

上面两段文字所指摘的都是经济上的弊害。而僧人造成这种弊害的主要原因，是由于数量庞大。主政者认为这些僧人不农不织，是消耗者，而非生产者。如果他们所付出给社会的价值少于所承受的，则这些人在社会分工的意义上，便是应该排斥的。高僧名僧虽然也在不农不织之列，但他们在其他方面付出甚多，因此具有社会价值，而凡僧付出较少，在社会上所产生的当然是负面功能。

上述这种评价，是就凡僧的整体所作的判断。至于就某一部分凡僧而言，有不少人也是行为甚惹人厌恶的。他们的贪污钻营等俗态，不但世人不齿，教内清流更不以为然。隋僧彦琮在其《通极论》中，曾举出这类例子：

> 沙门而复纵无厌之求、贪有为之利。劝俗人则令不留髓脑，论傣施则便无让分毫。或胜贵经过，或上客至止，不将虚心而接待，先陈出手之倍数。此乃有识者之同疾，海内之共知。[57]

僧人在信徒面前，鼓励人“不留髓脑”地布施，一谈到信徒给自己的傣施，却“无让分毫”。像这种嘴脸，即使不是什么十恶不赦的大罪，其必引人厌烦，并破坏僧伽的崇高形象，则是可想而知的。

此外，凡僧由于缺乏出家人的自觉与宗教精神，因此也常有人从事营利事业。这种现象，从南北朝以来，即不断出现。所经营的事业，有碾米制粉业、药铺、旅社、当铺、茶铺、纺织业、钱庄等。在古代社会里，出家人到社会上去与民争利，即使未曾干犯国法，却与其出家的本意相冲突，僧格的丧失也是必然的，而且也会破坏佛教在社会上所可能产生的道德提升作用与风俗净化作用。此外，另有一类公然娶妻养子而以经忏为其谋生手段的“职业僧人”，宋僧志磐的《佛祖统纪》中曾有描述[58]。这种“应付僧”，当然更是等而下之了。

56.《唐会要》，卷四七，《议释教上》。
57.《广弘明集》，卷四。
58.《佛祖统纪》，卷四三。

造成凡僧行为偏差的原因，固然甚为复杂，有一个属于佛教教团的因素则不能不提。这就是佛教组织的松散乏力。由于佛教的行政系统不谨严，寺院各自为政，缺乏像天主教那种能辖理全国教务的中央机构，因此教会行政效率便显得不佳。寺院的社会功能能否发挥，完全要看当时住持人选的好坏。如果住持得人，则寺院上轨道；反之，则必无功能可言。而且，组织力量不振，全体教会（或者各宗派）便缺乏应有的传教政策与方针，一切与弘法有关的事业，自然无法作适当的规划与推展。

由此而造成的现象是，僧教育没有制度，佛教学校迄未形成，私度徒众的风气盛行，教义的解释言人人殊，弘法的方式因人而异……我国佛教于是成为“明星僧人”表演的佛教，高僧名僧出，则其道大行；高僧名僧没，则其道随即消失。凡僧就在这种情形下，无法作进一步的有效提升。甚至于因为所处的宗教环境对他们不能做适当的制约与辅导，也随时有堕落为恶僧的可能。

• 恶僧

如果说凡僧的某些行为足以使人感到厌烦，则恶僧之所以为恶僧，必然是其人之行为已经超过厌烦，而达到危害社会的程度。关于恶僧的一般性描述，可以从唐高祖在武德九年（626年）所下的《沙汰沙门诏》中窥见端倪：

> ……京师寺观不甚清净，诏曰……（恶僧）进违戒律之文，退无礼典之训。乃至亲行劫掠，躬自穿逾。造作妖讹，交通豪猾。每罹宪网，自陷重刑。……又伽蓝之地……错舛隐匿，诱纳奸邪。[59]

59.《旧唐书》，卷一，《高祖纪》。

出家人除了不守戒律，贪欲营利者外，居然也有人当起强盗小偷（劫掠、穿窬）来，而寺庙居然“错舛隐匿，诱纳奸邪”。恶僧如此猖狂，难怪历史上总有不少人厌恶佛教。上引的例子，是皇帝所颁布的全国性政令，可见这种事例必定不是少数偶发事件。北魏太武帝排佛运动的导火线之一，也是因为在长安佛寺内发现有酿酒具、弓箭武器，以及“（沙门）为屈室，与贵室女私行淫乱”[60]。这种事件，在不少史料里都有记载，并不是小说的渲染之词。

另外一类恶僧，是假借佛教的名义起来造反。这一类事例，自南北朝以来，时有所见。兹举二例，以见一斑：

（隋末）有怀戎沙门高昙晟者……与其僧徒五十人拥斋众而反。杀县令及镇将，自称大乘皇帝。立尼静宣为耶输皇后，建元法轮。[61]

出家人造反，居然以尼姑为皇后，且自称“大乘皇帝”，建元为“法轮”，这种事让诚信的佛教徒听了真要哭笑不得。

（隋炀帝时）桑门向海明，于扶风自称弥勒佛出世。潜谋逆乱，……举兵反，众至数万。[62]

历史上像这种假借佛教名义造反的例子，虽然时有所闻。但举事者多半不是佛教教团中的重要人物，在史料上，我们从未发现高僧或名僧有图谋不轨的事例。凡是这类假借“弥勒佛下生”等名义作乱的，大体都是对佛教教义不甚了解而带有神异色彩的出家人，多半不是正统佛教寺院的僧众。

历代恶僧行为不检，多半为统治阶层所厌恶。然而也有例外的，元朝即有不少恶僧为帝王所宠信。当时帝室所信的佛教，是西藏的密教（喇嘛教）。元世祖时，以西藏籍恶僧杨琏真加为“江南释教总统”。这位炙手可热的僧官，曾盗发宋朝帝室大臣的坟墓百余所，戕杀百姓，攘夺财物，“私庇平民不输公赋者二万三千户”。元武宗时，也有西藏

60.《魏书》，卷一一四，《释老志》。
61.《旧唐书》，卷五五，《高开道传》。
62.《隋书》，卷二三，《五行志下》。

恶僧，公然凌辱官吏，甚至殴打王妃。当时这些吐番恶僧气焰之高涨，已经到了无法无天的地步[63]。

元顺帝时，宠信西藏恶僧伽璘真。此恶僧传授顺帝以房中术，美其名为“双修法”、“演揲儿法”、“秘密大喜乐定”。并与其徒众广取良家妇女，在皇宫中公然行淫，号曰“事事无碍”。“君臣宣淫，而群僧出入禁中，无所禁止。丑声秽行，著闻于外，虽市井之人，亦恶闻之。”[64]

当时西藏恶僧所以猖狂一世的原因，除了帝王（如元顺帝）的昏庸之外，也另有某些历史原因。其一，统治者为了推行“因其俗而柔其人”的政策去统治西藏，所以有意地提高西藏宗教领袖的地位[65]。其二，西藏佛教系印度密教与西藏棒教（Bon，一种类似巫术的原始宗教）的结合，修行着重于神异的法术，较易为不谙佛法者所敬信。其三，西藏密教承印度左道密乘之流风，提倡一种男女交合的修行法，并且认为这是最上乘的“无上瑜伽法门”。因此，恶僧及淫欲信徒乃得以之为修法借口，而肆其行淫之实。

• 外国僧人

佛教创自印度，并盛行于中亚。在输入我国的过程中，印度及中亚等地的僧人居功甚伟。这些在我国活动的外国僧人，虽然也可并入上述四种僧人范畴之中，但是由于他们的身份特殊，在中外文化交流史上扮演相当重要的角色，所以另辟一节，希望将他们在这方面的功能稍加论述。

本来，广义的“外国僧人”，应该也包括来华求法的日本及韩国僧人。然而，由于这些人对他们国家的贡献较大，对我国的影响则甚小，因此暂不赘述。

来华弘扬佛法的外国僧人中，以译经僧为数最多，其他性质的较少。粗略地估计，由汉末到宋代，依史籍所载，总数大约有两百人。

63. 此段所述，据《元史》，卷二〇二，《释老传》。

64.《元史》，卷二〇五，《奸臣哈麻传》。

65.《元史》，卷二〇二，《释老传》。

其中，译经僧约有一百三十人。这百余位佛典翻译家，在佛教传入我国的史实中，占有重要的地位，他们可以说是印度文化传入我国的主要移植者[66]。

66. 蓝吉富，《贝叶传经——佛书的翻译》，“文化中国”丛书《中国人的思想历程》（台北，联经，1982年），页477—482。

除了译业为世所知之外，外国僧人在我国的弘法事业也不可忽视。四世纪前半期的北方中国，佛教的主要推动者大都为胡僧。来自西域的佛图澄，对后赵国主石勒、石虎的影响力，也是治史者所乐道的。两晋之时，将佛教玄学用清谈方式打入上流社会的出家人中，也有不少人来自外国。东晋的佛学巨擘鸠摩罗什，即来自龟兹。此外，南北朝的禅法及佛教玄学的传播，外国僧徒也有不少是主导性人物。当时北方的地论宗与南方的摄论学派，即由外国僧人所开创。

在唐代的几个大宗派里，三论、华严、密等三宗与外国僧人的关系相当密切。三论宗的远祖是鸠摩罗什，其集大成者嘉祥吉藏，即来自安息。华严宗的实际创始人贤首法藏，是康居人后裔。而译出梵本《华严经·入法界品》的地婆诃罗、译出八十华严的实叉难陀、译出四十华严的般若，也都是外国僧侣。可见华严宗的创立，与外国的僧人有相当密切的关系。至于唐玄宗时的开元三大士，也都来自印度，可见密宗更是不折不扣的印度产物。

历史上的外国僧人，除了前述的西藏恶僧之外，对中国佛教的贡献是巨大的。这些中华佛教的外籍播种者，其行事风格有几点颇值得治史者注意。分述如次：

第一，他们的弘法活动是各自为政的。印度与西域的佛教，本来就没有像基督新旧教那样庞大而严密的教会组织，也缺乏周详的弘法计划。因此，这些外国僧人都是基于个人的宗教热忱而来，并不是受到教会的派遣。而我国佛教界，又没有全国性的组织能与之作政策性的配合，所以，他们的传教活动便只能是零散的、没有组织的。由于没有组织的支持，他们的成果好坏便与环境、际遇有颇为重要的关系，个人的才学能力并不是决定其成功与否的最重要因素。东晋的鸠摩罗什、南朝的真谛、唐代的那提，三人都是相当杰出的僧人。然而，其中只有罗什能大放异彩；真谛一生颠沛流离，晚年且欲自杀；而那提则终其一生默默无闻。

第二，他们的佛学传播方向，是被个人条件所支配的。由于来华弘法不是教会组织所遣送，因此缺乏整体性的计划。对于中国佛教最需要的是什么？所输入佛法的先后次第应如何安排？……这类问题当然不是只具个人身份的那些外僧所能顾虑得到的。他们所译的经、所讲的佛法，决定于各人的擅长及其所属宗派，并不一定是衡量过我国佛教的需要之后所做的抉择。也由于这个缘故，历代所译的卷帙庞大的经论中，有很多是重复的，有很多是中国人所不爱读而不曾产生如何影响的。也有不少名词，在译成中文时有四、五种乃至七、八种不同译法。在为数众多的同本异译及不同译词里，当然只有少数（甚或只有一种）译本或译语被我国佛教界所采用。从这种现象，可以窥见这些来华外僧之精力的大量浪费。

此外，由所译佛书种类的参差不齐，也可以看出这种特征。以小乘三藏为例，《阿含经》有四部，表面上看似乎可组成原始（或小乘）佛教的完整经藏，实则四部阿含各属于不同的部派，这与锡兰所传的完整上座系经藏，便意义不同。律藏方面，五部广律，只有四分律及十诵律较为国人所常研，其余则未发生大作用。论部方面，说一切有部诸论译出最多，属于其他系者则甚少。这些现象，虽然多少也反映了一部分印度佛教的历史事实，但来华外僧之个人宗派及特长的影响，也是重要的决定因素。

第三，他们的来华，目的是单纯的弘法，并未夹带宗教以外的企图。由于外僧不是经由教会所派遣，因此，虽然有上述某些缺点，然而由于他们只是弘法的客卿，并未立意来中国开拓宗教的殖民地，所以比较不易挑激起政治上的排外感，也比较不会产生宗教以外的副作用。他们只想把佛法传到中国，至于中国人要如何去接受，他们并不摆出最高指导者的权威姿态来干涉。当然，他们所传的是印度的文化产物，与我国习俗必然会有冲突，但是他们的态度是只负责翻译或解释，并不向我国信徒作严格的硬性规定。

此外，他们也不曾在我国建立教会组织的行政体系，从来不曾企图在我国取得“教权”。这种“做客不做主”的态度，使他们终于成为中印文化交流的亲善大使，而不是印度文化入侵我国的先锋部队。

僧侣的社会地位

从安世高来华（147 年）到现在，僧人在中国社会上已经存在了一千八百多年。在这千余年的历史上，僧侣阶层所获得的社会评价，以及在国人心目中所产生的印象，并不是完全一致的。大体来看，这一阶层在历史上所扮演的是“两极评价并存”的社会角色。也就是说，这一阶层在我国历史上形成之后，社会上对它的评价，一直是“推崇”与“排斥”这两种态度同时显著地并存的。

对僧侣阶层给予正面评价的，并非只是一般信徒为然，而且也包含有统治阶级、知识分子及普通百姓。流风所及，乃使南北朝以来的我国社会产生一种观念，此即与僧人交往不只是信仰上的事，而且是生活上的高尚境界。历代不少人都有一些僧人朋友，即使是排佛的唐代文豪韩愈都不能免俗，也与僧人大颠相过从，可见此种风气之盛。

兹以东晋的道安、慧远师徒二人为例。道安是我国早期佛教的高僧，当时对他表示尊礼的有前秦国主苻坚、凉州刺史杨弘忠、晋孝武帝等人。而襄阳名流习凿齿对他的推崇及两人的交游，尤其是佛教史上的美谈。道安的弟子慧远隐居庐山数十年，社会上推尊者之多也不亚于乃师。汤用彤先生尝谓：

> 释慧远德行淳至、厉然不群。卜居庐阜三十余年，不复出山。殷仲堪国之重臣，桓玄威震人主，谢灵运负才傲物，慧义强正不惮，乃

俱各倾倒。非其精神卓绝，至德感人，曷能若此。[67]

由道安师徒之例，可以发现高僧风范所吸引的群众，包含相当复杂的社会成员。历代高僧或名僧，大抵都有各人的基本信众。因此，他们的风范势必会使社会上一部分人对僧徒产生良好的印象。加上种种其他宗教活动因素的助成，僧侣阶层要在我国社会上获得正面评价是不甚困难的。

近人章行严认为佛教在我国社会上具有两种诱惑力，其一是“能招致绝顶聪明人，使之俯首”，其二是“于失路英雄、左降官吏，雅相契合”[68]。其说自有所见。而造成此种现象的理由，并不单纯。除了佛学本身具有庞大深邃的思想体系之外，高僧的学问与崇高僧格，也是使聪明人俯首的重要原因。

至于失路英雄、左降官吏之契合佛法与缔交僧侣，除了上述原因之外，另外还有一项重要理由，即佛教本身具有一套与儒家不同的价值观。依据这种价值观，则世人视为当然的，僧人并不全以为是；世人以为非的，僧人也不必以之为非。僧人的政治、社会价值标准及文化价值观，固非全异于儒家体系及一般世俗看法，但是超越之而另有不同取向的地方很多。失路英雄与左降官吏是不能完全适应儒家及世俗价值标准的人，他们之所以接纳佛教或与僧人缔交，正是其人生价值方向的转换，并非只是一般人所想象的“对宗教风范的向往”而已。

此外，历代高僧所塑造的是离俗无执、慈悲恬淡的风范：他们不与世争，不着世相；慈悲待人，恬淡寡欲。这种风范可以说是僧侣阶层在我国历史上的最高典型。历代社会百姓、文人学者，凡是对僧侣阶层有正面评价的，多半怀抱有这种印象或憧憬。古代的风雅文人喜欢与僧人交往，但是大都不愿与世俗气太重的僧人相过从。唐代诗人郑谷（守愚）尝有“爱僧不爱紫衣僧”之句[69]。紫衣僧是指蒙帝王颁

67. 汤用彤，《汉魏两晋南北朝佛教史》，第十一章，《释慧远》。

68. 章行严，《南岳般舟和尚第二碑》，《柳文指要》（台北，华正影印本书名改为《柳文探微》），1981年），卷七。

69.《六一诗话》，“赞宁”条。此处转引自《幽默诗话》（台北，河洛，1978年），页316。

赐紫衣的出家人，亦即僧官之流。此辈世俗气太重，已失却吸引风雅文人的条件，所以为郑谷一辈诗人所不喜。这种看法，大体可以代表一般中国文人对僧侣的态度。

至于对僧侣阶层的恶劣评价，在历史上也与正面评价一样显著地存在。三武一宗的排佛事件，是统治者对僧人之恶劣印象的具体表现。造成这类事件的原因当然不只一项，然而经济原因却是最根本的。唐武宗会昌法难时，“归俗僧尼二十六万五百人……收（寺院所属）良田数千万顷，奴婢十五万人。”[70]单由所收寺院良田有数千万顷之多，就可以了解历代统治者常说的“僧尼耗蠹天下”的话，并不是全然无稽的。所以，如果只从经济立场来衡量僧人，恐怕很难产生良好的印象。

除了统治者之外，社会上嫉恶僧人的也为数甚多。唐朝初年，民间有两个骂僧人的名词颇为流行。一是“秃丁”，一是“胡鬼”。“秃丁之诮，闾里盛传。胡鬼之谣，昌言酒席。”[71]可见当时社会上某些人对僧侣阶层印象之轻蔑鄙薄。至于历代各种小说里对僧人的讥诮与轻蔑之词，也可以反映一部分社会评价。

此外，知识分子站在儒家立场所采取的鄙视态度，与道教徒由于信仰不同所造成的仇视态度，也都存在于历代社会中。唐朝的韩愈、李翱及宋代的程、朱等理学家的排佛，是众所周知的。清初的王船山与颜元，态度尤其激烈。王船山说佛教是古今三大害之一，并且斥责佛菩萨为“胡鬼”[72]。颜元更以具体的排佛计划来呼吁世人：“令天下毁妖像，禁淫祠。”“令僧道尼姑以年相配，不足者以妓进之。”“有窝佛老等经卷一卷者诛。”[73]这种态度之不足为训是很明显的。然而由他们的这些看法及建议，也可以反映出僧侣阶层的反面社会地位。

其实，僧侣阶层也是一个具体的社会团体，其中成员有好有坏，是正常现象，不足为奇。若因价值观不同就否定全体僧人的社会功能

70.《资治通鉴》，卷二四八，“武宗会昌五年八月”条。

71.《唐护法沙门法琳别传》，卷上，引见《大正藏》，第五十册。

72.《读通鉴论》，卷十七，“梁武帝”条。

73. 颜元，《四存编》（台北，世界，1974年），《存治编·靖异端》。

固然不恰当，只看到部分恶僧就辟斥天下僧人当然也是以偏概全；在另一方面，把所有出家人都视为高僧，以为僧侣阶层对社会必是有益无害，这种看法也是幼稚可笑的。

“辟佛者迂，佞佛者愚”，古人这两句话多少含有几分道理。生为现代中国人，在鸟瞰了千余年间僧侣阶层的大略面貌之后，再来衡量僧人应有的社会地位，应该不再会重蹈前人覆辙吧！

方外的世界

佛教的宗教与社会活动

丁敏

在古代社会里，佛教的僧侣团体，在生活方式、价值观念、人生理想等方面，都与世俗人士有极大的歧异。正如《庄子·大宗师》所说，这些人是“游方之外者也”，尽管他们与常人同样地居住在中华民族的生活圈里，其内心却另外拥有一层方外的世界。

这层方外世界的内容，到底是什么？那些出家人一年到头又是如何生活？由于历代文学作品的渲染与误导，一般人对这层方外世界的认识，往往是以幻影代替真相，用憧憬取代考察。他们心目中的出家人，如果不是远离人间烟火的高僧，就是少林寺技艺惊人的和尚。真正能如实理解历代寺院佛教徒生活真相的人，并不多。

本文尝试为这些误解作一澄清，除了注意他们的日常作息大略之外，也注意到他们与社会的关系，希望通过对古代佛教史料的整理，能比较清楚地认识历代僧侣的主要生活内容。

佛教在中国存在了近两千年，在这段漫长的岁月里，其活动内容之繁复变化，可想而知。限于篇幅，本文只能对这方外世界作一鸟瞰，无法一一交代其发展细节与繁复的演变过程。

修行与弘法

• 出家与受戒

就生活形式来分，佛教徒有出家与在家两类，也就是专业与兼业的不同：前者是佛法的专业实践者与传播者，后者往往具有其他的世俗身份。因此，佛教教团的主导人物，当然非出家人莫属。尽管印度大乘佛教运动，也有不少居士参与其中，但就数量及影响言，出家人仍占大多数，仍是佛教教团的主流。因此，本文仍以出家僧侣为主要的讨论对象。

出家是梵语“波伏儞耶”（pravrujyū）的意译。简单的定义是离开世俗家庭，到外面专心修行。在佛教里，合法的出家，必须符合某些戒律所规定的条件，并不是头发一剃，住到寺庙里就可以算是出家人。

依佛典所载，出家去从事专业修行，具有相当重大的意义。因为，家庭是世俗生活的主要根据地，一般而言，“在家”的生活，是顺着情欲之流的生活，目标是追求世俗的生活价值。这种方向恰恰与佛教的解脱之道背道而驰。所以《大毗婆沙论》说：“家者，是烦恼因缘。夫出家者，为灭垢累故，宜远离家也。”[1] 在情欲充斥的世俗环境里，当然不容易专心从事“泯灭情欲”的修行。所以正确地认识世俗生活价值的不足依恃与不宜执取，并超越之、不受其拘束，便是佛家所依循的解脱之道，也就是出家的主要意义。

要成为一个合格的出家人，最重要的条件是要依戒律受戒。受过比丘戒的，才算是比丘；女性的比丘尼也一样。在受戒前，必须要经过僧团（或寺院）的考核，譬如不满七岁或超过七十岁，曾犯杀父母等五逆重罪，生理上有严重缺陷（如阴阳人）、父母不许可、有政治阴谋等[2]，都不准受戒。换句话说，这些人都没有成为比丘或比丘尼的资格。

依《南海寄归内法传》所载[3]，印度的出家方式是这样的：出家者先找到自己愿意皈依的师父，经过师父考核通过后，就容许他住下来。大约满一个月后，师父为他授五戒，并向僧团提出剃发出家的申请，得到僧团的允许之后，才剃下须发，并由师父检查其生理上是否正常，然后授予法衣法器，这是正式的出家。然后在师父前，由另一师父授予十戒，成为正式的沙弥。沙弥已年满二十岁，并通过师父的考核，可以再受具足戒，成为合格的比丘（或比丘尼）。比丘（或比丘尼）戒，是出家过程中最重要的戒，必须由十位师父依法在戒坛上授予。

我国出家人的受戒种类与内容，与印度大同小异，由于国情相异，其中“检查出家者生理现象是否正常”一事，在我国似未实行。唐初以后，在传来的各种戒律中，以《四分律》最为盛行，所以出家人所

1. 据《释氏要览》（《大正藏》，第五十四册），卷上，《出家》章所引。
2.《摩诃僧祇律》（《大正藏》，第二十二册），卷二三。
3.《南海寄归内法传》卷三，《受戒轨则》。

受的戒条，都以《四分律》为准。唐宋以后，大乘戒逐渐被佛教徒所接受，于是出家人往往比丘戒与大乘戒同受。大乘戒又称菩萨戒，一般所用的都是《梵网经》菩萨戒本，但是唯识宗教徒认为不可信，因此依据《瑜伽师地论》，创立瑜伽戒本。近世佛教出家人所受的三坛大戒，是指沙弥（尼）戒、比丘（尼）戒与大乘戒。大乘戒多据《梵网经》本，瑜伽戒则不流行。

虽然佛教在汉末已经在我国逐渐流行，早期的出家人仍不过是剃发辞家，并未受戒。直到三国时代曹魏齐王芳嘉平年间（249—254年），印度僧人才开始在洛阳立羯磨法（传戒程式），传比丘戒。因此，严格地说，我国合格的出家人是在这时候才有的，比丘尼则迟至在刘宋元嘉年间（424—453年）才出现[4]。

由于受戒是出家人的一件大事，因此受戒仪式也相当隆重。从南北朝刘宋开始，已有专为受戒而建立的戒坛。依《僧史略》记载：

> 此土之有戒坛，起南北朝求那跋摩三藏为宋比丘，于蔡州岸受戒而为始也。自尔南北相次立坛，而无别名。……（唐）高宗乾封二年，终南山道宣律师建灵感戒坛于清官村精舍。天下名德皆来重增戒品。……（代宗时）敕京城僧尼，临坛大德各置十人，永为常式。[5]

受戒时除了必须依照繁复的仪轨，最重要的是要有十位授戒师父。十师即所谓的“三师七证”：“三师”是得戒和尚、教授和尚与羯磨和尚；“七证”是七位尊证。在授戒仪式中，三师七证有极大的尊严，戒子对他们要行诚挚的礼敬。由清代受戒时向戒子介绍十师的告白辞句，可见十师在戒场的地位，以及戒场仪式之一斑：

> 圆成三聚（净戒），须假于三师。学捡七非，全凭于七证。今在

4.《大宋僧史略》(《大正藏》，第五十四册)，卷上，“尼得戒由”条。

5. 赞宁《大宋僧史略》(《大正藏》，第五十四册)，卷下，“方等戒坛”条。

此大僧之中，为汝等恭请十师，登坛受具（“具足戒”之谓）。诸沙弥尼一齐抬头认师。个个记取得戒和尚及现前诸师相貌名字，不得妄识。第一位，上某下某（法号）律师……。[6]

出家人在我国古代社会上的身份，随各代而不同。早期的出家人并没有特别的身份证件及特殊户籍登记，后来出家人数激增，逐渐引起社会、经济等问题，统治者便渐渐采行管制的政策。大约在北魏孝文帝时，已设有“僧籍”，为出家人的正式户籍。僧籍的设置，除作为管理出家人的凭借外，并可防止民间寺院随意私度出家人。到唐玄宗时，凡是政府所承认的出家人（官度），都由政府发给一项身份证件——度牒[7]，作为出家人身份的证明文件。

6.《二部僧受戒仪式》（《卍续藏经》，第一〇七册，台北，新文丰，1976年），卷上。

7.《佛祖统纪》（《大正藏》，第四十九册），卷五五，“僧籍免丁”条。按北魏孝文帝时，已有“印牒”之设，类似身份证件，但并不普遍。见《魏书·释老志》。

8. 参见《梵网经菩萨戒义疏发隐》（《卍续藏经》，第五十九册），卷一所附“半月诵戒仪式”。

出家人的行为，除仍受法律约束外，并要受僧官管辖。由于历代统治者对佛教的护持态度并不一致，审判犯罪僧人的宽严程度及僧官制度的内容，也就代有不同。但在所有出家人心目中仍有一共同的行为标准，这就是所受的戒律。

依照印度佛教教团的传统，出家人必须每半个月集体朗诵戒经一次。朗诵时，必须诚意地检讨半月来的行为是否合乎戒律标准。如有干犯戒律，都必须向大众或长老发露（说出所犯的行为）与忏悔。这种半月诵戒的制度，在我国也有僧徒奉行[8]，但并未被全体出家人接受。到现在，佛教寺院每半月举行诵戒仪式的更是凤毛麟角。

尽管如此，一般出家人在日常生活里，对于犯戒的行为还是很敏感的。不过，国人的持戒标准与印度佛教徒并不完全相同。大略而言，我国出家人对杀生、偷盗、淫等根本戒的持戒意识还是很强，但对其他较小的戒律（如不抓银钱戒），则大多未严格遵守。无论如何，受过戒之后，其日常行为必定比常人更加检束与严谨，这是可想而知的。

因此我们大抵可以这么说，出家生活就是一种具有持戒意识的宗教生活。

在持戒行为中，我国出家人对于素食特别强调。依照释迦牟尼所制定的戒律，不但没有“不肉食”的规定，而且还有“可以食肉”的明文记载。《四分律》卷四十二：

> 尔时佛在波罗捺国。时五比丘……（乞食）得鱼，佛言：“听食种种鱼”。得肉，佛言：“听食种种肉。”

依《四分律》所载，后来由于种种缘故，遂规定只能吃三种肉，即“不见、不闻、不疑为我而杀之肉”。易言之，凡是特地为出家人而杀生的肉，及人、龙、马、狗、乌、鹫、猴、狮等肉都不能吃，其他净肉则可以食用。

佛教初传入我国之时，出家人并未全面素食。依宝唱的《比丘尼传》所载，当时有一部分比丘尼不食肉，对这种人，宝唱颇加称许。南朝梁武帝于天监十年（511年）集诸沙门，立誓永断酒肉，并以之诫天下沙门，又“集僧尼一千四百四十八人于华林殿，请云法师讲涅槃经中‘食肉断大悲种子’之文”[9]。梁武帝的提倡，对全国佛教徒的素食，自有相当大的影响，依《佛祖统纪》所载，除了僧尼，当时朝廷官吏也有不少人相率素食。

9.《佛祖统纪》，卷三七。

从南朝刘宋以后开始流行的《梵网经》（卷下），也明白规定“不得食一切众生肉。食肉得无量罪”，“不得食五辛：大蒜、革葱、韭、薤、兴渠”。由于这部经所载的戒条被我国人遵奉为大乘戒本，并在出家后与比丘戒同受，影响所及，素食也就逐渐成为我国佛教的主要特征之一。

戒律之外，“清规”也是中世纪以来我国出家生活的特色之一。唐代洪州（江西）百丈山的怀海禅师，曾根据大小乘戒律的根本精神，并依循当时禅宗出家人的需要，创造一套适合在我国禅宗寺院实行的“丛林清规”。虽然清规中也有“受戒”、“护戒”的规定，风流所及，禅宗僧人却形成一种重视清规更甚于戒律的风气。晚近小说在讥讽僧人时，常说“不守清规”，而少见“不守戒律”之词，可见我国佛教教团风气的转向。

• 僧人的日常生活仪节

我国佛教教团的生活制度及仪节，最初是由东晋的道安法师所制定。千余年来，经过时代的演变，不同宗派的兴起，后代寺院内部的生活规矩，已与道安时代大不相同。个中演变，甚为曲折，而且现存文献并不具体，要理出历代寺院生活的内容，实不容易；而且，也不是本文篇幅所能容纳。此处仅以清代以来寺院仪轨为例，将僧人的日常生活作一简介。

尽管寺院仪规由于时代不同而有演变、宗派不同之差别，更由于后代宗派的调和，又有融会与革新的现象。然而，有一项特征是道安以来一直未变的，这就是对僧人的生活起居、言语、行动等都有严格的规定。其理由是：出家生活是团体生活，当然必须有种种规定来约束各个成员，才不致因个人行为的乖舛而妨碍大众；出家生活本是宗教生活，更须通过种种仪规来约束成员以维持其宗教标准。

在衣着方面，僧尼服制除袈裟外，另有“海青”，即通常所谓袍子。一般未受五戒者，只能穿海青。受过五戒，就可以穿“缦衣”。“缦衣”又称礼忏衣，与袈裟略同而无条纹。海青与缦衣是僧俗都可以穿着的，袈裟则仅有受过具足戒的人才可以穿。目前我国僧人的袈裟，以具二十五条者为多。除了这些衣服，另外还有小褂、中褂、大褂，都是出家人平素的内衣。但在外面，至少须穿上袍子（海青）一件。在法会时，则须着袈裟。依照一般寺院的习惯，穿衣都叫做“搭衣”。缦衣与袈裟不具平常衣服的形式，只不过是一块略行加工的布而已。穿着方法与普通衣服也不同，着衣时，也必须遵守一定的仪节，并且要持诵“着衣偈”。

在饮食方面，寺院的规定比穿衣更要复杂。原则上，僧众是在同一斋堂一起用膳的，这叫做“过堂”。“过堂”时要按次序排列，碗筷的摆法与取菜的方式，都有一定的规定。饭前要念供养咒，饭后要念结斋咒。开饭与饭毕离席时的动作，要依“维那”（寺院职称）的引磬声为准，不准自由行动。此外，印度僧人通行“过午不食”之制，又称“持午”。这种习惯在我国并未普遍实行，目前佛教界持午的只占少数。

在睡眠方面，出家人睡眠要尽量减少。姿势是右肋在下方的侧卧，谓之“师子卧”。临睡时也要诵“睡眠偈”。有一种僧人修习“长坐不卧”的苦行，谓之“不倒单”。此外，在走路、下床、出房室、上厕所时，也都有一定的偈诵要奉持。

从这些琐细的规定及所诵的偈语内容，可以看出其主要的目的是在使出家人能时时刻刻警觉自己的身份与出家修行的目标，不忘救度众生的责任。这是宗教精神的仪式化。至于表征团体生活意义的现象，则从寺职分工之细，可以看出端倪。晚近的“丛林”（禅宗的大寺院），全寺有四十八项职位。单与饮食有关的职称，就有典座、贴案、饭头、菜头、水头、火头、茶头、行堂等[10]，可见分工之细密。从此也可看出“丛林”里的出家人，是都要分配工作的，并不是成天只打坐参禅。

10.《佛教仪式须知》（台北，佛教书局，1976年），第九章。

11.《入唐求法巡礼记》，卷二。

除了日常仪规，寺院每天的固定功课，自古即已有之。至迟自唐代，“早晚二课”即为寺院所不能荒废的常课[11]。这是说，各寺院必须在早上与傍晚（或晚上）在大殿举行拜佛诵经仪式，依清代以来所流行的课诵本可知，课诵除“香赞”（赞美诗）外，另有多种咒语、与心经、弥陀经、发愿文等。课诵时必须用钟、鼓、磬等法器来伴奏。除了诵经与一般朗诵文章略同之外，其余大多用梵呗来吟唱。这种课诵，是寺院日常生活中，最能使信徒直接感受到宗教气氛的活动。

日常课诵以外，寺院在一年之中，也有不少特别纪念日，即诸佛菩萨的诞辰或成道、出家纪念日。这种纪念日一年中约有二十天，在这些日子里，寺院往往举行法会或仪式来庆祝。至目前为止，寺院的节日庆典，所用的历法都仍然沿用旧历。由此亦可窥见佛教与我国旧传统结合之密切。

出家人除举行常年法会及早晚课诵时，必须行礼拜仪式，在日常生活中，礼拜的机会也非常多。大体而言，礼拜的对象有两类：一类为与佛陀有关的处所或物品，一类是某些必须礼敬的人。关于前一类，《文殊师利问经》载：

> 我礼拜一切佛……丈六身、法身，亦礼于佛塔，（佛）生处、得道处、法轮、涅槃处、行住坐卧处，一切皆悉礼。[12]

由于我国并没有佛陀的生处、得道处等地方，因此僧人所礼拜的大抵以佛像为主。凡是遇有供养佛像的寺院庵堂或民间住宅，都必须向佛像行礼。

在对人方面，凡师长、前辈、长老等，在初见面或将离别时，都必须行礼。同参道友也是如此，通常是戒腊（受戒年数）低者，要先向高者行礼。在僧团里面，比丘的身份较比丘尼高，所以女众不问戒腊高低，都必须向比丘行礼[13]。

印度僧侣敬礼的方式极其繁复。玄奘的《大唐西域记》载有九种：

> 致礼之式，其仪九等：一、发言慰问。二、俯首示敬。三、举手高揖。四、合掌平拱。五、屈膝。六、长跪。七、手膝踞地。八、五轮俱屈。九、五体投地。凡斯九等，极惟一拜，跪有赞德，谓之尽敬。远则稽颡拜手。近则舐足摩踵。[14]

12.《文殊师利问经》（《大正藏》，第十四册），卷上，“不可思议品”。

13.《五分律》（《大正藏》，第二十二册），卷七。

14.《大唐西域记》（台北，地平线，1978年），卷二。

我国僧人常行的致敬法，依情况不同而分为二类：对于佛像或长辈，行较重之致敬法，即五体投地的顶礼；对于平辈，则行问讯礼，合掌作揖而已。依照经律的规定，有些场合是不须作礼的：譬如自己在读经或持经时，长辈在低处而自己在高处时，长辈在卧时、漱口时……都不须向长辈行礼[15]。

15.《大比丘三千威仪经》(《大正藏》，第二十四册)，卷上。

16. 此下所列，系据水野弘元《佛教要语の基础知识》页242所载著，略加增补而成。

• 僧人的修行法门

一、禅的修习

禅是“禅那”一词的省略。“禅那”则系古梵文的音译。如果把对经论义理的了解视为佛教徒的“学科训练”，则禅法的修习，可视为佛教徒的“术科训练”。早期印度佛教，“戒定慧”三学是佛法的总纲。其中的“定”学，就是禅的修习。大乘佛教兴起后，六波萝蜜是大乘行者最主要的实践德目，其中也有“禅”波罗蜜一项。可见禅法是佛教中极重要的一环。

“禅”这个词汇，由于同义语或近似语太多，所以不论佛教徒或世俗中人都不易清晰地把握其原义。在佛教里，描述禅定的词汇，大约有下列六类[16]：

1. dhyāna，音译为“禅那”、“禅”、“驮衍那”等词；意译为“静虑”、“思惟修”、“功德丛林”等词。

2. Samāhhi，音译为“三昧”、“三摩地”、“三摩提”等词；意译为“定”、“定意”、“等持”、“正受”等词。

3. Samāpatti，音译为“三摩钵底”，音译为“定”，或“等至”。

4. éamatha, Vipaéyaná，音译为“奢摩他、毗钵舍那”，意译为“止观”。

5. cittaikégrata，意译为“心一境性”。

6. yoga，意译为“瑜伽”。

综合上述六类词汇的语意，可以约略知道：禅是一种心意的训练，也是通过心意训练而后再运用心志力量，以达到宗教效果的一种修行。

佛教修行的目标是对生命问题的正觉或开悟，因此，禅所要达到的理想境界是属于精神层面的，而非生理层面的；换句话说，佛教徒修习禅法的主要目的，是为了解脱，为了生命问题的开悟，并不是为了治病或健康，与道家静坐的目的有显著不同。其次，它有智慧作用其间，一个进入禅定境界的人，其内心是明白的、清晰的，并不是常人所想象的那种槁木死灰的状态。

对于禅法的修习与研究，也是我国佛教徒的重要宗教行为之一。在慧皎的《高僧传》里，习禅有成的僧人共录二十一人；在道宣的《续高僧传》里，共收禅僧一百三十三人；唐、宋之时，禅宗大盛，名师辈出，禅师的数量当然也不少；可见历代高僧对禅修的重视。唐僧宗密曾将禅修的功用作一剖析，说明历代高僧重视禅法的原因：

> 禅定一行，最为神妙。能发起性上无漏慧，一切妙用，万德万行，乃至神通光明，皆从定发。故三乘学人，欲求圣道，必须修禅。离此无门，离此无路。[17]

由于禅法有发起神通等妙用，而且是学佛的必经途径，所以出家人大都相当重视。唐代以后的禅宗丛林，禅堂是寺院的中心，是四大堂口中最重要的所在[18]；坐禅不只是每日的定时功课，而且必须按照一定的规矩集体行动[19]。至于一般小寺院的出家人，坐禅即使不定为常课，然因耳濡目染，多少都曾修习。

我国僧人对禅法的修习有独特的看法，因此印度禅传入我国之后，曾发生相当大的变化。后代僧人称印度禅法为如来禅，称我国禅宗（六祖慧能以后）所独创的禅法为祖师禅。尽管这两种禅法在方法上有很大的歧异，其目标与初学者的入手处，则大体一致。它的目标是取得正觉或开悟，入手处则皆从坐禅（打坐）开始。

17.《禅源诸诠集都序》（《大正藏》，第四十八册），卷上。

18. 四大堂口是指禅堂、客堂、库房、衣钵寮。这是禅宗丛林中最重要的四个寺内机构。

19. 参见《敕修百丈清规》（《大正藏》，第四十八册），卷五，“坐禅”条。

虽然后代的祖师禅曾有人倡言“禅不一定在坐”、“行住坐卧皆是禅”，但这是就禅的精神与应用来说，是为矫治拘泥于形式的坐禅者而提出，对初学者而言，学习如何打坐，仍然是必经的途径，只要从《百丈清规》中之有坐禅的规定，以及丛林中都设有供僧人坐禅的禅堂，即可推知。

依《敕修百丈清规》所载[20]，坐禅的方式大体是这样的：

1.“放舍诸缘，休息万念，身心一如，动静无间，量其饮食，调其睡眠。”这是修习坐禅者的准备工作：须将俗事放下，有心事时不可坐禅，饮食睡眠都要调节得宜。

2.“于闲静处厚敷坐物。结跏趺坐，或半跏趺。以左掌按右掌上，两大拇指相拄。正身端坐，令耳与肩对，鼻与脐对。舌拄上腭，唇齿相著。目须微开，免致昏睡。”这是坐禅时的姿势。所谓“结跏趺”，即通常所谓的“双盘”；“半跏趺”即“单盘”。姿势如果不正确，往往不易进入状况，所以古来禅师都很注意初学者的坐禅姿势。

3.“一切善恶都莫思量。念起即觉，常觉不昧。不昏不散，万年一念，非断非常，此坐禅之要术也。”这是在心理上所必须注意的事项。亦即一切杂念都要去掉，但一定要清楚地自觉本身的存在，不可以昏睡。

以上是坐禅的基本功夫。至于进一步的修习，则随各种禅法而有不同。以印度禅法为例：“安般禅法”的修禅者用默数呼吸来袪除杂念，帮助入定。“不净观”，是思维肉体脓血屎尿的污秽不净，以远离对肉体的执著。“无常观”是观想万物之不能持久不变[21]。印度禅法类别甚多，它的特点是后代所谓的“借教悟宗”，亦即依据经论所指示的方法，使自己内心觉悟到生命的原理。在唐代以前，我国佛教徒修行禅法，多采用这类印度方法，天台宗所倡行的止观法门，事实上也是这类印度禅法的组织化与系统化。

---

20. 同上。

21.《修行道地经》(《大正藏》，第十五册)，卷五、卷六。

至于唐以后流行的祖师禅，基本功夫虽然大体相同，却有一显著的特点，即比较强调顿超直入，而不依经论作循序渐进的修习。所以他们的标帜是“教外别传，不立文字。直指人心，见性成佛”。他们不太从“无常、无我、不净”的角度修习，而常用“公案”的方法来教导徒弟。通常禅师会给修禅的弟子一个并非纯由概念所能回答的问题，谓之“公案”或“话头”，弟子不能用世俗的概念来回答这问题，只能在打坐时用悟性去探索，而不能用知性去分析，这叫做“参禅”。为了求取公案的答案，打坐时内心自然会抓紧这疑团不放，这时禅师们再看当时需要，给予弟子以适度的启发或刺激，如棒打、大声喝斥等，如果启发得宜，弟子即可能开悟。开悟是一种豁然开朗的心理境界，禅宗常用的形容词是“桶底脱了”。

这种“开悟”的境界是否正确，必须经由禅师来印证，称做“印可”。一个用功的参禅者，除在打坐时思索公案，有时走路、睡眠、吃饭也都可以在思索的境界中，所以有些禅师认为“打坐”形式并不是最必要的。

禅宗法门盛行之后，我国修行者为了使参禅者能较快地开悟，乃研创出一种克期取证的办法——“打禅七”。即在七天之内，由禅师对参禅者施以最严格的训练，在七天之内，参禅者完全摒绝外缘，一意精修，睡眠、说话都减少到最低限度，全副心身都交给主持禅七的禅师来支配，这种方法虽然不是对每个人都有用，但对某些人而言，效果甚佳[22]。

二、念佛法门

“念佛”一词是从梵语 buddhānusmrti（巴利语 buddhānussati）意译而来，是印度固有的法门。

依梵、巴原语的意义而言，此词的本意不过是“忆念佛陀”而已。由此转而成为对佛陀庄严圣洁相貌的观想，或对佛陀名号的持诵或唱念。

22. 明末清初的禅僧晦山戒显，曾撰《禅门锻炼说》（《卍续藏经》，第一一二册），仿《孙子兵法》体例而为禅门之拟克期取证者作一完整的理论解析。该书实不啻为一部“禅七导论”。从该书内容我们不只可以了解训练禅徒的方法，而且可以发现中国禅法的主要特质。

在原始佛教里，念佛法门的真意，是想象佛陀的伟大事迹、德性或形象，使修道者祛除内心的贪瞋痴等污染，以得到内心的宁静，进而获得涅槃果[23]。这是由“景前贤而思齐”的心理所推衍出来的禅定法门。当时所念的“佛”，是教主释迦牟尼佛。

大乘经典出现之后，念佛法门的内容逐渐扩大。所念的佛不只是释迦牟尼佛，而是十方诸佛。《坐禅三昧经》载此种法门之境界云：

> 是时便得见一佛二佛，乃至十方无量世界诸佛色身。以心想故，皆得见之。既得见佛，又闻说法言。或自请问佛，为说法，解诸疑网。既得佛念，当复念佛功德法身无量大慧，无崖底智，不可计德。[24]

这种法门可以在禅定境界中见佛闻法，对于佛感以后的佛教徒而言，当然是一种理想的法门。而要达到这种境界的方法是“将至佛像所，或教令自往谛观佛陀相好。相相明了，一心忆持，还至静处”[25]。而专门陈述此种法门的经典是《般若三昧经》。我国东晋庐山的释慧远，被推为净土宗的远祖，但他所修的也是这种念佛三昧，是一种禅定观想法门，并不是后代盛行的“持名念佛”[26]。

“持名念佛”的法门是唐代以后净土宗的主要修行方法。其特色是诵念或默念“南无阿弥陀佛”六字，或“阿弥陀佛”四字，以祈求死后能往生阿弥陀佛的世界——西方极乐净土。这与前此之以“观想佛陀相好”的禅法不同。虽然持名念佛到某种程度，在念佛当时也会得到阿弥陀佛现前的感应，但是净土宗的理想并不在此，而是念兹在兹、一心一意地祈求往生西方。

净土宗这种法门的理论依据是三经一论，即《观无量寿经》、《无量寿经》、《阿弥陀经》与《往生净土论》。虽然在《观无量寿经》中

---

23. 参见《杂阿含经》(《大正藏》，第二册)，卷三三，六念法中之“念佛”法；及《增一阿含经》，卷二，“广演品十念法”中之“念佛”法。

24.《坐禅三昧经》(《大正藏》，第十五册)，卷上末。

25. 同上。

26. 汤用彤，《汉魏两晋南北朝佛教史》(台北，鼎文，1976年)，第十一章。

曾提出十六种观想法门，但是该宗修持的主流还是持名念佛。依《无量寿经》所说，阿弥陀佛曾发出四十八大愿。这四十八愿的核心要义，就是：凡是信仰阿弥陀佛，愿意往生西方极乐净土的众生，都可以凭借阿弥陀佛的愿力，在逝世之后得以如愿往生。其中第十八愿叫做“念佛往生愿”，经文云：

设我（阿弥陀佛自称）得佛，十方众生至心信乐，欲生我国，乃至十念。若不生者不取正觉。唯除五逆诽谤正法。

第十九愿，叫做“来迎引接愿”，经文云：

设我得佛，十方众生发菩提心修诸功德，至心发愿欲生我国。临寿终时，假令不与大众围绕现其人前者，不取正觉。

第二十愿叫做“系念定生愿”，意义也与前两愿大同小异。

由于这些愿力的保证，净土宗的信仰者乃发愿往生，在平时都努力念佛，以便临终时能获接引，往生净土。

在我国历史上，将禅定式的观想念佛的方法改为念佛的大师，是北魏的昙鸾。而使这种风气大盛的，则是唐初的道绰。依《续高僧传·道绰传》所载，他在并州汶水的玄中寺弘扬念佛法门，使来山信徒“道俗子女，赴者弥山。……（使）人各掏珠，口同佛号。每时散席，响弥林谷”。

他劝人念佛的方法有二，一种是“劝人念弥陀佛名。或用麻豆等物而为数量。每一称名，便度一粒”。另一种是用数珠，“年常自业穿诸木栾子，以为数法。”他一天念佛名号的次数“以七万为限”[27]。

由于道绰的倡导，后代又有善导、少康等净土宗大师的弘扬，遂使此一简易法门风靡佛教

27.《续高僧传》(《大正藏》，第五十册)，卷二十，《道绰传》。

界，迄今未衰。民国以后的印光大师，也是以提倡念佛而为世所知的高僧。

三、义理研究

在世界各大宗教中，佛教的信仰浓度较轻。它并不宣扬“信即得救”的口号，因为它标榜的是自救的原则，认为众生的解脱，并不能仰赖他力的救赎，如果不想自救，即使释迦也没有办法使其得救。

在这种背景下，去了解“如何自救”（即修行）的道理，便成为出家人的重要行为方向。由于这些道理都记载在终论三藏里，研究三藏的义理，自然就成为出家人的常课。不认识字的出家人，尽管自己不能研读经论，也必须去聆听其他法师的讲经，以便了解修行的道理。

由于历代的寺院一直未能形成传授佛学的学校制度[28]，因此僧人研究佛学的方式，是零散的、没有程序的。依史料所载，古代僧人义理教育的方式，大约有下列几类。

28. 按：佛学院制度是近代兴起的，并非古制。

第一类是出家以后，受寺院气氛所熏染。僧人每天有早晚课诵的功课，课诵的内容又是佛经，因此在学习诵经的过程中，便奠定了认识文字的研究基础；加上寺院中经常有讲经活动，听法师讲经，事实上就是在上佛学课程。在这种环境的熏染下，如果原本稍具文字基础的，经师父稍加指导，再加上个人的自修，自然会有精进。如东晋的道安，其早年的佛学基础，就是这样零星地自修完成的。《高僧传》卷五《道安传》：

年七岁读书。……年十二出家。神智聪敏，而形貌甚陋，不为师所重。驱役田舍，至于三年。……数岁之后，方启师求经。师与辩意经一卷。……安斋经入田，因息就览。

第二类是个别的从学。在古代那种没有固定佛教学校的环境里，如果某一寺院有精研义理的法师，四方从学者自然蜂拥而至。也由于这种环境，才使古代僧人有相当浓厚的游学兴趣。前举东晋的道安，在奠定佛学基础之后，即曾经游学到邺都，从学于佛图澄。与道安同时的僧粲、道生等人，也都是听到鸠摩罗什的令名，而自异地从学。唐代的玄奘未赴印度前，也曾先后游学于洛阳、成都、赵州等地，追随名师研习经论[29]。这种个别从学于某一名师，也是造就历代义解高僧的重要原因之一。

第三类是在译场受教于经师。我国的佛典译业，绵延甚久，直到宋以后才衰落。其中规模比较大的译场，往往由义理名师主持，并在译经之时同时讲解义理，因此译场便成为僧人接受佛学教育的好场所。近人汤用彤曾说：

> 盖古人之译经也，译出其文，即随讲其义。所谓译场之助手，均实听受义理之弟子。[30]

姚秦译经大师鸠摩罗什译《法华经》时，集义学沙门二千余人。译《思益经》时，也有二千余人[31]。这些人当然不尽是译场助手，实际上大都是来听受经义的。其他译师在译经时，虽然不会像鸠摩罗什有那么多听众，但是那些参与译经事业的助手，必可学到不少经义，而且与经师长久相处，也比较容易产生师徒的感情，历代有不少佛教学者，都是从译场中造就出来的。譬如罗什译经场中有生肇融睿等四圣十哲，北魏菩提流支与勒那摩提译《十地经论》时，也有千余人参加助译与听讲。地论宗与四分律学名师慧光，便是在当时的译场中培养出来的[32]。唐代玄奘译经时，也造就出窥基、神昉、嘉尚、普光等人。可见译场实在是高级佛学人才的培养场所。

上述三类之外，隋代在首都有两种政府所组织的佛教团体，一是“二十五众”，一是“一五众”。前者是弘法组织，后者则是佛学传授机构：

29.《高僧传》，卷六，《僧粲传》；卷七，《道生传》。《续高僧传》，卷四，《大慈恩寺三藏法师传》。

30.《汉魏两晋南北朝佛教史》，第二分第十章，页296。

31. 同上书，页294。

32. 同上书，页852。

（五众）主要目标是佛教经论义理的传授，亦即僧教育的实施。……就佛教义学的延续与阐扬而言，（隋）文帝的敕立五众，有很深远的意义。如果以之与历朝所设的儒家太学相比拟，则五众实为隋代传授佛家义理的国子学。而五众众主也就犹如太学里的五经博士。[33]

这是我国历史上唯一可考的官设佛教学校，可惜昙花一现，随即中辍，否则中国人对佛教义理的研究，必定有更辉煌的成绩。

四、讽诵经典

讽诵经典是寺院出家人的常课，也是一种修持法门。依梁唐宋三集高僧传所载，从南北朝到北宋，即有八十余位高僧，因讽诵而名著一时。由这一相当大的比例可知讽诵经典在佛教界是一种相当流行的修行法门。

讽诵经典，本意在“微妙音，歌叹佛德”[34]，国人所瞩目的，却是由诵读经典所引起的神秘感应。依各集高僧传所载，在所有经典中，《法华经》被讽诵的次数最多，其次是《大品般若经》、《维摩经》、《观音经》、《华严经》、《阿弥陀经》、《金刚经》等，诵读这些经典，常可产生神秘的感应，譬如讽诵《法华经》的效验，会使天神来听、鸟兽群集；也有驯服老虎、解除鬼怪骚扰的例子[35]。此外，诵读《法华经》也可使人的舌头在死后保持不朽[36]；而平日诵读法华，又存念观音，可免于翻船溺死的厄运[37]。

其次，相传诵读《华严经》，也会有神话式的效验。北魏法建和尚，平素虔诵《华严经》，后来为军士所拘执，与其他僧侣共禁一室，到夜半诸僧都入睡之后，法建端坐诵《华严经》，据说有异光从他的口中出现，军士见此异象遂释放了法建及其他僧人[38]。《华严感应传》也记载：“郭神亮为使者，追至平等王所，因诵若人欲了知四句偈，得

33. 蓝吉富，《隋代佛教史述论》（台北，商务，1974年），页112—113。

34.《高僧传》，卷十四，“诵经”部分的“论”。

35. 俱见《高僧传》，卷十四，“诵经”部分。

36.《续高僧传》，卷二八，《宝相传》、《遗俗传》所言。

37. 见《高僧传》，卷十四，《道冏传》、《慧厦传》。

38.《续高僧传》，卷二八，《法建传》。

放。”[39] 讽诵经书的章句，居然可以免受十殿冥王中第八殿平等王的审判。

诵读《阿弥陀经》，据说可使诵读的人死后不入地狱，且可助其往生西方极乐世界。依《宋高僧传》的记载，法智、僧衒、怀玉等僧人；皆因平日勤诵《弥陀经》，临终时，西方极乐世界的瑞相现前，观音、阿弥陀佛、大势至三位菩萨，亲来亲引[40]；雄俊和尚，生前无操守戒行，死后应入地狱，但也因为他生前常念佛号，因此得以往生西方[41]。

念诵《金刚经》，据说可以逃脱死亡的大限。唐僧洪正，由于平日持诵《金刚经》，至大限之日，鬼使不敢拘其魂，而拘一同名者代替[42]；唐，三刀法师，未出家时即喜诵《金刚经》，后被拘执，充作小将，逃亡途中被捕，处以死刑，然连下三刀，刃口俱裂，查其原委，见其放置《金刚经》的竹筒有三处刀痕，众人大惊之下，便释放他，并许他出家[43]。

上面征引的事例，固然类似神话，由于这类记载的繁多，也可推知中国僧侣认为讽诵经典是达到宗教目标的有效方法。有时候甚至以为诵经的力量，超过对佛学理论的讲说与钻研。

《宋高僧传》的作者赞宁曾说：“入道之要，三慧为门，若取闻慧，勿过读诵。”[44] 谓在趋向无漏慧的实证过程中，必然以闻、思、修三有漏会为方便，而闻慧的修持，则以诵读为最佳法门。亦即认为修行者须借诵读来理解经义，再依经义来修行。这种看法本来是佛教徒的常轨，我国僧人之专务讽诵者，却不是依照这种途径，而是将讽诵经文当作独特的法门。他们认为不论能否通晓经文的意义，只要念出声来，即能具有不可思议的效果，认为念经本身就是修行。这种看法当然不一定是释迦牟尼的本意，但在我国佛教界却蔚然成风，迄今不衰。这也是中国佛教的一项特色。

五、其他法门

39.《佛祖统纪》，卷三四。

40.《宋高僧传》，卷二四。

41.《宋高僧传》，卷二四，《雄俊传》。

42.《宋高僧传》，卷二四，《洪正传》。

43.《宋高僧传》，卷二五，《三刀法师传》。

44.《宋高僧传》，卷二五，《论》。

结夏安居

印度佛教教团每年夏季四月或五月间，聚集于固定地点修行，每期三个月或四个月，谓之安居。由于是在夏天举行，国人习惯上称之为“结夏”或“坐夏”。

这种制度在僧律中有繁复的规定，主要目的有二：一则防止僧众在雨季中，因四处游方而践踏虫蚁等生灵，二则可以作短期的精进修行。我国佛教界也有部分僧众遵行这种习惯。《荆楚岁时记》：

> 四月十五日，天下僧尼就禅刹挂搭，谓之结夏。[45]

安居的最后一天，谓之“自恣日”。在这一天里，参与安居者可以随意举发他人行为不合戒律之处，以相惕励。《四分律行事钞》卷上四《自恣宗要篇》：

> 九旬修道，精练身心。人多迷己，不自见过。理宜仰凭清众，垂慈诲示。纵宣己罪，恣僧举过。内彰无私隐，外显有瑕疵。身口托于他人，故曰自恣。[46]

这种定期择地闭门修行的制度，对一个宗教徒而言，是体验宗教境界及检讨个人行为的最佳机会。可惜这种制度并没有被国人普通采行。

头陀行

“头陀行”也是印度本有的修行法。意思是抖落烦恼、离弃物欲执著的修行。简言之，即是一种苦行法。

依佛典所载，凡是立志修头陀行的人，要遵守三种行为：其一是要穿最坏的衣服，只能穿着用别人抛弃的破布所缝制成的衣服，而且只能有三件，不能再多；其二是饮食力求简单，必须常行乞食，一天只吃一

45.《荆楚岁时记》（台北，中华，四部备要本）。

46.《大正藏》，第四十册。

次，且不能多吃；其三是要住在远离住家的空旷处所，并且常在坟墓、树下或空地上打坐，而且要常坐不卧，亦即行所谓的“不倒单”[47]。

唐代律僧道宣对这种修行法的目的曾加说明：

> 欲使进疲怠之容，趋禅定之域。策染尘之夫，登尸罗（戒律）之陛。[48]

47.《四分律行事钞》(《大正藏》，第四十册)，卷下之三，《头陀行仪篇》。

48. 同上。

49. 蓝吉富，《隋代佛教史述论》，第五章第一节。

50. 唐玄宗开元年间来华的三位印度密教大师：善无畏、金刚智、不空，合称开元三大士。

如果通过头陀行的考验，当然更能不被世俗欲乐所牵绊，出家的本怀也比较能够贯彻。在我国修行这种苦行的人，虽然为数不多，但也代不乏人。隋唐间的三阶教，就以头陀行当做修持的法门之一[49]。由于这种人的行为较为奇特难能，所以往往成为历代小说描写的对象。习俗相沿，后代人往往也视游方行脚、居无定所的出家人为头陀僧，这与印土本意是不尽相符的。

密教的修行法

密教是佛教中比较接近常人心目中所谓“法术”的法门，大别为两类：一是杂密，方法比较简单，规矩也比较宽缓；一是纯密，有严格的规矩与繁复的方法。唐代开元三大士[50]所传授的是纯密，前此的都是杂密。

不管是纯是杂，密教有一共同的特点：要念咒语、结手印（用手指结成某种特定的姿势），以祈求某一本尊（佛、菩萨等）的护持。

在我国，纯密并不流行，开元三大士之后，此派即衰。西藏密教虽然极盛，但对我国影响甚小。历代佛教界所行的，多是属于杂密范围内的修法，如通常念的“大悲咒”、“十小咒”、“楞严咒”等皆是。除了各种法会中常须持咒之外，平素以持咒来修行的人也不少。对于某些国人所常持或有特殊意义的咒，古代法师也常为之制定念诵仪式。譬如宋僧知礼曾撰《大悲咒行法》；遵式撰《请观世音菩萨消伏毒害陀罗尼三昧仪》；明僧受登曾撰《准提三昧行法》，都可以看出密咒在传统中国佛教中被吸收与整理的痕迹。

发愿

发愿是佛教信仰行为的特色之一。意指信徒依据佛法的精神而发出一种自度或度他的誓愿，在一生中甚至于生生世世都依照这誓愿去奉行。大乘佛教的共通本愿是四弘誓愿，即“众生无边誓愿度、烦恼无尽誓愿断、法门无量誓愿学、佛道无上誓愿成”。除这四项大乘佛徒的共同目标，佛教徒往往依自己的性向、志趣而另有与他人不同的别愿，譬如地藏菩萨的“地狱不空、誓不成佛”，而阿弥陀佛的四十八大愿也是众所周知的。

我国佛徒在发愿时，比较慎重的人，往往有“发愿文”之作。因此历代僧徒留下不少发愿文在藏经之中。譬如《智者大师发愿文》、《善导大师发愿文》、《慈云忏主发愿文》等，都是我国佛教界中较为有名的。

发愿的仪式并不复杂，通常是在佛殿前口念佛号，行跪拜礼，然后读发愿文，最后报上自己的姓名即告完成。如果是简单的发愿，则在礼佛之后，简单地说出自己的誓愿即可。仪式的繁简，并不固定。最重要的是，佛徒在佛前发过誓愿之后，在内心自会产生一种警醒惕励的力量，随时引导、匡辅自己的宗教行为，对于信徒的坚定心及贯彻佛教精神，自有相当大的助力。

讲经

在所有宗教中，佛教是经典最多，而且最重视宣扬经义的宗教。佛教认为解脱之道最重要的环节是“解与行”，亦即了解教义与依照教义去实践。讲经，便是帮助信徒了解教义的最重要方式，也是自古相传、历久不衰的传教活动。

讲经的方式，与古代学校中讲解儒家典籍的方式大体类似。不同的是，主讲者以僧人为多，地点多半在寺院，所讲的是佛教典籍。此外，在讲经开始之前或结束时，都有唱诵梵呗的宗教仪式。

由于讲经是一种重要的传教活动，因此历代佛教史传中，对讲经的盛况及讲经法师的描述颇多。摘录部分，以见一斑：

刘宋时，宋明帝曾命僧人道猛，于兴皇寺讲《成实论》，序题之日，明帝亲临，公卿百官及四方学者皆云集听讲。[51]

南齐时，僧宗法师讲《大涅槃》、《胜鬘》、《维摩》近百遍。每次讲说，听众达千人。法师妙辩不穷，应变无尽[52]。宝亮法师以为沙门应以宣法为任，四处客游，讲《大涅槃》八十四遍、《成实论》十四遍、《胜鬘经》四十二遍、《维摩经》二十遍、《大小品》十遍，缁素弟子三千余人，门徒常盈数百[53]。

僧旻法师于齐永明十年（492 年），于兴福寺讲《成实论》，先辈法师等集者如市，衣冠士子，辐辏四衢，坐皆重膝。梁天监五年（506 年），奉敕于惠轮殿讲《胜鬘经》，帝亲临听[54]。

身为帝王的梁武帝曾多次升法座，为四众说《涅槃》、《般若》等经。中大通五年（533 年），幸同泰寺讲《涅槃经》，其时文武百官，僧道庶民，及各国使者，共三十一万余人，参与盛会，景况之热烈，尤属空前[55]。

唐代道绰法师，恒讲《观无量寿经》，远近道俗子女，赴者弥山[56]。

上述讲经资料，是从各集《高僧传》及《广弘明集》摘抄出来的，由此也可了解讲经在方外世界中的重要性及其社会功能。一个僧人讲一部经的次数居然将近百遍，讲经的听众有时数量可逾千人，而全部中国有那么多寺院，同时在各地方讲经的活动必然多得难以数计，当

51.《高僧传》，卷八，《道猛传》。
52.《高僧传》，卷九，《僧宗传》。
53.《高僧传》，卷九，《宝亮传》。
54.《续高僧传》（《大正藏》，第五十册），卷五，《僧旻传》。
55.《广弘明集》（《大正藏》，第五十二册），卷十九，页236、37。
56.《高僧传》，卷二十，《道绰传》。

可想见这种活动在社会上所产生的影响。因此讲经活动不只是一种传教活动，也不只是一种佛教教育，而可视为古代社会上的社会教育行为与百姓的社交活动。

古代佛教讲经时，曾设有“都讲”一职。“都讲”的简单定义，是与法师对话的人。他代表听众向法师发问，而法师即向听众解说该问题。在这一往一复之间，使听众了解该经的要义，在经文内容方面，也有提醒讲经师的责任。这是一种相当有效的教学方法，尤其在古代的佛教寺院里，听经弟子往往不敢发问，在这种情形下，“都讲”便发挥出相当程度的教育功能。

据《高僧传》载，支道林讲《维摩经》，以许询为都讲，询每一发问，众人皆以为道林将无法回答；道林每答一义，众又谓询无可再问，如此往复，直至经文讲毕，两家都辩词不穷[57]。这是佛教史上“都讲”一职的美谈。

57.《高僧传》，卷四，《支遁传》。

在中国，除了正式的升大座，依循章句的讲经方式外，有些人讲经，往往只取经文的主旨，随时适机地广取譬喻、典故、故事等来发挥经义，使整部经文的讲说，具有趣味性与故事性。这样的讲经方式，称为“唱导”。

“唱导”的由来，是为防止大众念佛过久易致疲惫而产生的一种调剂的方式。通常是请宿德高僧升座说法，这位说法者或杂序因缘，或旁引譬喻，以使听众领受到佛法的趣味。这种方式自东晋庐山的慧远率先采行后，历代相传不替。

依僧传所载，唱导一职，必须注意“声、辩、才、博”四事。亦即需具备声调、辩才、文采、博学四项条件：言语、声调要能作适度的变化；要有辩才，始能与信徒的质询对答如流；要有文采、能博通佛学与俗学，始能使所说多姿多彩。所陈述的内容也要随时调整重点，针对不同的场合与对象：譬如对出家僧众，则要痛言无常、无我等理趣；若对君王长者，则要兼引俗典，不能徒言苦空无常；若对一般百姓，则要多举譬喻，引说见闻。可见这是一种特殊的传教方法，不只要具有相当程度的宣讲技巧，而且要能掌握听众的心理。所以“唱导”这样的方式，能使整个讲经的过程通俗化而富有故事性，完全控制全场的气氛，掌握住听众的情绪，使人对所说的经义，产生深刻的印象，获得较大的效果。对于一般社会大众，具有相当程度的教化效果。

唐代以后，佛教界更由唱导的方式，进一步地产生了讲经变文。唱导重在“知机”，讲说的内容是随机发挥，并无定式，然而无论如何去譬喻说明，总是以经义为准。讲经变文则常将佛经的内容转换为固定的故事，故事的内容，往往又掺杂固有的民间信仰，且随作者的意思编构而成，已不全合佛经本义。大体而言，这类变文总不脱神通感应的事迹，以及因果报应、轮回生死的思想。流行于唐代的讲经变文有《阿弥陀经变文》、《法华经变文》、《目连变文》等。其中，目连救母的故事，直到现代仍然是戏剧或电影的题材。这是佛教深入民间的重要布教方式之一。

法会

法会是依照佛教精神所从事的一种集体式的宗教仪式。虽然原始佛教强调的是“自业自得”的生命律则，释迦在世时也并未强调法会的重要性，但是传到后世，法会的重要性愈来愈突出。尤其在我国，形形色色的法会，更成为佛教的重要标帜，也是一般寺院最重要的宗教集会之一。

通常法会的主持人都是出家人。寺院内部的法会，由各寺院的住持或寺内其他德高望重的僧人主持；地方性、国家性的，则由信徒敦聘高僧担任。仪式的主持法师依法会大小而有增减，比较常见的是三师主坛。

法会性质虽有不同，仪式却大体相同。大部分的法会仪式都包含有诵经、持咒（或结手印）、礼赞佛菩萨、梵呗唱念等内容。各种法会都有一定进行的程式，如《大悲咒行法》、《瑜伽焰口》、《水忏》、《三时系念》等书，都收在《卍续藏经》里。这些记载仪轨的典籍，都是我国古代僧人根据印度经论精神所制定完成的。奇怪的是，除了与戒律或密教修法有关的佛教集会之外，一般法会的程式（仪轨）很少是印度人所制定的。而且唐宋以后，在一种法会里，往往会有净土、密教与禅宗思想杂糅其中。由此也可看出佛教思想的调融趋势。

法会因目的不同，可分为下述几类。第一类是为死者而做的。小而为自己已故的亲友，大而为地方上的孤魂野鬼，或为国捐躯的将士，都有各种超荐法会。譬如盂兰盆会、瑜伽焰口、慈悲三昧水忏、水陆法会等皆是。第二类是为生者祈福消灾。譬如祈求自己的年老长辈延年益寿，为体弱儿女祈福消灾，或为祈祷国家元首政躬康泰。这类法会较常见的有斋僧会、药师会及天子"圣节"（生日）法会等。第三类是佛菩萨的诞辰、涅槃日或成道日的纪念会。其中为普世佛子所共同遵行的，是纪念释迦诞辰的浴佛节。在我国，观世音菩萨的生日也是各寺院的大日子。此外，阿弥陀佛、药师佛、弥勒、普贤、准提、文殊、地藏等菩萨，忉利天主（天公）、韦驮等护法，达摩、慧能等祖师，在我国都有寺院庆祝他们的诞辰。这类纪念日一年大约二十次。第四类是祝祷国运昌隆的法会。最常见的是以讽诵《仁王护国般若经》为主的"仁王护国法会"。以下依史料所示，抽样介绍我国历史上的几种法会：

斋僧会是我国最早的法会。佛教以为僧人是三宝之一。信徒如果供养僧宝，可获得善果。斋僧会便是在这种理论背景下所产生的一种出家人集体接受供养的活动。汉朝的笮融[58]及汉灵帝都曾设饭斋僧[59]。梁武帝曾设千僧斋会[60]；北魏孝武帝曾设万僧会[61]。佛教徒以为不仅生时做斋可以求福，死后追荐若能举行斋会，亡者亦可得利获福。北魏孝文帝曾为当时去世的慧纪法师施帛设斋追

58.《佛祖统纪》，卷三五："兴平二年，下邳相笮融，起佛祠，课人诵经浴佛设斋，时会者五千余人。"

59.《历代三宝纪》(《大正藏》，第四十九册)，卷四："（汉）孝灵帝光和三年，遣中大夫于洛阳佛塔中，饭诸沙门，悬缯烧香散华燃灯。"页49。

60.《续高僧传》，卷五，"法云传"："（梁）普通六年，……于同泰寺设千僧会。"页464。

61.《洛阳伽蓝记》(《大正藏》，第五十一册)，卷二，"平等寺"条："北魏永熙二年二月五日，……帝率百僚作万僧会。"页1008。

悼[62]；唐太宗也曾为战亡的战士设斋行道[63]。

为亡者斋僧求福的仪式，有一种是在亡者七七日内举行的。这种法会思想源自佛家的轮回观。佛家以为人死后的四十九日之内，是轮回转生的预备期。如果在这七七日内，家属为亡者造福救拔，斋僧诵经，可使其恶业削减，投生较好处所。这种性质的斋会，有所谓的“三日斋”，又称“见王斋”，即人死后第三日斋僧；又有“累七斋”，即每逢七日，家属为之营斋追荐，甚至有未死前即请僧人诵经斋供，并燃灯悬幡，预求死后冥福，谓之“预修斋七”[64]。

盂兰盆会是契合中国孝道观念的法会。相传释迦弟子大目犍连看见自己的母亲堕入饿鬼道中受苦，想救母亲却无能为力，于是求佛帮助。佛就命令他在七月十五日，用盆装满各种饮食供品来斋僧，借众多僧人共同的愿力，使目连的母亲得到超升。此后，每年七月十五日举行盂兰盆会渐成定制。据说这种法会不但可救拔现世父母，而且可以超度七世的祖先。这个表达孝思的法会，在中、日等国颇为盛行。

在中国，施食的思想甚为流行，除斋僧会外，“无遮大会”也是重要的供养饭食的法会。“无遮大会”又称“无碍大会”、“平等大斋”等。供养对象不限于出家僧众，也普及社会一般庶民，不分男女贵贱，是道是俗，不设任何差别，不限制人数，在斋会期间，尽量供应免费的饭食。斋会所需费用，完全由施主负担。

历史上所记载的无遮大会，许多是由皇帝发起的。梁武帝于大通元年（527年）十月，在同泰寺设四部无遮大会，道俗五万余人集会[65]；又在中大通五年（533年）二月，于同泰寺开讲《金刚经》，设道俗无遮大会，相传参加的有三十一万九千余人[66]。陈武帝、宣帝、唐高祖等，也都启建过这种法会。

62.《广弘明集》(《大正藏》，第五十二册)，卷二四：元魏孝文帝，“帝为慧纪法师亡，施帛设斋，诏曰：‘可敕徐州施帛三百匹，并设五百人斋，以崇追益。’”页273。

63.《广弘明集》，卷二八，唐太宗为战亡人设斋行道诏：“自征讨以来，手所诛剪，前后之数，将近一千，皆为建斋行道，竭诚礼忏，朕之所服衣物，并充檀舍。”页329。

64.《释氏要览》(《大正藏》，第五十四册)，卷下。

65.《南史·梁纪》。

66.《释氏稽古略》(《大正藏》，第四十九册)，卷二。

专为亡者或地狱、饿鬼等道众生设的法会，比较常见的有施食给饿鬼的焰口法会，及兼度地狱六道众生的水陆大斋等。焰口法会源自印度的《救拔焰口饿鬼陀罗尼经》[67]，水陆大斋则系我国僧人所创。相传梁武帝曾梦见一高僧对他说："六道四生，受苦无量，宜兼水陆大斋，以普济之。"武帝乃与宝志等广寻经教，三年而造成科仪[68]。

圣节，是指天子的生日。北魏太武帝始光二年（425年），帝诞日辰下诏令天下佛寺为建祝寿道场[69]。从此，凡遇天子生日，佛教寺庙必建祝寿道场以为祝贺，这种法会，期限大约是一个月。在一个月中，僧侣逐日轮流上殿诵经行仪。所诵的经有《华严经》、《楞严经》、《妙法莲华经》、《金光明经》、《圆觉经》、《金刚经》、《仁王护国经》等[70]。

灌佛会又称浴佛节，为每年四月八日释尊诞生日所举行的洗浴佛像的仪式。这种浴佛仪式，大约始自后赵石勒，相传石勒于每年四月八日，诣佛寺灌佛，为其子发愿[71]。此后遂成定制。灌佛的仪式，大概是先设一花亭，置供桌上，在花亭中置释迦降生像于香汤盆内，然后用香汤次第灌浴。用过香汤，再以净水淋洗佛像，然后信徒各人取少许洗像水，置自己头上，并诵灌佛偈，仪式便告完成[72]。

涅槃会是释尊入涅槃忌日所行的法会，于每年二月十五日。佛入灭日设像供养，以表报恩之义。

此外，有一类以忏悔罪业为目标的法会，在我国也相当流行。依照印度小乘戒律，忏悔必须在半月诵戒时在僧团前完成。这种忏悔方式，在我国并未普及；我国佛教徒，却将忏悔法会化，通过这种仪式来为自己或他人，甚至为死者消除罪业，有时也用来祈求国泰民安。这是中国佛教徒依据大乘经典所创出的宗教仪式。

我国的这种忏法，称为礼忏，俗称拜忏。大约起源于三、四世纪

67.《大正藏》，第二十一册，《密教部》四。

68.《佛祖统纪》，卷三三；《释氏稽古略》，卷二。

69.《佛祖统纪》，卷三八。

70.《敕修百丈清规》，卷一，《祝厘章》。

71.《高僧传》，卷九，《竺佛图澄传》："后赵石勒，每年四月八日，自诣寺灌佛，为儿发愿。"

72.《释氏要览》，卷中，"浴佛"条。

间。依《高僧传》载，晋朝沙门竺法旷为了祈求乃师竺昙印的重病得以痊愈，曾经“七日七夜，祈诚礼忏”，终于使其师之病得以康复。他并且曾为晋简文帝举行斋忏，祈求国家的安宁[73]。北魏时，沙门玄高曾劝太子拓跋晃作《金光明斋忏》，终于洗雪了太子所受的冤狱[74]。

73.《高僧传》，卷五，《竺法旷传》。
74.《高僧传》，卷十一，《玄高传》。
75. 此据矢吹庆辉，《三阶教之研究》，页512—513所引。

这类忏法在后代也颇为盛行。相传梁武帝作《梁皇忏》；天台智者大师也作过《方等忏法》。唐朝的悟达国师作《慈悲三昧水忏》。而隋唐间盛行约四百年的佛教宗派——三阶教，曾经依《观药王药上菩萨经佛名》，创制“七阶礼忏法”。依该教创教者隋代信行禅师所撰《昼夜六时发愿法》云：

> 六时礼拜法大纲：昼三夜三，各严香华入塔观像，供养、行道、礼佛。平旦及与午时，并别唱五十三佛。余皆总唱。……应作如是清净忏悔。[75]

这是以唱念佛名为主的礼忏法。一天必须实行六次，可见其礼佛之勤。像这类忏法如果实行得宜，颇能激起宗教情操。晚近佛教界虽也盛行此道，但往往徒具仪式，在气氛、精神上均感不足。

佛教的社会福利事业

佛教徒服务社会、济度世人的行为是有教义做理论基础的，并不只是一般宗教性的善行而已。佛教徒的主要修行德目是六波罗蜜（六度）与四无量心。六度是布施、持戒、忍辱、精进、禅定与般若（智慧）。四无量心是慈、悲、喜、舍四种心态的充量至极。这些德目包含两类内容：其一是促使个人解脱的智慧与修持；其二是对于众生的同情与救济。可见“舍己为人”不只是一种泛泛的宗教情操，而且是完成其宗教目标的必经途径。《优婆塞戒经·庄严品》云：

> 菩萨为欲增福德，故施于贫苦。……欲舍一切苦因缘，故施于贫穷。

由这段经文可知：救济别人，是自他两利的事，并不是常人所以为的损己利人的行为。在现存的各种释迦传记资料里，最脍炙人口的当是释迦前生为尸毗王时，曾割肉喂鹰的故事。《大智度论》卷三十五《释奉钵品》：

> 尸毗王苦行奇特，世所希有。……帝释自化为鹰，毗首羯磨化作鸽。鸽投于王，王自割身肉，乃至举身上称，以代鸽命，地为震动。是时释提桓因等心大欢喜，散众天华，叹未曾有。

为了救度一只鸽子，都可以割下身肉，更何况为了救济世人。这种舍己救人的观念，在佛教徒心目中是日常行为的铁律，只要是虔诚的佛教徒，没有不奉为最高道德标准的。观世音菩萨在我国也是广受崇拜的佛教圣者，他的特征便是“寻声救苦、大慈大悲”。地藏菩萨在晚近几百年也甚受国人尊崇，他的宏愿则是“我不入地狱，谁入地狱”。在佛典里，这类事例相当多，因此在佛教徒心目中形成一种“救度众生”的意识形态，对于世人急难的救济，也就成为历代僧人的重要社会行为。

从两晋以来，佛教徒的社会福利事业不胜枚举，由于佛教教团的组织不严谨，个别事业虽多，但规模都不太大。这些事业便显得零散而无头绪，以下粗分数类，将若干史料略加铺排，以见佛教所显现的社会功能之一斑。

- 贫病的救护

“鳏寡孤独废疾者，皆有所养”，一直是中国固有的仁民思想，我国佛教在这方面也颇为注意。这类赈济事业，历代多由官方出资举办，而由佛教僧尼经营管理。如唐朝自武后长安年间（701—704年），设置悲田院与养病坊两种半官半民的社会救济事业[76]。悲田院收容孤儿、老人及穷苦的人，养病坊则收容病患。所需经费均由官府支给，管理和经营则由佛寺僧尼承担。以后，此种救济事业，一直由寺院僧尼担任，直到武宗会昌法难，勒禁佛教，逼使僧尼还俗为止。

此外，也有出家人自办的救济事业。唐洪昉禅师以行乞所得的净财，在陕州龙光寺建养病坊，收容的病人，有数百位之多。

宋代也有政府专设的治病机构，叫做“安济坊”，以及专门收容鳏寡孤独的“居养院”。《宋会要辑稿》云：

> 兴元府言：窃惟朝廷置居养院，安养鳏寡孤独，及置安济坊，医理病人。召有行业僧人管勾，外有见管簿历。[77]

安济坊及居养院，皆派僧人管理。在乡间，居养院往往设于寺观之内[78]。

- 医疗事业

生老病死是人生的四大苦难，而“应病与药”一向是佛教对人类病痛的救济方针。所以在佛教的经典中，有很多关于治疗疾病的医书，如《佛说佛医经》、《佛说咒齿经》、《佛说小儿经》、《佛说治痔经》等。

佛教传入中土后，自魏晋南北朝起，历代皆有僧侣孜孜于医疗治病工作。他们除医治一般病症外，对眼疾、脚疾、头风、难产妇科、癞病等诸种疑难杂症皆能救治，尤其对已染绝症的病恶，常能起死回生。例如东晋时代，受北方后赵石勒、石虎迎请，尊为国之大宝的佛

76.《唐会要》（台北，商务，国学基本丛书本），卷四九，《病坊》，页863。

77.《宋会要辑稿·食货》六〇之四，记崇宁四年十二月十九日条。

78.《朱文公集》，卷九二，《郭公份墓志铭》述知常德曰：“义仓岁赈鳏寡孤独甚厚，然其惠遍于市井，而不逮山谷，请即乡落寺观分置居养院，以活远民之无告者。”

图澄，曾以不可思议的咒力，使石勒暴病而亡的儿子复活过来[79]。

北天竺的那连耶舍，在北齐文宣帝时，在汲郡西山建立了三寺，并在该处广收疠病患者，施以医护与疗养[80]。唐朝的智严法师，常至疠人坊为病人说法，并吸吮脓血，洗涤秽物[81]；志宽法师，凡是贫病无依者，皆抬至自己住所，亲为治疗，并为病患口吸腹痈的脓血[82]；晋州大梵寺的代病，所以名为“代病”，系发愿一生之中，愿代众生受病[83]。甚至有僧人在传染病流行时，在都市设立医药中心来救济百姓，南朝末年沙门慧达，即于扬州设立“大药藏”以济百姓[84]。

佛教徒为人治病，常具有常人所不易有的耐心与仁慈，不分贫富道俗男女，一律为之医治，并且对于人人避之唯恐不及的疠疾、癞病患者，也能毫无惧色地亲近他们，为他们医疗与服务。这是他们宗教情操的高度表现，而他们在精神上所给予病患的安抚作用，有时要比实质上的疗效还要大。

- 丧葬的料理

佛教认为人死后，肉体虽然朽毁，但精神生命仍然存在，因此在人死后的四十九天内，或是死者的忌辰，其家人往往委托佛教寺院办理超荐事宜，使亡魂得以投生善道。其中以诵经或法会来为亡者超荐的活动为最普遍，常能给予死者家属精神上的安慰。

对于丧葬的料理，寺院也有不少具体的慈善措施。以宋朝为例，当时的寺庙，往往是贫苦无亲的人或旅客死后寄柩的地方，《宋史》卷一七八《食货志上六》：

> 初，神宗诏开封界僧寺，旅寄棺柩，贫不能葬，令畿县各度官不毛地三、五顷，听人安厝，命僧主之。葬及三千人以上，度僧一人。

79.《高僧传》，卷十，《佛图澄传》。

80.《续高僧传》，卷二，《那连耶舍传》。

81.《缁门崇行录》。

82. 同上。

83.《宋高僧传》，卷二六，《代病传》。

84.《续高僧传》，卷二九，《慧达传》。

可知寺院不但寄存棺木，也负责埋瘗的工作。宋朝对出家为僧，限制严格，出家必有度牒，而政府规定埋葬三千人以上，才可度僧一人、获一度牒，以奖励僧人积极从事此项工作。

宋时埋葬无主亡魂的公墓称为“漏泽园”。漏泽园旁往往有寺庙[85]。僧人要负责管理及兴建漏泽园的工作。《宋会要辑稿·食货》六〇之一〇，“绍兴十五年十一月六日”条：

> 措置修盖到漏泽园地段，及招募僧人，每月支破常平钱米。

宋朝还有请僧人守墓的风气，不但政府派遣僧人管理公墓漏泽园，私人墓园也请僧人看守。《夷坚志》卷十四“汪氏庵僧”条：

> 徽州城外三里，汪朝议家祖父坟庵在焉，绍兴间，招僧惠洪住持。

僧寺与丧葬的关系延续到现代，仍有很多信徒及其家属，将焚化的遗骸置存在寺院内。

- 罪犯的教化

基于对一切众生生命的悲悯，佛教也从事救助狱囚的工作。北魏时的“佛图户”，就是一种免囚保护运动。由当时僧伽长官沙门统昙曜设立。《魏书·释老志》云：

> 又请民犯重罪及官奴以为“佛图户”，以供诸寺扫洒，岁兼营田输粟。

85.《宋会要辑稿·食货》六〇之一六，“淳熙三年九月三日”条：“诏平江府守臣陈岘取会开赵所创义冢及僧庵元费用钱物，由朝廷给还，并赐庵名广济禅院。”

所以佛图户的设置目的，是在收容重罪的犯人，供寺院驱策，一方面使罪犯免于牢狱的监禁，并可使他们接受佛教的感化教育；另一方面，也可使寺院增加劳动力量，对寺院也有帮助。

历代奉佛的天子及执政者，受佛教不杀生戒的影响，有时也会举行大赦、特赦、恩赦等释囚措施。如隋开皇五年（585 年），由于文帝要受菩萨戒，遂大赦囚犯，当时获得减罪与释放的囚犯，多达二万八千余人[86]。

僧人自身，也有专门从事监狱布教及布施狱囚等工作的。隋代的智舜法师，常于冬天以衣服布施狱囚[87]；僧顺法师，常常亲往监狱中为囚徒说法，从事感化教育的工作[88]。

• 地方公益事业

僧人们对属于地方公益事业的修桥补路、井水开凿、树木种植等工作，也都热心地积极参与。例如隋代蜀郡的僧渊法师，目睹锦水江波溺死者众，曾在锦水之上造桥[89]。唐武宗时的道遇和尚，因见洛阳附近的黄河天险龙门潭，船行至此，常遭翻覆，乃伙同白居易等发誓愿必打通此路，劝募两岸民众，共同出资出力，夷平此一险津[90]。后晋西关净化院的道者禅师，也热心于修桥补路，《两浙金石志》卷四：

道者……逢缘必作，随处立功。建濠河津要之桥梁，修府郭壅狭之歧路。[91]

隋代的法纯法师，或为道俗洗补衣服，或洗厕担粪，而“或王路艰岨，躬事填治，因而励俗，相助平坦”[92]，致力于修补道路。唐

86.《辩正论》卷三：“开皇五年……诏曰……请经法师于大兴善殿受菩萨戒，然菩萨之教，以解脱为先。戒行之本，以慈悲为始。今囹圄幽闭，有恸于怀，自流罪以下，悉可原放。计天下轻囚预得赦者，二万四千九百余人。其死罪蒙降者，三千七百余人。含齿戴发，相趋舞蹈，门门受福，人人称庆。”

87.《续高僧传》，卷十七，《智舜传》：“每于冬初，化诸缘集，多办复贮之衣，就施狱囚。”

88.《续高僧传》，卷二六，《僧顺传》：“（顺）常乐弘法于囹圄中。……投身桎梏，情志欣泰。……方取经疏，铺舒详读，旁为囚隶说法劝化……还蒙放释，出狱之日，犹恨太早。”

89.《续高僧传》，卷十八，《隋蜀郡福缘道场释僧渊传》。

90.《白氏长庆集》（台北，商务，四部丛刊初编），卷七一，《开龙门八节石滩诗二首并序》。

91. 毕沅、阮元，《两浙金石志》，卷四，“后晋西关净化禅院碑”。

92.《续高僧传》，卷十八，《释法纯传》。

代的乾寿法师，对于崎岖的山路，则加以剪拓修夷，对于枯涸的川原，则疏泉汲引[93]。

凿井以供民众饮用，植树则有水土保持的功用。隋通幽法师曾立四大井，并各施漉具供民众使用[94]；唐慧斌法师，在汶水之阴，九逵之会，造义井一区，为父母追福[95]；又《洛阳伽蓝记》卷一，记景乐寺北边有桑树树株，枝条繁茂，下有甘井一所，石槽铁罐供行人饮水，而桑树之荫可供行人小憩。唐明远法师，忧虑淮水及泗水的泛滥，遂策动郡守苏遇等人，种松杉楠柽桧等树苗一万株，以防止水灾造成的苦难[96]。凡此种种，皆可窥见历代僧侣热心公益、造福百姓的情形。

93.《金石萃编》，卷七八，《支提龛碑》。

94.《续高僧传》，卷二一，《通幽传》。

95.《续高僧传》，卷二十，《慧斌传》。

96.《白氏长庆集》，卷六十，《大唐泗州开元寺临坛律德徐泗濠三州僧正明远大师塔碑铭并序》。

• 住宿与娱乐

寺院或坐落于交通冲要，或位于人迹罕至的深山幽谷，往往成了旅人寄宿的地方，《唐会要》卷四八《议释教下》：

> 其诸县有户口繁盛；商旅辐辏，愿依香火，以济津梁，亦任量事，各置院一所，……其有山谷险难，道途危苦，须暂憩留，亦任依旧基，却置兰若。

可见寺院也有便利往来行人止宿憩息的作用。

寺院有时也供官定应试举子止宿，《唐会要》卷七六“制科举”条：

> 元和三年勒制：举人试讫，有逼夜纳策，计不得归者，并千光宅寺止宿。

到宋朝，寺院也曾经是举子应试的考场。庞元英《文昌杂录》卷五：

开宝寺为礼部贡院，二月十八日火，凡本部贡笺与夫所考试卷，须臾灰烬，略无遗者。

北宋以来大都市的寺院，也往往成为人民进行交易买卖与消遣娱乐的场所。这就是所谓的“庙市”，这是当时人民日常生活中重要的一环。依《东京梦华录》所载：宋代开封相国寺为万姓交易的场所，每月开放五次，各种珍禽奇兽，日用什物，笔墨纸张，绣花饰物，古玩图书、土产香药等，应有尽有[97]。

依宋人王栐《燕翼贻谋录》所述，相国寺规模甚大：

东京相国寺乃瓦市也。僧房散处，而中庭两庑可容万人。凡商旅交易皆萃其中。四方趋京师，以货物求售，转售他物者必由于此。[98]

娱乐场所也常假借寺院，《南部新书》卷戊：

长安戏场，多集于慈恩，小者在青龙，其次荐福，三者皆寺。[99]

可知当时戏场多集中于寺院。寺院又常因擅风景之胜，且常常有名花佳树，以独特栽培法或优良的品种而闻名，因此吸引大量游客，成为游览观光胜地。《酉阳杂俎》载，唐代慈恩寺以牡丹花名闻遐迩，长安兴唐寺有正倒晕牡丹，兴善寺素师院有合欢牡丹[100]，皆能吸引游客。宋朝扬州兴龙寺的芍药、杭州吉祥寺的牡丹，皆曾入文人墨客的诗中，必定吸引了许多赏花的游客[101]。

唐代士人也很喜欢在寺院读书，因为寺院较幽静，藏书也颇丰富，

97. 宋·孟元老，《东京梦华录》（《百部丛书集成初编》，第四六部，《学津讨原》，第十一函），卷二，“相国寺”条。

98. 宋·王栐，《燕翼贻谋录》，卷二，“东京相国寺”条。

99. 宋·钱易，《南部新书》（《百部丛书集成初编》，第四十六部，《学津讨原》，第二十三函）。

100. 李树桐，《唐人喜爱牡丹考》，《大陆杂志》，三九卷，一、二期合刊（1969年7月），页52—53。

101. 韩琦，《安阳集》，《和袁陟节推龙兴寺芍药》诗；苏东坡，《惜花诗》，《东波合集》（台北，商务，四库全书珍本）。

当时高僧又多为硕学之士，常有就彼问学者。同时寺院也供给食宿，所以贫士往往借寓寺院以为习业之所。如开元进士杨祯，为避烦嚣，借石瓮寺文殊院居住。元和时，京兆韦思恭与董生、王生三人，于嵩山嵩岳寺肄业，自春至七月均居其间。又如韦昭度，少贫，依左街僧斋粥，其后相昭宗。王播客寓扬州惠昭寺木兰院，遭"饭后钟"之辱，后相文宗。李绅肄业于无锡慧山寺，李端少时居庐山，依皎然读书。凡此皆因唐代佛教兴盛，寺院庄田不少，故有能力负起教育士子的责任，与私人讲学并起[102]。

唐代赴京应考士人，亦多喜投宿寺院，准备课业。《南部新书》卷乙：

> 长安举子，自六月以后，落第者不出京谓之过夏。多借静坊庙院及闲宅居住，作新文章，谓之夏课。

宋人也喜读书寺院，诗人文同在《丹渊集》中的《重过旧学山寺》有"当年读书处，古寺拥群峰"之语[103]。又《独醒杂志》卷二[104]记吉水南华院，在山谷穷绝处，又有白云堂，在最高处。其后记曰："刘伟民未达时，馆于山前之富家，亦尝寓书剑于此。"可见一斑。

• 金融事业

自南北朝开始，寺院往往从事借贷的金融事业，设库融资。《南史·甄法崇传》中记载，法崇之孙子彬，曾以一束苎作抵押品，向长沙寺库借银[105]。又《南齐书·褚澄传》中，也记载褚澄持钱到招提寺赎物[106]。寺库的作用，最初是一种救急的福利事业，帮助百姓渡过急需用钱而缺钱的难关，所以抵押的物品，并不限

102. 黄敏枝，《寺院本身所具备的社会作用》，《唐代寺院经济的研究》（台湾大学文史丛刊，1971 年），第五章第二节甲。

103. 宋·文同，《丹渊集》（台北，商务，四部丛刊本）。

104. 宋·曾敏行，《独醒杂志》（百部丛书集成初编，第二十九部，《知不足齐丛书》，第二函）。

105.《南史》，卷七十，《甄法崇传》："法崇孙彬，彬有行业，尝以一束苎就州长沙寺库质钱。后赎苎还，于苎束中得五两金，以手巾裹之，彬得送还寺库。道人惊云：近有人以此金质钱，时有事，不得举而失，檀越乃能见还，辄以金半仰酬，往复十余，彬坚然不受。"

106.《南齐书》，卷二三，《褚澄传》："渊薨，澄以钱万一千就招提寺赎太祖所赐白貂坐褥，坏作裘及缨。又赎渊介帻犀导及渊常所乘黄牛。"

于价值，即使是一束苎、一斗谷也可以告贷。

到了隋代，信行法师建立三阶教，依据佛经中“无尽藏”的思想，建立了作为布施的修行法则。唐代初年，三阶中枢的长安化度寺，设置了称为“无尽藏院”的金融机构，贷款给贫苦的百姓应急[107]。金钱借贷的手续非常简单，不要借贷字据，没有利息，也不需抵押物，到期自然还偿。《两京新记》卷三：

亦不作文约，但往至期，还送而已。燕、凉、蜀、赵，咸来取给，每日所出，亦不胜数。[108]

这种制度，并不只行于长安附近，普及的范围远至今四川、甘肃、河北等地，是一种无息的信用贷款，没有丝毫营业性质，完全是一种福利慈善事业。

然而这种寺院借贷制度，逐渐由社会福利的慈善性质，演变而成营利性质，所以三阶教的无尽藏院，在唐玄宗时因“擅自专断，且多诈欺，事非真正，允宜禁断”[109]而被勒禁封闭；宋代寺院的“长生库”更为时人所垢病[110]，大违其创设本意。

107.《太平广记》，卷四九三云：“武德中有沙门信义，习禅，以三阶为业。于化度寺置无尽藏，贞观之后，舍施钱帛金玉，积聚天下伽蓝增修之俑，一分以施天下饥馁悲田之苦，一分以充供养无碍。”

108. 唐·韦述，《两京新记》(《百部丛书集成初编》，第八十部，《佚存丛书》，第一函)。

109. 唐玄宗，《士女向佛寺布施金钱禁诏》、《化度寺之无尽财物分散诏》，《全唐文》。

110. 陆游，《老学庵笔记》，卷六：“今僧寺辄作库，质钱取利，谓之长生库，至为鄙恶。”(台北，商务，丛书集成初编)

结 语

上文所陈述的是我国历代佛教界的主要活动内容，大体可以看出有下列几点特质：

其一，不论僧侣阶层的内部活动或社会事业，我国佛教所显现的，都与印度佛教不尽相同。有关僧人的衣食住行等仪节、禅的修习、念佛方法等，我国佛教多少都曾加以改革。而印度所盛行的某些宗教活动，如结夏安居、持午、诵戒等事，在我国并未普遍遵行。至于社会慈善事业，印度佛教之所为，甚少见诸载籍，在这方面，我国僧人所做的似乎比印度僧人要热烈得多。

其二，我国佛教界没有统一的组织，教会的行政结构也不严密，因此，所有的宗教活动都由各寺院各自为政地实行。各种活动所表现出来的现象，零散而无系统，缺乏全盘的计划，所有活动是以寺院为主的、是地方性的。

其三，从这些活动的思想背景来观察，这些活动是儒家价值观以外的一种社会活动。所以，我国古代的佛教寺院，可以说是在以儒家思想为主导的社会里的一种非儒家的社会结构。在儒家思想及价值观弥漫的古代社会里，另有这一个非儒家的社会结构在频繁地、广泛地活动，这是研究古代社会史者所应注意的现象。

至于佛教寺院所显现的“功能”，大体而言，至少具有“宗教性的”与“社会性的”两种。这与本文分为“修行弘法”及“社会福利事业”两大类，意义相似。但在所列出的各项具体事例之外，我们也不能忽略某些无形的影响。换句话说，佛教寺院对于信徒或一般社会人士的作用，本文所列，不过是其荦荦大端，有关信徒内心的安抚、道德意识的提高、生命价值的肯定，及对世道人心所可能有的潜移默化功能等，则是巨大而无法衡量的。

不死的探求

道教信仰的介绍与分析

李丰楙

神话是民族的梦，是一种与梦相似的象征符号，沟通意识与无意识之间的一座桥梁，它表达了每一民族隐蔽在心灵深处的理想与愿望，同时其本身也在某种程度上满足了这一理想与愿望。“长生不死”与“神仙乐园”正是古人大梦中的一场梦境，亘古以来中国人对于不死成仙的神话传说与宗教信仰，表达了这两项重要的意愿：个人的长寿永生与社会的和谐安乐。在世俗的宇宙里，长生不死与乐园情境也许是一种永远无法满足的梦，但经由神话、宗教及巫术等神秘方式，充分发挥其满足心理与社会需要的功能，这就是神仙道教在中国历史中的重要意义。

人类对于生命的态度，与时间、空间的观念有密切关系。远古时代，原始人对于时间的醒觉、空间的憧憬，使他们在经济生活之余，预见生命的死亡，这一危机感促使他们努力寻求如何超越时间与空间的大限。因此，他们在过去的某一时空，或是永无休止的未来，以一种类似诗人的情怀建筑一座神仙不死的乐园世界，满足其心理需要，解除个人乃至种族的生命危机。在中国原始社会时期，经由地下发掘出来的考古文物，已能发现一些丧葬中的祭仪，确有寻求生命继续的诸种尝试与努力；而一些流传久远的神话传说中，关于神仙乐园、变化不死的母题，更是初民探求不死的化石性存在物，凡此均足以证明古远之世已通过宗教、神话、巫术等神秘手段探索不死的问题。

先秦哲学思想蓬勃发展的时期，诸子对于生命本身的问题采取不同的处理方式。儒家一贯以其较为理性化的态度对待，孔子就不愿意花费时间去思索解决这个困扰人类已久的问题，他说：“未知生，焉知死。”人类社会本身亟待解决的已够有心人栖栖皇皇，何况以儒家合理主义的态度，实不愿采取不可究诘的宗教方式加以解释。但死亡终归是与时俱增的威胁，“君子疾没世而名不称焉”，这是孔子切身的经验。在这种两难的情况下，儒家如何获取生命结束后“存在的保证”(assurance of existence)，按照其哲学的本质，叔孙豹的三不朽说：立德、立功、立言，应该是最合乎理则的答复[1]。换言之，儒家的不朽观，依然是理性的、重视现世的，为一种人文主义精神的表现，他们肯定生命不朽的方式仍与生命是否存在一论题无关。道家基于其哲学思想的渊源与特质，则采取不同的对于生命存在的逼近方式。道家否定现象界，而追寻一种不变的本体，在世局变动剧烈、社会阶层升降迅速的乱世，老、庄二子都对社会道德的沦丧、价值观念的变迁产生一种虚幻感，他们对于生命的关注也远超过儒家。基于循环变化的观念，视生命为宇宙中变化的现象，生命的出生与归复，是一种自然表现，因此死亡并不值得悲哀；而且生命又可以变化的方式薪传不息，并非就此绝灭。庄子基于超越的哲学，对于生死采取齐一的态度，以超脱死亡的困境，类似地一再询问："死与生与？天地并与？神明往与？芒乎何之？忽乎何适？"（《天下篇》）显示道家对于生命本源、死亡归趋等问题，具有较浓的探索兴趣，其原因应与古来流传的神仙说有密切关系。

1.《论语·先进篇》，季路问死，孔子答以"未知生，焉知死"。叔孙豹三不朽之说，出《左传》（台北，艺文，1969年）襄公二十四年。

原始宗教对于生命素朴的探索，与战国前后趋于鼎盛的神仙思想，为中国人对于生命不朽的一种思索，它源远流长，历久不衰，正是每一民族在成长的过程中必有的童稚之梦。巫教为其雏形，以素朴、野蛮的方式解决生命的问题，庄子等道家之徒吸收部分这类神话传说，再出诸抽象的哲学思维的形式；而其主流仍在燕、齐滨海地域流传，方士者流继续寻求不死之药与神仙乐园，历经秦、汉的漫长发展，神仙不死的信念弥漫社会，前道教时期，以两汉之世为求仙活动的第一波，上自帝王贵族，下至平民百姓，无不采取各种方式以坚定其神仙不死的信念，凡此都提供道教产生的温床。汉末魏晋的社会提供了神仙道教足以结构成形的历史条件，它广泛而驳杂地吸取原始宗教、神话，以及巫术、方术等拟科学（pseudo-science），又容受诸子百家的哲学思想，尤其是道家及部分的墨家，但其中心则为神仙思想，综合条贯成一套解决生命问题的宗教信仰。它的诸般仪式为借助于戏剧化动作的行动象征，而围绕在其四周的神话传说，则为借语言、文字表达的象征符号，来支持、肯定或合理化这种神仙不死的需求，从道教成立至唐宋时期，可说是对于不死探求活动的第二波，充满了一种宗教形成期的坚定信念。

唐宋时期对于神仙不死的探求，乃是通过丹药的伏炼，希望利用神奇的仙药延生，甚而长生，这是一段充满着狂热求仙风尚的时代，唐代诸帝有多位服食丹药，贵族社会中也弥漫着对于仙药的热望与迷惘，为神仙思想掀起另一高潮。宋朝服食风尚渐弱，因为丹药中毒的惨痛事实，冷却了炼丹的狂热，而开始怀疑药物的适用性，同时，转向内丹的神秘体验，经过这段过渡时期，到了金元时期，始有新道教运动，在道教改革风气中，出现不同的道派：像全真道、真大道、太一教，与原有的正一教——又分支产生玄教、茅山道，以及净明忠孝道，其中神仙不死的观念落实于修真者的实际体验，就是内丹。融合道教对于体能的修炼，与禅宗的心性训练、儒家淑世的伦理道德，就是三教合一的倾向，神仙的形象较为通俗化，在民间通俗戏剧与小说中表现出来，已非缥缈的仙境与仙真，而是强调修真学道者被度化的神奇经历。这些度脱的神仙传说在明、清之时逐渐淡薄，随着道教的固定化，神仙只是茶余饭后的谈资，逐渐失去其满足心灵需要的功能，剩下的只是想象的趣味，这是道教衰竭的时期，对于不死的探求，完全屈服于长期的历史经验——神仙只是一场虚幻的梦境。

不死的探求，由前道教时期的素朴阶段，到道教成立后，随着药物的发现与实验臻于高潮，约从汉末直至唐宋之际；其后道教改革运动，将神仙不死的观念平实化、通俗化，也固定化、僵化，这就是漫长的历史中求仙活动的衍变情形。

僊、仙、真诸字的展开与运用

对于不死的探求，传统学者都视为道家之学，而一般典籍也习惯使用“道家”一词，此为广义的用法。其实，以狭义的定义言：道家应指先秦的老庄思想，属于哲学；而道教则指六朝时期形成的神仙道教，属于宗教。欧美汉学研究，通常使用 Taoism 概括二者，但前者（Tao-chia）都习惯使用“初期道家”（early Taoism）或“哲学的道家”（Philosophical Taoism or philosophic Taoism），表示先秦哲学的老子、庄子，而后者（Tao-chiao）则称为“新道家”（Neo-Taoism）或“宗教的道教”（Religious Taoism），代表一种后起的新兴宗教[2]。当然，老庄思想与原始宗教有其渊源，法国学者马伯乐（Henri Maspero）、葛兰言（Marcel Granet）及康德谟（Max Kaltonmark）都有这种看法，康德谟就曾指出“道家和道教并不如一般人所说的那么不同，他们彼此来自同一种极古老的宗教的根源。”两者的关系极为密切，“因此，纵使道家和道教真的有显著的不同点，但是这些不同并不足以使我们认为他们代表着两股截然不同的思潮，相反地，我们以为道教是道家思想的继续和延长。”[3] 如果从道家、道教对于神仙不死的热烈探索来看，其精神确有一脉相承之处。

2.H.Creel, *What is Taoism* (Chicago, University of Chicago Press, 1977). p. 7. D. Howard Smith, Chinese Religions (N. Y., 1968), Chap. Ⅸ.

3. 马伯乐，《道教》（日本，东海大学，1968 年），原为法文，此处所用为川胜义雄日译本。康德谟，《法国两位先哲对于中国道家思想的看法序言》，《中国学志》，第五本（1969 年）。

道教的产生，当然不只源于道家，而是传统中国文化的奇妙产物，近世道教学界都承认道教乃以古代民间杂多的信仰为基础，以神仙说为中心，杂糅了道家、墨家，以及易、阴阳、五行、卜巫、谶纬、天文、占星诸说，其中具有哲学思想，像宇宙生成、万物根元之道，成为其神学思想；又具有巫术、方术等拟科学成分，像炼丹服食、调息导引，以及医药等，构成其术数部门。至于道教的宗教体系，因形成时期适逢佛教输入中国，因此模仿佛教的组织体系，整理构造为道教的特殊宗教形式：以大罗天为最高天界，中间散布庞大而复杂的洞天福地，同时也出现类似的地狱构想；至如经典科教，融合原始巫术及古来的礼仪，产生一套极具神秘色彩的符咒法术及斋醮仪式；与之相辅的为通俗化的伦理道德，成为劝善的各种戒律[4]。凡此繁复的宗教结构，只为了一个长生不死的现实利益，快乐神仙成为理想的形象，而仙境更是梦寐以求的理想乐园。所以，日本学者说道教的构想充分表现中华民族的现实主义的性格，“神仙不死”的世界不求诸缥缈的来生（未来），也不完全寄托于渺邈的往日（过去），而是透过自我的努力修炼，保存形体，变化成仙，获得现世的存在的保证（现在）。因此，道教被认为是属于中国人的“民族宗教”[5]。

从道家过渡到道教的“关键字”（key word）就是仙、真，庄子应是根据流传于当时的原始宗教、神话，而塑造出一系列的理想人格：诸如真人、神人、至人之类，其中“真”字出现的频率最高，达六十六次之多；而真人凡十六次。这些理想人物具有入水不濡、入火不热及飞翔空中、遨游仙山的高超神通；而其理想世界则为缥缈而美好的姑射山、昆仑之类。诸如此类的奇特构想，一向被哲学家视为深具神秘主义倾向[6]；人类学家则依据“萨满教区”（Shaman Area）的文化圈观念，推测为基于古巫所具有的文化性格：对水火的一无感觉、进入幻觉状态所产生的幻境神游等神秘的宗教性体验[7]。因此，“真”字在《说文解字》等书中，被解说成“仙人变形而登天”。“僊”字为“仙”的古代写法，汉朝以前只使用“僊”而不用“仙”。“僊”出现在《庄子》一书，凡有两次：其中一次具体描写登天过程：“千岁厌世，去而上僊，乘彼白云，至于帝乡。”另一次也有类似意味——“僊僊乎归矣”[8]。

《说文解字》说僊是“长生僊去”，代表汉朝仙道文化的一种反映：僊作为动词，为舞袖飞扬，或即源于巫的舞蹈，与宗教仪式有关；作名词用，自是指扮演上僊的僊人。因为仙字所从的“䙴”，许慎解释作“升高也，长生者 去。”这种长生䙴去的观念，作为行动象征，就是封

4. 洼德忠，《庚申信仰》（日本，山川，1973年），页177；另外又见较早著成的《中国思想の研究》，页256。

5. 洼德忠，《道家と道教》（《中国思想丛书》Ⅱ，1973年）。

6. 冯友兰，《中国哲学史》。

7. M.Eliade, Yoga, *Immortality and Freedom* (N.Y., 1958). 及御手洗胜，《昆仑传承と永劫回归》，《中国学会报》，第十四集（1962年）。

8.《庄子》的《天地篇》与《在宥篇》。

禅、祭天的仪式，发展为道教步虚的模拟登天的斋醮仪式；而其语言象征，就是昆仑、游仙的神话，衍变成道教传说中游历仙境的复杂情节。至于“仙”字普遍见于后世典籍，其实最早出现于汉朝，代表仙山的构想，逐渐从缥缈的西方昆仑、东方蓬瀛，落实到中国舆图上的名山洞府；仙人快乐地活动于仙山，而不一定完全僊僊飞升于白云帝乡，这是一种比较亲切而实际的想法（图一）。

因为“神”字遍见于先秦典籍，象征一种存在于天上的超自然存在，天神为具有神秘主宰力量的主体，这种观念非道家所独有，因此，道家特识所在为仙、真。进一步将这些字眼结合成复合词，就是类似秦始皇命令博士为“仙真人诗”[9]，仙真成为道教习用之词；而“神仙”也是更具体的道教用语，据传为刘向撰的《列仙传》，至葛洪就被扩充成《神仙传》，后来见素子所撰《洞仙传》的洞府名仙说，尤为茅山道派洞天福地的道教构想[10]。

9.《史记·秦始皇本纪》，年号三十六年。

10. 李丰楙，《洞仙传之著成及其内容》，《中国古典小说专集1》（台北，联经，1979年8月），页77—98。

神、仙、真等字，为联结道家与道教的关键字，《庄子》书中出现的真人、神人等，真人一词被后来不同的道派袭用，另外《齐物论》出现的“真君”，到了道士之手，也被剔除哲理意义，而成为信仰道教的君王的殊号，像北魏太武帝被寇谦之称为“太平真君”；至于被封于神统谱中的仙人，称为“真灵”，像陶弘景所构思的《真灵位业图》；至于修炼的道士，就可堂皇地称为学仙、或是修真，这已经是纯粹道教文化的产物。

神仙世界的构想与完成

初期仙说约集大成于魏晋时期，就是神仙三品说，总合六朝道教形成以前的神仙类型，区分为三种等级，这种三品分仙的观念，恰为东汉以来的品题习惯的具体反映：官职分品的三公、九品官人的上、中、下三等；人伦品鉴的三豫；以及文学品第的《诗品》三分法等。三为常数，不仅是概念性的归类，同时也是一种神秘数字。将神仙区为三品，一品之中又可略分高低，显示魏晋时期道教的理论已整理出雏形，这种情形为当时不同道派的共同倾向。基于三品的分类，再接受佛教曼荼罗观念的启发，才能构成陶弘景的《真灵位业图》，完成道教的神统谱，一种庞杂而伟大的神仙谱系。唐宋以后，这类规划神仙世界的构想就较少出现，有之，也只为整理神仙传记的方便，加以不同形式的分门别类，而不是道教本身体系化的一种尝试。而且宋元以后，道教的流派纷起：江南龙虎山的正一教、茅山的茅山道，由正一教分出的玄教，江西豫章西山的净明忠孝道；又有曾流行北方的全真道、太一教、真大道派等，派别不同，就不易将不同道派的神仙列于综合谱系中。但基于宗教的秘传性，不同道派自有其传承道法的师门系谱，备载于各派所传奉的宝经秘录之中，这是中期以后神仙世界的构成情形。

现存最早的神仙三品说应该是曹魏时《正一法文天师教戒科经》，这部张鲁五斗米道系经典说："大道含弘，乃愍人命短促，故教人修善：上备者神仙，中备者地仙，下备者增年。"[11] 五斗米道为道教初期重要道派，也称天师道，劝导遵道守诫，勤于修行，因所备功德不同而成仙之品自有上下。其次为上清经派的说法，《紫阳真人内传》为初期仙传，强调服食成仙，所谓"药有数种，仙有数品"：有"乘云驾龙，白日升天，与太极真人为友，拜为仙官之主"的上仙，"或为仙卿，或为仙大夫，上次之次也。"属于上品神仙；其次"游行五岳，或造太清，役使鬼神"为中仙，中仙之次则"或受封一山，总领鬼神；或游翔小有，群集清虚之宫。"至于下品仙，也有两种情况："若食谷不死，日中无影"及"白日尸解，过死太阴"[12]。上清经派兼修内、外丹，所修炼的成果不同，境界也有差异。

11.《道藏》（台北，艺文，1978年）《洞神部·力下》。其著成年代参大渊忍尔，《五斗米道の教法について》，《东洋学报》四十九卷三、四期（日本，1966年）。

12.《道藏》翔字号。

类似的三品说，东晋葛洪撰写《抱朴子》更是集大成的说法：

仙经云：上士举形升虚，谓之天仙；中士游于名山，谓之地仙；下士先死后蜕，谓之尸解仙。(《论仙》第二)

《太清观天经》曰：上士得道，升为天官；中士得道，栖集昆仑；下士得道，长生世间。(《金丹》第四)

葛洪引用《仙经》、《太清观天经》等古道经，后者属于金丹道派经典，同篇提到“朱砂为金，服之升仙，上士也；茹芝导引，咽气长生者，中士也；餐食草木，千岁以还者，下士也”。就是以服药决定仙品，为通行于当时的神仙说。

• 天仙说

天仙、地仙及尸解仙为上、中、下三品，其原始构想都源于先秦、两汉，代表道教形成期的神仙阶位说。天仙的天上宫廷观念，自是以人间宫廷为其模型，与北极星信仰有关。萨满教区流传北辰崇拜，在极北、北美原文化区诸民族都以北极星为天的中央，古中国也保留同一信仰：天文学上的盖天说，就以北辰为中，而众星环拱；两汉盛行的太一信仰为其具体反映，其颜色为紫，称为紫宫；祭祀则紫衣、设紫坛；具象化的神话，就成为宫廷构想的紫庭、紫府[13]。

这些星辰信仰及其神话，经由汉代纬书的渲染，而为道教所吸收，早期道教的原始经典《太平经》就出现北极紫宫的说法——“上神合于北极紫宫中也，与天上帝同象”[14]，《抱朴子》更一再提及紫极、紫庭、紫府、紫霄，认为：“得仙者，或升太清，或翔紫霄。”(《明本》)因此天仙就是乘云驾龙，冉冉地升入白云帝乡的神仙。其典型多为帝王，黄帝即为乘云驾龙的天仙形象，应属古代巫王

13. 李丰楙，《魏晋南北朝文士与道教之关系》(政大中文所博士论文，1978年)，页412—414。

14.《道藏·太平经钞》，丁部；又参王明，《太平经合校》(台北，鼎文，1979年)。

的理想化人物；但汉朝末期，神仙平民化之后，也有平民修道成仙的例子，像河南密县的卜成（或上成公），就是在修成之后，辞别家人，“其始步稍高，遂入云中不复见。此所谓举形轻飞，仙之上者也。”[15] 学道求仙已不是帝王贵族的专利，而是平民普遍的理想与愿望，在神仙思想史上这是一种观念上的大突破（图二）。

15.《抱朴子》引仲长统《昌言》，又《后汉书·方术传》及《博物志》卷七均有类似记载。Ying-Shih Yu, “Life and Immortality in the Mind of Han China,” *Harvard Journal of Asiatic Study*, Vol. 25, 1964。

16. 王明，《太平经合校》，页582。

• 地仙说

地仙为学道成仙者的最大愿望，因为天仙一旦羽化登仙后就只能翱翔于云雾缥缈的云天之中，地仙则仍可自由往来人间，葛洪在《抱朴子》与《神仙传》中再三强调，地仙是“群仙不欲升天者”，不急于升天，却可任意停留世间，遨游名山，游戏人间，等到需要升天时再往上飞升。这种地仙思想，充分反映两汉、魏晋时期自然与名教的思想：即可以纯任自然，保全自我，自由逍遥于山林；又可出入红尘，游戏人间，而不受世网的牵累，属于知识分子希企隐逸的性格；另一方面又透露出中国人重视人间世的现实性格，其中逍遥、游戏，而又不受任何羁绊，几乎是一种普遍的理想生活。

地仙所要升虚、栖集的名山，为人间向往的仙境，中国人为塑造这座乐园，发挥了高度的想象力，它集人间理想生活的美之极致，所有意识与潜意识中不能满足的愿望都投射到乐园的塑造之上，因此随着不同的时代环境、经济生活，就会产生不同色彩的仙山、仙境。其原始为昆仑山，为丰盈、完美而尚未被尘世污染的象征。据人类学家的说法，萨满教区必有一相对于天上北辰的“世界大山”（world mountain），位于大地的中央，成为神秘舆图说的核心。中国也有古老的昆仑乐园的神话，中经汉代的纬书，过渡到道经，昆仑始终具有重要地位，都是升天必经的阶梯、桥梁。《太平经》说的“神仙之录在北极，相连昆仑；昆仑之墟有真人，上下有常”。[16] 可说是由纬书入道籍的珍贵史料。

因此，张鲁宗教王国所诵的《老子想尔注》，说“太上老君常治昆仑”[17]，曹魏时《老子变化经》也说老子“去楚国，北之昆仑，以乘白鹿”。[18] 而《抱朴子》更以“栖集昆仑”为地仙向往的名山，这是西方昆仑神山系；《抱朴子》也吸收东方海上仙岛的蓬瀛系，认为“弃神州而宅蓬瀛”为得道的理想境界[19]。东晋王嘉的《拾遗记》也保留了类似的观念；说貌如冰雪、形如处子的神仙，“乃历蓬瀛而趋碧海，经涉升降，游往无穷，此为上仙之人。”[20] 但不管是昆仑或蓬瀛，终究存在于遥远的地方，汉、魏以下，地仙所游名山逐渐落实到中国境内，尤其道教形成之后这种趋势逐渐成为共同的倾向。

张陵在蜀汉传教，开始在境内设置道治，而有二十四治的构想；天师道势力随着政治情势的转变，移入关中；又因东晋南渡，道治的设置也逐渐遍立于江南，因此原始二十四治就不断扩充、增设，这时名山洞府的增加实在与东晋后江南地区的开发有密切关系。葛洪《抱朴子》中就记载一些中国境内的名山，其中不少是江南新为人知的新山水。这些坐落在大江南北的名山本来不相连属，但纬书中有种洞穴相连的说法，被道教吸收以后更形神秘化，一群各自独立的山岳就被组成具有意义的名山洞府说，像上清经派的初期重要经典《真诰》，其中就有陶弘景所搜集整理的《稽神枢》，说大天之内有地中洞天三十六所，句曲山为天下名山之一，乃上清经派相传的圣山，称为华阳洞天，其中安顿了许多真灵。六朝末期编撰的《洞仙传》，正是指这类遨游于名山洞府的仙真，其中不少属于地仙。

因为道教将原始山岳崇拜的观念予以体系化，又将仙山神话平实化，因此形成中国人“山不在高，有仙则灵”的观念，只要为道治、道观所在，山川灵秀，自然被赋予一种出尘仙境的印象；而名山洞府中被封祀的仙灵，被传说为游戏人间、去留任意的神仙形象。知识分

17.《想尔注》的著成，参大渊忍尔，《老子想尔注考》，《早大文学科纪要》，十三期（日本，1967年），页1—20。

18.《老子变化经》为敦煌写卷S3295，参吉冈义丰，《敦煌本老子变化经について》，《道教と佛教》（日本学术振兴会，1959年）。

19. 葛洪，《抱朴子·对俗》。

20. 王嘉，《拾遗记》，卷四。

子仕途不得意或生活常有匮乏的平民，遥望山川，云气缥缈，怎不遐想此中别有神仙洞府，借以一慰心中的憾事？

• 尸解仙说

尸解仙较天仙、地仙为低，但最能表现道教对生死观的突破，也最能代表中国人以较为神秘的宗教理念解释死亡的难题。它自然不是突然由道教创发的意念，而是源于古中国人的原始宗教的不死信念，只是道教将它精纯化、体系化，成为一套极富哲理的生死观。所谓尸解与原始信仰有密切关系。英国人类学家傅莱则（Frazer）在其《不死信念》（*The Belief in Immortality*）一书中，综合研究原始民族死亡起源的神话，归纳为四种类型：即传消息类型、月亮亏盈类型、蛇蜕皮类型及香蕉树类型。其中蛇蜕的观念，乃因原始人观察蛇或蜥蜴等脱皮现象，以为由此获得新生命，因而不死；循此推论，人类若能脱去皮壳，也可获得再生能力[21]。

古中国也有类似的不死信念，考古文物中常发现玉蝉、石蝉等明器，即基于蝉蜕的再生信仰，这是神仙尸解的一种原始形式[22]。两汉时期神仙思想盛极一时，就普遍流传蝉蜕、蛇解的不死信仰，像刘安门下方士集团参与编集的《淮南子》，就相信神仙之人“抱素守精，蝉蜕蛇解，游于太清，轻举独往，忽然入冥”（《精神训》），将蝉、蛇的蜕皮当作成仙的依据。东汉的仲长统也采取类似的说法，将神仙的变化视为可能，他作诗说：“飞鸟遗迹，蝉蜕亡壳，腾蛇弃鳞，神龙丧角，至人能变，达士拔俗。”[23] 蜕去遗迹为变化之象，已隐隐相信一种超越形体的灵魂的存在。与仲长统同时的王充，本就以批判为学，他在《论衡》中批判当时的仙说，也间接反映汉世神仙理论的依据——“所谓尸解者，何等也，谓身死精神去乎？谓身不死得免去皮肤也。……夫蝉之去复育、龟之解甲、蛇之脱皮、鹿之堕角、壳皮之物

21. 参杜而未，《昆仑文化与不死观念》（台北，学生，1977年）。

22. 如侯家庄一〇〇一号大墓有三件“白大理石碑”（R1563，R1558、R1559），见《侯家庄》，第二本上册（台北，中研院，1962年），页93—94。

23.《后汉书·仲长统传》。

解壳皮，特骨肉去，可谓尸解矣。今学道而死者，尸与蝮育相似，尚未可谓尸解。”（《道虚篇》）王充采取一些生物观察的现象，认为人脱去尸骸，并不能像生物获得再生，因为“神”是否存在，并不能证明，所以是虚妄的。不过，由此可见尸解的信仰与蝉蜕蛇解等咒术性思考原则有关，后来成为神仙变化的一种象征。

道教的尸解得仙说，就是基于先秦、两汉的不死传统，而加以精纯化、体系化，据《列仙全书》的说法：“仙法，凡非仙胎得仙者，必由尸解：上尸解用刀，下尸解用竹木；以神丹染笔书太上太玄阴生符于刀，其刀须臾即如所度者面目，奄然于床上矣。其真人遁去，其家人但见死人不见刀也。”[24] 所谓上尸解就是剑解、兵解；下尸解即是杖解，其实较原始的为火解及兵解，所谓登遐、登霞、升霞，为以火焚去形体的解脱法，疑为中国边区西羌的火葬信仰[25]。《史记》所载的宋毋忌，称为火仙，就是因火得解[26]。《列仙传》中有啸父、师门、赤松子、宁封子等都是古法得仙者，据传说赤松子：“能入火自烧，往往至昆仑山上，止西王母石室中，随风雨上下。”确是神秘的登仙之法。后来道教较少使用火解，据陶弘景在《真诰》中所作解释，认为一般道士“若其不耐风火之烟，欲抱真形于幽栖者，可且寻解剑之道，作告终之术乎？”（卷二）大概引火自烧的解脱方式在一般葬仪中少见，而道士也不愿使用此种火化登霞之法。

剑解为尸解法中的上品，疑其原始形式之一即为兵解，指因使用兵器自求解脱，或纯为战死，也与西羌的风俗信仰有关[27]。陶弘景《真诰》的栾巴可为例，作兵解后，进入林虑山中，十三年后却又还家。一般战死则魂与魄俱逝，而道教说法中的兵解，是其人暂借兵器遁形，仙去之后仍可自由自在地复现于他处、他时，这才是传说中的尸解，所以其中蕴含有道教神秘的说法。据葛洪《抱朴子·遐览篇》所载古道经，已有《尸解经一卷》，不知其中所记录的尸解法真相为何？

24.《列仙全书·鲍靓传》。
25. 闻一多，《神话与诗》（台中，蓝灯，1975年），页153—180。
26.《史记·封禅书》索隐引《白泽图》。
27. 闻一多，《神话与诗》，页153—180。

而上清经派确是特别重视剑解，他们宝奉名剑，不但可除妖斩邪，作为法物使用；更能借以遁形，作告终之术。此派的初期创教者东晋许翙就曾抄《剑经》，其后陶弘景所著《太清经》，也叫做《剑经》，茅山道派的唐代高道司马承祯撰《景云剑序》，就是承袭此派说法，说："扐神代形之义，已睹于真规。"据一本已佚的《神仙经》有较明显的解说——"真人去世，多以剑代形，五百年后，剑亦能灵化也。"[28]类似的道教传说，疑与古墓中出土铜剑有关，古帝王贵族以剑为陪葬之物，而掘墓时但见剑而尸骸已经腐化，遂被信为尸解，《列仙传》说黄帝的乔山陵，"山陵忽崩，墓空无尸，但剑舄在焉。"《真诰》搜入此条作为剑解之证；较神奇的为王子乔墓，有盗发者，见墓"室中无所有，唯见一剑在北寝中，自作龙鸣虎嗥之声，人遂无敢近者"。[29]

类此取证，当是道教徒的一种信念而已，上清经派最推崇的为阴长生传给鲍靓的秘术，鲍氏就"用太元阴生符，为太清尸解之法，当是王者之最高品矣"，[30]整部《真诰》中重视太清尸解法，叙述得生动而详尽，所以朱熹读后，说"道家说仙人尸解，极怪异，将死时，用一剑一丹药，安于睡处。少间，剑化作自己，药又化作什么物，自家却自去别处去。其剑亦有名，谓之良非子，良非之义，犹言本非我也"。[31]儒家大都以为怪异，道门中人却视为秘法。至于杖解，方法类似，《抱朴子》载道士李意期及两弟子，已死而且埋葬数年；但有人在别处看见他们，因此惊诧发棺，"三棺悉有竹杖一枚，以丹书符于杖，此皆尸解仙。"这种托形于杖、剑，均需用丹书符，妙就妙在符法，成为道门中神秘的解脱法。

魏晋以后，金丹道术逐渐在道门中秘传，这种使用重金属（金、银）以及各种矿物（铅、汞、硫黄等）所化合成的药物，含有剧毒。当时的道士服用丹药之后常发生中毒而死的现象，就依据尸解观念说

28.《北堂书钞》一二二引《神仙经》。

29.《北堂书钞》一二二引《世说》；《真诰》卷一四两引此说。

30. 陶弘景，《真诰》（台北，艺文，《道藏》本），卷一二。

31.《朱子语类》，卷一二五。

是“药解”，据传刘宋顾欢所编的《真迹经》说，太极真人传下一种粉药，服用之后，“常暴心痛如刺”，饮三日，“气乃绝死，既殓，失尸所在，但余衣在耳，是为白日解带之仙。”[32]《真诰·叙录》也载陈雷等人炼丹，丹成服用，“服皆有神异，托迹暂死，化遁而去。”也是将服药中毒而死，当作尸解。

32.《无上秘要》八七引《真迹经》（台北，艺文，《道藏》本）。

33. 李丰楙，《魏晋南北朝文士与道教之关系》。

药解的记录开始出现在六朝的仙传杂记中，刚好与炼丹术的发展有关，至于唐朝，炼丹风尚弥漫社会，尤其帝王贵族公开支助道士炼丹，道士也专注地试炼一些具有特殊化学变化的丹药，在科学发展的过程中，这类伏炼行为充满诡异的色彩，而所有服药而死的帝王、大臣以及道士，都一概被视为尸解。葛洪甚至认为服食金丹，始为仙药的上品，才能成为上品仙真，黄帝、老君都是服丹成仙的典型；至于另外一些仙药像较为奇特的灵异之物：或矿物，或动、植物之奇特者，服用后也常有中毒而死的现象，也可统称为“药解”[33]。

- 三品仙与七阶位

天仙的仙格最上，可用以解说古仙，成为道教神仙论的最高理想，但也因此远隔人间，只是缥缈云海间的仙乡奇谈而已。地仙则兼有天上、人间的乐趣，可遨游人间又无人间之累，又可任意升天又无高处不胜寒的寂寥，所以凡学道者都以地仙为其理想，后世艳羡的神仙，像八仙都可列入地仙之列。至于尸解仙应占大多数，这种以宗教信念解释死亡现象，属于一种信仰问题——相信神灵的存在，借以安慰、满足其心理，确能发挥作为宗教的一种功能。

将天仙、地仙、尸解仙组织成神统谱的为《真灵位业图》，陶弘景将人间帝王的朝廷结构移用于神仙世界中，在序言中说仙人等级千亿，宜按位序的尊卑，加以甄别，因此“搜访人纲，定朝班之品序；研综天经，测真灵之阶业”。实模仿佛教曼荼罗的构想，将道教世界组成一庄严有秩的谱系：凡有七阶位，各有仙衔、职称，并且部分简述其生平学道之事。天仙部分实为宇宙构成的神格化：最高为元始天尊，正是宇宙源起的神格，玉清境中，天尊以下道君都是虚无缥缈的天仙，属于第一位；第二位多古仙及茅山道派的创始诸仙。值得注意的还有女真位，第三位以下所列仙班，包含天师道系、葛氏道（灵宝派）以及传说中的古代帝王，甚至是历史人物，极为驳杂；其中较特殊的有些标明地仙散位，有些是尸解仙。其中所封仙衔，有仙官、鬼官，另外《真诰》所录祀奉仙真如官名也列出，可能与当时华阳宫的奉祀有关。《真灵位业图》是将《真诰》及多种古道经搜集整理的综合资料，《无上秘要》曾录下，而今本在陶弘景纂修之后，又经唐末道士闾丘方达校订，代表上清经派的神仙谱系的构想[34]。

后世道士就不再有这种抱负，而且也无必要，因为各尊各派的仙真系统，已足自立门面；而且三清之境的构想已成为各派斋醮作法的宝笈，至于地仙、尸解仙也只成为一种成仙的象征，是一种无上的向往与理想（图三）。

34. 石井昌子，《真诰の成立そのめくゐ资料的检讨》，《道教研究》三（日本，昭森社，1968年），页79—195。

变化成仙的理论及其形成

对于神仙不死的信仰，从先秦、两汉的素朴形式，发展到道教的宗教化体系，是一段漫长而复杂的过程。作为一种宗教信仰，信奉者相信其绝对的真实，绝不怀疑，只有这样坚定的信念，才会促使他们去努力实践。不过，对于信仰神仙不死者的批评从汉朝以下就不断出现，尤其是道教形成期的魏晋，更产生一连串的大辩论。这些外来的论难错综复杂，但其中最重要的意义是：诸如此类的论难，促使道教中人必须建立一套自成体系的理论系统，以应付外界的苛评，同时也借机奠定其信仰的基础。当然，这些辩论都是由知识分子担任：站在反方的立场的，有儒家之徒，也有持道家自然主义者，大多依凭经验，

1

2

图一 河北易县龙兴观的“僊”字瓦当。瓦当，是我国古代建筑中，筒瓦顶端下垂部分。“僊”字普遍见于后世典籍，最早出现于汉朝，代表仙山的构想。

图二 有翼仙人图。古代艺术造型中有很多羽人形象，学术界许多专家认为是与当时的社会迷信神仙思想和民间关于神界的传说有关，尤其是在汉代前后道教盛行时，羽化成仙的理念更为流行。

图三《列仙全传》中诸仙像。《列仙全传》是明朝万历年间刊行的一部有文有图的道家传说故事书，九卷，叙述了五百八十一位仙人的故事，起自老子、木公、西王母，一直叙至明朝成化、弘治年间。

张天师像

老子像

何仙姑像

蓝采和像

具有理性主义的浓厚倾向；而正面迎接批评的，有道门中人，也有以道教护法者姿态自居的奉道之徒，大多依凭一些观察，与自己的神秘体验，洋溢着宗教性的狂热与执著。因此，养生成仙的论难，不仅是道教本身的神学理论，也是魏晋前后的玄学论题，更是中国哲学史上唯心唯物的辩证课题，牵连了儒家、佛教、道教三大思想系统，为极富于思辨意义的过程。

- 神仙思想的论辩

汉朝为神仙思想弥漫的时代，王充依经验主义的思想认为蝉蜕成仙是虚妄的，所以《论衡》中有《道虚》、《论死》等篇；但他相信“服药引导，庶冀性命可延，斯须不老”，曾写养性之书十五篇[35]。认为生命可以延长，但不能变化成仙。这种主张牵涉到形、神的争辩，王充曾用火与烛的关系作比喻：“形须气而成，气须形而知。天下无独然之火，世间安得有无体独存之精。”（《论死》）换句话说：形体可因保养得体而延长其存在，但终归要澌灭；形亡则精神、灵魂也无所依附，就不能存在。这种思想，连同烛火之喻，也出现在桓谭《新论》，影响到曹丕、曹植，曹丕说：“生之必死，成之必败，天地所不能变，圣贤所不能免。”[36]而曹植《辩道论》，既称辩道，可见有所为而作，通篇中论“生之必死”的思想。但他们却又以帝室之尊，招致方士加以观察，确信养生之法确能延生。所以当时服食之风极为盛行，就种因于神仙养生的时代风尚，从中国医学史加以考察，这段时期有长足的发展，对于本草、丹药较能把握；而且体育卫生学的导引运动等方法也渐精密，社会风气既然群趋养生，这是可以经验证实。唯一的问题，在于“神仙可成”与否，结果引起嵇康与向秀的相互论难。

嵇康为方士化名士，“长而好老庄之业，恬静无欲，性好服食，常采御上药。”[37]他依据当时较为进步的医药知识，将《庄子》养生的精

35. 王充，《论衡·自记篇》提及写养性之书，其书今已佚。
36.《三国志·华佗传》注引。
37. 嵇喜所撰康传，《魏志》二一《王粲传》注引。

神之养，又增加形体之养；而且相信形体之养，可以至于神仙，他撰写《养生论》表示这种思想。向秀则撰《难养生论》持经验主义的立场加以反对，嵇康又写答难文字，向秀也据以论难。这些论难成为当时胜理之一，王导渡江所举三大名理，“养生论”为其中之一，可见这类辩论仍在继续发展[38]。葛洪《抱朴子》即为集大成之作，其撰述方式就是采用问答体的论难形式，正是时代风气下的产物。南北朝时期佛教加入这场辩论，展开练形、练神的新论题，刚好代表二教的教理各有其特质：一重现世的永生，一重往生极乐。陶弘景的《养生延命录》及其他著述中的练形求仙的思想最具代表性，属于教内的说法；至于文士，稍前的颜延之，稍后的颜之推，都曾论养生问题，则代表一般知识分子较理性化的态度，重视养生，对于神仙之说持同情、甚或赞同的态度[39]。

养生思想论辩的重心约有三点：神仙是否可学而成、形神论养形存神的关系、以及变化成仙的理论基础。嵇康《养生论》开宗明义就问：“神仙可以学得，不死可以力致”吗？这个道教论题，与儒学的“圣人可学而成”、佛家的“可以修成佛否”，同为一种追求最高理想的论题。嵇康对这难题，归诸神秘的说法，神仙“似特受异气，禀之自然”；葛洪则归诸星命——“受命值神仙之气，自然所禀，故胞胎之中已含信道之性。”具有这种先天禀受者自然会遭遇明师或指点者，加上后天积学而修成神仙。所以他们虽近于可学可成这一命题，但附带条件就显得神秘，容易自圆其说。其次关于形与神的关系，嵇康认为“形恃神以立，神须形以存”(《养生论》)、葛洪也说“形须神而立”(《抱朴子·至理》)，形神为相依相存的关系，因此特别需要保形养神。可见道教不是神灭论者，但也不是神不灭者，葛洪将王充等人疾神仙为妄的说法吸收，强调只有、只要形存，自然神也长存；他也援用烛火之喻，说只要脂、烛常加以补充、增添，火就可长保不灭。所以如

---

38. 李丰楙，《嵇康养生思想之研究》，《静宜学报》，二期(1979年6月)，页37—66。

39. 李丰楙，《葛洪养生思想之研究》，《静宜学报》，三期(1980年6月)，页97—137。

何使形体长存、使气不消灭，成为道教养生的重要目标。对于炼养形骸的过度重视，佛家常以炼尸相讥。颜延之加以分别："为道者盖出于仙法，故以炼形为上；崇佛者本在于神教，故以治心为先。"[40] 陶弘景就一再为炼形辩护，但也不否认神的重要性。所以道、佛最大的差别就在炼形、治心之上，其他的争议只是一些社会、政治或文化的利害关系而已。

40. 颜延之，《庭诰》，《全两汉三国南北朝文》（台北，宏业，1975年）。

• 神仙思想的理论之一——玄、道、气

道教养生可以成仙的理论，其形上思想为玄、道。将老庄本体的"道"承袭，称为"玄道"、或"玄"，葛洪《抱朴子》的《畅玄》、《道意》等篇，阐明玄、道为宇宙生成的原理。他们又接受汉人的元气说，作为宇宙构成论，宇宙为气所构成，因此人也是气的构成体，《抱朴子》的说法可作代表——"人在气中，气在人中，自天地至于万物，无不须气以生。"（《至理》）道教的内丹、外丹法全在一"气"字上：凡能减少气的亏损，又能增益元气的诸般养生之法，都被纳入他们庞杂的养生法门中，成为道教化的卫生学，也是中国传统的千年的卫生健身法的根源。"气"既然充塞于宇宙之间，也充满人体之内，所以是决定生死的唯一条件，只要能长保气的存在——气有其一定量，那么，只要形躯能长存，或将它炼成不朽不坏之身；或将它变化，变成另一形体，就可获得再生能力。在这种构想之下，道教形成一套变化思想。

• 神仙思想的理论之二——变化

"变化"一词，乃由变、化二字组成的复词，依字源学探索其造字的初义："变"为取象于形体变化，继续不绝，或由小而大，生生不息；"化"指从生到老的改变，像老幼异状、蚕化为蛾之类，《荀子·正名》所谓的"状变而实无别而为异者谓之化"，都强调形体为一而有所改变为化，这是素朴的生物观察。"变化"二字成为一词，代表改变形体而继续不绝的生命形态，所以《周礼·大宗伯》的注说：同一种类相互生产叫产，自然世界以种子为生殖的现象，正是“生其种曰产”；而“能生非类曰化”，指不同种类改变形体的生命形态，就是变化。古人之所以具有这种观念，约有三种依据：一为拟科学的生物变化，二为神话传说的变化律则，三为实际经验的物质变化；而其基本观念则为“气”是一定——构成物体的因素一定、不变，但形体可变。既然气为不变，则类与类间的生命是一种连续的整体，两类之间可以互变，而仍然能继续其生命，这种打破物与物间的限制而通为一气的说法，是古人的一种观物方式，被视为生命形态之一。道教的神仙变化就建在这种类似卡西勒所谓的“变化律则”（The Law of Metamorphosis）之上[41]，混合了神话传统、拟科学及实际的物质经验，形成道教特有的一种成仙的信念。

葛洪《抱朴子》综合这三种观察事物的方式，代表道教形成前后的变化思想，第一种古来相传的拟科学式的生物观察，近于“昆虫变态说”（insect metamorphosis），《抱朴子·论仙篇》就论成仙的可能，先假设说气有一定，因此生物可变化：“雉之为蜃，雀之为蛤，壤虫假翼，川蛙翻飞，水蛎为蛉，荇苓为蛆，田鼠为鴽，腐草为萤，鼍之为虎，蛇之为龙。”诸如此类都依据古籍或传说，王充、曹植就曾援引这些，承认这类生物变化，但否定人能像生物一般地变化成仙。葛洪承袭传统说法，坚信“雉化为蜃，雀化为蛤，与自然者正同”。因为古人错误地观察到雀鸟投入海中捕蛤、或腐草中飞出萤火虫，就说“雀入于海为蛤，雉入于淮为蜃”。（《夏小正》）由方士的博物之学，与当时历法中流传的俗说，遍见于《夏小正》与《礼记·月令》等历书中，成为农民历的通行常识。李约瑟固然以深具同情的心情称赞道家、道教勤于观察自然的精神，但也批评这些颇多属于错误的生物观察，乃是前科学时代常有的现象[42]。

变化神话与传说则近于一种解说性的神话思维方式，其大宗搜集

---

41. E.Cassier, *An Essay on Man* (Yale, 1948). 中文有刘述先译本《论人》（台中，东海大学，1965 年）。

42. 李丰楙，《葛洪养生思想之研究》。

在《山海经》及《淮南子》等书中，葛洪熟读这类与巫史、方士有密切关系的道教秘籍，而且据以炫耀其博学，《抱朴子·释滞篇》一再质问儒家拘方之士许多拟科学、神话及物质实验的知识，其中有关变化的有“三军之众，一朝尽化：君子为鹤、小人成沙……枯灌成形”等奇怪问题：原始变化神话类型中常叙述植物、动物变化成人；或人变化成物，像精卫化鸟，以填东海之类，葛洪所采故实有些已佚，应属变化神话一类。《论仙篇》又以古籍及汉末魏晋流传的笔记小说中的传说为例——“牛哀成虎，楚妪为鼋，枝离为柳，秦女为石，死而更生，男女易形。”类似的变化传说，像公牛哀生狂病，变化成虎，搏杀其兄，为江淮之间的传说，《淮南子》及《论衡》与《辩道论》都征引为变化之例；又楚妪为鼋，为汉末流传的异闻，《搜神记》援引三则情节近似的民间传说，德古鲁（De Groot）论中国物魅变化（On zoanthropy）有关“变成爬虫”（were-reptiles）就引用楚妪变形[43]。葛洪据此立论，相信人与物间可以互变，正代表当时之人相信其事，具有“真实性”（substantialty），属于一种神话式的思维方式[44]。

最有依据的则为科学性经验，乃从古人长期的技术观察中获得：诸如制陶、冶金、酿酒、染色等的化学操作，发现物质变化的某种规律性。[45]道教中人对于百工的尊重，确能把握道家从卑微物质发现“道”的精神，葛洪就认为百工技艺中各有其圣人，不一定是孔孟之圣。他们在炼丹的实际操作中发现物质可以变化的事实。魏伯阳《参同契》叙述：“自然之所为兮，非有邪伪道：山泽气相蒸兮，兴云而致雨；泥竭乃成尘兮，火灭自为土；若蘖染为黄兮，似蓝成绿组；皮革煮为胶兮，曲蘖化为酒。同类易施功兮，非种难为巧。”有这样自然界的普遍规律，则炼金成丹，也是可信之事。葛洪所举之例，有“泥壤易消者也，而陶之为瓦，则与二仪齐共久焉；柞柳，速朽者也，燔之为炭，则可记载而不败焉”。（《至理篇》）又说合五

43. 李约瑟，《中国科学与文明》中译本第一册（台北，商务，1975年）。

44. De Groot, *The Religious System of China*（台北，成文，1976年）。

45. 林惠祥，《文化人类学》（台北，商务，1976年）。

种灰可作水精碗，为交广学习外国的铸作法；黄丹、胡粉为化铅所作；骡及駏驴是驴马所生。(《论仙》)依据诸如此类的生物观察、物质变化，道教徒以一种坚定的口吻宣称："变化者，乃天地之自然。"所以《抱朴子·黄白篇》便据此而有无穷的信念。

魏伯阳、葛洪等由生物变化、神话变化及物质变化类推到人在某些特定条件下也可以变化，这种推论方式从逻辑推理的形式来看，是一种类推的形式，但道教变化成仙的理论最主要的还在于依据巫术性思考方式。

• 神仙思想的理论之三——传达、类推

道教理论家进一步的神仙变化理论，就是基于巫术性思考原则——也就是属性传达原理，从人类学家之说可以印证。据傅莱则《金枝篇》(*The Golden Bough*)析论巫术，为根据交感原则的"交感巫术"(sympathetic magic)：其中一种模拟巫术(imitative magic)乃根据类似律(law of similarity)或象征律(symbolism)，能够同类相生(like causes like)；另一种接触巫术(contagious magic)，基于接触律(law of contact)或传染律(law of contagion)，传达其神秘能力。威伯司特(Webster)《巫术》(*Magic*)一书演绎为"属性传达原理"，即相信巫术性思考方式，透过同类相生及接触的关系，将某物的属性传达到他物之上[46]。

道教就是承袭巫术而予以精纯化的，养生变化的思想就是企图在模拟自然的基础上，达到超自然的目的。魏伯阳《参同契》说："欲作服食仙，宜以同类者。植禾当以粟，复鸡用其子。以类辅自然，物成易陶冶。"葛洪《抱朴子》明白举古来相传的"以狸头之治鼠漏，以啄木之护龋齿，此可类求者"(《对俗》)。所谓"类求"、"类推"正是一种巫术性思考方式，同类推求其神秘作用。魏伯阳夸张地说："巨胜尚延年，还丹可入口。金性不败朽，故为万物宝。术士服食之，寿命得长久……金砂入五内，雾散

46. J. G. Frazer, *The Golden Bough* (N. Y., 1960).

若风雨。熏蒸达四肢，颜色悦泽好。发白更生黑，齿落出旧所。老翁复丁壮，耆妪成姹女。”葛洪也发挥类似的思考方式，说：“金丹之为物，烧之愈久，变化愈妙；黄金入火，百炼不消，埋之毕天不朽；服此二药，炼人身体，故能令人不老不死，此盖假求于外物以自坚固。”（《金丹篇》）又说：“云母有五种……它物埋之即朽，烧之即焦，而五云以纳猛火中，经时终不然（燃），埋入永不腐败，故能令人长生也。”（《仙药篇》）换句话说：黄金经火不消，入土不朽，具有抗腐性，而还丹在升华过程中，颜色鲜艳，变化无穷，具有升华性。道教炼丹服食的构想，就是想经由服食等接触方法，传达其不败不朽及无穷变化的属性，“假求外物以自固”正是此理，而极其神化的返老还童的丰富想象，为主观的想象，是相当一相情愿的想法。

总之，从道家对于自然世界的观察，发展出一套独特的宇宙论；也尝试使用素朴的方式解释万物的构成，这是道家的态度——观照式的体会或观察式的经验。至于道教之徒，由于时代累积下来的实际操作经验，使手工技术逐渐进步，他们也由观察自然进而想“役用自然”，这种想控制自然的尝试，已具有科学精神。所以由道家转变到道教的关键，就建立在同样对于自然，以及自我生命的关注之上，两者并不如一般所论，因哲学、宗教之异就有价值上下的差别；而且道家提供给道教的形上思想的基础，加上包融了巫术及其他经验科学，而建构起属于道教的一套理论。当然，在神话、哲学、巫术、科学还未能完全厘析清楚的时代，其理论系统经不起精密的分析，有些推理形式显得幼稚，但在近代科学兴起之前，这些成就还是有它一定的贡献的。

道教成仙的内外修炼与功能

道教对于不死的探求，不只是理论的建树，更有一套复杂的方法，成为中国式卫生学、体育学的重要根源之一，就是所谓内丹、外丹的炼养法。不过它不纯为体育卫生，因其理想要长生不老，是神仙体系的一部分，自然蒙上宗教的外衣；具有繁琐的思想模式：像阴阳五行，以及相辅而行的择日选时、地理方位等种种天文地理的规定；另外还附带繁多的禁忌，这些都充分显示原始宗教及巫术的遗迹，正是科学还未充分发展以前的必然现象，不值得讶异。因此，道教养生成仙的方法，应先了解他们的道德禁制、法术运用、机遇缘分及勤学苦修等条件，然后再具体论外丹、内丹的修炼，及这些因素错综构成的成仙方法。

- 道德禁制与法术运用

道德的禁制为宗教通俗化伦理的必然现象，古人所谓神道设教，就是承认宗教的道德价值。道教也以宗教性方式提出一些类似因果律的道德禁制，但并非印度佛教的因果论，而是中国传统的司命：专掌管人的过错，借以核算其生命，《抱朴子》中引用《易内戒》、《赤松子经》、《河图记命符》等经书，说有一种夺算增算法：人身中有三尸，会变成鬼灵，自由出没；它会升天报告罪状：罪大就夺纪（三百日）、罪小的夺算（三日或一日）；相反的，行善者也可增算，幽远的天道操纵人的寿命。这种司命传说，后来发展成为各种功过格及劝善书，奉道者按照功过格，密切注意自己行为的善恶，并可自家记录，而司命之神也在冥冥中登记，作为“最后审判”的依据。类似的道德禁制，强调仙人本无种，有些社会阶级虽低，却因行善而得修成正果；而服食成仙更以善行为先决条件。

法术的运用为道教的特色，具有浓厚的巫术色彩，与儒家的合理主义及佛家摆脱外道神通，有其根本上的差异。自古以来，人类对于超自然力的惊惧，成为宗教、哲学的来源，超自然力的极端破坏性，远超出人力所能控制的范围之外，对于人类微弱的生命构成严重的威胁，这些现象被人们以魔鬼、精怪等象征地表达出来。对付超自然力自然需要诸超自然方式，因此驱邪祓魔的仪式及各种道具成为一种混合着战栗与好奇的节目，道教接纳了本土巫术信仰的本色，间也吸收外来佛教等的祓魔仪式，构成各种斋醮仪式，而一些道具也成为法器、法物。根据傅莱则的巫术原理，多属“以恶治恶”的同类相治，依据象征律发挥超自然的威力：道教斋仪中的宝剑、宝镜以及符、咒等，就是除妖镜、斩妖剑以及具有高超法力的文字巫术。魏晋道教初起已粗具规模，民间盛传法物能驱除精怪的种种传说[47]。后来龙虎山的天师世家更以符印、宝剑为传宗之宝，象征宗教的权威，更是斩魔驱邪的神物。凡此法术的运用都为着积极性护佑生命，小则避免生命的遭受威胁，大者帮助度过成仙过程的种种障碍。

道教修炼神仙常以名山为重要场所，因此入山需要法术的保护，葛洪《抱朴子》称为“登涉术”。这是因为古人出门远行或出入山林之中，生命较无保障，故需借助巫术、法术以增加自我的信念，实具有一种适应心理需要的功能。《抱朴子》说要学会咒文和禹步，譬如九字咒：“临兵斗者皆阵列前行”，即指挥冥冥中的兵将前行保护；或者因奉道的时间分别授予各式各样的符箓：《道藏》中《正一法文外箓仪》载：“凡为道民，便受护身符及三戒，进受五戒八戒，然后受箓。”《太上三五正一盟威箓》六卷中收录许多名目：像“太上正一童子将军箓”、“太上正一上灵百鬼召箓”、“太上三五赤官斩邪箓”、“太上老君授徐甲延生保命箓”……都是为了保生延命的符箓，可以敕召鬼神，治病救厄[48]。至于禹步，据说也是模仿大禹治水后行动不便的特殊步法：先伸右脚向前走，再伸左脚，然后右脚上前合并，为第一步；继则先出右脚在前，左脚再上，然后右脚与左脚合并，为第二步；最后再先出左脚在前，然后右脚在前，让左脚与右脚合并，为第三步。这种禹步，不但登涉中使用，也是后世道士作法的规定步法[49]。类似的法术成为道教神秘而繁琐的一套方法，从魏晋至于今日，这些咒语符术仍被道士使用，也仍然是醮仪中特殊而怪异的步子，可

47. 李丰楙，《六朝镜剑传说与道教法术思想》，《中国古典小说研究专集2》（台北，联经，1980年），页1—28。

48. 陈国符，《南北朝天师道考长编》，《道藏源流考》（台北，古亭书屋，1975年），附录四，页351—359。

49. 葛洪，《抱朴子·登涉篇》。

证道教的传承中具有强韧而保守的性格（图四）。

• 寻访明师与传授经诀

道教的保守性，应与秘密宗教、巫术的秘传性有关，他们强调明师与口诀。“尊师重道”固然是中华文化的古老传统，但道教重视明师别有一种宗教的意义：那就是试炼。葛洪说凡学道求仙“莫不负笈随师，积其功勤，蒙霜冒险，栉风沐雨，而躬亲洒扫，契阔劳艺。始见之以信行，终被试以危困，性笃行贞，心无怨贰，乃得升堂以入于室”。(《抱朴子·极言篇》)从《神仙传》直到后世话本中，常流传张道陵七试赵升的传说，表示道门着重心性的试炼和对道艺的尊重。所以具有自然的禀受，乃是学仙的宿缘，仍需再三寻求明师指点。道徒求师，师度道徒，都极讲究机缘与试炼，“度人者”与“被度者”的关系以一种神秘性的偶合加以解释，成为宋元以后度脱剧的基型——所谓度脱有缘人。师既受尊重，自然经典、口诀也备受尊重，大多以秘传的方式传授。

口诀与真经的传授，大多由弟子中选出至精至勤，且道法有成者，然后造坛饮血，以传口诀；万一无法找到符合条件的弟子，就把口诀书于秘卷，装在石箧密函，藏诸名山石室，等待十年或百年后，真心求道者去发现，又是一“缘”字。为了道法的秘密性，常使用隐语的方式书写。多以象喻之法造出独特用语：像“庚辛”代表金；至于药物用隐名、别名更是常见：像“紫游女”指一种天然产硫黄。紫赤色粉末由于表面张力作用在华池中浮游，被象喻为紫游女，是可以想象的；类似的情况使得炼丹之类的书籍不易索解，具有充分的秘传性格。有时使用同一名词却可兼指内丹、外丹的现象，魏伯阳《参同契》本以外丹为主，而唐刘知古则推崇为内丹，还丹现象也指内丹；五代蜀的彭晓写《周易参同契分章通真义》，又撰《还丹内象金钥匙》，大概就用内丹解《参同契》；因此龙虎之象，就在外丹、内丹派中具有不同喻意[50]。道

50. 陈国符，《说周易参同契与内丹外丹》，《道藏源流考》，附录五。

教所以重视师传口授，就是将特殊的炼丹物质反应，视为神秘现象，才要“临文指解”；至于内丹的奇特体验，更需明师指点，才能避免生理的差错，这也是当时不得不秘传口诀真经的原因。

• 长生的修炼方法——外丹

早期仙说性质，以封禅祝祷为主，尤其秦皇、汉武惑于燕齐方士之说，以巨大人力物力从事求仙活动，《史记·封禅书》说的“封禅者，合不死之名”。同时还有素朴的服食修炼的行为，探求不死。另一种就是老庄道家，尤其庄子后学从事精神的修养，从实际养生行为获得心性的神秘体验。凡此历经两汉长期的热烈追寻，社会上弥漫求仙的风尚，《汉书·艺文志》所载养生图籍，数量繁多，显示这是重实证的时代；而一些考古文物，诸如汉镜、画象砖等也充分反映神仙幻想的世界[51]。

这些大量的图籍、传说到魏晋时期成为养生术的总结，在中国医学、卫生学萌芽期，葛洪是个集大成的人物，他宣称：“凡养生者欲令多闻而体要，博见而善择，偏修一事，不足必赖也。”（《抱朴子·微旨篇》）葛洪对于当时流行的祝祷派等他力主义者，像朝廷祷祝求仙、民间私祀等，均视为无益；他相信自力，广博采取各种养生之法，而不偏执一说，所以初期养生方法都可在《抱朴子》中发现；其中经归纳为“服丹守一，与天相毕；还精胎息，延寿无极，此皆至道要言也”。（《对俗篇》）服丹守一又是尤其重要的，所谓“长生仙方，则唯有金丹；守形却还，则独有真一，故古人尤重也”。金丹属于外丹，此一系统包括各种服食性仙药、草药等；守一属于内丹，则包括了身体本身的各种体能性操作与修炼；而基本功夫则为虚心静虑的养神，少思寡欲，不伤不损，减少气之消耗，厚植养生的根基。所以道教并非不养精神，只是不偏于哲学性冥思，而相信生理的修炼与心理的平衡。

道教中人颇多精于医学，葛洪、陶弘景以至唐朝孙思邈等均对于

51. 张金仪，《汉镜所反映的神话传说与神仙思想》（台北，故宫博物院，1981年）。

本草类医药有深刻的研究，宋太祖编修《本草》——即世称的《开宝本草》，除有尚药奉御的御医外，还有道士马志，负责注解、重订的工作，凡此都足证明他们对卫生学有独特的见解。世传的《神农本草》，可代表汉朝前后的医学结晶，葛洪就引用《神农四经》说仙药有上药、中药、下药之别：上药可以升天，中药足以养性，下药也可除病。三种分类法的标准为何？并无明确的界限，而《抱朴子》中却明显地加入金丹道的观点，《仙药篇》就是将药物按其价值分别列出：前列数种均属于金丹神药：丹砂、黄金、白银，其次还有各种特殊的矿物：五玉、云母、明珠、雄黄、太乙禹余粮、石中黄子、石桂、石英、石脑、石硫黄、石粭、曾青等，矿石的鲜艳色彩及不败不朽属性极富于巫术性，他们已能分辨不少矿石及其化学性质，充分夸张其药性。

在中国化学史上，道教徒的贡献不仅在于认识矿石，还在于他们想运用人为方法控制物质变化：其中最特出的为还丹金液，除了天然的丹砂之外，炼丹道士希望以人工合成的方法制造成功——称为灵砂，而丹砂又是被认为可炼金的材料。炼丹、炼金成为道士追求的理想，从汉朝末叶直到唐宋之际，各种真经秘典记录了炼丹的过程：药物、器具以及化学反应，对于剧烈变化的化学现象及其鲜艳色彩，被视为神奇之术。在科学萌芽时代人类不能控制的情况下，黄金丹药成为上上之药，道士视为成仙的唯一仙方，而本草学自然在道士手中给予金石药最高的地位。一直到宋元以后才接受丹药有剧毒的事实，其他石药也较有限制地使用（图五）。

仙药中属于菌类的，有诸芝、茯苓，成为“灵芝”的形象。与这些奇特药方有关的，还有所谓肉芝：万岁蟾蜍、千岁蝙蝠、千岁灵龟、风生兽、千岁鸾之类，无奇不有。依巫术性思考方式，久年之物可传达其属性，自可获享长寿。倒是不列于上药的本草，成为后世医药的主流：《抱朴子》中提到地黄、麦门冬、巨胜（芝麻）、重楼、黄连（多年生草本）、石韦（隐花植物）、楮实（落叶乔木），以及菊花、术等，都具有药性，确可益血补气。道教深信经由服食之法，传达仙药的奇

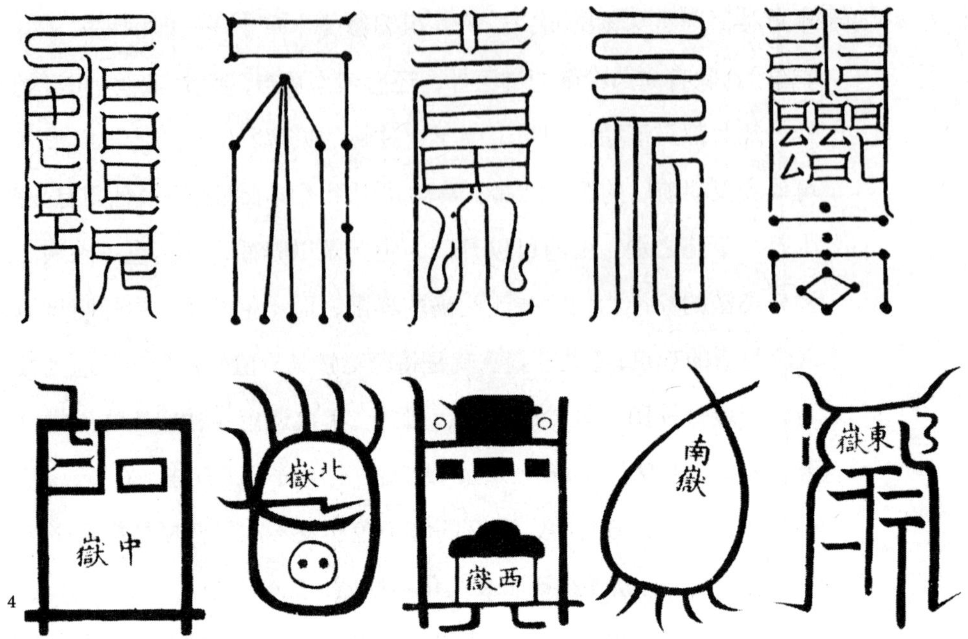

4

图四 老君入山符（上）与五岳真形图，采自洼德忠撰《道教史》（东京，山川，1977年）。老君入山符，托名于太上老君之符，是进山的护身符，道家谓此符可以免灾护身。五岳真形图，一种道教符箓，据称为太上道君所传，有免灾致福之效。今河南登封县嵩山中岳庙内存有此图的碑刻。

图五 银制药盒（西安南郊何家村出土），盖的内面载着药剂名与重量，采自李方中编《用眼睛看的中国历史》（台北，牧童，1976年）。

特能力，借以补充元气，由延长生命至于长生不死，其中混淆了巫术、科学以及一种神话式的梦想，成为不死的幻境。

• 长生的修炼方法 —— 内丹

对于人类生理的修炼，为东方养生学的一大特色，中国自有其系统，与印度瑜伽平行发展，直到佛教东传，才发生融合的现象。前道教时期既已发展出一套养生术：像辟谷食气法，以短暂的绝食达到卫生目的，当然他们不了解细菌之理，但却知道人身上有危害人体之物，道士称为九虫三尸：其中三尸，被赋予鬼神形象：称为青姑、白姑及血尸，三尸之鬼变化无方，会上天言过，能自由出入人体，操纵生命；因此断谷不食，断其生机，肠中无滓，可以服药，可以长寿，此种三尸成为信仰，就是“守庚申”——守夜不让它上天言过，为奇特的辟谷之法。

另一种控制人类本能欲望的为“色”，成为房中宝精术，从《汉书·艺文志》开始，就有相当数量的房中秘籍，解决这种本能。道教正视“性”的问题，加以适当的疏导、研究：五斗米道就有所谓黄白赤道，而葛洪也说不晓房中之术，不能长生。这些秘籍不外强调房事的节制、排除心理的疾病，以及控制生理的能力 —— 其重点就是减少精气的消耗。因此保精受气成为《素女经》、《玄女经》等枕中秘籍的基本目的，也影响到神仙道教派“老”被注入这类奇特思想。历代帝王对于道教的癖好之一，房中术正是一种生理的乐趣，也是兴国广嗣之法，道派中像后期有所谓“三峰派”，更专以此为修真之术。关于房中之术，道教本义只作为养生一法，但其流弊也易为俗众所趋附；尤其在较为保守的时代，常成为被儒家、佛门攻击的口实，而道门清流也以“修整”自居，像寇谦之、陆修静以及元朝全真道等都是要避免其色彩[52]。

其实内丹修炼最重要的还是守一，与之相关的为导引胎息、思神历脏等方法：前者为动

52. 李丰楙，《魏晋南北朝文士与道教之关系》。

作的操练，像五禽戏，以及后来融会外来武术所形成的各种拳法，通过身体能力的充分训练，保持内在元气，为中国式的体育健身法。当然，经夸张后成为一种相当深奥的气功表演，产生神话式的奇幻境界；后者流行于汉末，衍为道教思见身神的神秘经验，其实为基于一种催眠与暗示，在入静之后，进入幻觉状态，产生各种幻境。其所谓“守一”——守真一就是集中精神的修炼法门，现在医学已证明人类在“放松、入静与深呼吸”等过程中，确能产生各种奇特的能力。早期老庄道家，尤其庄子后学，一再提及的坐忘、心斋等神秘经验，哲学家认为富于神秘主义的倾向，庄子确实也将某种经验提升至哲学层次；但近来研究人类学、宗教学的学者咸信庄子等道家可能基于古巫等原始宗教，由生理的修炼而获得一种心理上特殊纯净的境界，这是颇有依据的[53]。

道教形成以后将“修炼”神秘化、宗教化，部分源于道家，而主要的仍然是古巫教的传统。“守一”的思想常见于六朝古道经，而类似的修炼几乎成为各道派的共同方法，尤其是以知识分子为主的茅山道派；宋元以后，新道教的产生，为了丹药服食的惨痛事实，更有意地朝内丹的修炼进行，而排斥外丹黄白为旁门邪术。五代及宋初，由刘玄英（海蟾子）所创南宗，与金、元时期，王重阳、丘处机所创北宗，几乎都以内丹为主：像张伯瑞的《悟真篇》、王重阳的《丹阳真人直言》、丘处机的《大丹直指》等，代表南、北两大宗都在内丹的修炼有极深入的体会。

道教内丹的经典虽因隐语较多，但总是以存思、冥想的方法为主，融合道、释的养生法门，成为极为有效的内丹法。这种由于全身体能的松放、入静，对于气息的控制，以及许多与气功相关的方法，据科学家的观察、试验，证明确能发挥许多功能，诸如有效抑制不良情绪，使大脑干扰净化而产生脑波趋向同步的现象等，这些被综称为“心身医学”[54]。而道教的内丹法正是对于心身有奇效的一种实践，都需要

53. 笔者将另文《庄子思想与原始宗教的关系》论述。

54. 张惠民，《气功疗法趣谈》。

经过长时期的修炼，才能达到这种境界。

从道家的心斋坐忘发展到道教的各种守意工夫，显示他们对身心的神秘体验具有高度的兴趣，而且愈来愈进步，配合中医的理论，建立起一套体系自具的中国式心身医学。

文学世界中不死的探求

道教对于不死的探求，固然经由各类内、外丹的修炼，造成修真者不死的信念。但对于奉道者以及一般民间社会，他们以文字或口头的传播方式，一再复述一些神仙传说：从早期的游仙诗到宋元的度脱剧，以至明清的神仙小说，除了提供离奇的情节，造成丰富的想象，更满足对于时空飘忽的无常感。所以文学世界中所刻画的游历仙境、度脱成仙等主题，在优美的情境里，更具体而微地流露人类意识深处“不死”的愿望。

- 游仙诗的不死情境

诗歌中最能表现对神仙世界向往的，以游仙诗为其典型。它源于原始巫俗文学，像《楚辞》中的《离骚》、《远游》等，以原始宗教升天仪礼的仪式与神话为背景，表达人类希冀超脱时间、空间的限制，超升向一绝对自由、逍遥的神仙世界。这种游仙思想弥漫于两汉社会：汉镜图样及铭文、与各种古器物，以细腻的线条、图案，寄托神仙之思[55]；而汉赋中远游性质的文学：像司马相如的《大人赋》、乐府中的游仙诸什，以丰富的想象、奇幻的歌诵，描摹神仙之境。纹样中只能在尺幅或片段中具现神仙的形象、神仙的世界，而诗歌则较能开拓一片远邈的想象空间，其中最动人心弦之处，还在成仙的渴望与怀疑之间所形成的冲突，充分表现人性的弱点。

游仙诗的基本结构，大概可简化为：

55. 张金仪，《汉镜所反映的神话传说与神仙思想》。

1. 游仙的动机（空间的迫厄、时间的短暂）

2. 游仙的历程（出发、舆驾、仙境的呈现）

3. 游仙的愿望（变化成仙、与仙人偕游）

4. 游仙的疑虑（回归人间、或怀疑其可能）

这一结构为“出发－历程－回归”，所有游仙诗大抵遵循这种母题（motif），而各有变化。道教成立时期，游仙诗达于极盛：先有曹氏父子（操、丕及植），继有嵇康、阮籍，至西晋以后，大家有郭璞、陶潜等借游仙以抒发现实的感慨，都极富神奇的想象：

九州不足步，愿得凌云翔。逍遥八纮外，游目历遐荒。披我丹霞衣，袭我素霓裳，

华盖芬晻蔼，六龙仰天骧。曜灵未移景，倏忽造旻苍。阊阖启丹扉，双阙曜朱光，

徘徊文昌殿，登陟太微堂。上帝休西棂，群后集东厢。带我瑶瑶佩，漱我沆瀣浆。

踟蹰玩灵芝，陟倚弄华芳。王子奉仙药，羡门进奇方。服食享遐纪，延寿保无疆。

据说曹植这首《五游咏》的写作时期，正当与曹丕争王位之时，因不满现实社会乃因袭“远游”、“乐府”，而抒发心中的郁闷。其中呈现的仙人、仙境，以及经由服食而变化成仙，成为游仙诗的正统，乐府与铭文的末句采祝寿形式，实为善颂善祷的贺意，乃为吉祥语[56]。郭璞《游仙诗》就较具有修仙的时代背景，因他对于修真成仙熟稔其事，也深具信心，故能结合隐遁、仙道为一，成为新风格之作：

56. 李丰楙，《魏晋南北朝文士与道教之关系》。

翡翠戏兰苕，容色更相鲜，绿萝结高树，蒙笼盖一山。（先烘托修真场景）中有冥寂士，静啸抚清弦。放情凌霄汉，嚼蕊挹飞泉。（次述

修炼过程）赤松临上游，驾鸿临紫烟。左挹浮丘袖，右拍洪崖肩。（次述游历仙境）借问蜉蝣辈，宁知龟鹤年。（结以成仙愿望）

南北朝游仙诗除了继续模拟以外，已因道教的普遍，而有道教化的倾向。当时乐府中与道教有关的，有清商曲辞的神弦歌、上云乐及杂曲歌辞的步虚。神弦歌为吴声，为滨海地域的宗教祀歌，用于民间祠庙；其中已有部分道教化，属于原始巫祝道与道教混合时期；上云乐则为乐工依梁武帝旨意改制而成的新曲，曲调据民间的三洲曲、江南弄，也参有部分胡乐。因梁武帝本就奉道，沾染道教音乐的习惯，因此上云乐的歌词，固然以游仙诗为基干，但采用许多茅山道派的神仙观念，演奏于道观，与佛寺梵乐并用，成为一代新声。这类作品的风格如：

> 少室堪学道，明光可学仙。丹绘碧林宇，丝玉黄金篇。云车了无辙，风马讵须鞭。灵桃恒可饵，几回三千年。（梁简文帝，《升仙篇》）
>
> 和云：方诸上，可怜欢乐长相思。
>
> 方诸上，上云人，掌守红，拟金集瑶池，步光礼玉晨。霞盖容长肃，清虚任列真。（上云乐）

这类歌词，出现少室、方诸，都是舆内名山；为茅山道派常见的道教故实。上云乐采用三洲曲的和声技巧，在音乐所造成的游仙气氛中，产生飘飘欲仙的感觉，这种道教化游仙诗与初期作品具有不同的情调，成为诗、歌融合的道教艺术[57]。

57. 李丰楙，《六朝乐府与仙道传说》，《古典文学》第一集（台北，学生，1979年），页67—96。

- 笔记小说的仙境游历

仙境游历与游仙诗同时盛行于魏晋社会，其基本结构也循“出发—历程—回归”发展，但因传说具有近代（时间）、现实世界（空间）的世俗性格，较为平实化，这种口语文学（folklore）经采录后就呈现不同的版本，依据当时流行的服食成仙、洞天福地观念，而具有不同的类型：服食仙药、仙境观棋、人神恋爱及隐遁思想等，虽各有偏重，但都是以人间之人进入仙境游历为其母题，充分表现尘世之人对于神仙世界的向往。

这类仙境游历传说，流传广泛，其中最典型的例子出现在滨海地域的会稽一带，两位主角，《搜神后记》说是袁相、根硕，《幽明录》说是刘晨、阮肇，他们二人都在特殊的机缘下，经由洞穴或桥梁误入仙境——袁、根因逐山羊，经一石桥，渡向绝涯，穿过石穴；然后历经神仙世界——二人与二仙女结婚，得遂婚姻的欲望；其他类型或如《搜神后记》的坠穴人，经围棋者指引，饮玉浆、食石髓；或如《述异记》的王质，观童子下棋，而食仙枣，充分表现对于服食成仙的愿望，或满足人间世缺憾的幻境，在仙境奇缘之后，结局多为回归——袁相、根硕重返人间，而最具震憾性的感受，常是“天上只一日，人间已千年”的人事全非之感，因而顿悟生命的虚幻，出家学道。[58]

民间社会乐于渲染游仙的传奇，因此不同的时代、地域就各具不同色彩，像唐人传奇或宋元话本都有：唐张文成的《游仙窟》，假借仙境、仙女，影射当时士人游历秦陇一带艺妓艳薮的狭邪传奇，恰是娼妓文学的典型。又如《醒世恒言》的《李道人独步云门》，以通俗化笔调，写求仙者的成仙奇遇，确有市井说话的琐细情节；至如《绿野仙踪》之类，更集合仙境游历中的多种成分，驳杂而丰富地表达世人对于仙境所具有的梦幻似的“遂愿”（wish-fulfillment）心理，可说另一种形式的探求神仙不死。

道教内部对于神仙传说深信不疑，他们可能还制作一些仙境情节作为自我教育之用，像上清经派所编的《汉武内传》，以斋洁之后进入幻境，产生遇仙幻象的宗教背景，虚构汉武帝与下降的西王母，大谈修炼成仙的细节，其中服食名目、修道仪节等，实在具有教内作品的暗示，不似一般民间传说较着重在神奇的情节，引人惊诧[59]。

58. 李丰楙，《六朝仙境传说与道教之关系》，《中外文学》八卷八期（台北，1980年），页168—188。

59. 李丰楙，《魏晋南北朝文士与道教之关系》。

- 度脱剧的度化成仙

戏剧为大众艺术的类型，观剧的功能，就是通过舞台效果表达观众的心理需求，因此，神仙剧中的“度脱剧”为典型的对于度化成仙的一种愿望。明人朱权《太和正音谱》以故事内容分杂剧为十二科，“神仙道化”居第一；近人分类仍将与道教有关者列于首位。因为元剧产生时代恰是新道教时期，尤其全真道势力最盛，度化思想正可满足异族统治下的文士。就以马致远为例，现存七种杂剧，其中三种属度脱剧，连非度脱剧的神仙道化剧，则占了五种（《西华山陈抟高卧》、《半夜雷轰荐福碑》、《吕洞宾三醉岳阳楼》、《马丹阳三度任风子》、《邯郸道省悟黄粱梦》），表现人生无常、希冀成仙，明剧就较少这类度脱成仙的作品。

度脱传说为极具趣味性的戏剧情节，它所具有的救度、济度观念应与佛教救济思想有关，因为这种度脱情节原先出现在黄粱梦等一类梦境游历传说中，固然已逐渐突现道士为智慧老人的形象，但较为素朴；直到新道教兴起之后才有较为强烈的度脱思想。话本中也有些度脱小说：像《吕洞宾飞剑斩黄龙》，提到吕洞宾要到世间度化世人；又有《福禄寿三星度世》（《警世通言》），为度化精物成仙，不过，将度脱成仙的思想作最生动演出的，仍首推元杂剧[60]。

杂剧中度人者的角色，最常见的为太白金星、东华帝君；钟离权、吕洞宾、铁拐李，以及马丹阳，为全真神仙；被度者都指具神仙福分者，像吕洞宾、蓝采和；以及岳寿、陈季卿、任风子等，乃基于星命思想，有神仙缘分者才能被度。两者之间所构成的度脱情节，极为曲折有趣——由始渡、经试炼过程：以种种实境、幻境或梦境，制造被度者逐渐悟道，然后度人者现身说法，借机点化。杂剧四折形式中，二、三折极力铺张、制造诸般情境——所谓恶境头，逼使被度者心理进入了悟的情境。类似的悟道过程实与新道教，尤其全真道吸收禅宗思想有关，但又巧妙转化

60. 赵幼民，《元杂剧中的度脱剧》上、下，《文学评论》第五集、第六集（台北，1978 年、1980 年）。

为道教“开劫度人”的模式。道教对于求仙者的引逗，实可满足尘俗世界的芸芸众生对于超时空世界的一种憧憬。至少在趣味性的当场欢笑之后，残留一些诸如人生无常的课题，让人思索，这是神仙道教对于中国人的一种启示。

结 语

不死的探求是每一民族都有的愿望，神仙与永生世界更是一个梦境，在神仙之梦中，人类获得绝对的自由、逍遥。中国人也曾拥有这样的梦：长寿永生的生命与和谐安乐的乐园，道教正是满足这种梦境的一种宗教形式，与儒家致力解决现实社会的诸般困扰，刚好相辅相成：一个想在有限的生命中为现世建立理想社会，一个则希求延长生命，在比较缥缈的境地中建立神仙乐园，所以同是中华文化中巧妙的组合。

道教凭着神话的幻境、宗教的狂热，在科学犹未十分发达的时代，想延长人的寿命，确是一场剧力万钧的搏斗。在古老的中国，存在着大自然界的各种灾害：水灾、旱灾以及各类瘟疫；也存在着人为的生存危机：外族的入侵、政治的苛暴、物质条件的匮乏。因此道教提供了一个梦境：饮食无忧、无疾无病、人兽祥和、苛政绝迹，这场梦确有其心理与社会的功能。但道教中人不仅常做美梦，他们结合多方面的智慧，从实际操作中发现一些有用的物质，又不断修正许多经验成为有效的方法，这些宝贵的经验，直到今日，仍有许多值得研究改良，作为继续满足现代人的长生之梦的一种参考。

当然，不能否认的，道教希求长生不老的方法有些是荒诞的、奇想的，其中有些早已在历史中被逐渐淘汰，永远成为历史的陈迹；有些仍残留在历史黑暗的角落里，需要加以清除，不能让错误依然错误下去；但有些人则又爱深责切，遽加否定，以为道教及环绕在其四围的一切都是落伍的一群。其实，只要以一种同情而满怀温煦的态度加以考察，在长远的时间与辽阔的空间里，这一群人尝试以人类渺小的生命去对抗死亡；关在丹房中郑重其事地烧炼，或在僻静之地体验内在世界的神秘，他们或许成功、或许失败，但无论如何都付出相当的代价，凡此一点一滴俱流入历史的长河里，灌溉无穷无尽的后代子孙。那么，在历史不断搬演的长剧中，道教对于死亡的对抗，对于人类生命的延续，乃至对于神秘世界的探索，总算扮演一个相当称职的角色。

仙道的世界

道教与中国文化

李丰楙

在近代中国要求创造新文化的呼声中，道教正面临一种文化转型时期的尴尬局面。从五四新文化运动开始，对于传统文化作全面总检讨，道教无疑也被纳入旧思想、旧道德之列，成为一种腐败、堕落的象征。也有人接受外来新的宗教，采用外来的文化模式加以衡量，认定道教是一种落伍的、退步的原始宗教。而一些以复兴儒家正统文化自居者，亟亟以振兴孔孟为任，倡导中国本无所谓宗教说。诸如此类的难题，确实使我们需要冷静地考察：道教是否能称为宗教？在传统文化中它是否只是代表腐败、不健康的部分？只有客观审视道教在中国历史文化里所占的地位，才能重新融入新中国的文化，适度发挥其作为传统文化的价值。

依据人类学功能学派的看法，道教在中国悠久而丰富的文化传统里，能够发展、成长，在儒家、佛教之外，自成一个奇异而有趣的世界，则它的本身必对中国社会具有某种功能，满足其心理与社会的需要。一些研究中国学的学者，将道教称为中国的“民族宗教”[1]，就是发现它的形成与发展，确能表现中国文化广大兼融的特性，而为长远历史中的许多中国人所接纳、信奉。所以认定道教不是宗教，或者故意抹杀它在历史文化里所发生的影响，并不能就此将它从中国文化中取消，因为这是历史的事实。

事实上，“道教”并非只是一种单纯的民间信仰，像目前还残留在社会角落里的过时事物而已。它的形成与发展错综复杂，不是始终一成不变，反而能够因应不同的时代环境，不断以新的形态出现，充分表现它所具有的适应力与创造性。因此，要了解道教所形成的神仙世界，首先要了解道教本身的发展及其特质，其次论述它与中国文化的关系，这样才能给予道教一个较为客观的评价。

大抵而言，道教的神学体系、组织形态，是一个驳杂多端的构成体。它不是老庄道家（Philosophical Taoism），但与哲学性道家有密切关系，所以外人习称为“宗教的道教”（Religious Taoism）[2]，就是把

1. 洼德忠，《道家と道教》（《中国思想丛书》Ⅱ，东京，1973年）。

2. D. Howard Smith, *Chinese Religion* (N.Y., 1968), Chap. Ⅸ.

它当作一种宗教，而且是属于中国人的本土宗教。因为它深具中国本土巫教的特质，近于自然宗教；又任意选取先秦、两汉以来诸子百家的学说，割取重组，冶于一炉，所以道教中人常以本位文化自居，而对于外来的印度佛教，有所容受，也有所排拒，它吸收其需要的成分，融为一体，造成自己的独特风格。其中的核心就是神仙思想，一种追求现世利益的宗教理想：个人的长寿永生与社会的和谐安乐。因此道教既出世又入世，它不追求缥缈的未来，也不沉湎于过去，而是努力寻求现在的满足，这种现实主义的色彩，使得道教学者认为道教最能表现中国人现实主义的精神。

道教既然产生于中国社会，而为不同阶层所接受，就不会只是一种通称的“迷信”而已。历代帝王就有不少信奉道教的，有些固然是基于政治权势的考虑而加以笼络、利用；有些却是虔诚信奉。其中道理安在？或许有人认为帝王之奉道教只是一种宗教政策，为其庞大官僚体制中的组成部分而已；可是，历代的文士也多有奉道的，这些知识分子大多按照传统训练，熟读儒家经典，甚或也倾向于佛教高妙的哲理，他们与道教的亲密关系，自是在不同的时代环境中，有感于道教本身的文化意义。因此，这就不能简单地以“迷信”概括。至于占社会最大多数的民众，在中国历史上，除非宗教本身危害到社会伦理或政权的安全，大多能享有信教的自由，也可自由选择其宗教生活，道教就在这种情况下与平民发生关系——直接的或间接的：其中正式奉道，严格履行教徒生活规范的，是关系最为密切的方式；但大多为间接的，像岁时节日中的生活仪节，或赴道观朝拜之类；至于浸润最深远的，则为日常道德规范中的道教成分：像劝善书、功过格，以及通俗道德的教化作用，几让中国百姓生活于其氛围中而不自觉。类此情形，道教对中国社会自具有其不可忽视的影响。

总之，道教是因应社会需要而产生的本土宗教，在不同时代不同环境，它随时调整，变成一种新的形态，强韧地发展下去。因此，它对于中国人而言，自具有特定的社会功能。在长远的时空中，自然成为日常生活中的一部分——说它是迂诞也好，迷信也好，确是紧密结合而不能割舍，因此，中国文化的组成中自有一支道教文化，形成中国的神仙世界。

道教的形成与发展

道教在汉末魏晋以前，属于巫教、神仙思想流传的阶段，可称为前道教时期；六朝道教正式成立以后，直到清末，千余年间，道教发展出不同的流派，错综复杂，自有变化。有些持续地传授符剑，赓续其天师道统，像龙虎山的正一教、茅山的茅山道；但也有些顺应时代局势，更新图存，像宋元时期南北新道教就是老干新枝、生机勃发的改革道派。这种错综衍变的情形，除了历史条件的改变之外，又可循着道教与儒家、佛教的关系加以考察。大概从南北朝以下，至于唐宋，道教为了争取宗教正统的地位，不断地有佛道争衡的情事，而在帝王的宗教政策上，道、佛位置的先后问题，也具体表现帝王自己崇道或佞佛的不同信仰，其中关联到教理之争、华夷之辨，因素极为复杂。到了宋元时期，道教本身在炼丹实验中的失败，加以佛教教理也确有胜义，尤其是禅宗对于心性的修养确有高明之处，所以一些有识的高道渐不满于炼丹及部分法术，而想在精神层次的修养更予提高，就具有调停儒、释的倾向：像高倡忠孝教义的净明忠孝道，与讲究修养心性的全真道、真大道等，都各有采取二教优胜之处。所以明朝以后，三教合一几成为社会上普遍的趋势，对于文士思想以及中下阶层具有深刻的影响。

历史上称这类具有教团组织形态的道派，一向都按其创教名称分别称呼，而日本学界则称为“教团道教”或“成立道教”；以别于组织、教义较为松散、驳杂的“民众道教”[3]。其实民众道教与道教初创时一样，均以原本的巫祝信仰吸收教团道教、佛教

3. 洼德忠，《庚申信仰》（日本，山川，1973 年）。

以及摩尼教等杂多的因素，构成复杂的民众教派，国人习称为秘密宗教或民间信仰，也可说是没有结构成形的道教，在庶民文化层具有一定的影响。不过这种教派多产生于明代中叶以后，派别繁多：像无为教、罗教之类，连素食事魔也可归入此类中。它依违于佛、道二教之间，又与二教不同，所以称为民众道教固可；而其流传的时间长短不定，又多采秘密传教的方式，不为政府所认可，概称为秘密宗教，实可表明其特色。

• 道教的形成期（汉末－南北朝）

道教形成的汉末，直到魏晋，实在没有统一的名称：一般拈举“开教时代”，只是说明开始出现雏形的宗教形态[4]，而使用“原始道教”、“道教的萌芽”，或标明西历初数世纪、纪元2世纪等时间，都为了指称初期道教道派众多的现象[5]。汉末桓灵二帝曾在宫中奉事“黄老道”，在野的张角也事奉“黄老道”，以善道教化天下，颇得白姓信奉，所根据的经典为《太平经》，故称“太平道”。这种经典更早已经出世，应与符谶纬书有关，为于吉所出；但稍后在江南又有据此经传道的“太平清领道”，主持者就是于吉，建精舍，聚集教徒焚香，读道书，以符水治病，故又称“于君道”。这两派势力一以江北为主，一以江南为主；稍后又有蜀汉地区的“五斗米道”，由张陵始创，到孙子张鲁才集合张修的政权、与宗教构想，组成一个政教合一的宗教王国，建立“天师道”规模。魏晋时期，因为宗教意识抬头，民间杂散道派颇多，有依托帛和的“帛家道”、李阿的“李家道”，流行于滨海地域为孙恩奉行的“紫道”，以及民间俗信的“清水道”，而对后世最具影响的“茅山道”与灵宝派也出现于此期；前者始创于魏华存，以《上清经》为重要经典；

4. 常盘大定，《支那に于ける佛教と儒教道教》（《东洋文库论丛》第十三，日本，1930年）。

5. 福井康顺使用“原始宗教”，见《道教の基础的研究》（日本，书籍文物流通会，1960年）；洼德忠，《道家と道教》，使用“道教的萌芽”；标明西历初数世纪为马伯乐，《道教》（日译本，日本，东海大学，1968年）；公元2世纪则为R、A、スタソ，川胜义雄日译，《纪元2世纪の政治、宗教的道教运动について》，《道教研究》，第二册（东京，昭森社，1967年）。

后者应与葛玄、葛洪有关，而由葛巢甫推广，以《灵宝经》为主，因与葛家有关，被称为“葛氏道”[6]。

6. 福井康顺，《葛氏道の研究》，《东方思想研究》五（1930年）。

南北朝时期为教会组织时代，南、北朝分别展开道教的清整运动，为着相对于佛教势力的逐渐扩张，北魏寇谦之、刘宋陆修静都具有道教统一意识，分别使用“道教”一词，而且渐与政治势力结合，借机组织教会、制定仪轨，奠定更强固的基础。北魏之后，北朝皇帝登基，颇多赴道坛受录，尤其北周楼观道士，受帝王信任，为建通道观，整理道籍。南朝则有陶弘景成为梁武帝师，以华阳洞天，建立茅山道的稳固地位。另外天师道的道治也在江南扩张，张氏法统也以“治”为单位吸收教民，但似乎没有蜀汉时期声势之壮。

- 道教的发展期（唐—宋）

唐朝道教的发展，一般都以为李姓之故大受护持，其实道教中人制造图谶，帮忙建立李唐天下，也大有关联。天下一统之后，道教并未一统，各道派依据其原本的名山洞府张大门风，其中茅山道，因高道辈出，最受帝室宠信，像吴筠、司马承祯等均具有“山中宰相”的美誉。直到唐末杜光庭入蜀之后，建立青城道场，造成前蜀的道教风尚。另外在江南豫章西山也逐渐展开倡导忠孝之教的“净明道”。唐代道教的发展已纳入政府的宗教管制之下，但因道士精于炼丹，迎合帝王贵族的长生欲望，大抵在道佛争衡的情况下，常位于佛教之上。

宋朝道教的兴盛，也以帝室尊宠为其主因，但一些迎合宋帝的道士不重自己的道高行粹，而多为炫弄法术，像徽宗信任林灵素辈。而道教诸派，则龙虎山天师道，由徽宗正式册封，取得正统；茅山宗反而转衰，或许与炼丹渐不受信任有关。崇奉许真君（逊）的净明道仍有其势力，而合皁山一宗，传灵宝经录，也自有其道统。北宋崇重道教，使社会上下弥漫道教信仰的风气，所以宋室南渡之后，北方沦陷，有识之士渐多依附道教，纷纷建教传道，借以保存汉文化，因此金元时期的道教中，像全真道、太一教、真大道等都属在旧存道教基础上新创的道派，称为新道教。

• 新道教的改革期（金–元）

新道教时期，可称为道教改革。其中改革的最为成功的典型为全真道，其势力流行于河北、山东一带，正是义兵义民的大本营，全真道使用宗教的方式保护汉文化。金初王重阳创教，继又度化马钰、谭处端、刘处玄、丘处机、王处一、郝大道及郝妻孙不二，后世尊称为“七真”：其中马、谭、丘分别掌教，使全真势力大为盛行；入元以后，丘处机西行，在雪山与成吉思汗论道，大获优渥，得掌天下教权，庇护儒生人民，成为北方势力最大的新道教。全真教之外，还有太一教、真大教。太一教为金天眷（1138–1140年）中道士萧抱珍所创，传太一三元法录之术，当初流行于大河南北，正是故宋疆域，初创教时，近于民间的秘密宗教，直到世宗、章宗时才渐流行；入元以后，萧公弼、李居寿先后掌教，且深受元世祖重视，奠定这一教派的地位。真大教创于金国道士刘德仁，五传至郦希诚，宪宗才将其教命名“真大道”，教派势力也逐渐兴盛，这是提倡苦节危行的苦修派，以无为清静为宗旨，其基本经典为《道德经要言》，教行颇采儒家思想。全真道的主要教义也依据《道德经》，又多采大乘教义，尤其禅宗的心性修行，类似的调停儒、释，开始三教合一的风尚。因为领导者道行高洁，能与汉人文士结合，又受宫廷信任，始能借机保护汉人及汉文化，极具贡献。至于南方道教，龙虎山的正一教依然为主流，元世祖曾召三十六代天师北上，命主江南道教；其徒张留孙则留于帝侧，因他道行学养，俱属上乘，极受世祖尊重，乃别创玄教，成为一代玄教大宗师；二代吴全节尤其著名，实际掌握正一教的大权；其后经夏文泳、张德隆、于有兴等，因他们道行风范，极为高洁；又多与文士交游唱和，深通儒学，成为当时最有势力的教派，他们也能尊尚正一教，又护佑茅山诸宗，使道教势力维持不坠，对于汉文化的维护也有极大贡献，五传入明，玄教势力才渐式微[7]。可见道教与历史文化的关系，并非只是宣扬神仙、希冀长生的低级宗教，它能达变，在特殊环境下因应时势，成为守护中国文化的一股力量。

7. 孙克宽，《宋元道教之发展》（台中，东海大学，1965 年）；《元代道教之发展》（台中，东海大学，1968 年）。

• 道教的固定期（明—清）

明清两代道教渐被固定化，也渐僵化，除龙虎山正一教独盛外，其他道派因为客观环境改变教势逐渐衰微：全真道、玄教在金元时期都具有护佑汉文化的任务，一旦此一作用消失，就使其势力衰微；另外一个主因，是明代兴于江南，礼遇张天师；而且明代诸帝虽好尚方术，但都以服食长生与房中秘术为目的，作为养生图乐的工具。全真道、玄教本就由德高行粹的高道领导，重内心的修养，不讲究长生久视之术，尤其鄙视房中秘药等方术；而南宗则炼养、服食兼重，尤其部分道士更能以神异投合帝王，明代道教最盛的明世宗时，宫中方士有来自湖北、江西、安徽、陕西者，而独缺北京城郊白云观中的全真道士，就是这种事实的反映。

明、清的道教统制政策，册封龙虎山天师，而全真、茅山、合皇也都派有灵官各一名，纳入管理；此外，太和山（武当山）道教也派有提点一名，武当道应早在唐末已经成立，不过，入明之后，在成祖时又敕建道观，奉祀玄天上帝，武当道士以炼丹、驱邪为其本领，曾出著名道士，像张三丰等高道。另外走三教合一路线的净明道，因所奉行的戒仪，较能与民间伦理配合，也颇能反映明代道教的特色。

大抵而言，道教发展到近代，其教派已较固定，朝廷也例有册封；而教派因性质不同，也自有其教规与固定的影响力，像正一教以斋醮科仪为主，国家也需要它为国祈福除灾，具有其社会功能；至于全真、茅山、武当等道派，注意修真守戒，也颇有高道，像白云观第七代王常月，清世祖三次下赐紫衣，即敬重其高德，而一些慕道者也在国家规定下接受入道得度等方式，成为一种固定化的宗教活动[8]（图一）。

8. 洼德忠，《道教史》（《世界宗教史丛书》九，东京，山川，1977年）。

道教的经典及其内部组织

道教与佛教一样，都在儒家所象征的现实世界之外，形成“方外世界”，道教模仿、综合佛教与儒家的部分构想，加上中国原有的巫祝、道家、隐士等长远的历史传统，构造了一个道教的神仙世界——它自有的组织结构，以及不同于俗世的生活方式，都对于社会发生一定的影响力。当然，道教世界的构成，并非一成不变，在不同道派、不同时代都会有或多或少的差异，所以道教世界的描述只是一幅轮廓而已。首先叙述道藏宝典的完成，其次道教内部的组织情形，这两项都与帝王的宗教政策有关：前者为帝王敕令完成，后者则由政府管理其组织配置。

- 道藏宝典的编成

《道藏》为道教一切经的总称，与儒家《经解》、释家《大藏》鼎足而三，其完成过程更为曲折、内容也远为驳杂，但可以肯定它是中国学术典籍的一大渊薮。道藏的纂修与流传，约可分作三期，才组成《正统道藏》的规模。第一期约从汉末到唐初，为形成期。将东汉前后大量的养生图籍、纬书符谶变造、吸收。东晋葛洪《抱朴子·遐览篇》为道籍早期目录，已达千余卷——书六百七十卷、符五百余卷。东晋前后上清经派、灵宝经派、三皇经派又大量造作，等到南北朝道教统一意识开始出现后，陆修静以三洞的构想综理道教一切经，撰成《三洞经书目录》，再经孟法师、陶弘景整理，为南朝道经的初步构成；北朝则由北周设玄都观，整理《玄都经目》，至武帝敕修，王延校订的《三洞珠囊》七卷，已校出八千零三十卷。隋唐一统，由道士尹文操总集而有《玉纬经目》共七千三百卷，另外道士史崇玄也与史官崔湜、薛稷等合修《一切道经音义》，此期粗立道教经藏的规模。

第二期约从唐玄宗到宋徽宗，为发展期。从玄宗搜访、纂修《三洞琼纲》三千七百四十四卷始，历经肃宗、穆宗、懿宗诸朝，都曾整编。中间因战乱佚失，所以宋代诸帝重修，较大的三次：一为太宗、真宗之际，徐铉、王钦若所校，赐名《宝文统录》；二为张君房再加参校，题为《大宋天宫宝藏》，另有《云笈七签》为道藏提要；三为徽宗崇宁（1102—1106年）间的补校，称为《政和万寿道藏》。

第三期从徽宗的《万寿道藏》，直到明神宗完成《正统道藏》，中间历经金章宗命令道士孙明道编成《大金玄都宝藏》，元初宋德方补修；而其厄运则为元宪宗、世祖的两次焚毁经板——就是"正统道藏阙经目录"的亡阙道经。明帝敕修，始于成祖命四十三代天师张宇初，经仁宗、宣宗，直到英宗正统年间，费时十年完成《正统道藏》，神宗时，又敕五十代天师张国祥补成《万历续道藏》[9]。

道藏的纂修历时久长，迭有变革，而大抵遵循初步编纂时的构想，也就是三洞四辅的七部分类法：

9. 陈国符，《道藏源流考》（台北，古亭书屋，1975年）。

"洞"本是指修业的场所，如洞府、洞天，同时也是奉祀尊神的所在。教内的说法，指玄通，像"洞者，其道德善恶，洞洽阴阳，表里六方，莫不响应"，(《太平经》) 或"洞言通也，通玄达妙，其统有三，故云三洞"。(《云笈七签》) 也就是主要经典，为神尊所赐示的玄理。据道教中人神秘的说法：三洞有高下次第，各有教主：第一洞真部，玉清境天宝君所说；第二洞玄部，上清境灵宝君所说；第三洞神部，太清境神宝君所说（图二）。"三洞"观念约产生于东晋末、刘宋初，一般认为模仿大藏经的分类，其实应是当时三大经派的实际反映。

据《道教义枢》三洞义之说：洞神三皇、洞玄灵宝、洞真上清；上清经派由魏华存依托仙真，像周紫阳、裴清灵，在晋哀帝兴宁间扶乩降笔；灵宝经派疑为古纬书，《抱朴子》中已录有《灵宝五符经》，葛洪的从孙葛巢甫又造构《灵宝》，盛行一时；《三皇经》则以帛和所得《三皇文》为最古，鲍靓又得于嵩山石室，也是符图之类，葛洪曾受授《三皇经》，这是南北朝初期三大经派，陆修静以自己教派的《上清经》为上，依次排列，而不是完全依仿佛藏。

至于四辅的辅，有辅助、依辅之意，乃是附属、补充三洞的：太玄部指《老子》五千文以下诸经，辅助洞真部；太平部指《太平经》之属，辅助洞玄部；太清部指金丹诸经，辅助洞神部；正一部指《正一经》，则兼辅三洞各部，大概当时天师道治势力较为普遍，故列为辅助诸部之用。三洞之下各分十二部，四辅则不分部，十二部为本文、神符、玉诀、灵图、谱录、戒律、威仪、方法、众术、记传、赞颂、章表，三洞总共三十六部。

七部的传承，不管是茅山或龙虎山，乃至全真道士，都不轻易变动，乃为了尊经之故。事实上后来道经出世渐多，像新道教的新出道书，实在已超出七部的原始构想，不易归类；又像三教合一之势形成，兼采儒家、佛教教义，成为更具中和、普遍的教理，也不易再附托于任何一部。但编修者煞费苦心，斟酌补入，勉力形成《道藏》的新面貌。这部庞杂的丛书，既是蕴涵各道派的经典，其内部的驳杂、丰富，就更远出儒家《经解》、佛教《大藏》之上。其中包含古代社会、科学、道德等的史料，值得深入研究。日本学者洼德忠综括为四大部门[10]：

一为教义部门：凡宇宙的生成、万物根元的道之起源及其展开，以及以大罗天为最高天界的天界结构，与作为惩罚所在的地狱。二为方术部门：凡符、咒等法术，与驱邪袚厄的斋醮仪式均是，乃道教最为实用的部分。三为医术部门：约可分内丹、外丹两大系统，凡金丹修炼与养气调息等均是，为古代卫生学与化学的珍贵资料。四为伦理部门：道教所订的各种戒规、功过格等，凡属通俗性伦理道德均可括入此范围，对于民间社会，具有深入影响，为研究古代社会的史料。

10. 洼德忠，《道家と道教》。

道教各派都极为宝奉经典，视为秘传，常定期晒经保护；因此千余年来，历经兵燹、焚禁等天灾人祸，但仍不断纂修，尤其崇道帝王更是敕修道藏的主力，从唐代开始就有誊写数部，分藏于重要道观之例，道观也都特别设置经阁护持，以北京白云观为例，道藏就不易轻示教外人士，这是因为道教本身的秘传性格使然，直到民初才借出影印行世，使学者得窥道教的部分真相。

• 道士的修真传法

道教内部的组织情形，像设治署职、拜师学道、授徒传经等，也极为复杂，就跟道教曲折的发展一样，在不同时代、不同道派都会些微的改变，形成各自不同的道门风范。大概说来，道教道法的传授，与儒、释二教有部分的交流，而仍保存其一贯的特色：那就是巫祝的秘传性，采用宗教方式寻找明师或选择门人，秘密传授道中经诀。在道教史上约采两种形式：即天师道统的龙虎山系统，以传子为主，世代相袭，成为符剑传宗的法统；另一则为其他道所普遍采用的，拣选门中高弟，秘授符诀，维持道门风范。

初期道教的组织情况：据葛洪《抱朴子》所叙述的，有心学道修真者需要寻找明师，传授经诀，这种求师、苦学的精神应与先秦、两汉以来的拜师习惯相类似，不同之处在于道士在传授符图、秘诀时，需要郑重地歃血而盟，出诸宗教形式：因为道教非常重视道经，像上清经派自魏华存以下，由杨羲传二许（许谧、许翙），又经二马（马朗、马罕）；《灵宝经》由葛巢甫传任延庆、徐灵期；《三皇经》由鲍靓传葛洪，而陆修静总集诸经之后，又传孙游岳、陶弘景；经诀护持者也就是道门传人，其他弟子也受道法，但传经者多为最优秀，足以光大门风的。像全真道的七真，其中负责掌教的马钰、谭处端、丘处机，也是德高行粹、张大师门的高道，这种选择优秀弟子为道门传人的习惯，均为茅山道、全真道、真大道与净明忠孝道所遵行。与此并行，而且渊源深远的则为天师道的符剑传法，从创始阶段张陵传子张衡、衡传子鲁，已形成一种习惯，其后传法过程，史料记载虽不详，但据张家自编的《汉天师世家》，谱系不绝，都以张姓子弟为传道掌教之人。尤其是徽宗册封张继先（虚靖先生）之后，俨然成为正统，后来的继承者常有被帝王册封之事，成为道门传法最为人熟知的一种方式。道教史上另有太一教，似乎就是规仿龙虎山张天师世代相传的规矩：因为萧抱珍创教之后，嗣法者依次为韩道熙、王志冲、萧旡道、李居寿等，除了萧旡道原为萧抱珍的俗家后嗣外，都是外姓，但太一教有一种特殊制度，便是被传法的继承人，皆须改姓为萧[11]。所以它实际上为介于前两种形式中的一种变通制度。

道教的组织，固然由掌教传法者负责宣扬道法，但直接参与其事尚有许多执事的道士，道士的主要来源，初期由热心修真者自己求师学道，但到了与政治结合之后，就被纳入政府的宗教体制内，与佛教的出家者一样，需经特殊的规定，才准进入道观被度为道士。早期天师道的组织情形：初来学道的叫“鬼卒”，后来称为“祭酒”，而道治的负责人称为“治头”或“治头大祭酒”。根据陆修静《道门科略》的说法：奉道的道民按照入道时间授予不同的法录，这些录吏在道行修为上表现良好的，就被选为“散气道士”，然后照着各种治的规矩升迁，由别治、而游治、而下治、而配治，最后进入二十四治中。二十四治为天师道传教宣化的重要据点，治头大祭酒实行宗教职务，以“救治天下万姓，扶危济弱”或“消灭鬼气，使万姓归伏”。陆修静所整理的南朝科律，仍然承认天师后胤才能受“都功版”，才能传治与人；北朝则寇谦之已代天师正位，所以革除祭酒之官父死子继的制度[12]。天师道及新天师道都与政治结构有密切关系：前者为宗教王国，政府官吏与神职人员合而为一，所以从奉道者加以择选升迁，成为有组织的宗教体制；后者由异姓继任天师，也有国教规模，因此也需要由政府担任道士遴选的工作，从北魏开始已有选派道士到静轮

---

11. 孙克宽，《元代三一教考》，《蒙古汉军与汉文化研究》（台中，东海大学，1958年），页146。

12. 陈国符，《道藏源流考》附录四《南北朝天师道考长编》。

官从事宗教职务的记载。

唐朝道士制度较有规模，据《唐六典》所记："凡天下观总一千六百八十七所（一千一百三十七所道士，五百五十所女道士）。每观观主一人、上座一人、监斋一人，共纲统众事。而道士修行有三号：其一曰法师，其二曰威仪师，其三曰律师；其德高思精谓之炼师。"（卷四《礼部》）这是唐玄宗朝道教概况，唐末杜光庭《历代崇道记》说："所造宫观约一千九百余所，度道士计一万五千余人，其亲王贵主及公卿士庶，或舍宅舍庄为观，并不在其数。"因为道观属官设，且常按州设置，并由皇帝赐名，成为定律。当时道士的数量，基于国家经济的考虑，多由政府管制，与出家的佛教僧侣相同，按规定"度人"，而不能滥度，逃避徭役。高祖时曾沙汰僧、道，"诸僧尼道士女冠等，有精勤练行，守戒律者，并令就大寺观居住，官给衣食，勿令乏短；其不能精进，戒行有阙者，不堪供养，并令罢退，各还桑梓。所司明为条式，务依法教，违制之事，悉宜停断。"[13]这封诏令固然只代表高祖一朝，但却可代表官方的宗教态度；在管制情形下，或宽或紧——有时崇道，就多给田地，并免徭役；有时则斥退过多道士，免逃徭役，但大抵要守度道士的规定。唐朝道士数目的增减，随帝王崇道情形而不同，负责管理的机构，也不尽相同：鸿胪寺、宗正寺，后者较为特殊，与佛教例由鸿胪寺掌管不同，因为李唐自认"系出柱下"，把道教当作本宗之故。

13.《旧唐书·高祖本纪》。

道士生活既由官设机构管辖，因此其道号、穿着颜色形制，以及上下规矩也都有规定。道行精进道法高深如潘师正、吴筠、司马承祯等，都颇受帝王信任，属于高道；至于迎合帝王进长生秘术、大营道观的，像宪宗信任的柳泌、穆宗时赵归真、敬宗时刘从政之类，乃是造成世人产生恶道形象之流。无可否认，道士颇有自炫道术，获得主上崇奉的事情，而且多与进奉长生秘术有关。至于女道士、女冠，从六朝开始已有此风，而唐朝特别时髦而已，甚至有公主为女冠的。其实女冠应分为修真女冠、宫观女冠两类型：前者为虔敬修真学道，乃道士正格；而后者中掺杂宫观女子或狭邪中人，非真心修道，又难耐观中苦修的生活，因此常有逾闲越规的传闻，成为唐代诗人暗恋歌咏的对象。

唐以后道教的制度自然代有不同，但大抵多由政府管制，由所谓道录司之类，管理道士出家修行；不过有些在家道士则以符箓法术维生，又有不同，这是与佛教出家差别之处。

道教宣化及与民众的关系

道教与中国社会的关系，除了道教内部的组织，造成一种特殊的生活方式之外，也与整个社会发生密切的关联，其中最直接的自是奉道的教徒，从帝王贵族到一般平民都有道教信仰者，而且常有“累世奉道”的情形，这自然与道教宣化的方式有关，易于形成世代信奉的现象；其次则为与道士交往的情形，所谓与方外交，固然大多指佛教中人，但也可指羽士炼师之流；至于道教所形成的岁时节日以及一些生活惯习，常成为中国人的日常仪节，也可说与道教有密切关系。类似的直接、间接的交涉，都充分显示道教能在中国社会中流传千余年，必有构成其流传的条件，下面就分别叙述它如何与中国人的生活发生关系。

- 宣化与受箓

首先说明道教既作为一种社会活动，尤其面对佛教在中国深入而有效的传教工作，自需建立一己的宣化事业。道教的传布，应以蜀汉天师道的宣化组织为其基础，后来各种道派多少都受它的影响，再加以损益。天师道以类似政府组织的形式建立一个大传教的网络，其基本单位为“治”，每治设祭酒主或治头大祭酒，负责宣教及领导教区内的教民，当初设有二十四治、别治、配治、游治，治的主持者需将入道者“编户著籍”，户籍的整理原为张氏宗教王国的行政措施，后来只剩下宗教性管理的意义，道民则在每年三会日投集本治——三会日指正月初七、七月七日、十月五日，由祭酒校正户籍：因为奉道者的婚嫁、生育、疾病、丧亡等全听命于祭酒，所以趁三会日入籍或撤销，这确是完善的构想，后来不易全照此实施。奉道者需尽的义务，就是要付“五斗米”——这是“五斗米道”名称的由来，所纳米置于天仓，使用于义舍，作为供慈善、救济之用，这是信道者的一种奉献。除了三会日的聚会方式，还有“厨会”，凡生子娶妇，就以简洁而不铺张的方式集合教友饮食，借以互通声息，美其名为“饭贤”，这是会中的社交活动。

奉道者在宗教活动中也获得一些宗教性的服务，最重要的为“受录”，据《正一法文》说：“凡为道民，便受护身符及三戒，进受五戒、八戒，然后受录。”[14] 受录的任务由治头祭酒负责，按照奉道者的年龄大小、入籍时间的长短，以及勤修的程度，分别授给不同的符箓——《道藏》中所收的《太上三五正一盟威录》六卷之类，就是类似的符箓，据说可以劾召鬼神，消灾除厄。东晋王凝之为会稽内史时，孙恩率兵来攻，他不先遣兵，却进入静室，恳请大道——应该就是“太清玄元无上三天无极大道”，凝之“跪而咒说，指麾空中，若有处分者”，结果反被孙恩乱军所杀[15]。到治所受录的是一般道民，至于一国之君则隆重地设坛受录。据《魏书·释老志》所载，北魏世祖崇奉寇谦之，亲至道坛接受符符；后周诸帝也常在即位时受录；入唐之后，帝王也还是受正一录，宋元以后崇道帝王有时仍然遵行其事。这是因为原始受天命的礼仪，儒家经生不再研习之后，反而由道士担任。因此，受录除了表明个人受到神祇护佑之外，更有一层庄严的天命之意。

14. 陈国符，《道藏源流考》引《三洞珠囊》卷六。

15. 李丰楙，《魏晋南北朝文士与道教之关系》(台北，政大中文研究所，1978年)。

- 章符及养生道术

道治对于教民的另一种服务就是“上章”与“符术”，具有巫术性的心理治疗功能。据陆修静《道门科略》说："若疾病之人不胜汤药针灸，惟服符饮水，及首生年以来所犯罪过。罪应死者皆为原赦；积疾困病，莫不生全。"按照巫术原则，当人力不能控制的情形下始借助于巫术等超自然方式，陆修静也强调在"不胜汤药针灸"的情况，道民就需赴道治，请祭酒治病。"上章首过"固然为一种宗教性的忏悔，但实具有解除心理疾病的特殊效果，其方法，据《典略》所引："请祷之法，书病人姓名，说服罪之意，作三通：其一上之天，著山上；其一埋之地；其一沉之水，谓之三官手书。"就是将疾病的原因，归诸自己犯过，因此需求上天原宥;《三天内解经》有详细的说明："疾病者但令从年七岁有识以来首谢所犯罪过，立诸诡仪章符，救疗久病、困疾、医所不能治者，归首则差。"将心理潜在的困扰解除，很合乎心理治疗的方法，在心理医学未发达的中古世纪，这是一种宗教性医疗。奉道者家中常置"静室"，可在室中思过、忏悔，净化心灵；有些知识分子也能自己做这种事，梁武帝年轻时就会自己上章。此外，上章也是沟通天人的方法，崔浩曾为父亲疾病，剪爪截发，夜祷北极，这种求"身代"的方法，正是《赤松子章历》所载的北斗祈命术——"祈北斗落死籍，南斗上生名。"上章之后，相信可以转移寿数，这已是一种法术的运用。道士所上的章为古巫术的道教化，有请雨章、请胜章，也有保胎章、立子章，都具有满足心理需要的功能（图三）。

道教本就是寻求延生，甚至长生不老的梦想，为了达到这种梦想，他们精通各种医药及养生术，在上章首过的方法之外，这是更为实际的保命延生的技术。一般对于道士的形象总是与炼丹不可分，而事实上，炼丹的事业只在帝王贵族的资助合作之下，为少数上层阶级制造，而不是普遍性的医疗，因此，这种被视为上品的丹药，只有贵族有机会服食，另外就是道士自己尝试服药尸解。在普遍情形下，反而是中品、下品的石药、本草最与广大中下层的教徒或一般百姓有关。中国本草学史上，六朝时期的葛洪、陶弘景，唐朝的孙思邈，以及宋朝的马志等，都精通本草，而且极有贡献，因为对于植物性草药的药性具有深刻了解，自然可配成各种药方治疗疾病。葛洪曾编成《肘后方》、孙思邈也有《备急千金方》，都是当时民间社会流传实用的医疗手册，大有裨益于民生日用，历史上固然有“儒医”的形象，但另一种道士而兼医家的形象实际上更应予以肯定。因为这些医疗能力，使得道教具有保护民众健康的部分功用，这是官设医疗机构之外的另一种方式。而奉道者也有不少是精于医学的，像东晋前后东郡长平的殷氏家族，在《洞渊神咒经》中神化殷仲堪是瘟疫流行地区的救命使者，自是以殷氏具有高超医术为背景。由此窥知道教在古代民间医疗事业中，实具有不容忽视的地位。

道士另一项与人民健康有关的，就是提供一种较为卫生的生活原则。《汉书·艺文志》中所载的许多养生图籍，几乎全数为道士所吸收、改进，他们对人体的保健有相当深刻的认识：当然，这时期的卫生知识多少还蒙在宗教、巫术的迷雾之中，但无可否认，道教已基于经验科学而有了某种程度的系统化。譬如疾病的来源，古代尚不知有细菌寄生之类，道士根据民间传闻说人的身上有“三尸”——三种危害生命的精怪，因此如何服药防御，成为一些具有宗教色彩的“守庚申”之法。他们对人体最高明的见解，是关于“气”的健身法，运用各类导引、行气的训练，所谓“放松、入静、深呼吸”的气功，达到对身体的控制，借以治疗许多因紧张、不适所产生的生理疾病。这一系列的气功，从六朝前后的食气、调息法，发展到宋元以下流行的内功修炼，越来越精，像全真派的心性修养，兼有心理、生理修炼的优点，绝非只是“炼尸”，而为高层次的养生术。道教在健身健心方面的丰富体验，对于帝王、文士，乃至一般平民，都具有不可抗拒的吸引力，因为如何延长生命实为人生一大课题。魏晋时期曾流行啸法，乃兼具音乐、炼气的养生法，琅玡王氏家族中的王徽之最喜欢在竹林中长啸，就是运用丹田鼓气，训练内在的气能够曼声长啸，它不仅是文士的傲态、逸态，更是一种气功修炼，孙广《啸旨》称为“高柳蝉啸”。所以王氏家族中，王旷一系都较为长寿，确与他们的道术修养有关。唐

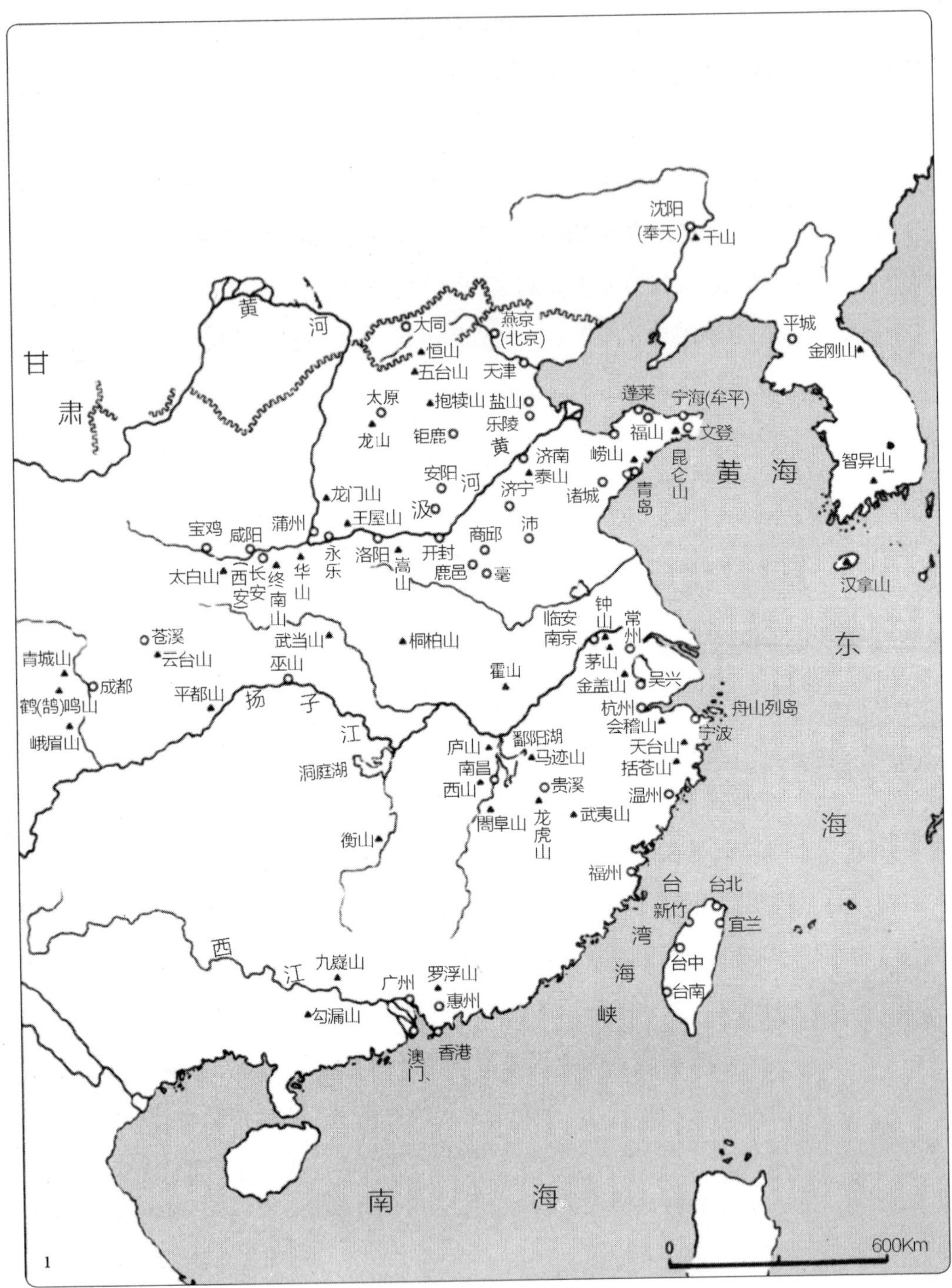

1

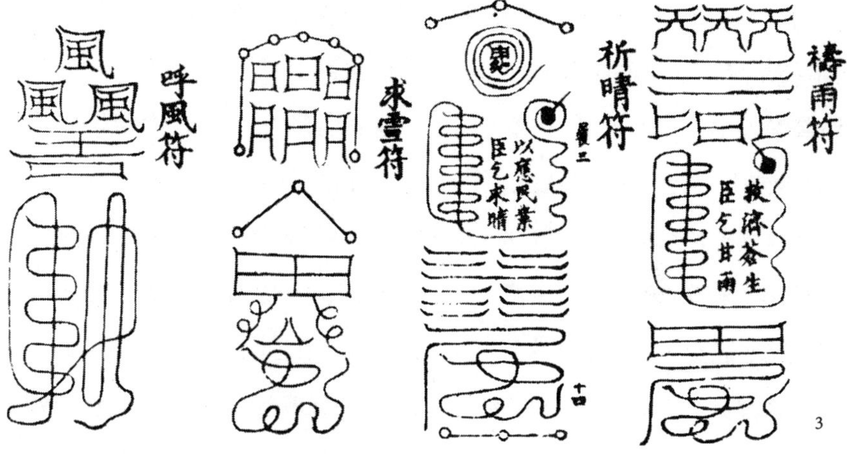

图一 道教关系地图。采自洼德忠撰《道教史》(东京，山川，1977年)。大抵而言，道教发展到近代，其教派已较固定。

图二 三清画像：太清(左)、玉清(中)、上清(右)。采自洼德忠撰《道教史》(东京，山川，1977年)。“太清”又称“道德天尊”，即太上老君，”玉清”为“元始天尊”，“上清”为“灵宝天尊”。“三清”为道教最高神尊。

图三 道教的符箓。采自洼德忠撰《道教史》。符箓是符和箓的合称。符指书写于黄色纸、帛上的笔画屈曲、似字非字、似图非图的符号、图形；箓指记录于诸符间的天神名讳秘文，一般也书写于黄色纸、帛上。道教认为，符箓是天神的文字，是传达天神意旨的符信，用它可以召神劾鬼，降妖镇魔，治病除灾。

代文士王维、李白等都很憧憬这类极具韵味的啸声，成为文学艺术中神秘而美的意象[16]。

16. 李丰楙，《啸的传说及其对文学的影响》，《中国古典小说专集5》（台北，联经，1982年）。

• 岁时节日与生活习俗

道教与民众生活密切相关的还有岁时节日，年中行事本为民众生活的大事，古来相传的重要节日，原本素朴的民俗节目，在道教兴起、佛教输入之后，就成为一错综复杂的日历表，以原有节日为主，配合各种神祇的祭拜，就是一份神诞谱。道教与岁时节日的关系之一，为道教神祇的形成与民众道教诸神相互交流，其中像最高阶位的玉皇大帝——这位被称为元始天尊或金阙玉尊的至上神，俗称天公、玉帝，原本只是天位始创的象征，应无神像，只用墨书神位，以示尊敬。祭告玉帝，本为帝王专利，但后来在道教习惯中，都是普遍化的礼拜，《事物纪原》就载宋真宗亲自到玉清昭应宫奉上“玉皇大帝”圣号；另外典型的道教神祇是由天官、地官、水官合称的“三官大帝”，俗称“三界公”，分别在正月十五日、七月十五日、十月十五日的三元日举行祭拜，有时尚需延请道士诵经，谓之“诵三界经”，而这种习俗可远溯至五斗米道的“三官手书”与“三会日”，当初为简化淫祀，一年三节，较不浪费，后来却成为民间的三个节日而已（图四）。

道教另有一种与节日相配合的，为具有辟邪、保健的生活习惯：早期齐梁之际宗懔所撰《荆楚岁时记》已有道教节目表现在节日中：像正月初一要服食“祛鬼丸”、“敷于散”，葛洪采取写入《抱朴子·杂应篇》：“仙人禁瘟疫法用射鬼丸”，利用服食药物，作为辟邪之用。到道教形成之后，法术思想深入人心，道士的符印都成为辟邪物，像端午节张贴钟馗及张天师画像，正是辟邪的灵威力的表现，用以治恶物。诸如此类习惯充塞于生活中，成为其中的组成分子，它除了具有社会功能之外，更是中国节日的道教情调；而且常有与佛教混合，成为佛道兼具的民间节日：像七月十五，即是佛教盂兰盆之祭，也是中元节，连仪式中也掺杂二教的色彩。

大抵说来，道教的宣化并非十分积极，尤其教团道教以道观为中心，不管是龙虎山的正一教、茅山道派或是全真道，不是以宗教科仪作些斋醮法术，就是着重自己的修真学道。另外道教的产生影响力有时是与民众道教合流，造成一种通俗性信仰的形式，虽然浸渍甚深，但却不具强烈的道教色彩，因此就不易让人觉得道教与民众的密切关系。中国人对于宗教，一向采取较为开放、通融的态度，是日常生活中自然结合在一起的一部分：儒家所提倡的伦理道德可以作为生活中的规范，而一些与岁时节日、生活习惯密切关联的道教成分，也自自然然地被接受；因此宋元以后逐渐发展的三教合一的趋势，虽然丧失原先具有统一意识的道教色彩，但也使得道教在明、清社会中，显得更涵融、更中和、更易为民众接受，所以，固定化时期的道教，从外表看，已失去创教时的生气、活力；但从实质上言，则其与民众生活的关系已经稳定形成，变成固定的生活节目：在节日中到道观祭拜、遵守一些道教的生活习惯之类。这种情形与六朝时期的“累世奉道”，其间自有差别，或许这就是中国人对于宗教的态度，直到外来宗教以强势的文化压力输入，而且强调只有自己的宗教才是唯一的形式时，道教才随同传统文化而有一起隐退的趋势。

道教发展与政治、社会

中国传统的学术文化中，常有“儒家守常，道家达变”的论调，这里的“道家”显然以老庄思想为主，其实还可扩大其含义，兼指“道教”。儒家对于正常的、上轨道的社会，维护其道德规范、人伦大秩，确实具有相当稳定的力量；而道教在较为安定的社会中，常与帝王贵族合作，成为追求长生的梦想家——帮助帝王祈请“国泰民安”、或调制长生不老之药；而道士自己也勉力追求现世的利益——永生之梦，这是在太平盛世或帝王严密控制的情形下，道教扮演的角色。但是处于变动、非常的情势之下，道教与老庄道家一样，充分发挥其达变的能力——

追求生命不朽的梦幻之外，更积极追求和谐安乐的乐土。因此，下面将分析说明道教在中国历史中，对于政治、社会的关系。

• 道教的政治理念与行动

道教对于安乐和谐社会的追求，乃是结合乐园神话、太平符应与五行运转的历史哲学所形成的政治理念，作为政治行动的指导原则。道教对于乐园的向往，不只是个人生命的永生，而且是集体的理想与愿望；也不只是缥缈云海的仙境，而且是落实在现世的乐土意愿，因此遭逢乱世，就会产生积极的行动。太平符应属于两汉流行的应数主运、五行运转的观念，相信历史循着周期具有轮转的现象，这是机械的历史观，以命定性、必然性解释朝代的兴替，道教初起就是以《太平经》为指导，号召“苍天已死，黄天当立”的太平符应，认定旧朝代必将为一新朝代所代替；这种思想配合着真主降世的预言性讯息流传，就是“木子弓口，应谶当王”的符应。六朝时期预言“李弘”应连为王的太平讯息，对于乱世百姓深具政治号召作用[17]；宋朝以下，食菜事魔所号召的“明王当出”，采用秘密宗教的形式继续类似的真主转世的思想，都是中国宗教与政治具有密切关系的传统。

17. 砂山稔，《李弘かち寇谦之へ》，《集刊东洋学》（日本，1976年）。

18. 陈寅恪，《崔浩与寇谦之》，《陈寅恪先生论文集》（台北，九思，1977年）。

道教的理想就是三张选择汉中，建立宗教王国，虽只有二十余年，却是而后天师道的政治理想。所以寇谦之自己在幻觉状态中觉得太上老君授予《云中音诵新科之诫》后，积极说服崔浩，尊北魏太武帝成为“真君”，而想将北魏臣民中的“种民”精选出来，建立一个另一形式的宗教王国。寇谦之与崔浩的政治理念，符合道教的真君治国的传统[18]。最能具体表现其达变精神的，就是李唐创业的政治神话，《大唐创业起居注》不讳言利用图纬。当时的楼观道士岐晖曾预言“当有老君子孙治世，此后吾教大兴”，就是寄望于太原李氏，因此高祖起义，岐晖宣称：“此真君来也，必平定四方矣。”又以观中资粮补结、派遣道士接应[19]。这些传说虽不为《实录》所备载，但充分表明其政治参与的心态。这种受命之符一再在历史舞台上重演，主演者都缺不了道士的角色：像宋朝太祖受命、太宗应帝命，都为了解释陈桥兵变与继兄即位的政治阴谋；至于真宗为“天尊转世”，而末代帝王徽宗也是东华帝君降世，无一不是政治神话。道士在这些历史闹剧中，扮演预言者、先知者的形象，而政治野心家也公然扮演应命受符的真命天子，堂皇演出，毫不愧怍，其间关系的奥妙，只有从道教的政治性格加以解释。

19. 笔者将另撰《道教图识传统与唐宋创业神话》。

• 道教斋醮与历代帝王

在太平盛世，道教成为帝王御用的一项工具，它所实施的宗教性职务就是祈安大醮，为国家祈求风调雨顺；也为地域性的不祥，举行祓禳的斋醮。大概道教形成以前，国家的宗教性节目，本应由儒生担任，但儒家之徒不屑、也不精于主持，只得由方士、道士接替其大部分工作，这倒是与古代大巫、巫祝集团的传统相互衔接。根据史科，南朝的陆修静在整备科仪之后，已有为国祈福的醮仪；而北朝的寇谦之更以壮丽的道坛，为崇道的帝王祈求国家的福祥。这是道士为国祈安醮仪的开始，到唐代才成为固定的节目。

唐代官设道观，也郑重其事地筹办斋醮，当时各州官立的道观，官员仅依千秋节及三元行道设斋之制，依例到观行香，为地方、为帝国祈安求福。《大唐六典》中有许多规定的斋醮，其中的“金录大斋”就是为帝王祈福。其原意只是一种仪节，然一旦不能善加节制，就成为一种浪费：像敬宗信奉赵归真，常幸太清宫；武宗更于宫中修金录道场，亲由赵归真受法录，实在是基于为帝王自己祈福的私心；尤其唐末，更有高骈任用道士大建道院、举行斋醮，最后因劳民伤财，引起一场变乱。可见斋醮的耗费，早已逾越原本为帝王祈福的用意，反而加速其罹祸。唐朝道士参与国家大典，最明显的还有高宗封禅，本应属儒家典礼，却建筑舞鹤、庆云诸台，祈求升仙，又重演汉武帝命方士参与封禅的故事。

道教利用斋醮为国为帝王祈福，从而获得帝王庇护，金元新道教较不喜此套外，宋朝、明朝多乐此不疲，尤其崇道君王更刺激道士筹设排场盛壮的道场，举行繁复的斋醮。宋初道士为太宗制造政治神话，而假托神告，有结坛九法；真宗更演出建黄录道场，天书下降的神迹。徽宗更在建筑宏丽道观之外，制定礼乐，铸造九鼎，举行铺张的祈天大醮，但终究不能挽回"天意"。明朝也是崇道礼佛的朝代，土木与斋醮并行，几乎每帝都有崇道事迹：成祖重建武当山宫观，道士二百人，良田二百七十七顷；宣宗在皇城西北建朝太宫，还御制诗文勒碑记事。英宗、代宗两朝，国家安定，朝野宴安，道教势力渐盛；因英宗常遇疾，就"常建设斋醮，令百官赴坛行礼"，属于祈福大醮，成为明代惯习。代宗颇好斋醮，也是想借此徼福消厄；后来的宪宗、孝宗都不例外，甚至引起群臣交相疏谏，而无大效果。至于世宗更为极端：每一斋醮，营建前"采木、采香、采珠玉宝石，吏民奔命不暇，用黄金、蜡至三十余万斤"。所以当时朝臣进谏其靡费情形，"蔬食之费，为钱万有八千。"[20] 人力物力耗费甚巨，实在大失道教为国为君祈安求福之意。这种靡费在帝王资助下出现，使得道教在历史上被列为助纣为虐的殷鉴。

20. 杨启樵，《明代诸帝之崇尚方术及其影响》，《新亚学报》，第四期（香港，1962 年），引《明史·食货志》及《郑一鹏传》。

其实，道教的斋醮、上章，原与古巫实行巫术一样，具有满足心理与社会需要的功能。在天灾人祸之后，由道士集团替代古巫祝，主持一些具有驱邪、洁净意义的醮仪，借以抚慰死者、振奋生者；或借以怀德报恩，敬谢天地、祖考，其精神与"礼"的本意并不违背，只缘帝王矜夸、铺张，又出诸私心，祈求一己的康泰，才引起朝臣，尤其是儒家之徒以大义相责；而一些浅陋道士也成为助纣为虐者。一般情形，道教几乎包办了大部分祈祥祓厄的仪式，大至地域性的祈安大醮，小至个人红、白诸事，都由道士搭建道坛，再由道士集团诵经祈请，成为民间节日中的重要项目；至于丧礼等，儒家相礼之人与道士混合，道教更扮演重要角色，实具有举足轻重的地位。

• 隐逸达变的高道风范

道教对于社会风气也颇具有正面的影响，就是一些高道所建立的形象。道教新创本就承袭道家、隐士的隐逸传统，因此修真学道者最初都选择山林幽隐之处，构筑静室，冥合自然，实为隐逸精神的一种转化；后来道观也常设于山林幽胜之处，成为读书人读书养静的理想所在。所以高道的标准，常是品德高超、见识渊博，具有宽宏的度量，不斤斤于与儒、释争高低位次，而致力于提振道门风范，具有不为名利威逼、诱惑的道行，出则为救度世人的济世者，隐则为天性得全的活神仙。高道与恶道自是不同，也与一些凡庸的道士有异，道教之能为帝王崇敬、为文士接纳，实有赖于他们高洁的形象。

道教史上的高道风范，初立于六朝，生逢乱世，不少世族子弟成为奉道者或道士：像吴郡吴县的陆修静就是江东四姓之后，而其学养道行自然高卓；像钱塘杜氏的杜京产，就是《南齐书·高逸传》中人，他就是主持杜治的杜子恭之裔。类似的高道，对于知识分子具有神秘的吸引力，所以当时世家大族累世奉道的比例极高，诸如琅玡王氏、陈郡阳夏谢氏、长兴武康沈氏、会稽山阴孔氏、高平金乡郗氏、东郡长平殷氏、泰山南阳羊氏、义兴阳羡周氏、庐江陶氏、范阳琢郡卢氏、清河崔氏……其中多有数支为奉道世家，这些文士奉道之后，在思想、行为中表现道教色彩，实则因于道教自有迷人之处：像王羲之常与道士许迈往来，登山采药；而陶淡喜好仙道，在长沙临湖山中结庐隐居[21]。因为“儒家守常，道家达变，佛家治心”，在仕隐之际有所彷徨抉择时，高道幽隐成为一种理想的向往。

六朝时期道教与文士的关系，几乎也成为隋唐以后文士对道教的同一态度，只是对于法术部分有较清醒的认识。大多是依据神仙所形

21. 李丰楙，《魏晋南北朝文士与道教之关系》。

成的浪漫想象，或者由高道、道观、修真等所形成的自由联想，当作一种科举之外的韬隐象征而已。像唐期诗人王维曾隐于劳山，修习养生；而李白也广与道侣交往，遨游名山，大多基于文人对道教的一种浪漫情绪；而唐朝高道，学问精粹，言谈高逸，又颇能诗文，加以修炼丹道的神秘性，确有吸引文士的魅力。

宋元以后，新道教再度出发，无论是全真道、真大道、太一教，或原有茅山道，及由正一教衍生的玄教等，适逢汉文化沦陷于异族统制之下，新道教因缘际会，颇得金、元帝室的宠信，其中高道如全真道的丘处机、太一教的李居寿、真大道的张清志，以及正一教派的张留孙、吴全节等，几乎世代相传的都是德行俱高的高道。他们能不为名利所惑，因此不致引起金、元帝王、贵族的惊疑，真是以德服人；而且广与文士来往，借机保护汉文化；对于释家也能择优吸收，尤其对儒家经典敬奉有加，而有三教合一的趋势。新道教的教主，大多能排除其较为迷信的成分，而着重心性的修养，使新道教从本质上作进一步的“清整”，造成较为精纯的道教组织与神学思想，而乐于交往的文士也对它深致敬意，留下许多高道嘉言懿行的记录[22]。

22. 袁冀，《元史论丛》（台北，联经，1978年）；孙克宽，《元代道教之发展》，及《元代汉文化之活动》（台北，中华，1968年）。

- 道教戒规与通俗道德

道教对于伦理道德的维护，出之以宗教形式，强调积善消恶的观念，对于民间社会的伦理秩序，自有它的功能。但早期道教的一些道德性禁制，是作为修真者的行为规范，将前道教时期通俗的司中、司命等星辰信仰，与三尸信仰结合：《云笈七签》卷八十一有三尸三恶门之说，三尸指青姑、白姑、血尸，能使人致命，又能上天言过。而人的寿数就依其善恶行为，加以增算、夺算，这就是天算说，为原始的积善消恶说，积善增算，才能学仙。

《道藏》中有各种修真的斋戒，无非造成行为上的禁制；所谓十戒、初真十戒、灵宝戒，或老君说一百八十戒等，这些戒规应与佛教的戒律有关。后来道教各道派因为道门规矩不同，产生不同形式的规律。天师道系、茅山道系、全真道系都自有遵行的斋戒，其中全真教团的清规，规仿佛教而设置，可能创于南宋时的“重阳帝君责罚榜”，若与《百丈清规》参看，就可了解其关系。例如较晚的道光年间闵小良的《清规元妙》，就包括道士的起居进退、礼仪规范、待人接物等规定，这些道教戒规使道士需遵守一些有形的规律；至于内心需奉守的清规，更是高道风范的形成所必备。道教内部的生活规律一直流传、增订，近人以北平白云观、东岳庙为对象作田野调查，对全真系、天师系的遗规加以研究，不得不承认道士教团因在这些规约下，仍能维持颇为严肃的生活[23]。

道教通俗的伦理观念，宋以后已逐渐出现司命、司过、北斗、竈神、土地神等监视人类行为的正神；新道教中像太一教对于人伦实践的标榜，希望借此挽救世道，正是一种通俗化的儒家伦理；而三教合一之局形成后，就是功过格（图五）、劝善书的流传，成为民众道教的经典。最古的劝善书——《太上感应篇》，宋时已行世；到明代大量制作：诸如《关圣帝君觉世真经》、《文昌帝君阴骘文》之类；清代翻刻的劝善书，像乾隆时周心耕刻的《敬信录》之类，将劝善观念普及，与其说是儒家教条，不如说是结合三教的通俗德目，而且颇有学者加入：明中叶以后，林兆恩遍设三教堂、袁黄编写《了凡四训》，都是儒、释与道教交融，采道教形式宣扬一些通俗性伦理道德，它们的价值确实值得珍视[24]。

23. 吉冈义丰，《道教の实态》（京都，朋友书店，1975 年）。

24. 柳存仁，《明儒与道教》、《王阳明与道教》，《和风堂读书记》（香港，龙门，1977 年），上册。

道教发展与科学文明

道教发展的过程固然被封锁于宗教的迷雾中，但却也带引出一些早期科学的光芒。道教中人承袭道家对于自然的观察、方士对于术数的爱好，发展出中国的拟科学：诸如对丹药的烧炼、对历法的演算，都具有极为可喜的成就，英人李约瑟就给予道教极高的评价。科学的发展有些固然为民间百工技艺长期累积的经验的结晶，但道士能够以极专注的精神去探索宇宙的神秘、生命的奥秘，则为一种近乎专业化的态度。只有对一切神秘现象敢于去追究、去尝试控制，才有机会揭开其神秘；道教在这方面比儒家及中国佛教要积极些，因此其成就也比较可观。像葛洪就在儒家典籍之外，广泛涉猎天文历算等杂学，还敢以其特长质问一些迂腐拘方的儒生，除了五经之外，拙于宇宙现象，道士可说是探索神秘的能手。

道士对于一些庞杂事物的知识与实际的试验，有些固可独力进行，但大部分需赖帝王贵族的协助，所以科学成就常融入李约瑟所谓的“大传统”中，对一般道士而言，这是不得已的，炼丹就是最好的例证；另有些则为王权时代的特殊限制，需与帝王合作才能顺利进行研究，历法就是其中显例。另外一种与科学、艺术相关的，为道教的建筑，道士固然也可由信徒奉献自己兴建，但其庞大的经费，与帝王的宗教管理政策，势非由帝王贵族敕建，否则不能堂堂皇皇地完成。因此，论述道教的科学成就，不能不与帝王的参与合并说明。

• 炼丹的化学成就

炼丹、炼金为道士对长生药的实验，他们所需要的药物有丹砂、水银、雄黄、矾石、戎盐、赤石脂、滑石、胡粉、曾青等，表现出道士综合冶炼工作的许多经验。他们希望通过人为方式制造黄金、灵丹，所谓炼金术、炼丹术成为道士秘传的特殊技术。道士在长期的实验中深切了解炼丹的许多特性：譬如矿石的来源及其成分，炼丹的丹炉等设备，以及炼丹过程的众多资财、精力，而这些物质与精神均非一般道士所能完全具备，只有与帝王贵族合作。葛洪就慨叹自己空有炼丹的秘籍，而苦无资财实际从事。因此历代炼丹几乎都与帝室结合，当然，帝王贵族也奢望借此获得长生。

道教形成以前，汉武帝信赖李少君等方士，淮南王刘安也供养方士集团，提供炼丹所需药物，从事长生的追求；道教成立之后，从六朝至明炼丹的实验不绝如缕，尤其是唐代诸帝，都不懈地希冀炼丹成仙：梁武帝资助衡山道士邓郁之及茅山陶弘景炼“九转神丹”；魏太祖道武帝令曹谧合药，世祖太武帝遣方士韦文秀与尚书崔颐合丹，高祖孝文帝命徐謇合丹；北齐文宣帝令张远游与诸术士合九转金丹。唐代炼丹术在帝王和道教双重势力结合下得到进一步发展：高宗召方士百余人“化黄金，治丹法”；玄宗召张果，又召道士孙甄生、罗思远、姜抚等进行炼丹。这些风行一代的炼丹活动，直至五代仍延续不绝。以现代化学眼光来观察，丹家所炼金石之药，主要为汞、铅、砷（雄、雌黄为砷的化合物）的化合物，会溶解出强烈的毒性。因此，唐代帝王像太宗、宪宗、穆宗、敬宗、武宗、宣宗都服丹药而致死；朝中大臣如杜伏威、李道古、李抱真，以及归登、李虚中、孟简、李千等也是服食毙命[25]。其他服食丹药的贵族，广见于诗文集或出土文物中[26]。服食风尚的盛行可与《道藏》中所收炼丹书籍相互参证：像孙思邈、孟诜、陈少微、张果，以及楚泽先生一类化名、佚名道士，都留存不少炼丹籍笈，都是从丹房中所获得的体验，希冀寻获不死的丹药[27]。

这种炼丹事业历经惨痛的教训，证明是一种无效的美梦，因此新道教产生之后，逐渐发展内丹的修炼。宋代诸帝较少服食的记录，而多从事斋醮以祈福；金元时期，丘处机西游，面谒成吉思汗，就明告他：无所谓仙药，但可以清心寡欲地修炼，因为新道教较重心性的修养，而较不从事繁琐的炼丹。但这种炼丹与医药本不能细分，道士常将丹药视为长生的上药，而一些仙药有时还兼具房中秘药性质；所以明代诸帝又有服食的传统：太祖、成祖、仁宗、宪宗、孝宗、世宗、光宗、熹宗等都有史传为证。大多因病患或体弱：

25. 张子高，《中国古代化学史》（香港，1977年）引赵翼《廿二史札记》、李季可《松窗百说》。

26. 耿鉴庭，《西安南郊唐代窖藏里的医药文物》，《文物》（1972年）。

27. 山田庆儿，《中世の自然观》、吉田光邦，《中世の化学と仙术》，均见《中国中世科学技术史の研究》（日本，角川，1963年）。

像世宗荏弱多病；光宗更体弱，在位仅一月，就因食红铅之药，加速其死亡；另外更多因荒于女色，寻求滋补，兼及房中秘药之用：仁宗因荒淫而患阴症，宪宗尤好色多欲，乃乞灵于邪术、丹药；至于世宗不信全真道士而远求邵元节、陶仲文一类道士，大献红铅、秋石等媚药，纯为淫欲之用[28]。大概帝王后宫荒淫、又奢求长生，而无行道士刚好满足其虚幻的欲望，这是一种错误的发展。

28. 杨启樵，《明代诸帝之崇尚方术及其影响》。

炼丹道士在长期实验中，固然没有完成梦想的长生药，却另有贡献：像火药的发现，就是在丹房中操作矿石烧炼的一大发现，宋代利用火药抗金、元，常有道士与兵家合作的记录。而炼丹术经阿拉伯西传，成为西欧的炼金术，促成其近代化学的发展。在中国丹药一向被视为本草学中的上药，但因其毒性已引起医家的警戒，所以李时珍撰《本草纲目》时已明确强调金石药的不可服食。而一些恶道或以此秘术制作假金、或大献媚药，却不能在已有的基础上作进一步的探索，这也是道教发展至近世会急遽没落的原因之一。

• 历法的参与推算

历算在道教形成以前，本就是巫史的专长，它原先应该是基于日用民生有关的一种实用技术，但也掺杂着宗教神秘：对于天象观测，牵连于人事的休咎，成为两汉流行的征异说，儒家之徒想借天上的星象，当作政治措施的示警信号；道教成立之后，史官仍兼有这种职务，而道士也分担其中一部分，成为观天象、测气数的预言家。但是较为科学的历算，应该是历法、算学等结合的一种拟科学，道士因他们观测天文的心得，常在历法的推算方面也有卓越的贡献。

南北朝时期的历算之学，南朝历家较少道教色彩，北朝历家则多为道教中人，其间又与印度佛教输入之后的历算知识有密切关系。北魏殷绍曾上“四序堪舆”，成公兴介绍他从释昙影学，昙影又介绍他从法穆学，成公兴就是曾秘密帮助寇谦之推算及介绍修炼道法的神秘人物。另外与寇谦之合作推行道教的崔浩，曾编“五寅元历”，为北魏历法。到北周，又有张宾，也具道士身份，曾编“开皇历”。唐代道士李淳风更精于历算，校订过《算经十书》——今存的颇多完成于六朝，又撰成《麟德历》；他的父亲李播，也是道士，在隋末唐初撰《天文大象赋》，叙述天上的星座，可谓家学渊源[29]。

道士对于天文学的贡献，除了实际推算天上星宿与编成实用的历法之外，还有一些阐述宇宙论的观念值得注意：在葛洪的《抱朴子》中提到自地以上四十里，有所谓“刚气”；李淳风也相信宇宙中积气的概念，因为气的存在，使天上星球独立悬空，而不附丽于其他任何物体。因此他们也是有无限时空的世界观，唐代一本隐名为《无能子》的书，也有类似的说法。所以葛洪、李淳风的宇宙论，都属于宣夜说系统[30]。

29. 薮内清，《中世科学技术史の展望》，《中国中世科学技术史の研究》。

30. 李约瑟，《中国之科学与文明》，中译本第五册（台北，商务，1975 年）。

道教的宇宙论对于新儒学颇有影响，张载就特别注意宇宙论的原理：说到太虚无体，表述了无限空间里运动着的物质普遍存在的思想；宋代理学家像朱熹、邵雍等都注意宇宙形成的问题，而这些在原儒中是较少论述的。唐代道士大多知识渊博，像李筌、施肩吾都对理学有影响，而陈抟的道友谭峭著有《化书》，对于宇宙本体及其生成过程极有见解，凡此都可看出道士冥思宇宙，见解独到，使宋代理学在形上思想产生新的突破。

- 道观的兴建及其建筑风格

道观为道教崇祀的所在，由简陋而华丽，也意味着道教的发展完成。道观形制并非一成不变，乃是中国明堂的传统形式，间受佛教寺院影响，然大体以传统宫殿的木构形式为基型，适度变化而成，通称宫、观，与佛教使用寺、庵等名称有别。宫观建筑结合壁画、雕像，成为道教艺术的综合表现。

道观的兴建在历代宗教政策中，多由帝王敕建，或由贵族舍宅兴建。其实早期的道治只是修真的茅屋、瓦屋形制，私家静室更为简陋，一般山居修道，常住山洞，在洞旁筑有馆舍，也以精洁适用为宜，魏晋时期大多这样，称为馆、精舍，或称庐等。至南北朝，开始有帝王建道馆、道观的事：南朝则刘宋明帝替陆修静设崇虚馆、通仙台，齐武帝有兴世馆，由孙游岳主持；北朝则北魏太武帝在平城东南建五重坛为天师道场，其后所建大规模建筑为大道坛庙，其标准形制乃以古明堂为模样，另一座静轮宫则为甚高的台榭式样；北周时也有帝王敕建的通道观、玄都观。因为道馆、宫观的建筑，以中国古代明堂或台榭式样为模型，具有高广的阶基，采木构形式，其规模非一般道士所能胜任，例需帝室资助，始能大功告成[31]。

31. 梁思成，《中国建筑史》（台北，明文，1981 年）。

唐世帝王崇道，兴建道观，与崇祀李姓的老子有关，而且按规定州置一观，观的名称也都统一，一律以宫为名，像崇道的玄宗，天宝三年“改西京玄元庙为太清宫、东京为太微宫，天下诸郡为紫极宫”，还在宫殿中建老君殿，奉玉石老君像。但唐代道观的建筑比佛教寺院，无论规模、式样都不能相提并论；直到宋代，才因好道君王而大修道观于国内：从太祖开始，将后周的太清观改名建隆观，也将扬州行宫改为建隆观；太宗则始建上清太平宫，属区域宽广的形式；真宗时营建最多，也渐侈丽，以建隆观增建为玉清照应宫，规模宏大，制作巧丽，历时七年，为北宋最精美的宫观建筑；又诏令天下州府皆建道观一所，全名为天庆观。仁宗时，玉清照应宫因雷雨失火，修复两殿，改名万寿观；至徽宗时，为道士林灵素所惑，作上清宝录宫，并改建玉清和阳宫为玉清神霄宫。

徽宗因夙具审美爱好，又好大喜功，因此所建宫观最为崇丽，为天下道观之冠；所需材料、人力的供应量当然也都极庞大。帝王因私心好道或为道士所惑，将国力花费于这类建筑，早在欧阳修时就有“上仁宗论京师土木营费”疏，谏诤皇帝勿作浪费。因宫观与其他中国建筑都采木构，极易失火，疏中说：“足见天厌土木之华侈，为陛下惜国力民财。”[32]可见像林灵素等一类恶道，乃至居于宫观的平庸道士借此享受，而不事清修，实在已大失道教修真的原意。金元时，因宋末兵乱，许多宫观都焚于兵燹，像玉清照应宫于金人陷汴京时全焚，建隆观也焚于金兵之手，上清宝录宫也遭同一命运，所以这些号称壮丽的道教建筑都未能流传下来，只有从文献资料去揣摩、想象。

宋元新道教，主持者多为高道，较不耗费于道观的增建。在当时，新道教颇受金、元帝王的礼遇，也曾由帝王改建过道观，其中最具代表性的为北京的白云观，唐时名天长观，金代叫太极宫，元世祖时丘处机安养于此，才扩建改名为长春宫（白云观为民初所改），为北方道教的中心。另外山西省永济县永乐镇贤人村有永乐宫，也在元朝改建——原建于唐，宋代称为吕祖观，元世祖中统三年重建完成，称为大纯阳万寿宫，奉事吕纯阳，其壁画显示吕洞宾一生仙游显化神迹，及全真七祖修仙传道故事，极为有名，其建筑也采木构，为中国传统式样[33]（图六）。

明朝崇道帝王广建道观，虽不如寺院之多，但其规模体制也极为可观：明初因太祖害怕类似明教的宗教活动，敕令各府州县，只留存大观一所；到成祖时，因道士参与策划皇位的取得，而渐与羽流来往，并在武当山大建宫观，赐名太岳太和山，据《实录》所载：“天柱峰顶，冶铜为殿，饰以黄金，范真武像于中，选道士二百人供洒扫，给田二百七十七顷，并耕户以赡之。”玄武宫殿的宏丽，被认为是“竭两朝物力”，确是巨构[34]。其后较著名的有宣宗在皇城西北建朝太宫：有三清殿，以奉上清、太清、玉清；通明殿以奉上帝；又有九殿，奉祀诸神。神宗也因优礼羽士，都城之内，“寺观丹碧荧煌”，明朝帝王扩建道观，太监也为祈福建观，他们的动机多为增加自己的福佑，而耗费国力极为惊人。道观、寺院的建筑，据说宪宗成化（1465—1487年）年间，只京城之内已有六百三十九所，其他遍布于山涯水际，更不可胜数。明代宫观又极考

32. 梁思成，《中国建筑史》引李濂，《汴京遗迹志》。

33. 黄大松，《中国建筑史》（台北，中国电机技术，1977年）。

34. 杨启樵，《明代诸帝之崇尚方术及其影响》。

4

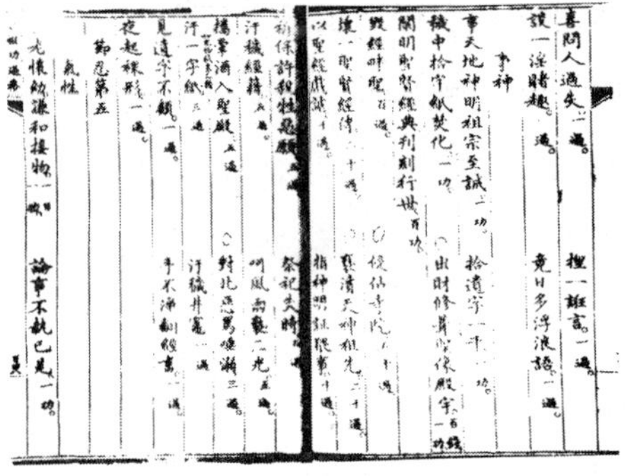

喜聞人過失 二過。 捏一謊言 一過。
談一淫褻 一過。 竟日多浮浪語 一過。
事神
事天地神明祖宗至誠 二功。 拾遺字一千 一功。
穢中拾字紙焚化 一功。 ○出財修葺佛像殿宇 百錢一功
闡明聖賢經典刊刻行世 百功
毀經呪 百過。 ○侵佔寺院 五十過
壞一聖賢經傳 十過。 褻瀆天神祖先 二十過
以聖經戲謔 十過。 指神明証誓 十過。
汙穢經籍 五過。 呵風罵雨 五過。
攜葷酒入聖殿 五過 ○對北惡罵嘍溺 三過。
汙一字紙 三過 汙穢井竈 一過
見遺字不顧 一過。 手不淨翻經書 一過
夜起裸形 一過。
節忌第五
氣性
尤懷飭謙和接物 一日一功 論事不執己見 一功。

5

所怒任意責人 二過 無罪懲責 二過
上司怒人明知其枉不救 一過 派定成案不為開脫 隨事算過
考校不公阻抑孤寒 一名一過 不禁宰牛 一牛一過
輕用民力 一事一過 濫准詞狀 一紙一過
水利
濬渠修堤灌溉民田 每頃十功 反此論過 修築河防務期堅固 有功 反此論過
大興水利多方開墾化瘠土為沃壤足國裕民 千功 反此論罰
河道險要修防得法實心實力俾民永慶安瀾 無算功 反此論過

年 月
照此格式刊刷十二張訂成一本為一年每月一張有閏月加一張

初一日	功	過	十六日 功	過
初二日	功	過	十七日 功	過
初三日	功	過	十八日 功	過
初四日	功	過	十九日 功	過
初五日	功	過	二十日 功	過
初六日	功	過	二十一日 功	過
初七日	功	過	二十二日 功	過
初八日	功	過	二十三日 功	過
初九日	功	過	二十四日 功	過

图四 北周天和三年铭道教三尊石像。采自李方中编《用眼睛看的中国历史》。（台北，牧童，1976 年）

图五《功过格》"事神"之项《功过格》计入栏。指道士逐日登记行为善恶以自勉自省的簿格，奉行者每夜自省，将每天行为对照相关项目，给各善行打上正分，恶行打上负分。

图六 永乐宫及其壁画。永乐宫全景（上）、永乐宫三清殿的道教群神像 （右）永乐宫重阳殿的壁画——王重阳的诞生（左下）。采自李方中编《用眼睛看的中国历史》（台北，牧童，1976 年）。永乐宫又名大纯阳万寿宫，属全国重点文物保护单位，位于山西省芮城县城北3 公里的龙泉村东侧。永乐宫始建于元代，施工期前后共110 多年，才建成了这个规格宏大的道教宫殿式建筑群。

究，对于建筑艺术而言固是可喜，而对国力的蠹损，却让有识者忧。

道教文化与文学艺术

道教文化表现在文学艺术之上，形成别具风格的道教艺术：诗歌或叙事文学、斋醮中的道教音乐，以及道观的建筑、绘画与雕塑。在口头传播或文字记录的文学形式中，将通俗性的道教传说，以极具趣味性的笔调传述，尤其经由文士艺术性处理之后，道教文学更为中国社会所乐于传诵。至于道乐、道观，多与帝王贵族有密切关系，帝王敕建道观，为花费颇巨的土木建设，但也为中国的建筑艺术中增添灿烂夺目的一页；盛壮醮仪中的道乐，也演变为中国音乐中最具宗教色彩的音乐。这些都是中国艺术中的宝藏，也是道教对于文化的一大贡献。

- 文学中的仙道主题

文学中表现的道教主题：约有仙境游历、度脱成仙、试炼指点、法术除妖及创业启示等，前三者与修真成仙的经验有关，后两项一为道教法术思想、一为政治神话的制造[35]。法术除妖乃道教将原始巫术吸收，精纯化为道教法术，道教法物中如镜、剑以及符咒等，基于巫术原则都能产生灵威之力：刀剑传达凶物的灵威之力，铜镜具有照明的联想，象征一种洞彻万物真相的灵力；或据文字语言的奇异声调，反复诵念所造成的集中精神效果，都是依据巫术性思考原理，产生超自然力，借以克制超自然世界中的精灵鬼怪。

35. 李丰楙，《不死之探求——道教信仰的介绍与分析》，载本书页126—167。

六朝志怪中开始出现道教法术除妖的情节，民间社会所惊惧的精怪，道士恰好替代古巫的身份，形成除妖形象，持用宝镜照出妖怪原形，予以灭绝；或直接持用宝剑，发挥剑的嗜血杀人性格，杀害精怪。诸如此类传说长期流传，产生两篇最具代表性的除妖小说：一为唐人王度的《古镜记》，以王度持传家之宝——宝镜，遍历山河，斩杀精怪，为六朝除妖传说的集大成[36]。另一篇以人为中心的传说，则为净明忠孝道形成过程中的许真君，率领众弟子镇妖除妖，为以豫章地区为场景，热热闹闹杀除各种精怪的大表演，尤其大斩蛟龙，更是变化莫测，翻江倒海，极尽幻怪的能事，《警世通言》所收《旌阳宫铁树镇妖》为其集大成，而竹溪散人邓氏编的《许旌阳得道擒蛟铁树记》[37]，更是明人感兴趣的话本，为道教除妖传说的典型。

36. 李丰楙，《六朝镜剑传说与道教法术思想》，《中国古典小说研究专集2》（台北，联经，1980年），页1—28。

37. 笔者将另撰《许逊除妖传说的形成及其衍变》。

道士在中国社会的形象，常是腰佩宝剑、手持宝镜、口诵真言出现在历史的舞台上，显示道教不仅是一种荒诞的传说或俗信而已；而是在长远的时间中承继古代巫师的驱邪能力，以更有组织的方式，出现在醮仪中；或在阴暗的历史角落里，抚慰人类惊惧超自然力的情绪，让他们获得安全、宁静；同时也在除妖行动中获得象征性灭除恶势力的快慰之感，这就是道教除妖传说所发挥的社会功能。

道士另一种形象，就是在创业神话中扮演着预言者、启示者的角色，它们分别出现在《虬髯客传》与《陈希夷四辞朝命》（《古今小说》，杂剧则有《西华山陈抟高卧》）中，其中的道士都参与制造政治神话，一在唐一在宋。杜光庭所辑《神仙感遇传》也记录另一版本的传说，大概是唐太宗取得帝位后有意造成的神话：其中除了要强调李姓当王——以李密为辅，而太原李氏为主，反映李弘当王的图纬在当时起义者中具有相当影响力；更重要的是画龙点睛式的突现李世民乃是真命天子的形象，而这种政治神话却是通过影射李密的虬髯客的观点来叙述，其中最具点睛技巧的是道士担任指点者的角色，整篇脉络中，经此一点醒，道教在创业神话中的重要性昭然若揭。另一出重演的闹剧为陈抟启示赵宋必得天下，又参与嗣君的选任，利用社会流传的天命、气数等思想，巩固政权。

明清说部总集宋元以来的资料，而道教的神仙也在不同的演义中成为指引迷津的角色：像《水浒传》中九天玄女指示宋江、馈赠天书的神话，九天玄女在唐朝已经流行，建庙崇祀，它应是道教中西王母的一种分化，担任传达天意的角色。有时传达天意也可直接由道士居间传达，因为在中国的叙事文学中，具有“智慧老人”的原型（Archetype），总是由方外高人承担，高僧或高道都是理想人物，而道教更以其神异性格担任更多指点迷津的启示者身份。就人生情境与社会情境言，道士在此被理想化，甚至连孔明等内儒外法人物也在《三国演义》中身穿道袍出现在舞台上，这是道士在历史分合的轮替中，最易被塑造出来的形象。

大抵民间流传的各种叙事文学，随着道教在历史中的衍变，出现不同的道教色彩：《水浒传》反映金元全真道的思想，《封神榜》则为明代三教合一思想的形象化；这些错综复杂而又充满趣味的小说，成为民间社会对道教的了解方式，虽嫌浅陋，但却是普及而深入的庶民文化的特色。

- 道教音乐与俗曲

道教音乐以步虚系统，及由此产生的道情为代表：步虚声在道教斋仪中使用，常一实字而虚声吟咏，边绕香炉边唱咏，乃模拟升天的动作，也就是上升玉京山的道乐。这种音乐可能与梵咏有关，当时为灵宝派所创用，现存《道藏》中有《洞玄灵宝玉京步虚经》与《玄都大献经》相表里，就是《太上洞玄灵宝中元玉京玄都大献经》，为隋以前古道经，步虚词虽与游仙诗有关，但道教色彩极浓，也间受佛教影响：

稽首礼太上，烧香归虚无。流明随我回，法轮亦三周。玄元四大兴，灵庆及王侯。

七祖生天堂，煌煌耀景敷。萧歌观大汉，天乐适我娱。齐馨无上德，下仙不与俦。

妙想明玄觉，诜诜巡虚游。（步虚第一）

借烧香升腾的象征，玄想升虚的幻境，正是歌咏玉京山的最高仙境的景象，反复诵咏，缥缈虚空，极富道教情调，所以庾信曾模仿其风格，写作《步虚词》十章。

隋唐以后，步虚声渐有变化，尤以唐玄宗善于声乐，常于道场亲教诸道士步虚声韵，使用燕乐系统。原先步虚乐只以钟、磬为主，至此加上不同的丝竹乐器，造成不同的音乐特性：像玄宗御制降真召仙之曲、紫微送仙之曲，在太清宫演奏；而且用青纸朱书，称为青词，成为后世道教斋醮科仪。唐以后，宋徽宗也精于音乐，《玉音法事》载有御制道词，《道藏》且收有真宗御制青词《玉京集》六卷，由朝廷中云璈部作乐演出。明代又有新制，采用南北曲，所用曲调越广，其流则“赞诵宣扬，引商刻羽，合乐笙歌，竟同优戏”。像“十样锦”等十番锣鼓也可演奏道乐，可见其通俗化的一斑[38]。

道情也属于道调，为宋元以来的讲唱文学——说白、唱词交错的形式，以渔鼓简板为伴奏。在敦煌遗物中已发现有唐代王梵志《道情诗》，所以道情应与道乐有密切关系。五代贯休也有“道情偈”，可见释门中人也喜欢这种调子。南宋以后，词、曲等音乐文学大为兴盛，道情的曲调也受到影响：南宋有张纶，以鼓子词唱道情；元代全真道士多采散曲来唱“道情词儿”，一般文士也喜欢拟作，借道情形式来抒写神仙出世的感慨，这是因为元代政治环境改变，文士地位大为低落，常因现实的失意而借神仙出世的思想作慰藉。

明清以来，利用道情讲唱仙道思想，边讲边唱，成为特殊的讲唱文学，像新发现的明刻《新编增补评林、庄子叹骷髅南北词》，流传至今；较为有名的文士拟作，清朝先有徐灵胎的《回溪道情》，继有郑板桥的《道情》十首，都是借神仙曲调以抒写人生的感慨——民国以后安徽北部、河南南部一带仍有唱此类“鼓儿河”的，也称为“唱道情”，词句当然不如板桥的流畅、典雅。郑氏采民间流行的道情，加以增饰，

38. 陈国符，《道藏源流考》附录三《道乐考略稿》。

39. 小野四平，《“道情”について》，《集刊东洋学》十二（日本，1940年）。

也别具风格[39]。

另一种较道情晚出的讲唱文学是采宝卷形式，宝卷本与佛教变文有关，也是民间秘密宗教的经典，流行于明代。世宗时，宝卷作者采民间释、道合流的宗教故事而写成《三茅真君宝卷》、《韩祖成仙宝卷》、《何仙姑宝卷》、《麻姑宝卷》，讲唱八仙等仙人成仙、度人事迹，也是极富道教传说的文学艺术。

结 语

道教在悠久漫长的历史中，以实际的教团组织形式，建立自己的规模，与儒家、佛教鼎足而三，儒家的孔庙，为世世代代的孔家子孙以及孔门子弟所崇奉；佛教各宗各派，也在众多寺院中建立自己的法系，香火不绝；道教则在最晚起的情况下，流传各个道派的命脉。如果我们要问，是什么力量支撑着道脉的承传不息？道士？道民？或一般民众？应该是他们都各尽其一份力量；而支撑道教在历史中扮演它应扮演的角色的，则是中国的传统社会。

道教并非一成不变或一支一派可以代表的，因它充分发挥中国文化所具有的涵融性、吸收性。如果只执著于“黄巾之乱”，说道教就是一种叛乱团体；或偏执于街巷中虚幻的正一教斋醮，说道教就是一种传布迷信的低级宗教；或者只翻阅历史文献里一些败国事迹，说道教就是攀附帝王阶级的落伍分子……这些都只是偏见误解。事实上，道教在中国文化中能够萌芽、茁壮，显示社会环境提供足资滋养的泥土，它才能抽拔出一朵朵鲜艳的花朵。它会凋谢，但随又成长，因为已遗留了许许多多的种子在厚载的土地上。只要细心观察，怀抱同情与了解，我们将会发现道教在长远的历史中发挥其特定的社会功能。

根据功能学派人类学家马林诺夫斯基（B. Malinowski）的说法：一个民族的宗教是一种信仰（belief）和实践（practice）的完整体系，可以帮助解决许多非经验和非科学的社会、心理问题——宗教在社会体系中有其固定的功能，它甚至可演变为各种社会成员应遵循的仪式或法律[40]。道教被外国学者公认为中国的“民族宗教”，它固然吸取、容受许多外来文化的素质，但其基本仍为中国社会原本存在的宗教、巫术、学术思想等。因此在它所建立的体系中其神学思想能为许多中国人所接受；而其组织体制在当时具有一定程度的进步意义，何况它还能顺应时代需要不断调整；它的思想与民众生活相关，成为岁时节日的节目，日常生活的道德规范；但还不止于此，道教在一些高道手中建立的形上思想，促使理学家追索原儒家较少触及的形上观念；而其行为与道家、隐逸结合，更成为文士“达变”的自处方式。这些都是道教对于社会各阶层所造成的深刻影响。

40. B. Malinowski, *What is Culture*.

近人李约瑟论述中国文化，尤其科学文明的产生，赋予道教极高的评价，甚至远超过儒家、佛教之上。因为道教能将道家观察自然的精神进一步成为改变自然、役用自然。其中的典型就是炼丹术，丹士相信造作之金可与自然之金一样好，甚而更是精华所在，所以“还丹金液”的实验，使他们认识物质的化学变化。固然囿于当时的科学水平，他们不能精确有效地加以控制，需运用宗教仪式与各种法术，成为神秘作业，但这在不得已的情况下借超自然方式满足其心理需要；同时，所炼出的红色丹药，虽因蕴涵剧毒而毒死一些帝王贵族与道士，却也由对药性的发现，直接刺激火药的发明、医药的进步；而炼丹技术西传，引起西方的炼金热，更对化学的产生有很大的贡献。所以不应因丹药曾毒死人，或因江湖术士借此诳骗财色，就全盘否定其价值，而应归罪于后世子孙不能在既有基础上续作发展，反而墨守成规导入歧途。

道教又通过取媚帝王在不同时期兴建许多美轮美奂的道观，这些劳民伤财的举措多引起知识分子的非议，自然要归罪于帝王的私心与愚蠢以及恶道的献媚与逾分，尤其是末代帝王更为荒唐可怜，希望借此祈福求安，其实只是一场奢望。不过，道观的兴建，在传统的木构形式中充分发挥了中国工匠的匠心独运；造成特殊的道观风格，也是中国建筑中的重要艺术成就。而且有些道观建筑于州郡的重要地区，成为膜拜祈安的信仰中心，在古代社会中多能发挥整合乡里民众的社会功能，尤其与斋醮配合进行，对于一些人力不能抗拒的天灾人祸，道教因其通俗性极易与民众生活结合在一起，也适时发生镇抚人心的作用，在科学未发达以前，这是可以体谅的事。何况道教原本一年之中只有三次重要斋醮，而且间隔分开，对于淫祀，本有清整、改革之意，只是有些帝王恣意扩张，才产生弊病。

道观常择山林胜地而兴建，与佛教山寺一样，常为修真学道者的名山福地，借此幽隐之所安顿一些彷徨不安的心灵；再加上历史中也颇不乏立身狷介的高道，多少在知识分子中另塑造一种典型。读书人有时读书山林，与道友往返，何尝不是因为仰慕他们的高风亮行。在科举社会中仕途冷暖，一些失意者借此有所寄托，像金元之世，道士更能借其方便庇护汉族文化，这是值得特别提出的。另外道教传说流播于世，其丰富的想象、幻异的情节，均能在不同时代的说话者口中制造出不少趣味：人类在现实社会中不能满足的诸如婚姻、病痛、以及死亡，都可在娓娓叙述中获得暂时的解脱；尤其通过舞台，一些度脱成仙、仙道解困，以及神仙游戏人间、随心所欲的能力，更为长期生活在困顿中的百姓，在哄堂嬉笑中涤荡心灵。这种文学艺术的满足，绝不限于文士的寄托幽隐而已，更是广大民众的生活乐趣，而为中国文学中特出的艺术成就之一。

当然，面对一切都突飞猛进的科学时代，西洋文明带给中国极大的震撼。“五四”时期反旧宗教的呼声中，道教成为阻碍进步的绊脚石之一，随着旧社会旧文化的崩溃，原已定型化的道教更显得黯淡无光，难怪新时代的革命者要将其埋葬。事实上，道教确实有些落伍，随着旧时代的传统文化保守而退缩。但直至今日，它还存在，金碧辉煌的现代化建筑的道观耸立在风景胜地，身穿道袍的道士依然在午后逐渐暗淡的昏黄中继续踏着禹步敲响法鼓，我们要问：为何在“五四”前后被指名剖击的所谓落伍宗教还存在？也许我们冷静剖析现代社会的演变以及现代人在现代社会中所面临的更多困境后，便可了解一种具有千年传统的宗教，一定具有某些根深蒂固的文化因素，才能继续维护某些社会功能。只是新时代的变化太剧烈，道教本身要如何去芜存精、顺应时代需求，才能重新调整其结构，重新加入20世纪的中国文化？这确是一项大课题，值得在回顾道教与传统文化之后，再三深思。

慎终追远

历代的丧礼

王明珂

人类学家常认为丧礼起源于人对死者鬼魂的恐惧，由此产生祖先崇拜的信仰，在这种心理下，对死者遗体做一番处理，并有一套象征悲恸的仪式，希望死者顺利到达另一个永息的世界中[1]。在比较进步的文明里，人们对“死后”有更深一层的哲学或宗教玄想，各种不同的“死后”观念，借着各形各色的丧葬礼俗表达出来。因此，当我们谈到丧礼时，必然包括三项内涵：（一）对死者遗体的处理（葬法）；（二）送丧的仪式（丧仪）；（三）对“死后世界”的思想或信仰。

1. 参见 *Encyclopedia Americana*, International Edition (New York, 1976), Vol. 8, pp. 566 - 568。

2.《孟子·滕文公上》。

中国历史文化源远流长，幅员广袤，种族庞杂。各地区有特殊的文化特色，各时代也有不同的时代风尚，因此在丧葬习俗上表现得非常繁杂。然而，在中国文化上，有一个绵延不绝的大传统，所以各时代、各地域的丧葬礼俗又有某些联系。这个大传统下的丧礼是知识阶层的理性产物，当它由上及于下时，具有教化的功能；历代政府及知识分子强调“慎终追远”，希望由此而“民德归厚”，因此它具有“礼”的特性。与之相对的是民间的丧葬习俗，虽然各地的丧葬有许多奇风异俗，由于文化的交融，也逐渐出现一些共同特性，在从前士大夫的心目中，它是民间丧“俗”；中国历代丧葬礼俗的演变，也就是文化大传统的“礼”与地方性的“俗”形成与交融的过程。

上古丧葬观念与丧葬习俗的形成

周代是一个崇尚礼仪的时代，对周人而言，丧葬礼仪是一种文明的象征。他们以为上古之民穴居野处，丧礼应该是非常简单；孟子说“上世尝有不葬其亲者，其亲死则举而委之于壑”[2]；《易·系辞》云：“古之葬者厚衣之以薪，葬之中野”。事实上，人类的丧葬仪式行为起源很早，在中国，考古学家认为距今一万八九千年前的山顶洞人已有了埋葬的仪式；在遗骨四周散布赭石，可能基于特殊的“死后信仰”[3]。

与三代文化密切相关的新石器时代文化中，从考古发掘看来，先民的丧葬习俗驳杂不一，各具特色；从葬法来说，有单身葬、男女合葬、同性合葬；墓主的体位有仰身、俯身、直肢、屈肢；其他如陪葬器物的形制、组合以及墓坑形制皆多有变化，这些不同的葬俗都代表着不同的社会结构与对灵魂的信仰。考古学者以这些墓葬资料，辅以其他考古材料，探索中国新石器时代文化的时间嬗递与空间联系。目前的成果，大致在时间的演进上，从新石器时代早期的裴李岗文化、磁山文化到龙山文化晚期，皆有脉络可循；以空间联系来说，从黄河上游到黄河下游，长江中游到东南沿海，各地域性文化皆有部分特质可直接或间接统系在仰韶文化、龙山文化的主型或分型之下[4]。由于作为新石器时代文化分期、分型标准的考古材料，大多数出于墓葬，因此，就一定限度而言，考古学者所谓新石器时代不同时地的各文化类型，也就是丧葬习俗不同的社会群体；同时，中国新石器时代的丧葬习俗已有时间上的传承关系，以及地域性文化融合的现象。

在新石器时代驳杂的丧葬习俗中，至少有两点是从黄河流域到长江流域大体一致——土葬以及用陶器日用品陪葬。或许新石器时代的先民有其他处理遗体的方式在考古材料中不易看出，但普遍一致的土葬，显然是最正统的葬法，这便是中国人“入土为安”丧葬传统的源头。陪葬日用陶器，让死者在冥界使用，这种丧葬习俗在世界其他民族中也很普遍，这是先民社会“灵魂不死”的原始宗教信仰。

新石器时代的仰韶文化中，公元前四五千年的西安半坡文化类型里，村民生时聚族而居，死后聚族而葬[5]，显示出强烈的血缘联系，这是亲族意识的表征，亲族意识也是祖先崇拜的根源。仰韶文化西部半坡类型的先民陪葬品较丰富，东部河南庙底沟类型陪葬品较少，但

3.Chang Kwang-chih, *The Archaeology of Ancient China* (New Haven Yale Univeresity Press 1977, 3rd edition), p. 73.

4.参考《新中国的考古收获》(1962年)；《文物考古工作三十年》(1979年)；夏鼐，《三十年来的中国考古学》,《考古》，1979年五期；安志敏,《略论三十年来我国的新石器时代考古》,《考古》,1975年五期。

5.张光直,《华北农业村落生活的确立与中原文化的黎明》,《中国上古史待定稿》(中研院历史语言研究所，1972年)，页267。

无论东西都是女性墓主的陪葬较多，并有将男性遗骸从别处移来，合葬在女性墓中的情形，又有同性合葬及男女分边埋葬的习俗，这些可能是反映母系社会及对偶婚制的特殊葬俗[6]。

黄河上游的马家窑文化（甘肃仰韶文化）各类型，以及较晚的齐家文化、沙井文化、辛店文化中，都常见特殊的屈肢葬俗，这种葬俗的意义，有些学者认为是恢复人的胎儿状态；也有些学者认为这种姿势似用绳子捆缚，是为防止死者灵魂危害生者而加以捆结的[7]。在半坡类型中，儿童死后常以陶瓮为棺，以一个细泥陶钵或盆做盖子，钵和盆的底部穿一小孔，意味着小孩的灵魂有通路出入[8]，较晚的云南元谋大墩子遗址亦有类似葬俗[9]，这些都是"灵魂不灭"信念在丧葬习俗上的反映。

继仰韶文化兴起的是龙山文化，在山东龙山文化前身的大汶口文化中，社会变迁明显地反映在丧葬习俗的变化上；在前期王因遗址中还流行合葬与男性二次葬，反映出当时居民仍处于母系氏族社会。中期以后，男子在墓葬中显然成了一家之主——男子在墓的中央，女子在侧位[10]；这个变化代表由母系社会进入父系社会，而又往父系为主的祖先崇拜传统迈进一步。

与这个变化紧密相合的是经济社会阶层的变化；大汶口文化早期，陪葬品还没有明显的差距，到了中晚期，陪葬品的多寡非常悬殊，表示社会经济阶层已有了明显的分化。陪葬品中有猪头骨，少则一两个，多则达十四个[11]；猪可代表农业定居社会的财产，陪葬猪头骨也是夸耀财富，已不完全是在"灵魂不灭"信念下为死者享用了。这种陪葬悬殊的情形，在山东龙山文化中更是普遍。河南、陕西龙山文化中，因墓葬资料不多，陪葬无明显的悬殊，但除正常葬式外都有废坑乱葬的例子[12]，也是社会阶层分化反映在丧葬中的现象。

新石器时代晚期（公元前三千年至前两千年左右），约当传说史

6.《新中国的考古收获》，页10—12。

7.《考古学报》，1980年二期，页217。

8.《新中国的考古收获》，页10。

9. 尤中，《中国西南的古代民族》（1979年），页3。

10. 魏勤，《从大汶口文化墓葬看私有制的起源》，《考古》，1975年五期，页264—270。

11. 同上。

12.《新中国的考古收获》，页7—14。

中黄帝到夏代的时期，从陪葬器皿看来，黄河流域龙山文化与长江流域屈家岭文化、马家滨文化、良渚文化，东南的山背文化、石峡文化、县山文化等的陶器，如鼎、鬶、益、豆、簋、壶形制风格渐趋一致[13]，显示一个文化共同体正在形成之中。

随着族群中贵、贱的分化，宗教仪式行为也增加了，在政教不分的上古社会中，这是贵族的专利；山东滕县墓葬中出现木椁；胶县龙山文化墓葬中有玉琀，这些都是后世礼器的雏形，而出现的时间都早于夏代[14]。

春秋战国时的儒家认为殷人的礼仪多来自夏人，所谓“殷因于夏礼”[15]；夏殷文化的源流及彼此关系，一向是学者们关心的主题。关于夏文化，考古学者多注意于河南偃师二里头遗址，从夏文化的考古发现中，证明夏商在丧葬习俗上有些相同的特质。可能代表先夏文化的“王湾文化”中，已有放陶器的二层台[16]出现，而且时间愈晚愈普遍，也出现头骨涂朱的习俗[17]。到了代表夏代中期的二里头二期文化中，陶制成套礼器觚、爵、鸡彝已逐渐普遍[18]；较晚的二里头三、四期文化中，出现了三种不同的丧葬方式：乱葬、有陶器陪葬的正常葬法，以及朱砂铺底的大墓室葬，并有礼器铜爵陪葬[19]。以上提到的二层台、成套礼器、使用朱砂以及不同的埋葬方式都是在商代墓葬中常出现的。虽然二里头三、四期文化到底是夏代晚期或是先商、早商文化仍有争论，但由于二里头文化一至四期连续发展，且一、二期为夏文化已广为学术界所接受；三、四期文化遗存又有许多特质与郑州二里岗早商文化相同或类似，尤其三种不同的丧葬方式表现的社会阶层结构，与商代社会相当一致，因此，二里头三、四期所表现的丧葬习俗应是夏商文化交融的结果。

---

13. 安志敏，《略论三十年来我国的新石器时代考古》，《考古》，1979年五期，页403。

14. 杜正胜，《筚路蓝缕——从村落到国家》，“文化中国”丛书——《中国文化源与流》（安徽，黄山书社，2012）。

15.《论语·为政》。

16. 二层台有生土二层台及熟土二层台两种；在商代墓葬中，前者主要用以置陪葬陶器，后者主要用为安置棺椁或殉葬；此处是指生土二层台，其形制参见郑良树，《仪礼士丧礼墓葬研究》（台北，中华，1971年），页212。

17. 吴汝祚，《关于夏文化及其来源的初步探索》，《文物》，1978年九期。

18. 邹衡，《夏商周考古学论文集》（1980年），页167。

19. 同上书，页172—173。

在早商郑州二里岗的墓葬中，以觚、爵、斝为主的铜礼器组合出现了[20]；虽然以目前的考古材料，我们很难分辨哪些文化因素是商人受夏人影响，哪些是夏人受商人影响，但由二里头到二里岗，我们可看出一个发展中的丧葬传统，那就是由于社会阶层的分化、文化及工艺技术的演进，一种以铜制礼器为代表，以祖先崇拜为基础的丧葬礼俗已出现在上层社会中。

商周“尚鬼”与“尚文”的丧葬礼俗

春秋战国时，儒家仲宪与曾子讨论夏人与殷人在祭葬上所用器物的不同，曾提到“夏后氏用明器”、“殷人用祭器”以及“明器鬼器也”、“祭器人器也”[21]；我们现在称一切墓葬出土的陪葬器为明器，与当时的定义有些差别。从仲宪、曾子的对话中可看出，所谓明器可能是指大多为陶制的日用器皿，如鬲、盆、罐等，这些器皿在祭葬中代表的意义是给死者用的，故称为“鬼器”；祭器可能指的是铜制礼器，如觚、爵、鼎等，是人用来祭先人或鬼神的，故称为“人器”。仲宪、曾子对于夏殷在丧祭中用器不同的认识，与目前考古发现相当一致，并且，他们也敏锐的感觉到一种丧祭观念的转变——所谓鬼器、人器之别。从新石器时代到夏代，陪葬的日用陶器多少都带着原始的“灵魂不死”观念；在许多出土陶容器中出现食物遗存痕迹，更表现出为死者享用的心理。虽然许多铜礼器的祖型在疑为夏代遗址的陶器中已发展得很完整，但脱离实用性质成为礼器是在青铜铸器的阶段。这时“灵魂不死”的观念仍然保存；虽用了铜礼器，还是希望祖先鬼神来享用；但在这个“灵魂不死”的观念基础上，已发展出一种更具人文性、更完整的宗教思想。

周末到汉初的学者常认为殷人的特色是事奉鬼神十分虔敬，所谓“殷人尊神，率民以事神，先鬼而后礼”[22]。从文献记载与甲骨卜辞

20. 图见于 Chang Kwang-chih, *The Archaeology of Ancient China*, p. 237。

21.《礼记·檀弓上》。

22.《礼记·表记》。

中，都可看出殷人的确生活在一个充满宗教期望与恐惧的世界里。殷人所事奉的“鬼”，便是他们的祖先，他们认为死去的先人能祸福子孙；盘庚曾告诫他的子民说：“如果你们心中有作恶的念头，我先王在天之灵就会告诉你们的父祖，他们的鬼魂就会绝弃你们，不顾你的死活。”[23] 在卜辞中，殷王也常问，他的牙痛或肚子痛是不是父祖降灾给他[24]。

先人鬼魂在殷人宗教观中的地位是这样的：“帝”是最高的神，通常管的是收成或战争等大事；殷王的祖先死后“在帝左右”，传达帝的旨意。殷王是唯一可借祭祀与先王相通的人，因此成了人神沟通的桥梁[25]。一般平民的祸福大多由自己的祖先决定，他们的祖先死后仍然在死去的殷王（先王）管辖之下，所以先王可通过他们的祖先降灾给他们。殷人敬事鬼神，最终目的在关心人的祸福，并强调两个世界的尊卑秩序；他们的祖先崇拜，是根据“亲族意识”，也是根据“灵魂不死”，因此具有伦理与宗教双重的特性；被称为“人器”的铜礼器，便象征着在“尚鬼”的宗教信仰中，潜藏而又日益扩大的伦理性丧祭精神。

殷人尚鬼的丧祭观也充分表现于墓葬中：贵族的墓极其讲究，尊卑秩序表现在墓制、殉人、棺椁、陪葬品等方面。河南安阳的商王陵墓，其墓室是一个巨大的方形或亚字形的竖穴式土坑，四面各有一墓道，即所谓“亚字形墓”。安阳侯家庄最大的亚字形墓，加上墓道总面积达一千八百平方米，深度在十五米以上。规模略小的，有时有两条墓道，即所谓“中字形墓”，安阳武官村最大的中字形墓总面积三百四十平方米，深七米余。再小一点的贵族墓或有一条墓道，所谓“甲字形墓”。其他没有墓道的墓，大小的差距也很悬殊；大贵族如武丁配偶“妇好墓”，面积可达二十余平方米；最小的平民墓甚至不足二平方米。

以人畜殉葬是商代贵族丧葬的特点之一，商王和大贵族的陵墓，

23.《尚书·盘庚》，原文为“汝有戕则在乃心，我先后绥乃祖乃父；乃祖乃父，乃断弃汝，不救乃死”。

24. 白川静著，温天河等译，《甲骨文的世界》（台北，巨流，1977年），页85。

25. 参见 Chang Kwang-chih, *Shang Civilization* (New Haven and London, Yale University Press, 1980), p. 202。

殉葬者少则数十，多则一二百人，包括墓主的侍从、卫兵、勤务人员及完全供杀殉用的“人牲”，殉葬的牲畜以马和狗最多。各类型的墓，都在墓底的正中设一长方形的小型坑穴，其位置正当墓主尸体腰部之下，故称“腰坑”，坑内埋殉葬的人或狗。即使是平民墓，也往往有埋狗的腰坑。

商王及贵族墓内，都用木材筑成椁室，敛尸以木棺，放在椁室正中。平民墓有的有棺有椁，有的有棺无椁。商王及贵族墓中，随葬品极其丰富，如不算太大的“妇好墓”中，也有随葬青铜器四百四十余件，玉石器近六百件，骨角器五百六十余件，另有海贝近七千件。陪葬的祭器如觚、爵、斝等，虽然还看不出整齐的制度，但厚薄已随墓主身份而有等差，铜器在殷人墓葬中已成了身份的象征[26]。

殷人尚鬼观念中，包容了伦理、宗教以及强调尊卑秩序的特性；在殷人墓葬中，也有与之相应的杀殉、棺椁、陪葬祭器等习俗；这些也就是“周因于殷礼”的思想与社会基础。

周民族崛起于戎狄之间，经过数世经营，在商末已蔚为大国，与商东西对峙。在逐步东进的过程中，吸收许多殷人文化，这个现象表现在先周、早周的墓葬中。近人在甘陕渭水流域发现先周、早周文化遗址，并以主要文化特征——瓦鬲墓——作为断定及分期的依据。瓦鬲墓第一期约当商代廪辛至帝辛之间，有陶器墓、铜器墓两种，出现二层台，没有腰坑与人殉；瓦鬲墓第二期相当于商末，出现腰坑，有的坑内殉狗；瓦鬲墓第三期相当于早周，腰坑与殉狗更普遍，而且开始用人殉葬。从周人瓦鬲墓中可看出，随着政治力的东进，周人渐染殷人之风，这便是所谓“周因于殷礼”。瓦鬲墓到了第四期，时当西周穆王时，仍有腰坑殉狗与殉人的葬俗[27]；另外，沣河沿岸客省庄与张家坡的周人墓葬，代表由成康时期到西周末年镐京附近的葬俗，基本上仍与殷人相同，但

---

26. 有关商人墓葬参见《新中国的考古收获》;《一九七三年安阳小屯南地发掘简报》,《考古》, 1975年一期；王仲殊，《中国古代墓葬概说》,《考古》, 1981年五期。

27. 有关周人瓦鬲墓资料参见邹衡，《论先周文化》,《夏商周考古学论文集》, 页297—315。

在西周中期以后，人殉的葬俗几乎完全消失[28]；和这个变化同时发生的是，以铜器组合代表死者身份的“列鼎制度”出现。这些丧葬习俗上的变化，表示周人的政权稳固之后，确能力革弊俗，创下“郁郁乎文哉”的理性文化，难怪殷民之后的孔子也要说“吾从周”了。

儒家经典《仪礼》、《礼记》、《周礼》合称《三礼》，其中记录周人礼乐制度及精神最为详尽，但三礼成于战国至汉初的儒家手中，里面掺杂许多儒家理想。因此，我们探讨周人礼制时，除三礼之外必须参考其他周代文献及考古资料。春秋战国时的儒家认为周的礼乐制度成于周公，但从考古资料看来，周初的丧礼仍未脱离殷人尚鬼的习俗，墓葬中的铜器也只有厚薄之别。直到穆王以后，人殉现象才大量减少，列鼎制度出现，代表周人渐脱离殷人尚鬼的本质，创作了“尚文”的礼制。因此，有些学者认为三礼中有关各级贵族的礼仪，是以西周晚期到春秋早期的礼制汇集而来[29]。

关于“列鼎制度”，周代的礼制规定：天子用九鼎，诸侯用七鼎，大夫用五鼎，士用三鼎或一鼎。到了东周，则是天子、诸侯用九鼎，卿用七鼎，大夫用五鼎，士用三鼎或一鼎[30]。鼎以及伴随的其他铜器如簋、簠等都是“礼器”；在“礼不下庶人”的周代丧葬制度中，是贵族的专利品；一般平民陪葬的则是日用陶器。这种以陪葬礼器组合来“辨等列、明尊卑”的制度，在周人墓葬的考古发掘中获得证实；湖北京山相当于王、国君的高等贵族墓，随葬九鼎八簋；上村岭虢国墓中，相当于公卿大夫的中等贵族墓，随葬七鼎六簋或五鼎四簋；同地相当于士的末流贵族墓，随葬三鼎二簋或一鼎一簋。与此相配合的是：五鼎或五鼎以上的贵族，可随葬真车真马；而五鼎以下的贵族，只能随葬象征性的车马器；同时，三鼎或三鼎以上的贵族才能用双重椁[31]。

列鼎制度所表现的丧葬精神是非宗教性的；遵从列鼎制度埋葬先人，在意识上，等于是继承的新贵族对旧有的尊卑秩序的效忠仪式；

28.《新中国的考古收获》，页54。

29.《文物》，1974年一期，页2。

30. 俞伟超等，《周代用鼎制度研究（上）》，《北京大学学报》，1978年一期；引见王仲殊，《中国古代墓葬概说》，《考古》，1981年五期，页451。

31.《文物》，1974年一期，页2。

在周人的封建宗法制度下，这个尊卑秩序是政治性的，也是伦理性的，这就是周礼的精神根源。

礼器既然代表死者生前或死后的政治或社会地位，因此陪葬礼器常有超过死者身份的现象，这现象与其说是让先人在死后享有生前无法企及的较高地位，不如说是继承的后人不安于位，这便是当时儒家痛心疾首的“逾礼”。葬礼上的“逾礼”，往往是“加等”的结果；鲁国的臧僖伯死掉，本来身份是卿大夫，因为他是隐公的叔父，“葬之加一等”[32]；许国的穆公死了，本来身份是男爵，因为他正随齐桓公伐楚，故“葬之以侯”，所谓“凡诸侯薨于朝会加一等，死王事加二等”[33]。在当时“政在大夫”或“陪臣执国命”的状况下，擅自逾礼加等，也就是轻而易举的事了[34]。

晋国相当于卿大夫的贵族墓里，居然用了九鼎、八簋、三套编钟与一套编磬来随葬，其逾越古礼的程度实不亚于鲁国季氏的“八佾舞于庭”；山西侯马地区，相当于士阶层的末流贵族，也用一套编钟、两套编磬来陪葬，超过了西周晚期到春秋早期卿大夫身份的虢国太子墓[35]。平民墓葬中，这种“逾礼”的现象更为明显；洛阳中州路，有随葬品的一百六十五座墓，代表从春秋到战国平民墓葬的变化。除了少数有铜礼器的墓外，墓中的陶器组合在春秋早期完全是鬲、盆、罐等日用器；春秋中期开始出现个别的陶鼎等礼器；春秋晚期，陶制礼器已占压倒性优势；到了战国时期，豆、壶这类陶礼器就完全取代了鬲、盆、罐等一般陶器[36]。逾礼的现象也表现在修隧（墓道）上，在周代修墓道是天子的专利，像晋文公那样有功于王室，当他请求周天子准他为自己修隧时，都碰个软钉子；到了战国时，修墓道不用天子批准了，不但中型墓出现墓道，连小型平民墓也起而效尤[37]。

春秋战国以来，从贵族到平民的丧葬普遍逾礼的情形，有双重的

32.《左传》隐公五年。
33.《左传》僖公四年。
34.《考古》，1974年二期，页85。
35.《文物》，1974年一期，页2。
36. 杨锡璋、李经汉，《从考古学上看秦和东方各国的社会差别》，《考古》，1974年五期，页296。
37. 郑良树，《仪礼士丧礼墓葬研究》，页139。

意义：一则是王室东迁之后，封建宗法秩序大乱，象征封建秩序的礼乐制度，也发生“礼坏乐崩”的现象；一则是由于经济上、政治上平民地位的提高，“礼”不再是贵族的专利。于是在春秋战国时，中国的礼制面临着两个大问题：如何从维护旧礼制着手，恢复旧秩序？又如何将平民（主要是知识分子）纳入这个礼制系统中？最后一群被称做儒家的末流贵族及平民知识分子，肩负起这个调适的工作。

大传统——儒家丧礼的完成

从孔子到战国儒家，一面奔走疾呼希望诸侯们遵守礼乐制度，一面着手整理崩坏的礼乐。他们除了努力搜集保留西周的典章制度外，并对缺漏与不足之处做些增添修饰的功夫；更重要的是，他们以道德架构将周礼的内涵充实起来，这些成果表现在儒家的《三礼》之中。

要说明儒家如何在旧礼制上建立道德架构，丧礼是个很好的例子。在殷人丧礼中，对生者祸福的关怀是殷人祖先崇拜的心理根源。到了周代，这种关怀在贵族之间转变为对“政治秩序”的关怀；在宗法制度中，政治秩序又与伦理秩序含义相近，儒家便在这个基础上，建立丧礼的道德架构。他们先强调伦理秩序，以道德架构建立起亲属团体的层级亲疏关系，再以此比附于丧礼的等级制度，然后由“资于事父以事君则敬同”，又由“家无二尊”类移到“国无二君”[38]，于是将伦理秩序与政治秩序联系起来。

儒家认为丧礼源始于人的爱亲、思亲、孝亲，因为“凡生天地之间者，有血气之属必有知，有知之属莫不爱其类……有血气之属者莫知于人，故人于其亲也，至死不穷”[39]。人在丧亲之际难免哀痛，这是人情之常，儒家认为“礼”的部分功能就是为了抒发人情[40]，因此哀痛之情是丧礼中最重要的部分，所谓“丧贵致哀”、“丧礼与其哀不足而礼有余也，不若礼不足而

38.《礼记·丧服四制》。

39.《礼记·三年问》。

40.《礼记·丧服四制》：“凡礼之大体，体天地、法四时、则阴阳、顺人情。”

哀有余也”[41]。然而孝子在丧亲之际若哀戚过度，或自残形体，或因而羸病，甚且伤生，则有失人性。儒家认为礼不可违反人性，所以必须有节制，因此圣人制礼作仪，使“贤者不得过，不肖者不得不及”。遭父母之丧时，究竟该服丧多久才适当呢？儒家认为“子生三年然后免于父母之怀”[42]，因此主张服丧三年。这是儒家的丧礼起源理论。

儒家丧礼理论中有四个大原则——恩、理、节、权。“恩”，是指与自己愈亲近的人，私恩愈厚，因此要为他服较重的丧，譬如为父服丧“斩衰三年”。“理”，也就是公义，是被社会普遍认同的价值观，在这里儒家特别指的是公私之别；居家时以孝为重，在朝中则以忠为重，“资于事父以事君而敬同，贵贵尊尊义之大者也”，所以为国君也要服丧“斩衰三年”。“节”，即所谓节制，一切丧礼行为皆以仪来节制；服丧到第三日可以吃东西，不能饿坏；三个月后可以洗洗头脸，不能脏出病来；最重的丧也不能服过三年，不以死伤生。节的另一意义是不能逾礼，譬如父亲健在，只能为母亲之丧服“齐衰一年”，表示家无二尊，同理可推知“士无二王，国无二君”。最后一个原则是“权”，丧礼可以权宜而行，在服丧期间本不该饮酒食肉，但若有病在身，吃点有营养的食物也无妨，也是不以死伤生之义[43]。从这些原则中可看出儒家由伦理秩序及于政治秩序的架构。

在亲属团体中服丧的轻重也有六个原则：（一）亲亲，以血缘亲疏作为服丧轻重的标准；（二）尊尊，以身份高下作服丧轻重的标准；（三）名分，虽非血亲，但有名分而为之服丧，如为世母、叔母服；（四）出入，依宗族归属而服，如女子出嫁，又如过继别宗之服；（五）长幼，未成年者之丧，以年龄大小为服丧标准；（六）从服，是指随从某关系人而服丧，如子从母而为母党服丧[44]。这六个原则也就是儒家为人伦所定的范畴。在这人伦范畴中的亲疏尊卑秩序，表现在丧礼中的服丧轻重上；愈重的丧，丧服质料愈粗，剪裁愈简陋，因而有斩衰、

41.《礼记·檀弓》。

42.《论语·阳货》。

43.《礼记·丧服四制》。

44.《礼记·大传》。章景明，《先秦丧服制度考》（台北，中华，1971年），页30—36。

齐衰、大功、小功、缌麻等，由头到脚不同的服饰组合。愈重的丧，丧期愈长，而有三年、一年、九月、七月、五月、三月不等[45]。

儒家最重视的“三年之丧”，有一连串的仪式；以一个士人的丧礼来说，初终第一日有属纩、复、沐浴、饭含等礼。人一断气即以新棉置死者口鼻间（属纩），以试探是否还有呼吸；若呼吸已止，家人登屋招魂，高声叫道：“哟！你回来呀！”（复礼）；确定身亡后为死者净身（沐浴），以米或贝置入死者口中（饭含），以示死后口不常虚。第二日行小殓礼，就是将死者以殓具（布）装束成方形，便于入棺。第三日行大殓礼，殓尸入棺，家人穿上丧服（成服礼）。士人的葬礼在死后第三个月举行，先设酒食以送死者（奠祭），到了墓地后入葬（窆礼），迎尸主牌位而返，此即送形而往，迎魂而还。回来后行初虞、再虞、三虞礼，是一种安魂仪式。在卒哭礼后可以不用日夜哭泣。卒哭后一日，将死者之灵祔入祖庙（祔祭礼），至此丧礼告一段落，以后便是服丧三年的事了。到了周年忌日，行小祥祭，此后孝子的饮食居处可以稍宽。死后二十五月时行大祥祭，二十七月行禫祭[46]，祥、禫皆有平安无事之意，至此三年之丧结束[47]，恢复正常的饮食居处。以上不过举其大要，实际上《三礼》所记载的仪式要复杂得多[48]。

儒家丧礼的服制与仪式由何处而来？是否只是儒家的理想？在当时曾否施行？从许多证据看来，这套仪制并非儒家率意创作，而且的确实行过，但当然不会如《三礼》所载的那么典制整齐。从文化人类学的观点来说，儒家丧礼中穿粗衣、吃粗食、停沐浴、不修整面容，都是表示一种服丧者的禁忌状态，生活饮食与日常相反，这是世界上各民族丧礼的普遍法则[49]。因此儒家丧礼必然是根据当时流行的一些丧俗，而这些丧俗则是在那普遍法则下，长期演变而成。再从某些仪

45.《礼记·丧服小记》。

46. 历代注礼者对“中月而禫”有不同解释；郑玄认为在第二十七月，王肃认为在第二十五月。

47. 三年之丧，实际上不满三年，在禫祭之后便已结束。

48. 以上士人丧礼程序根据《仪礼》的《士丧礼》、《既夕礼》、《士虞礼》，以及《礼记·丧大记》。惟因礼书诸家的解释不同，先后细节恐有出入。

49. C. S. Burne, *The Handbook of Folklore*, 转引自章景明，《先秦丧服制度考》，页2。

式来看，它的现实性与经验性实超过它的仪式性；如属纩，以探测死者是否仍有呼吸，必然是长期累积的经验，行之已久，只是被儒家礼仪化了。又如三日大殓，才能置入棺中，儒家的解释是“以俟其生”[50]；在医学观点，呼吸停止后又复生不是很稀奇的事，因此三日大殓也可能是由经验累积来的习俗。

其他如饭含礼、棺椁制度、列鼎制度、隧制，从考古发掘中可知行之已久。《三礼》之外的文献上也有记载：当齐晏桓子死时，晏婴为之“粗衰斩，苴绖、带、杖、菅屦、食粥、居倚庐、寝苫枕草”[51]。又如卫公子鲜出奔于晋，他父亲卫献公“丧之如税（穗）服终身”[52]。战国儒家躬行这种丧礼的例子更不胜枚举。至于“三年之丧”的来源，有些学者认为是“殷之遗礼”，有些认为是“东夷之俗”，皆不否认它是地域性丧俗。儒家说三年之丧是天下之适丧，的确言过其实；事实上，连周天子与保存周礼最多的鲁国也不行此礼[53]。

虽然我们不知道儒家丧礼中每一项仪式的确实来源，但很明显的，有些是袭自夏商演进而来的西周之礼，有些是采纳了地方丧俗，更有些仪式蕴涵的实质意义，使我们相信在它礼仪化之前，早已长期通行了。

儒家经典中，虽为丧礼制定了繁杂的仪式，但儒家并不强调这些仪式的必要性，“礼不足而哀有余”[54]是可以原谅的，不知权变乃至于“不胜丧”倒可比于不慈不孝[55]。而且，“君子行礼，不求变俗”[56]，在丧礼中仍尽可保留地方性丧俗。对代表尊卑身份的陪葬物，儒家虽很坚持，但对墓葬以及其中装饰、与身份无关的陪葬品，都不太重视。所以儒家并不强调“墓祭”，他们认为“葬也者，藏也”[57]，墓里只是一具躯壳，应该虔诚祭奉的是祖庙中的祖灵。因此，明器不过是“知丧道矣，备物而不可用也”[58]，祭物也只是“示不负死，以观

50.《礼记·问丧》。

51.《左传》襄公十七年。

52.《左传》襄公二十七年。

53. 章景明，《先秦丧服制度考》，页12—18。

54.《礼记·檀弓》。

55.《礼记·曲礼》。

56. 同上。

57.《礼记·檀弓》。

58. 同上。

生也”[59]。对于春秋战国时逐渐流行的木俑或陶俑陪葬，孔子还责之为“始作俑者，其无后乎”。由此看来，若说儒家使中国丧礼的大传统整饬完备，那么这个大传统的核心并非仪式或陪葬礼器，而是一种重人伦的丧礼精神——慎终追远。这种丧礼精神是历史演进中的理性产物；殷人在祖先崇拜中表现的伦理与宗教并重的特性，在周人丧葬中转变成倾向于伦理（基于政治秩序的关怀），儒家为人伦建立了道德理论架构，中国丧葬思想中的伦理性遂远超过宗教性。虽然在儒家丧礼中还保留若干宗教特性，如“复礼”的招魂仪式，但从曾子“慎终追远，民德归厚”[60]这句话看来，儒家希望借着这个理性的丧礼精神，达到教化民众的目的。荀子把儒家的用心说得更明白：“圣人明知之，士君子安行之，官人以为守，百姓以成俗；其在君子以为人道，其在百姓以为鬼事也”[61]，所谓“人道”也就是这种人文性的丧祭精神。

59. 王充，《论衡·薄葬篇》。

60.《论语·学而》。

61.《荀子·礼论》。

62.《韩非子·内储》。

儒家丧礼的实施与修正

儒家希望从维护旧礼制来恢复旧秩序的努力，虽然徒劳无功，但他们重建的礼制与道德体系却为汉代所奉行。儒家理想究竟有无实行的可能，在汉代受到考验；以丧礼来说，汉代面临的最大问题便是：厚葬、薄葬与长丧、短丧。

前面说过，新石器时代晚期墓葬中，已有明显的厚葬、薄葬之别。在商、周严格的社会制度下，要有相当地位才能厚葬，所谓“逾礼”，引起的也只是政治问题，而非社会问题，因此厚葬危害还不很大。后来厚葬蔚为风气，平民起而效尤，像春秋时的齐国，“布帛尽于衣衾，材木尽于棺椁”[62]，就不得不让在上位的人忧而患之了。厚葬之风从春秋进入战国，愈来愈盛，一方面由于礼制的限制宽了，从上到下竞相逾礼；一方面由经济结构的改变，贫富观念可以和贵贱观念相抗衡。

这个现象表现在战国时代的墓葬中，一些大墓中，增加了与尊卑礼制无关的陪葬品，如金银器、漆器以及大量日用陶器。从战国进入汉代，墓葬中的铜礼器愈来愈少，夸示财富的陪葬物愈来愈多[63]。由于从战国到汉代，工商致富的平民，在社会中愈来愈有势力，于是厚葬之风大行。儒家虽然力主薄葬，但他们强调人子的孝思，以及将“礼”带入平民之间，多少对民间厚葬之风有些鼓舞。

汉代丧礼奢靡之风，在《盐铁论》中有深刻的描述。在墓葬上，“富者积土成山，列树成林……中者祠堂屏阁，垣阙罘罳”，“富者绣墙题凑，中者梓棺楩椁，贫者画荒衣袍”；在丧礼中则“因人之丧以求酒肉……连笑伎戏”，因此社会风气变得以“厚葬重币者称以为孝，显名著于世，光荣著于俗，故黎民相慕效，至于发屋卖业”[64]。从考古的发掘看来，丧葬奢靡之风，比文献所显示的有过之而无不及；汉中山靖王刘胜及其妻窦绾的墓，由墓道、中室、主室、南北耳室所组成。刘胜及其妻穿着金线缀合玉片的“金缕玉衣”躺在镶玉漆棺中，另外伴随着银、铜、玉、石、漆、陶等器和丝织品、车马具等四千多件[65]。汉长沙王的丞相轪侯之妻，也是马王堆一号汉墓的墓主，尸体以三棺、三椁，以及木炭、白泥膏、夯土层层保护，尸体保存完好，出土时尚未腐烂，随葬器物也有千余件[66]。从这些贵族墓看来，墓室模拟生前府第，从佣役到歌舞班子的木俑一应俱全，另外灶、锅、釜、厕所、猪圈、家禽、家畜等的陶质模型也很完备，墓中石材上常有画像，描刻社会生活百态；因此，一个汉代富人若死后有知，是绝不匮乏也不寂寞的，这些仍是“灵魂不死”观念的体现。以金缕玉衣或木炭、白泥膏保护起来的贵族，似乎也在追求“肉体的不朽”。

和厚葬相关的是“逾制”的问题，汉初分封诸王侯，因此在礼乐渐备之后，也制定诸王列侯的丧葬礼制，继承周代丧礼别尊卑的特色。

---

63. 参见《考古》，1962 年九期，页453—458；《新中国的考古收获》，页69—70。

64. 桓宽，《盐铁论·散不足篇》。

65.《文物考古工作三十年》（1979 年），页46。

66. 同上书，页3—4。

这个制度内容不详，但在盛行厚葬的风气下，恐怕“逾制”是层出不穷的。汉代政府一再禁止人民厚葬逾制，西汉成帝时就曾下令将厚葬僭越的风气“以渐禁之”[67]；东汉光武帝也诏令天下薄葬，以后明帝、安帝又重申禁令[68]。从这三令五申的情况可知，政府禁令对厚葬或逾制并没有阻吓力量。不仅汉代如此，由汉代以下直到今日，历代政府对厚葬一直是莫可奈何，因为社会习俗很难以政治力来改变，更何况历代政府都不忍加罪于丧亲的孝子，只好将责任放在承办的行人工匠身上[69]，其效果不彰是可以想象的。

在丧期长短方面，儒家认为三年之丧无可损益。孔门弟子宰我认为三年之丧太长，以此请教孔子，被孔子斥为“不仁”[70]。战国时，与儒家并称显学的墨家，对三年之丧反对得尤其激烈，认为简直要动摇国本。墨家的议论自然有其道理；一般农夫、百工、妇人行三年之丧，生产必将停止，生计顿成问题；国君及百官群僚若行三年之丧，国家大政必有疏失[71]。虽然如此，到了汉代，由于汉人将经学纳入政治社会体系中实行，三年之丧至少在上层社会中，已普遍流行了。

汉初儒生叔孙通为草莱初辟的帝国定宗庙仪法，大概已将三年之丧制入了皇家丧礼中。到了文帝驾崩后，一纸短丧遗诏，又掀起了长丧、短丧之争。文帝遗诏的大意是：他不满于当时厚葬久丧的风气，希望在他的丧礼中，三十六日大家服丧完毕，一切恢复正常[72]。这纸遗诏修正了儒家的三年之丧，以后西汉诸帝的丧礼，大抵上是“以日易月”，三十六日除服，以为定制，但可能并未严格施行[73]。西汉末年是儒家在政治上得势的时候，从哀帝到王莽又开始提倡三年之丧[74]，

67.《汉书·成帝纪》。

68.《后汉书·光武帝纪》、《后汉书·孝明帝纪》、《后汉书·孝安帝纪》。

69. 唐代丧葬条例皆由官府宣示一切供作行人，令知所守，如有违犯，先罪供造行人贾售之罪；明清律皆规定承造违式器物的工匠笞五十，自首免罪。见瞿同祖，《中国法律与中国社会》（台南，僶勉书局，1978年），第三章，第三节，《丧葬》。

70.《论语·阳货》。

71.《墨子·节葬》。

72.《汉书·文帝纪》。

73. 按《古今图书集成·丧葬部》记载：昭帝以后诸帝，自崩至葬大多超过三十六日。在未葬之前，没有除服的道理，因此可能服丧不只三十六日。

74.《汉书·哀帝纪》，诏曰：“河间王良丧太后三年，为宗室仪表，益封万户。”《汉书·王莽传》：“定天下吏六百石以上，皆服丧三年。”

无形中取消了文帝的短丧遗诏。后汉光武帝以儒生做了汉皇，但他并不坚持儒家三年之丧，在死后遗诏："朕无益百姓，皆如孝文皇帝制度，务从约省"[75]，于是短丧又制入皇室礼仪之中，后汉诸帝大抵都遵行此礼。

两汉的皇室丧礼以日易月，并未规定大臣或百姓的丧礼也要如此，但上行下效，在大臣之间，遭父母之丧能持丧三年的非常少[76]。朝廷大臣各有职司，卒遭变故，若准其丁忧三年，可能有碍公事，因此儒家丧礼的实行上，官员丁忧也是一个大问题；东汉安帝时诏准大臣二千石、刺史终丧三年[77]；邓太后又诏令，长吏以下，不行三年之丧的不准出来做官[78]。在政府提倡之下，三年之丧渐渐通行，大臣丁忧，原则上都准其终丧三年，只在局势特殊的时候，不得不引用儒家丧礼中"理"的原则，要大臣以义断恩，墨绖从事[79]。这种官员丁忧权宜而行的办法，为后代历朝所采纳，制度也愈来愈完备。到了明清，在不同情况下，不同品级官员可丁忧几日，都有详细规定。虽然如此，官员丁忧仍是个问题，准或不准争论颇多；大臣士人的态度也不一致，世风淳厚之时，相率上表陈情，请准终丧；世风浇薄之时，又多匿丧不报，或活动"起复"，不一而足。

儒家丧礼在汉代实行，受到实际的考验；厚葬之风虽不能去除，但能行厚葬的大多是官家富室，厚葬中的耗费，反而有平均社会财富的功能；僭越之风仍然盛行，但尊卑之别已不如从前鲜明，僭越反而代表人子的孝思，反对尽管反对，也没人认为是不得了的违礼。在丧期长短方面，因王室丧礼的修正，人臣不用如礼书所说的"为君斩衰三年"；大臣的丁忧服丧，又可以用"以义断恩"为节制。而且，严格的三年之丧只在上层社会实行，农夫百工的生产并不受影响。墨子对三年之丧提出的质疑，都不成问题了；像儒家其他的学说与制度一样，丧礼在汉代付诸实施，受考验，被修正，最后终于确定它在中国的大

75.《后汉书·光武帝纪》。

76. 王楙，《野客丛书》，见《笔记小说大观》，续编三集（台北，新兴，1960年），页1387。

77.《后汉书·安帝纪》。

78.《后汉书·刘恺传》。

79. 在安帝建光元年、桓帝延熹二年，曾断大臣行三年丧，见《后汉书》的《安帝纪》、《桓帝纪》。

传统地位。

佛道对民间丧礼小传统的影响

魏晋到隋唐五代的七百余年里，中国人几度经历乱世的分崩离析，也享受过罕有的太平盛世。在这治乱兴亡之间，人口的大量迁移，造成各地民俗的交流，许多地域性丧俗，逐渐混融，表现出一致性。再者，由于世乱敬鬼，汉代传入中国的佛教以及汉末发展完成的道教，都在民间拥有广大信徒。佛教与道教对于死后世界的看法及宗教仪式，对中国丧礼有很大的影响。此外，在中国丧礼大传统方面，汉代以后的历朝政府，愈来愈倾向于用政治力维护儒家传统，因而有官修丧礼的出现，此官修丧礼因有《三礼》可依循，所以历代改变得并不多。

汉代已开始制定王室贵族的丧葬仪式，到了魏晋，这种仪式制度渐扩及于品官，同时也制定庶人丧礼。这种官制丧礼在晋、北魏、北齐、隋、唐累世修订[80]，其原因正如西晋尚书郎挚虞所说的“盖冠婚祭会诸吉礼，其制少变，至于丧服，世之要用，而特易失旨”[81]。所谓“失旨”，一方面由于礼经上文字含义混淆，一方面丧俗世风常变；如何在礼经文字上明断争疑，又如何在合礼的情况下调整损益，这便是官制丧礼的任务。

唐以前历代官修丧礼的详细内容，都没有流传下来。到了唐代，我们从玄宗开元二十年（732年）所制定的《开元新礼》中，可知这种别官品、一流俗的丧礼制度已经很完备了。从对“身死”的称呼开始，三品以上称“薨”，五品以上称“卒”，六品以下至庶人称“死”；在饭含礼中，死者口中所含之物亦有差别；其他如殓衣、棺木、铭旌、明器、出殡时的仪式、择日择地用的卜筮、坟茔的高度、碑碣等，皆随官品而有定制[82]，在施行原则上，各级品官若因身后萧条，可以减省陪葬及仪仗，但低品官绝对不能逾越僭用高品丧仪。人子在遭丧亲

80.《古今图书集成·丧葬部汇考》。

81. 同上。

82. 瞿同祖，《中国法律与中国社会》，第三章，第三节《丧葬》。

之痛时，总是希望父母能得到死后哀荣，因此在这种官制丧礼下，便有两个结果，一则是“立身行道，以显父母”，有了丧礼上的现实回报；一则是逾礼的事层出不穷。从唐太宗的昭陵陪葬墓看来，从贞观十一年（637年）到开元二十九年（741年），前期的坟茔高度还大体合于礼制，而时间稍晚，很多墓葬都突破规定了[83]。官制丧礼的能否严格执行，亦可视为政治良窳的指标。

83.《昭陵陪葬墓调查记》，《文物》，1977年十期。

儒家丧礼以《三礼》作为根据，因此丧礼仪注也随着经学而学术化了。除了文字训诂之外，唐代也很流行实例的探讨，虽然《三礼》中很详细地制定长幼亲疏间的丧服等差，但人伦关系特例太多，每一特例学者们都要根据《三礼》中的“学理”争论一番，譬如“为没有出嫁的族曾祖姑应服什么礼”，“过继别支者，他的妻子为本支舅姑服什么礼”，这种特例无有穷尽，学者的争议也永不罢休。他们讨论的结果，也列入《开元礼》中，从这些对丧服的争论里，亦可见中国人对人伦关系的重视。

儒家丧礼主要实行在上层社会知识分子之间，由于知识分子在当时全部人口中所占比例很小，又集中在京师大邑，因此，他们所关怀的儒家丧礼，尤其那些繁杂仪式，在广大的民间，似乎不易施行。但是，前面说过儒家丧礼并非战国到汉初的学者凭空创造，某些重要仪式显然源自通行的丧俗，因此民间（尤其中原地区）丧礼，可能粗具儒家丧礼的规模。加上地方官化民成俗的努力，儒家丧礼应该在民间广为流传了，只是随着地区教化的程度，以及经济的社会等差而有不同。至少，儒家丧礼的精神——慎终追远——成了民间普遍的伦理信念。

民间丧礼中，虽然接受儒家伦理的丧葬观，但始终有浓厚的宗教气息，“灵魂不死”的观念，一直阴魂不散地缠绕在中国丧礼中。连儒家丧礼都有招魂仪式（复礼），这个仪式很可能是周代民间通行的丧俗。在基于阴阳五行思想的神秘主义笼罩下，接受儒家丧礼的汉代贵族，仍然充满了对死后世界的想象；从长沙马王堆，以及临沂金雀山出土的墓中帛画，可看出汉人的死后世界观。两幅帛画大致都是分为天上、人间、地下三部分，顶端绘有天体，右有日，日中有一金乌；左有月，月中有玉兔、蟾蜍。中间的画面是墓主的送别场面，或歌舞升平，或大宴宾客。最底下的是地下世界，都是些鱼龙水族，及驾驭它们的神人[84]。两幅帛画都表现出墓主希望将生时的富贵带到死后世界之中。长沙与临沂两地相隔千里，从两幅画的雷同来看，这种死后登天享受富贵的观念，是很普遍的。

虽然这两幅帛画出自贵族墓葬中，但在知识分子及上层社会，这个原始的宗教情绪被儒家思想冲淡了。"灵魂不死"观念的大本营是在民间，这种观念使得一般老百姓具有接受"宗教"的心理特质。汉代传入中国的佛教，最初在上层社会很难被接受，反而在民间广为流传，其部分原因便是民间有这种心理特质。同样的，道家学说与神仙方术，在知识分子中演化成服气养生、形上的玄想的道家；在民间则形成宗教信仰道教，也是基于这种心理特质。

道教是中国的本土宗教，对死后世界的观念，与民间一般的观念并无不同。外来的佛教，却带来一套新的死后世界观——六道轮回，转世托生。在佛家轮回说中，人有三世因果，在死后四十九日之内，分七阶段渐随业力受生，这个初死未入胎的阶段称为中阴。业有善恶，可决定死者是进入地狱、饿鬼、畜生或是修罗、人间、天上各道[85]。中国原有的"灵魂不死"宗教信仰，因为上层知识分子的兴趣转移到人伦的道德秩序中，而在民间停滞了千余年；"灵魂不死"的观念在死后信仰中是不完整的，对灵魂的去处，并未形成合理的宗教逻辑。因此，随着佛教的流传，中国人很普遍地接受这个新的死后世界观。后来道教也窃取佛教的轮回观，宣扬地狱托生之说[86]，这也表示在中国思想中，原来的确不注重灵魂的去处。

对理性主义的儒家而言，民间的鬼神崇拜原非不能容忍，他们的

84. 刘家骥等，《金雀山西汉帛画临摹后感》，《文物》，1977年十一期。

85. 道端良秀，《佛教と儒教》（东京，第三文明社，1976年），页90—94。

86. 傅勤家，《中国道教史》（台北，商务，1980年，台七版），页155。

态度正如荀子所说的："其在君子，以为人道；其在百姓，以为鬼事也。"[87] 宗教与道德分离，只要能达到教化的功能，儒家与宗教是可以合作的[88]。况且民间的鬼神崇拜没有一套思想体系，对儒家思想无害。但是佛教有其灵魂理论，而这理论在"形体"与"灵魂"的解释上，与儒家思想是矛盾的；再加上民间"趣僧趋佛"的风气，日甚一日，终于引起儒家知识分子的抗诘。

晋初就曾有形（肉体）神（灵魂）存灭的议论，但最著名的儒佛论战是在梁武帝时，由范缜起头，他写了一篇《神灭论》，激起一场波澜壮阔的宗教与伦理之辩。他鉴于当时"浮屠害政，桑门蠹俗"，百姓们"竭财以趣僧，破产以趋佛"，乃起而对轮回之说大加抨击。他认为肉体与灵魂一体，因此"形存则神存，形谢则神灭"；又认为丧葬祭祀，乃圣人从孝子之心设教，并非真有"鬼魂"。这场辩论，儒佛学者各持一端，争持不下，最后由虔信佛法的梁武帝作总结，当然，范缜的观点受到严斥[89]。事实上，这场辩论没有胜利者，也没有失败者，儒佛之间也没有绝对不可融通的矛盾。尤其在"孝道"观念上，虽然从南朝到唐代都有"沙门应否敬父母"的争议，但以"广孝寺"为名的寺庙，以及相当于儒家《孝经》的佛教经典《反母恩重经》，都显示佛教与儒家在孝亲观念上的协调[90]。

佛教进入中国时，也带来了佛教特有的丧礼仪式。印度佛教中的正葬是"荼毗"（火葬），在中国佛门中火葬并不盛行，佛门丧礼各行其是。到了唐代，中国的佛门丧礼渐渐形成，记载这种丧礼的如唐代的《临终方决》、《四分律行事钞》，宋代的《禅院清规》，元代的《敕修百丈清规》。仪式上融合了儒家丧礼、民间丧俗与佛家特有丧仪，如为死者穿草履、置六道钱、念往生经等[91]，其中最能代表佛家仪式

87.《荀子·礼论》。

88. 杨庆堃，《儒家思想与中国宗教之间的功能关系》，《中国思想与制度论集》（台北，联经，1976年），页319—347。

89. 王治心，《中国宗教思想史大纲》（台北，中华，1980年），页106—109。有关形神之辩的议论，见于《弘明集》。

90. 道端良秀，《佛教と儒教》，页187。

91. 中国佛门丧礼的形成，可以唐百丈禅师所作清规为代表，后世据此历代编修；参见柳田圣山编，《敕修百丈清规左觿》（台北，中文，1977年），上册，页49—52；《禅规历代编修》；道端良秀，《佛教と儒教》，页64—67。

的便是丧礼中的“七七斋”。前文说过，在佛教轮回观中，人死后在七七四十九日内，分七阶段随业力受生；七七斋便是死者家属在这段时间内，斋僧念经，作种种功德，替死者消弭恶业，以投入良善之家。北魏灵太后之父胡国珍死时，孝明帝为他请了一千个和尚念经作七[92]，可见这风气在南北朝时已经有了。当时写经造像，捐建佛寺的风气特盛，在佛教中是作功德、积善业，为自己也为先人，也是佛教丧礼的一部分。

魏晋南北朝期间，与道教有关的丧俗，最重要的是从阴阳五行观念中衍生的相墓之术。在《仪礼》中，有以龟卜问葬日，以筮问葬地的仪式，这在儒家丧礼中，只是因于殷礼的残余，实无多大意义。后来，卜筮逐渐失传，而以时间、空间的特定关系决定吉凶的观念，与阴阳五行之学结合，便成了堪舆之学，用在墓葬中，就是“相墓术”。后汉时，袁安找地方葬他父亲，遇到三位书生，指着一块地说：就葬在这儿，以后世代高官。袁安听他们的话将父亲葬了，果然累世隆盛[93]。这种相墓之术传到东晋郭璞手中，集前人之大成，因此后人皆以郭璞为相墓术的始祖。

相墓之风从魏晋到隋唐，一直非常盛行（事实上至今不衰），几乎成了民间丧礼的传统。令政府及知识分子担忧的是随之而来的“停葬”风气。原来在儒家经典中便有“天子崩七月而葬……诸侯五月而葬……大夫三月而葬”[94]的规定。地位愈高，停葬愈久，原是因为地位高者用礼较繁，不得不稽延数月。在相墓之风下，原来停葬也是为了谨慎地择时择地，但后来竟成了停葬愈久，愈能表现人子的孝心。在晋代已有“拘忌回避岁月”，而停棺不葬的风气[95]。唐代有郑延祚者，母死停葬二十九年，结果被颜真卿告了一状[96]。到了后周时，皇帝下了敕令，严禁停丧不葬，并规定父母未葬者，不得仕进[97]。

92.《魏书》，卷八十三下《外戚胡国珍传》。

93.《后汉书·袁安传》。

94.《礼记·礼器》。

95.《晋书·贺循传》。

96.《旧唐书·颜真卿传》。

97.《古今图书集成·礼仪典上》（台北，文星，1964年），页1014。

魏晋南北朝时，战乱频仍，社会动荡，一般百姓对生命现实的看法，趋于消极；累世富贵的六朝门第，更增长他们对宿命的依赖，这也是轮回观与相墓术流行的时代心理背景。

另外，从魏晋到隋唐，还有许多反映时代的丧俗。如魏晋南北朝时，豪门聚族而居的风气很盛；墓葬中也有族葬之风，象征着乱世中死后仍要聚族相保；在陪葬品里，有大批武装部曲骑兵俑，象征乱世中私属武力的流行。南北朝时，墓中常放置“买地券”，这是道教丧俗，也是身处乱世，希望死后能求保一席之地；文献中更可见当时流行一种“招魂葬”[98]——没有尸体的丧礼，活生生地表现出乱世里至死不得相守之痛。北魏的墓葬，以及陪葬陶俑的开领宽袖服，都显示高度汉化的结果。北魏墓中的昆仑奴陶俑、隋唐墓中经常出现的波斯萨珊王朝银币，以及墓壁上的莲花、飞天等图像，表现出与西域、印度文化的交流。南北朝末期，北方社会渐渐安定；墓葬中的部曲卫士减少，陶俑里出现以牛车为中心的仪仗、侍从、伎乐等一列出行队伍。唐初墓主仍喜欢出行，但陶俑中牛车换成了马车。开元天宝以后，无论墓葬中的陶俑或壁画，都显示富足的家居生活。唐代墓葬中的三彩陶俑，色彩的富丽，人物体态的圆浑，都表现出这是一个富足的时代[99]。

98.《晋书·元帝本纪》。

99. 以上墓葬考古资料见于:《新中国的考古收获》、《文物考古工作三十年》。

100.《新中国的考古收获》，页93。

魏晋南北朝时，也开始盛行在墓中放“墓志”[100]。起先可能是为了表明墓主身份，以防在战乱中湮没流失；后来变成歌颂墓主功德学行的谀墓词，隋唐以后仍盛行不衰。这是墓葬中显示的“立功、立德、立言”三不朽的观念，汉代的盛行使墓主肉体不朽的努力渐被放弃，由肉体不朽转移为精神不朽，“墓志”就是追求精神不朽的象征。

在这段时间的丧礼变化中，我们看见上阶层及知识分子仍固持着丧礼大传统的道德理论及仪式（虽然《开元礼》中已简化了一些）。民间（包括部分上阶层及知识分子）由于宗教的影响，无论是丧礼观念或丧葬仪式，都呈现儒释道混杂的现象；融混的过程正在进行之中，由唐至宋，儒家大传统与民间小传统之间，逐渐出现一道主流。

丧礼大小传统的融合

从唐末五代起，在文学、艺术、学术思想上，盛唐创下的辉煌成就，都有世俗化、平民化的倾向。到了宋代，文化各层面都普遍呈现这个世俗化的结果，丧礼自然也不例外。另外，儒佛道三家思想的矛盾与争执，到了宋代，逐渐消失，尤其在民间信仰中，三教思想与仪式混融如一，表现在民间丧礼之中。这两股潮流，便是宋代以后中国丧礼变化的由来。

宋代沿承官修丧礼的传统，从宋太祖敕修《开宝通礼》起，累世修纂。到了徽宗政和三年（1113年），修成《五礼新仪》，刊行天下，并规定不奉行者论罪[101]，这就是代表宋代官修丧礼的《政和礼》。虽然在丧礼上，《政和礼》比起《开元礼》又简省了许多，但由于时代去古太远，居宅环境、日常用物、生活习惯，都有很大的变迁，有些仪式竟无法实行。在知识分子中施行已有困难，更何况一般农夫百工；然而，官制丧礼又拘于《三礼》，改革谈何容易？因此掺杂佛道的丧礼，在民间盛行不衰，如司马光所言“世俗信浮屠诳诱，于始死及七七、百日、期年、再期、除丧，饭僧设道场，或作水陆大会，写经造像，修建塔庙……”[102]这种世风，令卫道者担忧，后来情况终于有了转变——就在官礼施行不易，民间丧礼又杂用佛道时，出现了私家丧礼，最有名的便是司马光的《书仪》与朱熹的《家礼》。

私修丧礼并不始于宋代，在南北朝时，颜之推的《家训》中便曾自作终制[103]，但只是用于本身或家族，没有推及天下的意思。宋代“于学无所不通，惟不喜释老”[104]的司马光，感于丧俗时弊，在《书仪》中自作丧礼传世。死后，他的儿子替他治丧“皆用礼经家法，不

101.《宋史》，卷九十八，《礼志一》。
102.《大学衍义补·家乡之礼》。
103.《颜氏家训·终制篇》。
104.《宋史》，卷三三六，《司马光传》。

为世俗之事"[105]。南宋时，朱熹也对佛事乱礼深恶痛绝，在他出知漳州时，"以习俗未知礼，采古丧葬嫁娶之仪，揭以示之，命父老解说，以教子弟"，力革时弊。后来作《家礼》传世，中亦有不作佛事之戒[106]。《书仪》和《家礼》之作，代表知识分子维护儒家大传统的努力，但为了避免矫枉过正，对于通行的丧俗，在不违大礼的原则下，亦可融通，这就是私礼与官制丧礼不同之处。

在官制《政和礼》中，已隐约受到佛道的影响；如《政和礼》中用"百日卒哭"，虽然是三月而后卒哭之意，但"百日"的确是浮屠之法[107]。其次，在卜地卜日方面，《政和礼》只含糊地称"择之"，不载其仪，恐怕是许用地师之术[108]。官制丧礼只有这些隐约的变化，此外亦不多改。等到司马光的《书仪》与朱子《家礼》出现，许多民间丧俗都被采用了，如题主之礼（近世丧礼中的点主题主），宾拜灵座之礼（今人所谓公祭），其他如治棺、入殓等仪式的细节，都因时俗而改；旧丧礼中的古时用具，如角柶、燕几等，或去除或代以他物。甚至有些显然是佛道的礼仪，也入了私礼，如江南流行的棺中置"七星板"，原是道教丧俗，被纳入《家礼》之中。卜日筮地在《书仪》中虽称用"卜筮"，但又注明"今若不晓卜筮，止用杯珓可也"；《家礼》中直称"择地之可葬者"及"择日开茔"，显然是用阴阳相墓之法。《家礼》中祭奠可用香烛，也是佛道习俗[109]。

宋代以后的官修丧礼，如见于《明会典》及《清通礼》者，一方面依据礼经及《开元礼》、《政和礼》，一方面兼采《书仪》、《家礼》，但官修丧礼在民间仍然不易施行，因此明清两代，政府都推崇《朱子家礼》，颁行天下[110]，希望能化民成俗。如此一来，《家礼》在民间无论上下阶层普遍流行，而且历代也有私家的修订[111]，反倒继续了中国

105.《宋史》，卷九十八，《礼志一》。

106.《宋史》，卷四二九，《朱熹传》。

107. 姚子让，《丧服丧礼草案》（台北，维新，1969年），卷下，页11。

108. 同上书，卷上，页31。

109. 以上《司马书仪》，《朱子家礼》中之丧礼与礼经之比较；参见姚子让，《丧服丧礼草案》。

110.《明史》，卷四十七，《礼一》："永乐中，颁文公家礼于天下。"

111. 今日民间流行的《家礼大全》（台北，竹林，1980年，九版），为清初吕子振辑，民初杨鉴增删。

丧礼的大传统；官礼只剩下一个“别官品”的空架子，进入民国后便消失了。

民间杂用佛道的丧俗，由唐至宋，渐有三教归一的趋向。道教与佛教的混合非常早，在佛教刚入中国时，就曾“借道传佛”，甚至有一段时间，和尚还称做“道人”。南朝陶弘景死时，遗命自制丧仪，中有“道人、道士并在门中，道人左，道士右”等语[112]，这恐怕是丧礼中佛道杂用的先驱了。后来道家采佛教死后之说，甚至抄袭佛教名词，如血湖、地狱、诸天、轮转等[113]，因此唐宋之间议论，多指责丧礼用佛法，而很少提及道教事，实际上佛道在丧礼上是如一的。

南北朝时的颜之推，在《冤魂志》中引经史以证报应，已开儒释混合之端[114]。到了唐宋，我们从嵩山少林寺的一块“三教圣像碑”，可明显地看出儒释道三教融混的现象；碑上图像，中立者为释迦牟尼，左为孔子，右为老子，上有唐肃宗皇帝赞，曰：“吾儒之师，曰鲁仲尼，仲尼师聃，龙吾不知，聃师竺乾，善入无为，稽首正觉，吾师师师。”[115]

在死后观念上，三教思想的融合，具体表现在唐宋以来流行的“死后十王审判”信仰。这种信仰糅合了儒家慎终追远的道德观、佛教的轮回果报观念，以及民间道教的鬼神观。至于地狱十殿阎王的由来，可能源出佛经十八狱主之说，以佛家原有的阎魔王、转轮王等掺杂民间道教鬼神而成。在佛家的《地藏十王经》、《十王图》与道教的《玉历宝钞》中，都有地狱图像及十殿阎王的描叙，皆谓人死后要接受十殿阎王的审判，以冥报的残酷，导人为善[116]。“阎罗王”是这种信仰的核心，唐代的段成式在《酉阳杂俎》中，曾记载当时长安城里的恶少，在右臂上刺字“生不怕京兆尹”，左臂上刺“死不畏阎罗王”[117]。从这段有趣

112. 傅勤家，《中国道教史》，第十一章，《道佛二教之互相利用》。

113. 同上。

114. 鲁迅，《中国小说史》（台北，民文，1977年），页58。

115.《文物》，1975年三期，页43；碑文是金完颜永济大安元年（1209年），利用唐碑背面刻成。

116. 参见道端良秀，《佛教と儒教》，页147—149。

117. 段成式，《酉阳杂俎》，卷八。

的记载可见，至少从唐代起，“死后见阎王”的意识，就普遍存在中国人的心目中了。

前面说过，对上位者及知识分子而言，儒家丧礼有教化民众的目的；而“十王审判”信仰中，亦借冥报导人于善，两者殊途同归。因此，唐宋以来，笔记小说及戏曲中，引经史故事以证冥报的题材，更是不胜枚举。

在佛教轮回观中，原来就强调“善有善报，恶有恶报”，与儒家慎终追远的孝亲思想结合后，最重要的善业便是“孝敬父母”；宋代墓葬中，最突出的图像便是“孝子图”，宋代以后成了墓中图像的主题。在元代全真教道士宋德方的木椁上刻有四幅孝子图，另一道士潘德冲的椁上更刻了二十四幅[118]，显示道教受儒家精神的影响。另外，在“目连救母”故事的发展演变中，以儒家“孝亲”观念为中心的三教混一，更为明显。

“目连救母”故事，原出自《盂兰盆经》，原来的故事非常简单；大意是：目连为佛的弟子，其母堕饿鬼道，目连亲往救之，佛乃教他于七月十五日建兰盆大会，供养十方大德众僧，借众神之力，救母于饿鬼道中[119]。因为这个故事合于儒家的孝亲思想，因此，到了唐代许多讲唱佛教故事的变文里，《目连救母变文》最为流行，并添加了对地狱景象的详尽叙述[120]。又由变文演成俗讲、戏文、杂剧；“目连戏”由佛教故事，掺杂佛道的十王审判及冥报信仰，寓意儒家孝亲思想；从唐宋历元、明、清，一直盛行不衰，尤其常用在丧礼之中。

丧葬仪式的三教融混，与死后信仰的三教归一，是同时并进的，而且愈来愈普及，普及的过程是由社会下层渐及于上层。在唐代还少见禁民间丧礼用佛道的议论，从五代至宋，渐被一般士人所接受，因此引起卫道者的恐慌，反对丧礼用佛道的议论就多了。宋太祖开宝三年（970年），首都开封府首禁士庶之家丧葬用僧道[121]；宋人的著作

118.《新中国的考古收获》，页118。

119.《佛说盂兰盆经》，《大藏经》（台北，中华佛教文化馆，1959年），第十六册，经集三。

120. 郑振铎，《中国文学史》（台北，宏业，1975年），页455—456。

121.《宋史》，卷一二五，《礼志二十八》。

中，也常流露对“丧家命僧道诵经设斋，作醮作佛事……出葬用以导引”[122]的丧俗，表示不满。然而，在杂用佛道之外，整个丧礼的核心仪式，却是儒家的大传统，尤其在《家礼》普及之后，三教合流的民间丧礼便愈来愈具普遍性，直到今日，民间丧礼仍受这个传统的影响。

122. 王柡，《燕翼贻谋录》（台北，商务，1979年），页18—19。

123.《大学衍义补》：“追荐之说，惟浮屠氏有之，而近世黄冠师，亦有所谓炼度者，彼见浮屠得财，亦尤而效之也，在宋时犹未盛……”

明代小说《金瓶梅》中，对西门庆的爱妾李瓶儿的丧礼，有极翔实生动的描述，从这段记载中，可具体地看出，唐宋以来三教融合的丧礼实际施行的情况。

从李瓶儿断气身亡始，书中说“可惜一个美色佳人，都化作一场春梦，正是阎王教你三更死，怎敢留人到五更”，这是民间普遍流行的阎王信仰。众人将李瓶儿遗体装扮妥当，立刻请“阴阳生”来看时批书，整个丧葬过程，都在阴阳生的指导下完成；阴阳生有如今日台湾丧礼中的“司公”，亦三教之混合产物。阴阳生问西门庆要停放几时，西门庆说“热突突的，怎么就打发出去，须放过五七才好”，这是民间的“停棺”习俗；接着差下人到各亲眷处报丧，又在天井里搭了五间大棚，为作法事之用。

第二日行小殓礼，这时西门庆安放一颗胡珠在李瓶儿口中，这便是饭含礼，整个仪式就是“亲视含殓”。然后请来和尚，轮流诵经。第三日，和尚正式起道场，“合家大小披麻带孝，陈经济穿重孝经巾，佛前拜礼”，这是糅合儒释的“成服礼”；接着行大殓入棺之礼，置七星板，钉长命钉，是道教仪式。

入棺毕，随后便是七七四十九天的法事；作七原是佛家法事，但宋代以后，道家也为人设道场作七[123]。在李瓶儿的丧礼中，首七是和尚来诵经，二七是道士作法事，三七也是和尚念经，四七是喇嘛念经，五七是道士作水火炼度，六七没有念经，七七是女尼诵经；原来的“佛事”，此时竟僧、尼、道、喇嘛，各种排场杂陈。

入葬之日，发引的排场极其隆盛，除了家属之外，僧道、鼓乐人役、名旌、各项幡亭纸札，以及送葬的官员士夫、亲邻朋友，车马喧呼，填街塞巷。阴阳生择定起棺的时辰后，女婿陈经济跪在柩前摔盆，然后棺木出堂，由六十四人抬棺（在明代礼制中，这是极严重的逾制）。下葬之后有点主之礼，葬罢归来“燎火而入”[124]。

从李瓶儿丧礼中，我们看到一个儒释道混一的丧礼仪式，其中骨干是代表儒家丧礼传统的《家礼》。这个丧礼是儒家丧礼大传统与民间丧礼小传统融合的结果，大致上，宋代以后，除了少数人固守古礼之外，一般上阶层的士人也不能免俗了。

宋代以后除了流行这种三教合一的丧礼外，还流行“火葬”，这是儒家难以接受的佛教丧礼。印度佛教有“荼毗”之法，荼毗就是火葬。佛教传入中国后，行荼毗葬者，多为外国僧人，在中国佛门中起初并不流行。一般民间的火葬，在唐代更不普遍；少有讨论火葬的议论，出土墓葬中，也极少见到唐代的火葬墓。到了宋代，文献上便屡见禁止火葬的议论[125]。宋太祖曾下敕令，说“近世以来率多火葬，甚违典礼，自今宜禁之”[126]；高宗绍兴年间，范同言曾上奏，指河东地区火葬成俗，原因是地狭人众，并推崇韩琦镇并州时，以官钱买地，给民安葬的办法[127]。后来，这个政策大致被历朝政府所采行；一面禁止火葬，一面广设义冢，使贫民得有葬身之地[128]。

从出土墓葬看来，的确宋明以来火葬流行，特别是北方地区[129]。北方的火葬墓，大多是辽、金、元的墓葬，在北方汉人之间，火葬并不通行，因此元代以后，北方火葬之俗就不多见了。南方火葬之风，宋代以后，一直很盛，如《五杂俎》中说“吴越之民多火葬，西北之民多平地葬”[130]，这种东南多火葬的风气，到了民国仍无改变。

124. 笑笑生，《金瓶梅词话》（明万历本），六二—六四回。

125. 洪迈，《容斋续笔》：“自释氏火化之说起，于是死而焚尸者，所在皆然……古人以焚尸为大僇也。”

126.《续通典·礼三久》（台北，新兴，1959年）卷八十三。

127. 同上。

128. 如明洪武三年，令郡县设义冢，禁浙西等处水葬、火葬，违者坐以重罪，见于《古今图书集成·礼仪典》，卷六五，“丧葬部”，引《明通纪》。

129.《文物》，1978年十一期，页20；《考古》，1979年五期，页391。

130. 明谢肇淛，《五杂俎》，卷六。

宋代以后，政府及知识分子努力消弭此风，广设义冢，但效果不彰[131]，因为火葬的背景，除了“地狭人众”之外，还受佛教丧葬思想及东南的洗骨葬丧俗[132]的影响。无论如何，宋代以后历朝政府鼓励以公地给民安葬的政策，代表中国人对丧葬的关怀。虽然在乱世，不免有转死沟壑者，但在太平年间，甚至无主的遗骨，都会受到照顾：如南阳市郊发现的两座罐葬墓，罐中藏遗骨，上覆以瓦砖，瓦砖上有字曰“政和二年七月十七日，第二都保正李善，送到遗骸一副，本地分沿城东古堤下见，丙寅□字号葬讫”，另一墓内容相似，是“德字号葬”；从这些字号上显示一个人道的、泽及枯骨的公葬慈善制度[133]。

从中国人普遍反对火葬这一点来看，中国丧礼受佛教影响的是轮回观与部分点缀的仪式，只要和“慎终追远”的精神不违都可以接受，但若违背这个精神——如火葬——就要受到反对了。

结 语

从中国丧礼中，我们可看出一个文化精神的形成及演变过程。从新石器时代模糊的亲族意识与灵魂不死的观念，逐渐形成殷商的祖先崇拜；在殷人祖先崇拜中，人伦意识与鬼神意识混而为一。到了周人丧礼中，由于宗法制度的政治关怀，上层社会的丧葬观念倾向于政治性、伦理性，继起的儒家更加强了这个丧礼的伦理道德结构，彻底抛弃了宗教特质，形成中国丧礼上的大传统。

然而，基于“灵魂不死”观念的宗教特质，仍保留在民间。东汉以来，受佛教轮回观的刺激，民间普遍接受了这个新的死后观念，作为灵魂不死观念的延续。观念的转变，从魏晋到隋唐，上层知识分子

131. 褚稼轩，《坚瓠秘集》引《梦余录》言：“火葬起于西域，惨毒不仁……东南为仁义礼乐之区，文物之盛甲天下，而此风流行，莫以为怪……弘治中，郡守曹公鸣歧，置义冢于六门之外，皆方百余亩，而民狃于故习，犹自若也，吁！可恨哉！”

132. 洗骨葬是一种间接葬，至少要葬两次，洗骨之前的葬法有土葬、火葬、水葬……此种葬俗在东南亚及环太平洋沿岸分布极广。参考凌纯声，《东南亚的洗骨葬及其环太平洋的分布》，《中国边疆民族与环太平洋文化》（台北，联经，1979年），上册，页760。

133.《考古》，1966年一期，页54。

从有无之辩到形神之辩，儒释道三家思想的纵横激荡，以及宋明理学中表现的三教融合，都是引人注目的。在民间，宗教的层次里，也逐渐完成了三教的归一，儒家慎终追远的孝道精神，便是融合的基础。在这丧葬思想转变的同时，由于《家礼》的出现与修订，使大传统逐步下移，至明清时大小传统遂混融无迹。

无论是儒家丧礼或佛道宗教中，都有一些特殊的仪式，从明清以来通行的丧礼来看，各地取舍不同，更掺杂了地方特有的习俗，如西南的船棺葬、东南的拣骨葬，因此，中国丧礼的传统，最主要的是慎终追远的精神，并非枝节仪式，这个精神也是维系中国文化传承与社会秩序的主要力量。它的传承，像是浩荡的长江大河，源头是无数的小支流，当它流过亚洲的原野上时，从高山到平原，无数的支流奔腾而下，汇成传统的巨流，中国的“礼”与“俗”便永远保持这样的关系，使得大传统永远是常流的活水。

俎豆馨香

历代的祭祀

洪德先

初民时期，整个社会的活动都不能与神道分离，当时神道就是社会的伦理，失去了它，人类的一切便会失去支柱[1]。在这种神权意识的笼罩下，祭祀权便成为权力的象征与泉源。个人虽也拥有部分的祭祀权力，但是一些特定意义的祭祀行为，却非人人可触及。等到国家体制建立，“国之大事，唯祀与戎”[2]的观念就应运而生。

1. 罗香林，《民俗学论丛》（台北，文星，1966年），页107。
2.《左传》成公十三年。

同时，在祭祀、宗教、社会等各种功能的相互运作下，产生了上层社会的祭祀规范，而平民阶层在统治阶层允许的范围内，也建立起民间的祭祀习俗。因而祭祀行为在中国社会里形成“礼”、“俗”两大脉络，承传于数千年的历史巨流里。随着时代风气不停地变革，久而久之，两者逐渐合而为一，成为中国人最重要的传统之一。这个传统不仅安抚了个人心灵的空虚不安，同时亦维系了上层社会的运作及平民社会的凝聚不散。

传统的祭祀礼俗，极其繁复。其中以祭祖、社祭与祭天最具重要性。祭祖在个人及家族中所扮演的伦理功能、社祭于传统社会中所产生的社会功能以及祭天的政治功能，累经时日，相因相成，形成一套发于个人、上达国家的祭祀系统，此一系统构成了整套中国人的祭祀观。其形成的过程及其与中国历史发展的关系，是颇值得深入探讨的历史课题。

祭 祖

原始社会的人们，对于周遭一切现象茫无所知，既畏且敬。他们不知现世一切，不知人从何处来？也不知往何处去？经过“死亡”经验的累积，再加上平日的幽幻、影子、梦境等不可理解的现象，久而久之，神灵鬼魂的观念遂油然而生。

先民对于鬼魂的观念是敬畏掺杂，但在繁杂的神灵中，祖先崇拜有其特殊的地位。因为原始社会里，经验常识往往成为领导者的必备条件之一，而祖先长辈生前与子孙密切地生活在一起，以经验、权威指导人们如何自卫与谋生，因此当部落长者死后，经过时间及语言口传的渲染，祖先遂被神秘化。并且经过不停的“神化”过程，祖先俨然富有一股神秘的能力，能于冥冥中视察子孙的行为，加以护卫或惩罚。子孙们亦深信经由祭祀的仪式及祭品的供奉，可保卫后世的子孙及家族免于灾祸[3]，祖先崇拜（ancestor worship）因此而生。

中国的祖先崇拜习俗，根据近年来考古资料（图一、二）显示，龙山文化时期的遗址，如客省庄、泉护村等地，均曾发现象征祖先崇拜的陶且（祖）塑像，可称之为中国祖先崇拜的雏形[4]。到了殷商时代，因为人们对于自然现象的无知及不能控制，使他们深信世界的一切操纵于神明之手，而至高无上的神就是上帝。因为上帝能兴雨作旱，禾黍丰歉亦操于上帝。但是从殷墟发掘出的甲骨片，大部分是祭祀祖先的资料，记载祭祀上帝的却不多见。此一现象除了表示殷人祖先祭祀的发达，也说明殷人深信他们一族乃代表着上帝旨意而统治人世，下界的王朝即为上帝的代表。他们认为上帝并不直接与人间小民相接触，所以一般人并不能直接向上帝吁请。因此人们若有祈求，须以王室为下界总代表，透过王室祖先的神灵，才能将下界的祈求传达于上帝之前[5]。祖灵这时所扮演的角色，已与人世之事息息相关。这一现象亦可说是祖先崇拜与天神崇拜的逐渐接近、混合，并且为殷商以后的中国宗教树立了规范，即祖先崇拜压倒了天神崇拜[6]。

根据卜辞记载，殷人祭其先公先王，其对象往往参差不定，祭祀过程颇为繁复，但是明显可知尚未成定制[7]。至于周人的祖先祭祀则渐趋定型，根据《礼记·王制》的记载：“天子七庙：三昭三穆，与太

3.James Hastings(ed.), *Encyclopedia of Religion and Ethics*(New York, Charles Scribner's Sons Press, 1958), Vol. 12,p. 761.

4.《新中国的考古收获》(1962年)，页15；Ho,Ping-ti,*The Cradle of the East* (Hong Kong, The Chinese University Press, 1975), p. 280。

5. 钱穆,《中国文化史导论》(台北，正中，1975年)，页38。

6. 陈梦家,《殷墟卜辞综述》，页563。

7. 王国维,《殷周制度论》,《观堂集林》(台北，河洛，1975年)，页467—472。

祖之庙而七；诸侯五庙：二昭二穆，与太祖之庙而五；大夫三庙：一昭一穆，与太祖之庙而三；士一庙：庶人祭于寝。”另据《礼记·丧服小记》所云：“王者禘其祖之所自出，以其祖配之，而立四庙。”因而历史上有“七庙”与“四庙”之争。据近人研究，《王制》、《礼器》、《祭法》、《丧服小记》诸篇之记载，均为后世所虚拟。因此殷周祭祖虽有其规制，但是并不如同经书中所记载的那般完备[8]。虽是经书中所记载的礼制，却成为后世制定祭仪的根源。

周人的宗教观，深信“骨肉归复于土，若魂气则无不之也”[9]。因此，身体肉身虽寂灭消失于世上，但是却并不表示灵魂亦随之而逝。故在世者对于去世的祖先，充满着崇敬的心情。因为祖先的灵魂有降祸赐福的能力，故《诗经·周颂·闵予小子》云：“念兹皇祖，陟降庭上，维予小子，夙夜敬止。”

周人对其祖先的崇拜祭祀之礼，可分为丧礼与吉礼二类。二者因为祭祀对象不同，故祭礼的内涵亦有异。丧礼的对象为新丧的亲人，整个仪式过程则在服丧期间举行，属于五礼中的凶礼，其仪式有虞、卒哭、祔、练、祥、禫等。吉礼则为除丧后，平日岁时的祭祖礼仪，被祭祀的对象则包括一般祖先在内。此礼属于五礼中的吉礼，其仪式有禘祫（禘、郊、祖、宗、报）、时享（祠、禴、蒸、尝）等类[10]。

周人家庙祀典中之禘祫、时享诸礼，据《仪礼 特牲馈食礼》记载，从筮日、供品、祭者进退等，均有明文规定。于诸仪式中以“立尸制度”最具特色。据《礼记·坊记》载曰：“祭祀之有尸也，宗庙之有主也，示民有事也。”杜佑《通典》卷四十八《礼八》亦云：“祭所以有尸者，鬼神无形，因尸以节醉饱，孝子之心也。”根据《仪礼》及《通典》的说法，“立尸制度”的初衷，很可能是子孙在祭祖时，因为祖灵是无声无息的，于是经由宗教的仪式，选定一活人作为祖灵的代表，就是所谓的“尸”[11]。至于尸的人选，往往须于祭祖前通过卜筮的方式，

8. 章景明，《殷周庙制论稿》（台北，学海，1979年），页60。

9.《礼记·檀弓》。

10. 章景明，《周代祖先祭祀制度》（台大中文研究所博士论文，1973年），页129。

11. 章景明，《殷周庙制论稿》，页95。

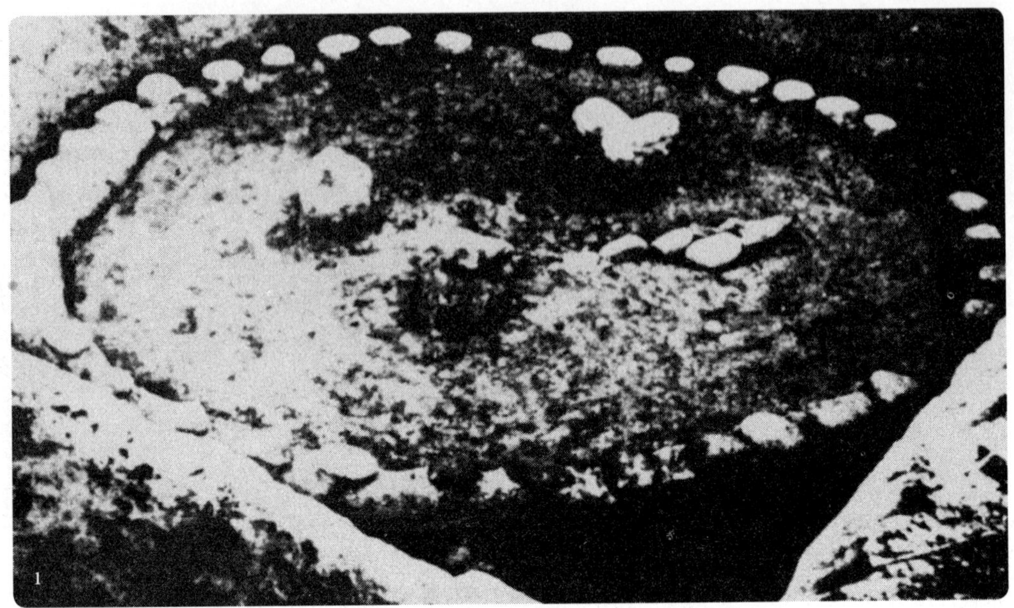

图一 村落的祭场遗址——大河庄齐家文化。采自伊藤道治编撰《图说中国の历史1：よみがぇゐ古代》（东京，讲谈社，昭和五十一年）。齐家文化是位于相当现今中国甘肃为中心地区的新石器时代文化，其名称来自于其主要遗址齐家坪遗址，1923年由考古学家安特生（Johan Gunnar Anderson）所发现。目前已发现的齐家文化墓葬共约八百多座。

图二 江苏省铜山县丘湾出土之土地神社遗迹。采自伊滕道治编撰《图说中国の历史1：よみがえる古代》（东京，讲谈社，昭和五十一年）。丘湾古遗址位于徐州市北17公里，在铜山县茅村公社檀山集的东南。1959年冬初发现，丘湾遗址的主要内涵是商代文化遗存。

择定一恰当的人选。卜筮择人的方式，据《仪礼·特牲馈食礼》载“前期三日之朝，筮尸，如求日之仪。命筮曰：‘孝孙某，诹此某事，适其皇祖某子，筮某之某为尸，尚飨。’”当尸被选定后，祭祖中的九饭三献等礼，均以尸为对象。而尸在祭祖中所扮演的功能，很足以表现出中国人的宗教观。

周初祖先的地位，如同殷人，几乎与天帝同等。祖先可直接与上帝交通，故《诗经》的《周颂·思文》云“思文后稷，克配彼天”。同时周人深信《礼记·郊特牲》所云“万物本乎天，人本乎祖”，因而将祭祖的礼仪，视为礼之三本之一[12]。春秋时期就有个小故事最足以阐释此一精神。当陈针子送女出嫁，男方先行婚礼，然后再祭祖，陈针子就不以为然地说“是不为夫妇，诬其祖矣”！[13] 由此可知，祭祖礼仪到了春秋时期，已成为婚丧礼俗中一种必备的仪式，并且深受当时社会的信仰与肯定。

至于平民社会里，因为受到“士祭其先，凡祭有其废之，莫敢举之，莫敢废也。非其所祭而祭之，名曰淫祀”[14]的限定，一般百姓也只有利用祭祖礼仪，以维系家族的凝聚、长幼之伦的确立，并抒发缅怀先人、慎终追远的心境，进而祈求佑护赐福。

但是到了周代末期，由周初“忧患意识”所发展出的“敬”、“敬德”、“明德”等观念，经过不断反省、控制自我行为，并对自我行为负责[15]，逐渐促成了一种人文精神的萌芽。因此，当时虽然有“祭祀也，非直注之污壑而弃之也，上以交鬼之福，下以合欢聚众取亲乎乡里，若神有则得吾父母弟兄而食之也”[16]的观念，但是终究无法抵挡住这股人文精神的浪潮。经过此番冲击浸染，许多从上古遗存下的旧思想、旧观念，渐有质变的趋势。以往祭祖是希望借着祖先的神灵与上帝交通，祈求保护人间子民，不然就是在敬畏心情下的祭祖。经过人文精神的洗礼后，祖先祭祀的基础遂转化成“志意思慕之情”[17]、“报本反

12.《荀子·礼论》。

13.《左传》隐公八年。

14.《礼记·曲礼下》。

15. 徐复观，《中国人性论史——先秦篇》（台北，商务，1969年），页22—23。

16.《墨子·明鬼下》。

17.《荀子·礼论》。

始”[18]及“慎终追远，民德归厚矣”[19]等人文精神极为浓郁的伦理观念，而早期的神灵崇拜，遂渐有被扬弃之势。

两汉时期的思想家及时代精神，受到十二纪纪首——月令及阴阳五行观念的影响，祖先祭祀的理论及行为，处处可看到阴阳五行思想的痕迹[20]。班固于《白虎通·五祀篇》所云“士者位卑禄薄，但祭其先祖耳……祭五祀，所以岁一偏何顺五行也……祭五祀，天子诸侯以牛，卿大夫以羊，因四时牲祭也”，最足以代表此一时代思潮。但是祭祖仪式虽经时代思潮的浸染，改变的只是解说的方法及形式，至于祭祖内蕴之深意，却不曾有本质上的改变。

祭祖仪式自古以来，多以春、秋二祭为主[21]。发展至汉，在平民社会里，祭祖与社祭成为一般百姓生活中及心灵上的寄托。社祭是一社会性的活动，扮演着凝聚社会功能的角色。而在各个家族中，祭祖礼俗乃成为全年岁时节令中不可或缺的行为，不再限于春秋二时。若以岁时节令排比，一岁之首，即正月初一，一家之主往往会率同全家大小，奉牲进酒，絜祀祖祢。到了二月初二祠大社之日，家家户户也会略备牲贡，上坟祭扫。夏至之日则荐麦、鱼于祖灵之前。其后六月初、七月七日、八月、冬至、腊月，均有祭祖的则例[22]。根据崔实《四民月令》的记载，可知汉代人们的祭祖已是件极为普遍的礼俗，并且此一礼俗已深深地融会于民间的日常生活中。

汉代的祭祖习俗，在内涵及形式上大致已奠定后世的基础；即岁时依循展祭。但是不久之后，汉魏嬗替，伴随而来的却是个思想、政治、文化上的狂飙时代。在魏晋玄学及佛道思想的冲击下，传统中国的“孝道”及“伦理”观念，受到前所未有的挑战，同时祭祖的传统亦面临一次激烈的争辩。

就奉养、敬拜、祭祀等而言，早期部分佛门信徒主张“若匍匐怀

18.《礼记·郊特牲》。

19.《论语·学而》。

20. 徐复观，《两汉思想史》（台北，学生，1976年），页63。

21.《大戴礼·盛德》。

22. 崔实，《四民月令》，收入《岁时习俗研究资料汇编》（台北，艺文，1970年），册一，页3—33。

袖，日御三牲，而不能令万物尊己，举世赖我，以支养亲，其荣近矣……形名两绝，亲我交忘，养亲之道也”[23]，而“出家则是方外之宾，亦绝于物……此理之与世乖，道之与俗反者也……是故内乖天属之重，而不违其孝”[24]。至于祭祀祖先，佛门弟子则认为“既得弘修大业，而恩纪不替，且令逝没者得福报以升天，不复顾歆于世纪，斯岂非兼善大通之道乎？夫东邻宰牛，西邻禴祀，殷美黍稷，周尚明德，兴丧之期，于兹著矣”！[25]并且认为“道俗有晦明之殊，内外有语默之别。至于宗庙享祀，禘祫皇考，然则孝敬之至，世莫加焉。若乃烟香殆，韵法晨宫，礼拜忏悔，祈请无辍，上逮历劫亲属，下至一切苍生，若兹孝慈之弘大，非愚瞽之所能测”[26]。综观其言，佛门信徒对于传统中国孝道之主张，是本于出家人与在家人的道德标准不同，善恶尺度亦随之有异。故佛门信徒深信，虽不敬父母，亦不为不孝。即所谓“出处异流，内外殊分”之理也。

佛门信徒不拜祭祖先、奉养父母。他们却深信入教修行，乃修积人生至德，此功德可致父母、祖先至极乐之境，永享佛祖庇佑。换句话说，他们并非全然扬弃传统的孝道，而只是对其内涵作了若干转换。

佛门信徒所持的观点，不为当时部分的士大夫所接受，遂群起与之诘难斥责[27]。但是在一般平民社会里，佛教思想及习俗却渐渐地渗入人们的日常生活中，并且自然地融合于中国的大传统之中，人们也撷取发扬一些适合中国民情的佛理，塑造成一支新的传统。如唐代僧人宗密著《盂兰盆经》，因为内中“目连捧钵而饲母”的孝道精神，与传统中国的伦理精神可相互发扬，因而在儒佛冲突、融合的过程中，逐渐形成一种新的精神出现于中国社会里。由“目连救母”而发展成的中元盂兰盆节，最足以代表大传统中不停地加入一些新的生命力，不论是中国本土所有的，抑或是外来的。

23. 孙绰，《喻道论》，《两晋南北朝文汇》（台北，台湾书局，1960年），页79—82。

24. 释慧远，《答桓太尉书》，《弘明集》（《四部丛刊初编》，台北，商务，1965年），卷十二。

25. 孙绰，《喻道论》。

26. 释慧通，《驳顾欢道士夷夏论并书》，《弘明集》，卷七。

27. 孙广德，《晋南北朝隋唐佛道争论中之政治课题》（台北，中华，1972年），页48—50。

因此，中国传统孝的观念与佛教思想，经由时间的累积及相互包容下，汇合成一股新的时代精神，而传统中优美善良的本质，却完整无瑕地传承下来，只是外在形式稍有修改。这种融合后的时代特质，以南北朝时代颜之推的思想最具代表性，颜之推于《颜氏家训》卷七《终制》中，曾谆谆告诫其子孙，“朔坚祥禫，唯下白粥汉水、干枣，不得有酒、肉、饼、果之祭，亲有来餟酹者一皆拒之，汝曹若违吾心，有加先妣，则陷父不孝……四时祭祀，周孔所教，欲人勿望其亲，不忘孝道也，求诸内典则无益焉，杀生为之，翻增罪累，若报罔极之德，霜露之悲，有时斋供及七月半盂兰盆，望于汝也”。这段记载表现出的是，不得杀生，不要浪费铺张，但是必须虔敬依时祭祀，以明孝之真谛，并且尤重盂兰盆节，诸般种种，无不是表明此一经过重新整合后的时代面貌。

到了宋代，祭祖礼俗逐渐繁复而制度化，依据《朱文公家礼》所描绘的宋代祭祖情形，当时祭祖的对象可分为冬至祭始祖，立春祭先祖，季秋祭祢。至于祭祖的过程，首先是于仲月前旬卜筮择日，择定日期后，于祭日的前三日，男主人率同全家男子于外室；女主人则率同全家女子于内室，实行斋戒。祭祀的前一日，依照被祭者的等级设馔陈器，如祭馔每位果六品，蔬菜及脯醢各三品，肉、鱼、馒首、糕各一盘，羹饭各一碗，肝各一，肉串各二。祭祀当日，首先由男主人奉神主就位，然后参神、降神、进馔，再经初献、亚献、终献诸礼后，完成整个祭祖仪式[28]。后人再制定家祭之礼时，则依品官士庶等级，定其繁简。于庙制方面，一品至三品为家庙五间。四品以下家庙三间，唯宽广不同。至于士庶则于寝之北为龛，奉高曾祖祢。祭品方面，一品至三品是羊一、豕一。四品至七品为特豕，八品以下为豚肩。而士人只能用粢盛二盘，肉食果蔬之属四器、羹二、饭二。庶人荐果蔬新物，每案不过四器。至于祭祖仪式的本身，亦因品制的不同，而繁复有别。

28.《朱文公家礼》，收入陈梦雷编，《古今图书集成》（台北，鼎文，1977年），卷二五四，《家庙祭祀部》，页2425—2430。

以庶人家庭为例，祭祖之日，女主人预备好祭品，男主人则率弟子设案点灯，并依昭穆之序奉定神主。然后男主人立于香案前，家人则依序立其后，再由男主人上香，一跪三叩，纳神主于室。家人则依辈分列坐，酒行饭揖而告礼成[29]。

至于一年之中于何时祭祀祖先？若依岁时之序，各地大略相同。新年为一岁之始，祭祖以示缅怀先人及祈求赐福之意。清明时节则须亲临祖先墓园，整理环境，供品上祭。端午于北平地区则以粽子（角黍）、樱桃、桑葚、五毒饼、玫瑰饼祭祖。七月十五日的中元节祭祖，有些地方的习俗是买纸钱、冥衣焚化于坟前，谓之“送寒衣”，并举行盂兰盆会、放水灯等民俗活动。到了十月一日人们也会结伴上坟，再行“送寒衣”之俗，故俗谚有云“十月一，送寒衣”。至于冬至祭祖，于清代多为南方人所行，北方人并无此俗。到了除夕之夜，一家之主往往会率同全家大小，于祖宗神位前馨香膜拜，感谢祖先一年来的护佑赐福[30]。这些遍及全年的祭祖规制，正足说明传统中国之重视孝道。同时人们祭祀祖先已不是一种单纯的宗教行为，而表现出一种人文精神与伦理观念相互交辉下的极致。

祭祖经过长时期的沿革变迁后，汇为一股传统，历代相承，虽然偶有节枝增减，但是主流之势已俨然成形。而民间的祭祖习俗及变迁过程，更可对历代的习俗及风气作一注释。

传统观念认为人死后，灵魂会依附于神主名牌之上[31]。一般士人以上的豪门贵族，家财丰厚，故多设有庙堂祭祀其祖。平民阶层没有能力自设家庙，只得于家中设一神龛，奉祀祖先的神主牌位[32]。因此，“神主”成为祭祖仪式中不可或缺的物品。祭祀神主的行为很早即盛行于中国，根据《史记》卷六十一《伯夷列传》记载，当武王伐纣时，就曾“载木主号为文王”。至于神主所使用的材料，大多是木材或石头。周代神主的形制，只有天子与诸侯的神主有文字记载流传下

29. 阮葵生，《茶余客话》（台北，世界，1963年），页132—136。

30. 李家瑞，《北平风俗类征》（上海，商务，1937年），上册，页8—105。

31. V.R.Burkhardt, *Chinese Creeds and Customs*（台北，大西洋，1975年），Vol. III, p. 31。

32. 胡朴安，《顺天》，《中华全国风俗志》（台北，启新，1968年），页7。

来。根据《公羊传》文公二年何休注，周人的神主“其状正方，穿中央，达四方。天子长尺二寸，诸侯长一尺”。到了汉代，则多以木制神主为主，理由是“木有终始，又与人相似也，盖题之以为记，欲令后知也”[33]，神主之形从此定制。但是神主并不是随意找块木材，题刻名号即可。初期神主须经由“祔祭”后，始被赋以祖灵象征的意义。据《左传》僖公三十三年记载，“凡君薨，卒哭而祔，祔而作主，特礼于主，烝尝禘于庙”。其中“祔”乃是既虞、卒哭后所举行的祭礼，也就是孝子致死者之神灵于其祖庙之祭典。经过“祔祭”，逝去的先人遂列于祖灵之列。因此，死者未祔之前，子孙以人事事之，经过“祔”后，则以鬼神事之，事人则亲，事神则敬[34]。祔祭发展至后世，逐渐演变成“除灵点主”的仪式。“点主”一方面表示丧家服丧期满；另一方面经由“点主”仪式，神主被赋以神性，卓然成为祖先的象征[35]。于唐宋时期，也曾一度盛行雕塑祖先形象，立于神龛或祠堂中，岁时展祭，以示孝道。但是宋以后，此俗逐渐被废弃，无论官、民多以祖先牌位，或是延请画工描绘祖先真容，悬挂以代之[36]。

按置神主之处，官家大族有祖庙及家庙（图三），而一般庶人家族随着人口的膨胀，由各自私设神龛，逐渐发展成共奉同一祖先的祠堂。先秦中国祖庙的规制，因为资料模糊，加上经书上“七庙”、“四庙”之争，后人难以确切明了。但有一共同主张，即《尚书·洛诰》大传所云“庙者，貌也；以其貌言之也”，故庙即先祖形貌之所在也。

早期的祖庙也就是文献上的“明堂”（图四），为君王专有的祭祀场所。因此，明堂有其特殊的政治功能，它不仅是祭祀之所，也是布政之宫[37]。至于祖庙的形制，《礼记·礼器》曰“以多为贵者，天子七庙，诸侯五，大夫三，士一”，另有主张“四庙”，说法不定。而庶人不得设家庙，只得自立神龛为祭。祖庙发展至汉代，已有“祠堂”一

33.《白虎通·宗庙》。

34. 章景明，《殷周庙制论稿》，页147。

35. 范祖述，《杭俗遗风》，《岁时习俗研究资料汇编》，第三十册，页114—115。

36. 赵翼，《陔余丛考》（台北，世界，1970年），卷三十二，“宗祠塐像”条。

37. 凌纯声，《中国祖庙的起源》，《民族学研究所集刊》，第七期（1959年），页142。

词出现。当时人多将祠堂建于墓园附近，成为祭祀祖先的中心场所，此制发展到唐代，“祠堂”的称谓又被“家庙”一词所取代。沿用至元仁宗建“阿木祠堂”，“祠堂”一词始再被人们所提及[38]，沿袭至今。

中国祭祀的形式与对象，自商周以后逐渐制度化。祭祀不仅是项宗教活动，同时也是统治者维护权威的一种手段。他们往往借着层层礼制，架构出一套完密的政治伦理，一方面维系了个人及政权的权威；另一方面也安定了社会群众心灵上的空虚与不安。因此，当祭祀制度化后，乃明文规定庶民只有祭祀祖先及社神的权力。直到明代，犹有律法颁布，提醒百姓“庶民祭里社、乡厉及祖父母、父母，并得祀竈，余俱禁止”[39]。

因此，祭祖在民间社会里，不仅是传统“慎终追远”伦理观念的发扬，同时亦是慰藉心灵的一帖良方。而祭祖之仪发展至后期，因为家族成员扩大，支房分立，为便于祭拜共同的祖先，遂合立祖庙、祠堂，共奉列祖列宗。并且通过定时召开的祭祖典仪，整个宗族围绕着宗祠，凝聚成一体。从此，祠堂成为平民社会里伦理关系之重心。再加上层层家法的节制及长幼有序的辈分尊卑，故在功能上，祭祖及祠堂不再仅是单纯的祭祀场所及行为。广大的平民社会里，官府力量无法达到之地，宗祠隐然成为维系社会、法律、道德、传统的重心。即使官府力量所及之处，宗祠犹然有其不可忽视的影响力。此种现象发展至清，不仅是汉人社会如此，就是远在东北地区的满人社会，亦深受此风的感染[40]。

宗祠除了供作聚会及祭祖外，本身为了应付杂务开支，故拥有部分的田产，称之“祭田”。祭田的收入除了日常祭祀杂支外，另有三种用途。其一为宗族弟子习文学武，学行优良者给予奖金，若是远赴他乡求学，则给予奖助金。逢科考之际，则助以路费。因此，提倡教育，鼓励子弟向学，成为宗祠重要功能之一；其二为族人中若有年满六十

38. 赵翼，《陔余丛考》，卷三十二，“宗祠塑像”条。

39.《明会典》（台北，商务，1968年），册三，卷八一，《祭祀通例》，页1839。

40. 井冈咀芳，《中国北方习俗考》（台北，古亭，1975年），页307。

者，逢祭祀，则颁赠祭肉及食米，以示敬老之意，这时宗祠又扮演着道德规范的角色；其三若有贫困残疾者，则按家人口数给予赈粮。若贫者无力婚嫁丧葬者，则酌予资助，以助其完成人生大事。若逢饥年灾荒，则又赈灾济民，充当社会救济者[41]。部分权威性极高的宗祠，若是族内有罪大恶极者，经过宗祠族长合议通过后，甚至可私刑处决[42]。因此，祠堂发展至具有提倡教育、道德规范，赈灾济贫、评断是非的功能之际，俨然已成为平民社会里最具社会功能的组织了。

宗祠制度在台湾社会里，以“祭祀公业”的形态出现。祭祀公业原为类似“轿班”之基金会，或是庙宇的“红龟会”，但是在日据时代申报登记时，被强制归类后冠以“祭祀公业”或“公业”的名称[43]。公业拥有祭田，其功能如同大陆的祠堂。族内依支系分为数房，轮流主持祭典。祭典体制则多依三牲古礼。第二次世界大战期间曾因战事的缘故，许多宗祠都暂停祭祀的活动。至光复后，始陆续恢复[44]。祭祀公业在日据时期曾一度改称为“育英财团”。光复后因为土地放领政策，祭祀公业丧失大批祭田，遂转变成现金以行祭祖之事[45]。

由大陆宗祠及台湾祭祀公业的活动情形，明白地表示出二者的同源及所具备的社会功能。同时观察由商周一系相沿而下的祭祖传统，其所表现的历史包容性，就空间及时间而言，祭祖实在是项源远流长、影响深远的传统。

社 祭

“社”的信仰为古代中国社会里一项重要的信仰[46]。但是原始社祭

41. 胡朴安，《新宁县志》，《中华全国风俗志》，页28。
42. 同上书，页9。
43. 陈仁德编，《霞阳衍派台湾杨氏族谱》（台南，中华民族系谱研究所，1967年），页683。
44. 高健仁编，《渤海高氏族谱》（台北，商工文化，1965年），页30。
45. 陈仁德编，《霞阳衍派台湾杨氏族谱》，页683。
46. 劳榦，《汉代社祀的源流》，《中央研究院历史语言研究所集刊》，第十一本（1943年），页49。

的真相及历史意义，因时势变迁而告湮没；后世经典所载又往往是经过理想化的润饰，与原始祀典的形式及内涵有着极大的差异。

先秦的经典一直是后世学者阐释先民社祭的重要材料，后人往往也只能利用这些材料揣摩社祭的最初形象。但是千余年来经学家的钻研与争辩，对于先民社祭的真相，终究有段极大的隔阂。此一隔阂，经由近代学者利用文化人类学、社会学、考古学、比较宗教学等辅助科学，再配合古史材料及考古资料的印证，社祭的原始形态及历史意义，逐渐有廓清之势。

社祭原始意义的厘清，为探究古来汉民族宗教思想、社会形态的首要课题[47]。综观近年来的研究成果，学者们对于社祭原始意义的解释，虽然众说纷纭，但是大致可归类为下列四说：

1. 从丛林崇拜而衍生：丛林崇拜缘于上古人类对于丛林幽暗中所蕴藏的危机与不可知，而萌生神灵威力的畏惧。这种对于丛林的敬畏，进而转化成崇拜。而崇拜之心再与大地精气会聚于一的“冢土观念”结合，遂形成社祭时土坛及社树的形式。此种信仰配合宇宙间的日蚀、旱魃、大雨、出征等不可知，而又令人疑虑的现象，使得“社”的崇拜扩大并仪式化[48]。

2. 社为图腾制度下的产物：赞同此一见解者认为，社是一种聚落的标志，并且是氏族社会里图腾神的变形，为封建社会初期的产物。它的作用在联合各部族，因为在部落社会时期，同血缘部族在祀奉同一社神的观念下，自然在部落斗争之际，会同心协力，互为援引[49]。

3. 社即土地神：主张社祭根源于土地及土地神的崇拜。此一主张主要是根据文化人类学家所提出的“土地崇拜”观念，认为“地是一个生物，土壤是它的筋肉，岩石是它的骨骼。在很多神话里，它有个美丽而妥切的名称，便是——地母（Earth-Mother）”[50]。大地既然是万物的本源，一种孺慕的亲切，加上制造生命万能力量的崇仰，对大地

47. 出石诚彦，《中国神话传统の研究》（中央公论社，昭和十八年），页346。

48. 同上书，页391—392。

49. 李则纲，《社与图腾》，《东方杂志》，三二卷十三号（民国二十四年），页219。

50. 林惠祥，《文化人类学》（台北，商务，1968年），页281。

之母的崇拜，自然成为原始社会中一项极为重要的祭祀活动了[51]。

4．圣地与圣力的象征：认为“社”最初仅是原始社会祭祀神鬼的墠坛，至于被祭祀的对象，包括上帝、天神、地祇及人鬼，后来社会逐渐制度化，祭祀制度也逐渐繁复。天神、地祇、人鬼另外有祭祀，“社”乃成为专门祭祀土神之场所[52]。

以上四说，均能言之成理。不过中国两千多年来，传统说法一直认为原始的社祭即为后世的土地神祭祀。根据凌纯声先生的研究，上古先民社会中社祭的功能有：上神、膜拜上帝、天神、高禖及谷神的祭祀，田猎及巡狩的祈求平安，军旅出征的祈捷及日蚀、火灾、大雨、旱魃等灾异发生时的祈祷谅解[53]。观察这些功能，不难得到一个印象，即上古的社祭，并非如同后世那般仅是祭祀土地神而已。至于社祭与土地神观念的结合，则是后来渐渐演变而成的。

殷商前的中国文化已有极为辉煌的成就，此可从近年来大批先民遗址的被发现，得以证明。但是中国的文字历史却一直无法超越出殷商的断限，信史只得以殷商作为起点。

根据殷墟卜辞的记载，可看出殷人的精神生活一直未能完全脱离原始状态。他们的宗教信仰还是相当原始。而殷人的行为完全借着卜辞的贞算，由天帝、祖宗、人鬼来决定[54]。浸淫在这般原始迷信的气氛下，宗教祭祀之风必然极为盛行。从甲骨卜辞遗存的残迹中，社祭活动的记载曾屡次出现于甲骨之上[55]。但是社祭得以明确定制，并赋予一种积极的意义，实始于周代。

武王克商，周代商运。虽然在文化传统上仍然承袭不少殷人旧习。但是政治体制上，周王室的权威却是建立在层累架叠的封建体制上。而封建体制又与宗法制度相互援引，因此，封建制度与宗法制度成为

51.《白虎通》，卷一，载曰“王者父天，母地”即含有土地滋生万物的观念。

52. 凌纯声，《中国古代社之源流》，《中央研究院民族学研究所集刊》，第十七期（台北，1965年），页30。

53. 同上书，页21—30。

54. 徐复观，《中国人性论史——先秦篇》，页15。

55. 陈梦家，《古文字中之商周祭祀》，《燕京学报》，第十九期（民国二十五年六月），页117。

维系周政权的两大支柱，“礼制”则是支撑此二制度于不坠的一个隐性力量，并且是社会运转的一项准则与动力。

周礼繁缛，其中“祭祀”一项即有繁复严明的限制。在祭祀对象方面，据《礼记·曲礼》所云“天子祭天地，祭四方，祭五祀。诸侯方祀，祭山川，岁编；士大夫祭五祀，士祭其先”。对祭祀中之“社祭”，《礼记·祭法》中亦有明文规定：“王为群姓立社曰太社，王为自立社曰王社；诸侯为百姓立社曰国社，诸侯为自立社曰侯社，士大夫成群立社曰置社”。于地方偏域，根据《礼记》的《地官》及《天官》的记载，州设州社，里设里社。

因此，周代的社祭，从上至下有一套颇为严密的祭祀系统。就社祭对象而言，天地山川为君王贵族祭祀的特定对象，庶民阶层仅拥有社祭及祭祀祖先的权力。至于社祭的体制，实可分为官方与民间两种。政府方面拥有太社、王社、国社、侯社。民间则是州社与里社。其中以里社的功能尤为重要。依据《礼记·祭法》郑玄注，地方上每当住民满一百户，则共设一社。此一说法虽然未必绝对正确，但是可从这个记载，隐然地感觉到周人的社祭，已深深地根植于民间社会里，成为百姓在世事阢陧、神威不测的情况下，寻找出一条慰藉心灵的途径。

至于周人社中所供奉的社神，其说有四：一是五土之神。根据《孝经》卷三的记载，“社”是五土总神，稷则为原隰之神。而原隰之神又是五土之一。因此社稷或稷社，即是“社神”，亦是五土之神；其二为勾龙。根据《左传》昭公二十九年记载，共工氏有位儿子，名叫勾龙，死为后土。又据《汉书》卷二十五《郊祀志》记载，共工氏称霸九州，他的儿子名叫勾龙，能平水土，死为社神；其三为禹。根据《汉书》卷二十五《郊祀志》记载，汉人曾将夏禹配飨官社，视同社神祭祀；其四是修车，根据《艺文类聚》引《风俗通》，修车也是共工氏的儿子，喜好四处游荡，足迹遍及天下，死后被人祀为社神。

五土之神、勾龙、禹、修车等，在汉代之前常被人们混淆地当作社神尊奉。但是汉代以后，五土之神、禹、修车，逐渐不为人们所祀奉。勾龙遂独享人们的膜拜，无论官方或民间。甚至于到了清代，官方郊社仍然树立勾龙神位，以作配飨。

早期社的建制，仅官社有文字记载遗留下来。至于民间的社，想必杂乱繁多；虽不为上层社会所关注，仍可推知，其必然是个宗教性的公共场所，宜于公众集会，却有异于宗庙。因为宗庙只是代表国之先君，仅为君王所独享[56]。

“社”的位置，据《周礼·春官》的记载是“在中门之外，外门之内”。左边为宗庙所在，右边才是社稷。至于使用的材料，建筑用的土有青、黄、赤、白、黑五种颜色，并且依照东、南、西、北和中央五个方位配合。社中栽植松、柏、栗、梓、槐五种树木，树亦依循方位而植[57]。上述文献史料，含有极为浓郁的阴阳五行思想，因此所描绘的社，很可能是战国以后的形制。

至于何时举行社祭？一岁之内可分为“春借田而祈社稷”[58]、“秋报社稷”[59]及“孟冬之月大割社于公社”[60]三次。三次社祭中，春祀祭、秋报多被称之为常祭。但是冬祭独被称之为“大割”，较春、秋二祭为重要。在春、秋、冬三祭中，以每季的甲日作为社祭之日[61]。

社祭在先秦社会中所扮演的角色，可依官方、民间两方面来阐述。就官方所行社祭而言，实有下列几种作用：其一是统御在神权观念下的社会，通过社祭，使得政权经由神权的肯定，进而得到人民的认同与维护；其二为通过“社祭”政教合一的仪式，一方面坚定了统治者的正统地位，另一方面从各种政治活动中，如出征、田猎、巡狩、献俘等仪式中，使精神得到鼓舞[62]；其三是当有天候异常或是不为人力所控制的灾异发生，民心动荡不安，统治者往往会借着社祭的祀拜，安抚民心，同时亦借此稳定社会及政治的秩序[63]。

因此，官方的社祭礼仪与统治者权位的安危，有着密不可分的关

56. 瞿兑之，《社》，《中国学报》，一卷二期；收入杜正胜编，《中国上古史论文选集》（台北，华世，1979年），下册，页1033—1040。

57.《白虎通·社稷》，卷三。

58.《诗经·周颂·载芟》。

59.《诗经·周颂·良耜》。

60.《礼记·月令》。

61. 顾炎武，《社日用甲》，《日知录》（台北，世界，1962年），卷六，页139。

62. 同上书，《莅戮于社》，卷五，页113。

63.《白虎通》，卷三，《社稷》。

联。这层关系虽然历经时日稍有更异，但是基本精神一直不变，甚至延续至清代犹是。

民间的社祭于周代社会里，已渐渐地形成社会中的生活重心。因为依照礼制规定，百姓仅有祭祖及社祭的权力。因此，庶民在乱世中辗转求生之际，精神信仰唯独依赖此为支柱。民间社祭的活动情形，史书未曾详述，但是《左传》庄公二十三年记载，当时齐国民间举行社祭，热闹无比，鲁庄公亦为之神往，不顾礼数的约束，臣子的劝阻，欲前去观赏。由此可知当时的社祭已是项繁华热闹的活动了。

周人的社神有五土之神、勾龙、禹、修车，但是社神的性格与社祭的功能，却与原始社会的社祭不太相同。“社”虽已成为民间信仰、活动的重心所在，但是神性业与土地崇拜相结合，故《礼记·郊特牲》云“社祭土而主阴气也”，班固《白虎通》卷三“社稷”条亦云“人非土不立，非谷不食”。因此土地崇拜的观念，结合了民间的信仰，普遍的流布于平民社会里。一方面成为人们信仰的主要对象；另一方面又是人们生活的重心所在。因而后世的土地神信仰，于周秦之际已大致可看出其端倪。

汉代以后的社祭，逐渐演变成下列形式[64]：

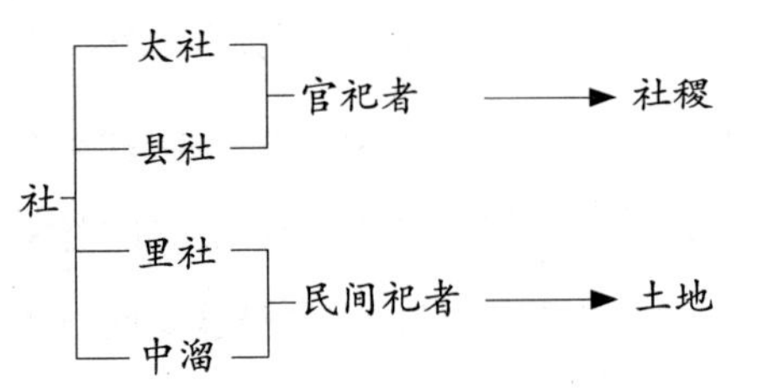

并且社已普遍地分布于民间，甚至远在边陲的居延荒漠，亦有社的存在[65]。而汉代人们心灵的寄托，在东汉道教建立及佛教传入之前，皆以社神为中心。社神在汉代人们心目中的地位，如同保护神一般。

汉高祖二年（公元前205年）二月下令废除秦社稷，改立汉社[66]。并且“起祷枌榆社，二年令县为公社”[67]，正式建立汉代官社。汉时的

64. 李玄伯，《社祭演变考略——台湾土地庙的调查研究》，《大陆杂志》，二六卷十期（1963年），页3。
65. 劳幹，《汉代社祀的源流》，页49。
66.《汉书》，卷一上，《高祖本纪》。
67.《汉书》，卷二五下，《郊祀志》。

县为中央派遣官吏最低的单位，因此官方所立的社亦仅至县为止。而汉代的官社除了供作祭祀社神外，另有其特殊的政治功用。因为汉代制度，国社的分赐仅限于皇子，异性诸侯不得立社，足见汉的官社于政治上有团聚宗族的作用。通过社的联系，皇族间互为援引，借以巩固天下[68]。

汉代地方行政区域的划分，里为什伍以上最小的单位。积里为亭，积亭为乡，积乡为县，县为中央政府直辖的最基层[69]。一般庶民则以里为立社的单位，称之为“里社”。里社的大小自古以来说法不一。据《礼记·祭法》郑玄注“与民族居百家以上，则共立一社”。另据《史记》卷四十七《孔子世家》索隐载“古者二十五家为里，里各立社”，主张二十五家设一里社。“百家”抑或“二十五家”之争，很难得一定论。但是，不论“百家”或“二十五家”，均足以说明里社是平民阶层信仰中的一个基本单位。

汉代里社的祭祀，大多于春、秋之际，即《白虎通》卷三《社稷条》所云“仲春祈谷，仲夏获禾，报社祭稷”及《汉书》卷二十四上《食货志》载“社闾尝新春秋之祠三百”。根据记载，高祖十年春，有司请令于春二月祀社稷以羊豕，民里社各自财以祠[70]。祭社仪式结束后，众人有分享祀肉的节目，据载秦末陈平即曾担任分配社肉之职[71]。因此，汉代的里社，可谓是平民社会于农闲之余，配合宗教节令聚集在一起，一方面借着宗教仪式膜拜祈福；另一方面彼此聚首，互相交际往来，进行交易或娱乐。因而里社的祭典，遂成为庶民社会中不可或缺的一项重要活动了。

汉人所崇祀的社神，已不再是五土之神、大禹或修车。勾龙成为形式上唯一的社神。同时，后世土地神的观念也逐渐形成。明人顾张思就认为“（后汉）《方术传》有社公之名盖本此，是则天下宜通谓之公，后讹为土地公，而稗官演义所载皆白发翁矣……土地祠各乡镇多有之”[72]。社神遂由先民的祭祀活动中心或先秦祭祀的特定对象，逐

68. 李则纲，《社与图腾》，页227。
69.《后汉书》，志第八，《祭祀下》。
70.《史记》，卷二八，《封禅书》。
71.《汉书》，卷四十，《陈平传》。
72. 顾张思，《土风录》，嘉靖三年刻本，卷十八。

渐转化为一般有不平凡事迹之人。因此，当栾布死后，在燕齐一带的人们皆为他立社，号称“栾公社”[73]。并且社神也被改称为社公。因为社神（公）能降福百姓，亦能驱除恶鬼。而社祭带来的“社会”，不仅成为基层社会生活调剂的重要活动，同时亦能聚集四处乡野的人们，市场交易亦随之而生。而此交易，对于农业社会的经济活动，想必有很大的促进作用。

汉代的社祭，在平民社会中的地位日趋重要，此一信仰再结合自古以来对土地滋生万物的崇拜及“社公”称谓的发展使后世土地公信仰的雏形，在此诸般因素下，逐渐形成。

东汉以降，道教兴起，佛教传入，人们的宗教生活面临着一个新的境界。此时的社祭，其宗教内涵上逐渐受到新兴宗教思潮的侵蚀。表面上，上层社会里帝王、士大夫们仍然刻意遵循着圜丘方泽、山川社稷的系统，而其内在的信仰本质已大不同往昔。残存的外在仪式，仅不过是“政教合一”观念作用下，政权嬗代之际的一套例行公式。而民间的社祭，却蓬勃发展，盛况逾前。此时社的信仰，已逐渐发展成城隍神与土地神两大系统。

城隍神的发生，根据赵翼的说法，“城隍”之名出于《易经》“城复于隍也”，据文献记载，城隍神信仰已行于南北朝时的梁。梁武陵王时，某地乡民在筹祭城隍时，突然间蹿出一条红色的蛇，绕着牲牛不去。由这段记载，可知梁时祭祀城隍在中国南方已是件极为寻常之事。及至隋唐一统天下，初因祭祀城隍的习俗仅流行于江南一带，故于唐初尚未被列入祀典。但是中唐以后，各州郡相继设立城隍祠，可见城隍信仰已逐渐发展成全国性的信仰。当时张曲江曾有“祭洪州城隍文”，杜甫诗亦有“十年过父老，几日赛城隍”之句。五代之际，吴越王钱镠有重修“城隍神碑记”，南宋陆游亦有“宁德县城隍庙记”，由此可知中唐以来，一般郡县大多有祭祀城隍之活动[74]。

城隍神原是城镇的守护神，后来渐由守护神演变成“阴官”，相对

73.《汉书》，卷三七，《乐布传》。

74. 赵翼，《陔余丛考》，卷三二，“城隍神”条。

于人间政府所派遣的“阳官”，专责这一地区的阴间事务。因此，都城有都城隍，州、郡、县亦各有其专职城隍，其中以县城隍最为普及，不论大小城镇均设有城隍庙，另名之曰“阴堂正府”。建筑雄伟华丽，内部的装潢有睡宫、行身，设备与县公署无异，每逢城隍节庆，即由善男信女抬出巡城，让全城百姓瞻仰。所以城隍神在地方上的地位，是极为崇高的。根据记载，明朝初年，以五月十一日为都城隍的诞辰，皇帝还特别下诏，命令官员前往致敬[75]。

城隍神既然是城镇的守护神，故城隍庙亦多设于城镇都会繁荣之地。城隍神的吉日庆典，遂成为当地一件极为盛大的事情。据清人文献的描绘“大兴县城隍出巡，出巡之时，皆以八人肩舆舁藤像而行，有舍身为马童者，有舍身为打扇者……都城隍庙在宣武门内沟沿西域城隍庙街北，每五月自初一起庙市十日，市皆儿童玩好……市之日陈设甚夥，人生日用所需，精粗毕备”[76]。

城隍神的信仰及城隍庙的设立，因其身份及性格的缘故，故多仅设于都会城邑。城隍神乃成为城镇居民生活信仰的重心之一。但是在辽阔的乡野与众多的农民社会里，真正的社交与信仰重心，仍为“社祭”与“社会”，亦即土地神信仰。土地神于乡村的作用，就如同城隍神之于城镇，大小村落均设有之。土地神是夫妇两位，专职该村阴间事务。土地神的权能职责有地域性的限制，因此东村有东村的土地，西村则有西村的土地，若是西村有事而来向东村土地祈求，自是徒劳无功。

“土地神”的名称最早出于三国时的东吴。据载三国东吴有位名叫蒋子文者，是广陵人，入仕为官，一次追逐贼人时，不幸被贼人击伤额头而死。时过不久，一位蒋子文昔日的长官，却于道途上遇见子文，只见子文手抢羽扇，骑着白马，容貌如昔，并自称“我就是这儿的土

75. 秦嘉谟，《月令粹编》(《岁时习俗研究资料汇编》，第十九册)，卷九，页405；赵质宸，《河南乡村祀神的研究》《河南政治月刊》，二卷四期(民国二十一年)，页3。

76. 富察敦崇，《燕京岁时记》(台北，广文，1969年)，页64—65。

地神”[77]。至于土地婆婆的传说，一直至唐代才见诸于文献[78]。

当时的社祭，仍能见到勾龙配祀的记载。除了因为勾龙是后土，能平水土外。主要原因是土地神崇拜的思想根源于传统古老的社祭，而社神原就是勾龙，因此民间习俗虽然历经演变，但是古老传统的痕迹，犹然残存可见。例如传统的社祭活动，于社祭之日，四邻会结宗会社，宰杀牲畜。先祭社神，祭罢再分享供品。祭社之日并非不能更动，传说中有人母亲死于社日，邻人为表哀恸之意，遂停止了这次的社祭庆典。至于社祭的方式，到了唐代，因为受到佛教思想的影响，倡导戒杀生，主张“设斋祭社”，传统的供奉牲畜及祭后分享社肉的习俗，与“斋祭”观念互相冲突，其后经长期演变，在人为的努力下，始逐渐融合而成为一个新的传统[79]。

“社祭”发展至宋，已成为人们日常生活里一项极为重要的活动。宋人的社祭，每年依然分为春、秋二社。至于社祭时的活动与习俗，宋人孟元老的《东京梦华录》一书中，描绘得极为详尽：

> 八月秋社，各以社糕、社酒相赍送。贵戚宫院以猪、羊肉腰子、妳房、肚、肺、鸭饼、瓜、姜之属，切作棋子片样，滋味调和，铺于饼上，谓之社饭，请客供养。人家妇女皆归外家，晚归即外公姨舅皆以新葫芦儿、枣儿为遗，俗云宜良外甥。市学先生预敛诸生钱作社会，以致雇倩只，应白席歌唱之人，归时各携花篮、果实、食物、社糕而散。春社……亦是如此。[80]

由孟元老的描述，可知宋代祭社习俗的繁缛，并且不论官宦士庶，均极热衷于此一庆典。

至于一般民间仍然流行者“享寿星”、“报勋庸”、“求丰年”、“卜

77. 杜邺，《蒋子文传》，《龙威秘书》（台北，新兴，1969年），第三册，页814。

78. 韩鄂，《四时纂要》（《岁时习俗研究资料汇编》，第三册），卷一，页17—18。

79. 韩鄂，《岁华纪丽》（《岁时习俗研究资料汇编》，第三册），卷四，页35—36；宗懔，《荆楚岁时记》（《岁时习俗研究资料汇编》，第三十册），页25。

80. 陈元靓，《岁时广记》（《岁时习俗研究资料汇编》，第五册），卷八，页420。

禾稼”、“祈粢盛”、“饭福杯”、“治聋酒”、“造环饼”、“作馓饼”、“赐社饭”、“送社糕”、“宰社肉”、“杀社猪”、“赎社豘”、“喷社酒”、“饮社钱”、“种社瓜”、“放社假”、“乞聪明”、“不食虀”等习俗[81]，部分是由远古习俗辗转沿袭而来，有些则是历代地域性的小传统与外地传入的新传统，融合、凝聚后的新产物，古传统与新习惯相因相成，经过时光、人为地抉择融会，五彩缤纷地活跃在宋代的社会里。

社祭时，家家户户除了依循传统习俗过节外，“社会”的举行尤为祭典时期的高潮，因为宋代的“社会”娱乐性已远远超越其宗教性。“社会”开始，众商云集，百艺杂陈。根据宋人所描绘的一次“社会”里，有“绯练社”的杂剧表演、“齐云社”的蹴球比赛、“遏云社”的“唱赚”、“同文社”的“耍词”、“角觝社”的“相扑”游戏、“清音社”的清乐演奏、“锦体社”的“花绣”展示、“雄辩社”的说书、“绘革社”的皮影戏等，真可谓是百艺竞陈、热闹无比[82]。

社祭发展至此实已成为一种民俗，一种农业社会里调剂生活的余兴。但是古老承传下的社祭真谛与土地崇拜后的土地神信仰，仍以社祠或土地庙的形态，遍布全国，逢村即设，随地而立。而土地公与土地婆婆的形象，不仅活跃于文人笔下，同时也活生生地存在于人们的脑海。土地神的神能也与人们的生活起居息息相关。因此，当善男信女心怀忧惧，惆怅不安之际，往往馨香膜拜，祈求降福解忧。当年成灾歉，禾苗不长，人们亦可祈求土地神佑护。更重要的是亲朋丧亡，土地神又扮演着安抚亡灵的角色。这时的土地神俨然成为人们日常生活的保护神。

土地神信仰成为中国百姓的基本信仰后，一般百姓常会筹募公款，起造土地祠宇，郑重祈奉。一些贫困的小村落，往往只用一只瓦缸，将缸近口处敲成长方口，倒覆于地上，将土地神牌位供奉于内，权充土地神的祠宇。而其所敲之处为祠门，因此有句俗话“土地老爷本姓

81. 同上书，页436—448。

82. 周密，《乾淳岁时记》(《岁时习俗研究资料汇编》，第七册)，页26—27。

张，有钱住瓦屋，没钱顶破缸”[83]。同时一些较具规模的社祠，为了祭祀事宜，往往由乡里士绅组成社祠之董事，负责社务。这些董事的权力随着社祠的功能一并扩张，借着祭祀及士绅地位，成为地方事务的维持者，仲裁纠纷，维护治安。因此，若有作奸犯科者，经由董事们议决，可由社祠逐出，若有罪大恶极者，经由众人同意，并且告知社神后，甚至可私自处决[84]。

土地神信仰发展至清，已不再局限于汉人社会，满人亦感染上此种习俗，甚至在京师宗人府中，亦设有土地祠，接受宗人府的官吏们膜拜[85]。同时中国台湾地区的土地神信仰，也随着大批移民而传入，建立起土地神祭祀系统。若由祭祀的内容、形制观察，可发现与大陆本地的土地神信仰是同出一源的[86]。可见，从社祭而至土地神的信仰，已成为中国基层社会里的基本信仰之一。

“社”的信仰由原始社祭的形态，发展至城隍神及土地神的信仰，虽然历经千百年来的变革，但是信仰的内涵，却有若一股隐然的洪流，纵然不为双目所见，但是犹能令后世的我们，隐隐然地感觉到那份虔敬的心灵，从古至今依然如故。

83. 袁枚，《子不语》，(《笔记小说大观》二编，台北，新兴，1978年)，卷三，《裘秀才》；胡朴安，《中华全国风俗志》，下篇，卷三，页95。

84. 胡朴安，《中华全国风俗志》，下篇，卷六，页9。

85. 汲修主人，《宗人府土地祠》，《啸亭续录》(台北，文海，1969年)，页1093。

86. 沈平山，《中国神明概论》(台北，新文丰，1979年)，页89。

87. 瞿兑之，《社》，《中国上古史论文选集》，页1033。

祭天

初民社会民智未开，自然界的一切现象，常常会困扰着人们，不知所从。长期处于忧惑、畏惧的状态下，泛神灵观念油然而生。而泛神灵信仰伴随着社会演进，再经由塑造、揣摩、合理化的作用下，于庞杂无绪的崇拜对象里，逐渐孕育出至上神的观念，而“敬天”的观念亦应运而生[87]。这位至上神可能是位“人格神”，也可能是个抽象的观念。但是不论是人格神，抑或是抽象的观念，至上神都拥有无限的威能，不仅能够控制自然现象及万物成长，同时亦能掌握人世的祸福安危。这种至上神的观念，即为殷商人们所崇拜的“上帝”及周人的“天”。

从出土的殷商卜辞的记载中，可知殷人所崇拜的上帝，拥有着无上的权威，他所管辖的领域涵盖着自然与人事[88]。“上帝”一词在卜辞中多属连用，而这“上”字似乎象征着商人已有“帝”高高在上的意味，而这位高高在上的“帝”则拥有降莫、降咎、赐雨、降疾的能力[89]。

殷人的上帝充满着宗教色彩，可谓是殷人尚鬼风气下的必然产物。上帝能控制万物，祸福人事。因此，上帝与现世的一切是息息相关的。但是在卜辞中，却很少见到祭祀上帝的记载。主要原因是殷人的宗教观里，上帝虽然高高在上，握有无上的神威，但是人却不能与上帝直接沟通。因此世人若有忧惑病痛之际，须向上帝祈求时，必须借着祖先的神灵为媒介，以上达于上帝。这般与神交往的途径，是因为殷人的观念里，祖先是上帝派遣来的，当祖先死后，灵魂也就重回到上帝的左右。因此地上子孙若有吁请，必须通过祖先的神灵，向上帝表达这种祖先居上帝左右及居间传达讯息的观念，流传到后世，遂成为祭祀天地时以祖先配祀的观念[90]。

殷人既然不能直接与上帝交通，因此祭祀上帝的仪式也不多见。及至武王伐纣，建立周朝，于周人社会里逐渐萌生“天”的观念，并且取代了殷人“上帝”的地位[91]。何以至上神的观念会由殷人的“上帝”转而成为周人的“天”？有些学者主张，原先的“天”本为“大人”的象形，也就是指身份高贵的人。后来以“天”代表祖先、大神的总体。时日一久，又转变成以大神、祖先居处为“天”。当殷周文化相接触后，上帝之于殷人的性质就如同天之于周人。及周代殷，两种

88. 陈梦家，《殷墟卜辞综述》，页562。

89. 陈梦家，《古文字中之商周祭祀》，页143—145。

90. 钱穆，《中国文化史导论》，页37。

91. 陈梦家，《殷墟卜辞综述》，页561。

文化相互混合，从此周人的“天”遂取代了商人的“上帝”[92]。

周初的“天”是至上神，是“人格天”，而人格天之主宰性，主要表现于王朝政权的兴替。传统中国只有在人力不及的问题上，才归诸于天意。因此，周人“天”的性质，已逐渐脱离殷人浓郁宗教性格的上帝。周人的“天”受到人文精神的影响，并非样样人事皆受干预，只有某些非人力所能控制的问题上，才被归诸于天，天也就以此表现其主宰力。至于王朝的兴替，有许多因素不为人力所及，因此只得归诸于天[93]。也因此天与现实政治在理论、观念上也就相互结合，成为后世“天人相应”及“天人合一”等政治理论的滥觞。

“天”既然能主宰王朝的兴替，在政治伦理上自然会衍生出“王者父天、母地”[94]的观念。天是人世君主的父亲，因而周王遂被称之为“天子”。既然世俗君王是天之子，而天又能掌握政权的兴替，从政治功能而言，祭天自然成为君王独享的特权了[95]。

最初的祭天仪式，可以肯定并无圜丘方泽之制。至于天地是否合祭，约略可由《尚书·召诰》“用牲于郊，牛二”一语推想，当时大概是天地合祭。因为记载中是“牛二”，而祭天仅须要“一牛”。至于《周礼·大司乐》中主张祭天地于南、北郊，于冬、夏二季举行的分祭观念，很可能是后人“托古改制”后的产物[96]。古时祭天的地点，因为多在郊外野地，因而“郊”就成了祭天的代名词。

后世举行祭天大典，往往是依循时令，一年举行四回，即祈谷、雩、明堂报享、南郊四种[97]。其中以冬至举行的南郊祭天大典，最受重视。就自然现象而言，过了冬至，白昼逐渐增长，换言之，从冬至这夜开始，阳气渐盛，而阳气乃象万物滋生之兆，因此冬至祭天最受重视，此俗沿革至后，遂成定制。

92. 顾立雅（H. G. Creel），《释天》，《燕京学报》，十八期（民国二十四年十二月），页59—71。

93. 劳思光，《中国哲学史》（香港，崇基书店，1971年），页20。

94.《白虎通·爵》。

95.《礼记·王制》。

96. 袁枚，《随园随笔》（台北，鼎文，1978年），页106。

97. 袁枚，《随园随笔》（台北，鼎文，1978年），页188。

祭天仪式中，祭品自然是表示虔敬的象征。因此祭品的安排必然是件极为慎重的事情。据《周礼·地官·封人》记载，周人用作祭品的牲畜有牛、羊、猪、狗，其中以牛最重要。于祭祀前人们须精选牛只，优渥地饲养至祭祀之日。到了祭日，牲牛在人们前呼后拥下牵引至祭坛前。同行者则歌舞随行，并且不停地夸耀着牲牛的肥美。到了祭坛前，君王亲往相迎，同时四下歌舞又起，并且高唱着“看啊！这只牛可是多么的肥美可爱啊！”因为人们深信，唯独如此才能表示出敬天的真诚，而上天见此也才会欣然享纳人们的虔敬。

牲牛在奉献前必须是完美无缺的，若有瑕疵，一定要随时更换。鲁国因为周公的缘故，也享有祭天的特权。《左传》记载鲁宣公三年春正月，郊牛的口不慎受了伤，众人随即更换了另一只牛。但是不久，换来的这只牛却莫名地死了，鲁人深感不吉，遂停止了这次的祭天大典。另据《左传》成公七年记载，祭天牲牛的牛角不慎被鼷鼠啃蚀，虽然是件小事，但是人们仍然换了这只牛。由此可见当时人们对于祭天的慎重。除了牛以外，羊、猪、狗亦可充当祭品，但是供奉羊、猪、狗时，必须披挂绣好的锦袍，若用牲牛则可免披[98]。

祭天仪式的程序是前一日执事（参与祭祀的人）须洗涤祭器，如郤、甗等[99]。祭日当天一大早专司之人即唤醒参加祭祀者，毕至祭坛。君王此时身着黑裘在侍卫拥护下而至。所以着黑裘则是因为黑乃北方的象征，北方乃表示天道也[100]。君王到后牲品、牌位供奉妥当，大司乐乃指挥乐团演奏《大吕之歌》，众舞者也群舞《云门之舞》[101]。君王祭罢象天的苍璧（图五）后，随即举行禋祀。禋祀就是柴祭，亦即尞、燎。禋祀渊源颇早，于殷商时代已有记载[102]。但是卜辞中所载过于简略，故详情不明。周人的禋祀是聚集木材于祭坛上，当君王举行祭仪后，将苍璧置于柴上焚毁。燃烧时，烟雾冉冉上升，人们深信虔敬之情亦随之上达于天。祭天完毕，众人分享祭品，同时通过祭

98.《周礼·夏官》。
99.《仪礼·特牲》。
100.《周礼·地官·司裘》。
101.《周礼·大司乐》。
102. 钱穆，《中国文化史导论》，页113。

天的政治意义，君王的权威及王朝的命运也借此得以肯定。

春秋战国之际，人文精神跃升，祭天仪式却并未发生本质上的改变。主要因为祭天是王室的专权，经过长期的反复演习，祭天与王权已形成“政教合一”之势。因此，无论君王是否信奉天道鬼神，祭天之仪乃是一种必备的政治伦理。到了战国时代，阴阳五行观念发达，天道、鬼神、灾祥、卜筮、梦等观念杂然并陈。因此“淫祀”特多，如钟巫、炀宫、实沉、台骀、次睢之社等，不可胜数，秦汉方士亦因此而生。其后，方士之术与祭天理论合流，遂成为后世的封禅大典[103]。

秦始皇统一天下，曾东巡至方术风气极盛的齐、鲁之地，并与鲁地的儒生们商议封禅事天地之事（见《史记》卷六《始皇本纪》）。由此可知秦汉之际的儒生，已深深地浸染着阴阳五行的气息。祭天封禅除了远古传沿的宗教因素外，已紧密地与政权结合而一。

汉高祖代秦称制，首先举动就是祠告天地，以求得上天的确认。于高祖的祭天仪典中，掺杂各方意见，由此亦可看出高祖创业的平民性格[104]。至于封禅郊天的礼制，一直要至武帝时始告定制。武帝设立南、北郊，天郊在长安城的南方，地郊于长安城之北。两郊的建筑及设备均是供作郊祀之用。祀天于甘泉宫中的圜丘，取象天形[105]。甘泉宫的祠宫别名“竹宫”，竹宫内广植群竹，围绕着天子所居住的宫室。甘泉宫内另设有祭坛，距离竹宫约三里之远[106]。竹宫的祭坛是以紫色泥土堆砌而成，四周镶饰的玉器达七千枚，祭祀时有三百名舞女于坛下齐舞[107]。从此甘泉祭天乃成定制，到了南北朝时，犹有临竹宫祠天的记载[108]。不过，封禅祭天发展至汉，已成为君主政治的附属品，因此一些好大喜功的帝王恣意行事，夸耀己功，无端地耗费民力，无怪乎后世要叹曰“……秦皇汉帝陋古初，禁时殊坛倾力奉。年年属车九重出，羽卫千人万人从。黄金日搜尽崖窟，飞樯走筆华夷动……”[109]

---

103. 张亮采，《中国风俗史》（台北，商务，1969年），页53。
104.《汉书》，卷二五，《郊祀志》。
105.《三辅黄图》（台北，中华，1966年），卷五，《南北郊》。
106. 同上书，卷三，《竹宫》。
107. 段成式，《酉阳杂俎》，收入《龙威秘书》，第一册，页742—758。
108.《梁书》，卷二，《武帝本纪》。

三国鼎立，魏蜀吴相继称制，伴随而来的是竞相起天造命，以象正统。此一现象最足以表示祀天与政治的关联性。至于祭祀本身，虽然历代略有损益，其变革之因主要是为了权宜之计，并无太大意义。故沈约云："光武以中兴崇俭，七庙有共堂之制。魏祖以侈惑宜矫，终敛去袭称之数。晋武以丘郊不异二至并南北之祀，互相即袭，以讫于今。岂三代之典不存哉？取其应时之变而已！"[110]

祭天成为政治伦理中必备的仪式后，不仅为汉之帝王所传习，就是其他民族入据中原，称帝之际，亦采纳旧习于冬至行郊天大礼[111]。到了唐代，道教受到皇室的特殊庇护，拥有政治特权。但是道教的教义对于帝王祭天的本质，并无太大的影响。只不过为了抬高老子的地位，唐玄宗曾于天宝元年（742年）二月下令，所有祠享，大小官吏均须亲临。同时将祭祀玄元皇帝于太清宫、祭祖于太庙及合祭天地于南郊，合称之为三大礼[112]。

祭天发展至此，已成为政治上的例行公式。每回祭完天，君王深信受到上天的眷顾，遂在"一人有庆，兆民赖之"的观念下，大赦天下，赏赐三军。据载宋朝每回祭天完毕，上自后妃，下至文武百官，皆得荫补，亲属亦受赉赐。因此，每回祭天的开支可想而知，长久行之，国家财政自然不堪负荷。故宋朝皇帝乃规定三年一郊，若是因事耽搁，则不再补行[113]。由此可见祭天已完全成为例行事务，以往所具有的严肃宗教气息、天人相应的观念，已荡然无存。

祭天既然历代相沿蔚然成习，其他民族入据后，也往往放弃原先习俗，改采中国礼制。如金人于东北故地时期，因袭辽人旧俗，于重五、中元、重九日举行"拜天射柳"之礼，充满着草原民族的豪情。但是一入中原，却随即接受了中国的旧规，行圜丘祭天之礼[114]。由此亦可见中国文化的包容力。

---

109. 曾巩，《元丰类稿》（台北，商务，1968年），页2。
110.《宋书》，卷十四，《礼一》。
111.《魏书》，卷一八一，《礼四之一》。
112.《新唐书》，卷五，《玄宗本纪》。
113.《古今图书集成》，《礼仪典》卷一六七，《天地祀部》，页1615。
114.《金史》，卷三五，《礼八》。

3

图三 清代家庙祭祀图。采自中川忠英编撰《清俗纪闻》(东洋文库70，东京，平凡社，昭和五十三年)。古代的家庙，只有君王、大夫和士才能设置。

图四 周代的明堂想象图及平面图。采自苏振申主编《中国历史图说(三)：西周》(台北，新新，1979年)。"明堂"为古代帝王明政教之场所，可以举行祭祀、朝会、庆赏等大的活动。明堂具有特殊的政治功能，它不仅是祭祀之所，也是布政之宫。

图五 玉璧，殷代礼器，用以祭天，可能是最早的宇宙象征。采自《故宫古玉图录》(台北，故宫博物院，1982年)

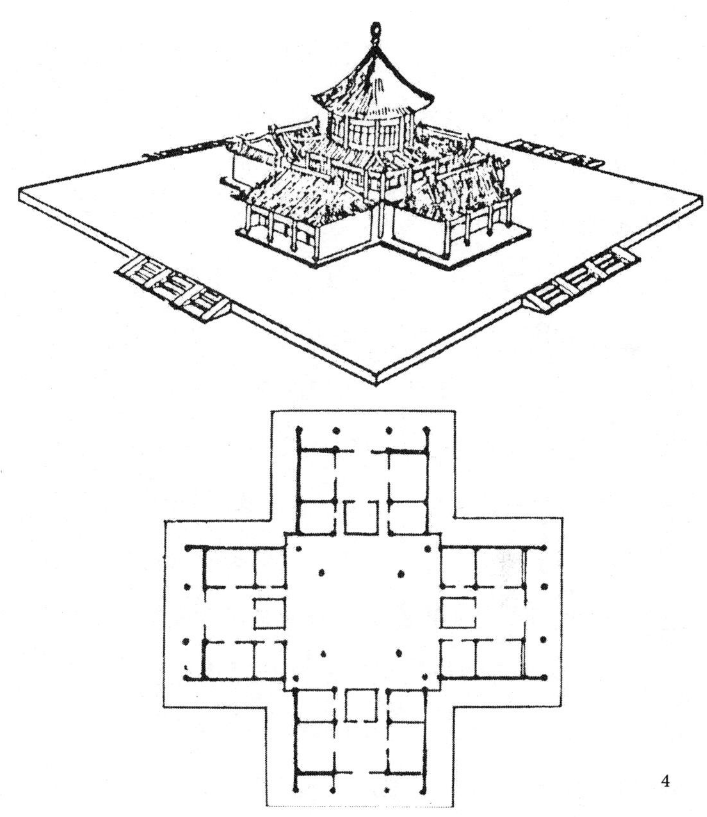

4

5

祭天成定制后，祭天遂成为政权合法性的象征。因此当明太祖驱出蒙古人势力后，首先就在钟山附近建立圜丘，于冬至之日行祭天之礼。并且另建方丘，于夏至祀地。洪武十年（1377 年）又行天地合祭，将圜丘的坛以屋复之，称为“大祀殿”。“靖难”之后，成祖北迁。永乐十八年（1420 年），北京的天、地坛完成，但是天地依然合祭。若是南京旧坛有事，则派遣官吏南下致祭，而祭天日期始终定于冬至之日[115]。而天地合祭之习，于嘉靖年间又改为分祀，并另建北郊斋宫，形制如同南郊，以供祭地之用。此制一直沿袭至清[116]。

清代祭天依然定于冬至之日。郊天时百官呈递贺表，民间仍然不准祭天，只允许冬至吃馄饨以应节气，这习俗与夏至吃面常被时人相提并论。因此，有句谚语“冬至馄饨，夏至面”[117]。清代后期，礼制禁防稍弛，民间亦渐有祭天之习，官方也不再明文禁止。人们往往于元旦之日，焚香拜天，再而祀祖，从此“祭天”之仪，逐渐成为民间一项重要的信仰[118]。

在台湾，人们观念里认为昊天罔极。因此祭祀行为中，祭天是不供奉偶像的，因为人们出户即可向天祷拜。所以一般民宅大多只是于厅堂近门处悬一天公炉，每日晨起，首先就是馨香祭天，继而祭祖。此一例行公式，日久成俗，遂成为人们心灵上一个重要的支柱[119]。

清末民国以来，由祭天在中国社会里转变的情形，可知祭天的政治功能伴随着帝制消逝后，却以一种平实的面目出现于民间。从此祭天不再是专制帝王的特权，而成为一种简明的民俗，散布于民间。人们可借着简单的仪式，膜拜祈福，亦可自由地表现出对于“天”的崇敬。

115.《明会典》，卷八一，页1842。
116. 汲修主人，《啸亭杂录》，卷一，页904。
117. 富察敦崇，《燕京岁时记》，页103。
118. 阙名，《天台风俗志》，《岁时习俗研究资料汇编》，第三十册，页3。
119. 沈平山，《中国神明概论》，页67。

结 语

根据以上的探讨，可知祭祖、社祭与祭天，均发源于上古社会的宗教心理，日后随着人类社会的演化，在实用及宗教内涵的结合下，“政教合一”的观念逐渐形成，祭祀的功能也不再仅限于宗教的领域。

祭祖、社祭与祭天，于神权社会里仅是部分人的特权，但是随着时代变迁，祭祀逐渐普遍化、平民化，经过不停地争论、抉择与融合，最后凝聚成全体中国人的共同传统。此一传统，于外在表征上，固与其原始的雏形大不相同，但是仍可由现存的蛛丝马迹及历代沿革中，感觉到一系相沿的精神。所以，祭祖能由原先狭隘的祖宗神崇拜，发展成人文气息浓郁的伦理规范，于社会家族中发挥着敬奉先人及凝聚家族的力量。社祭也能由原始的宗教领域，一变而成娱乐性远超越宗教性的“社会”，于平民社会里发挥其市场交易与民间娱乐的功能。尤其祭天，亦由君王专擅的特权，逐步成为民间大众心灵中的另一支安抚力量。从此祭祖、社祭与祭天于中国社会里扮演着由下至上的三种功能，即祭祖的伦理功能、社祭的社会功能及祭天的政治功能。这些转变，一方面意味着于中国社会史里，个人价值的逐步提高；另一方面则象征着一个传统，随着历代风气的变迁、内在因素的变化及外来新力量的融入，经过冲击与融合后，一个广容并包的新传统遂应运而生，为大众所遵循。

琴瑟和鸣

历代的婚礼

刘增贵

婚姻在人群关系与生命繁衍方面担负着重要的任务。在重视人伦关系的我国，婚姻更被赋予礼制的意义；维系社会的礼义以此为始，一切的社会关系也由此衍生[1]。古人认为小而兴家，大而治国，都有赖婚姻关系的和谐。就个人而言，结婚也是一生中的大事，“洞房花烛夜，金榜题名时”，一婚一官，是一般人生活理想的寄托。

1.《易经·序卦下》：“有天地，然后有万物；有万物，然后有男女；有男女，然后有夫妇；有夫妇，然后有父子；有父子，然后有君臣；有君臣，然后有上下；有上下，然后礼义有所错。”临川吴氏曰：“先言天地万物男女者，有夫妇之所由也。后言父子君臣上下者，有夫妇之所致也。”（见《古今图书集成》,《家范典·夫妇部》，卷八一引《朱子大全》）

传统婚制常因社会阶层、种族、地域的差异而呈现不同的形态。但在长久的历史文化交融过程里，自有一股凝塑的力量，使它具有相当的一致性，那就是士大夫与政府所提倡的“礼”。透过阶层流动、种族混合、政令推行等因素，“礼”不断扩大影响力，逐渐形成共同的社会标准。在唐以后的社会中，礼又与法律相结合，成为统整社会形式、稳定社会关系的主要力量。

作为生命过程中的一个新开端，婚姻的缔结仪式最为民俗学家所关心。我国传统婚礼不仅是嫁娶的仪式，也通贯了整个婚制形态与婚姻关系，表现出中国文化的特性。本文所说的婚礼，就是采取广义的说法。

婚姻礼制的形成

- 婚姻的初态

婚姻的出现与人类社会同样久远，人类一有初步的群体组织，婚姻就已是其中重要的一环。最初的婚姻也许只是受生物原则的支配，到了社会发展到相当程度，婚姻出现了固定的结合方式，人伦关系也由此萌芽。检视上古文化的遗存，我们很难寻得关于婚姻缔结的仪式性资料；婚姻的初态，只能从婚姻关系中推测。

19世纪人类学者论婚姻的发展，以为经过乱婚、群婚、母系、父系诸阶段，这种说法时有争论，尤其是母系父系的先后问题，迄今仍聚讼不休[2]。就我国而言，从妇女中心到男尊女卑，可说是上古婚姻关系的一大变化，同时也是婚姻礼制萌芽的过程。

汉代以前的古籍，大都推测往古曾存在过“知其母而不知其父”的阶段。古人推论祖先的起源又有“感生”之说：如商祖先诞自玄鸟（燕子），周的先祖乃姜原踩了大人脚印而生，尧母感赤龙生尧，启则生于石头；中国周边各民族的起源，也往往推原于女性祖先与某些动物（如狼、狗）的结合，这类传说与远古的图腾制有关，但也可视为无父而生。此外，中国最古的姓，多从“女”字，如姬、姜、妫、姚、姒、嬴、妘、婤、始、嫪等，《说文》中也说“女生为姓”，凡此都说明了远古母系社会存在的可能[3]。

新石器时代的考古发现也提供了由母系演化为父系的线索。公元前五千年至三千年的仰韶文化遗址中有许多合葬墓，其中有些是一名女性一次葬，其余的男女是从别处移来的二次葬，学者根据这种归葬的情形，推测男子生前为从妻居，死后则与母亲同墓。在这种以女性为中心的墓葬中，妇女的陪葬品也比男性多，这说明了当时女性地位较高[4]。但在稍后的龙山文化阶段，则已有父系社会的痕迹出现，如泰安大汶口文化，男女合葬的墓中，男子居墓正中，女子在侧边；甘肃齐家文化更出现了二女屈肢侧身相向，中夹仰身直肢的男性[5]，说明男尊女卑的社会形态已经形成。这种转变，可能与经济生活的改变有关，此时殉葬品的生产工具多出现于男性墓内，而纺轮、装饰品则出现在女性墓中，女性在经济生活上，已处于次要地位。

殷代的婚制，今日所知有限，只能出之臆测。一些现象，曾被认为与母系社会遗习有关，妇女地位之高即为一端。例如武丁妃妇好，卜辞中不止问及她生育的事，也问及她主持祭祀与军事行动的事；她

2. Robin Fox 著，石磊译，《亲属与婚姻》（台北，黎明，1979 年），页 5。

3. 参考任达荣，《关于中国古代母系社会的考证》，《东方杂志》，三二卷一号（民国二十四年一月）。关于“女生为姓”，学者有不同的意见，有以“姓”字不从女生者，如吴大澄云：“古文以生为姓字，颂敦之百生，即百姓。”见氏著，《说文古籀补》六。

4. P. T. Ho, *The Cradle of the East* (Hong Kong, The Chinese University Press, 1975), p. 275.

5. Kwang-chih Chang, *The Archaeology of Ancient China* (New Haven, Yale University Press, 1977), p. 198.

不仅是王的配偶，也是方国之长，并曾领军出征。1976年，妇好墓出土，其规模之大证实了她的地位。妇好的情形并非特例，甲骨文中出现的女子有一百人以上，其中有许多人都参与了宗教、政治和军事行动[6]。此外，殷人祭祀先妣是在先祖之外另成一系统[7]，学者即据此推论殷代是兼重父母两系的。

不过，殷代确已进入父系社会，帝王臣僚都是男性，王侯生育，每以生男称“嘉”，生女则为“不嘉”，重男轻女，此时已然。祭先妣也不如先祖为多，并且多举先祖之名，而称“某某奭（配）”。婚姻形态上，王室在上甲以后，大戊以前为一夫一妻，自中丁以后迄帝辛，为一夫多妻。殷代后期，嫡庶之分也已存在，据说纣有同母兄两人，母生纣时才立为后，所以纣继位为王而两兄不得立[8]。从亲属关系看，甲骨文中已有“家”、“夫”、“妻”、“妾”、“女”等字，后三字皆取女子卑屈之形[9]。争论较多的是卜辞中“多父”、“多母”的记载，殷代凡是与父同辈者概称父，与母同辈者均称母，有些学者以为这是群婚制的遗迹，但殷王世系，离“不知其父”的阶段已远，似乎不能看做群婚。当然，殷人确实重视横的世代，“兄终弟及”的继承制度也与后世有别，不过，纵的绵延子孙的观念也已出现[10]。

殷代行族内婚或族外婚，也曾引起许多争论。究其实际，似乎这两种婚制同时存在。殷的亲属称谓，只有父系方面的称呼，妻党母党的称呼皆未见，或者也与同姓通婚有关。依《礼记·大传》所说，殷人五世之后即可通婚；春秋时代，殷人后嗣宋人，犹行内婚之制，可以反证同姓通婚确实存在[11]。近来有人推论殷王室的结构，认为可能分成两个半族，而行双方的交表婚（Cross Cousin Marriage）。果然如此，

6. 周鸿翔著，陈仲玉译，《甲骨文》，《大陆杂志》，六二卷四期（1981年4月）。

7. 董作宾，《甲骨学五十年》（台北，艺文，1955年），页106。

8. 参考胡厚宣，《殷代婚姻家族宗法生育制度考》，《甲骨学商史论丛初集》（台北，大通书局影印，1972年）。

9. 陶希圣，《婚姻与家族》（台北，商务，1966年），页9。不过此时“妾”字意同于“妻”，并无侧室之意，见胡厚宣，《殷代婚姻家族宗法生育制度考》。

10. 胡厚宣，《殷代婚姻家族宗法生育制度考》。

11. 牟润孙，《宋人内婚》，《民主评论》，六卷十七期（1955年9月）。

则殷人内婚又与兄弟姊妹间的血族婚有别[12]。除了这种内婚外，殷人也有外婚之习，王妃死后虽不系姓，只称干支，但生前仍有名字，如妇姘、妇好、妇嫀、妇周、妇楚、妇杞等（楚、周皆氏族或国名）[13]。《尚书·盘庚》云："施实德于民，至婚友"，婚而称友，似乎这种异族婚具有氏族间结盟的政治作用，殷末商周通婚即其著例。在此情况下，妇女地位自然提高，倒不一定与母系婚制有关。

传统中国的婚制，在殷以前即已萌芽，如父系的出现，一夫一妻及妾制的形成，外婚的形态等。其中父系的出现，尤具重要意义，后世的婚姻礼制，即是父系（男系）社会的产物。一夫一妻及妾制的出现，使婚姻关系趋于稳定，一切人伦关系才由此产生[14]。而外婚制的形成，则扩大了亲族的范围，成为古代国家发展、种族糅合的重要因素。周人以宗法与婚姻维系稳定，《尔雅·释亲》，将亲属分为宗族、母党、妻党、婚姻四部分，异姓关系占了四分之三，外婚的重要性由此可见[15]。

12. 此说自张光直提出后，引起许多争论，见张氏著，《商王庙号新考》，《中央研究院民族学研究所集刊》，第十五期（民国三十七年）。针对此文之争论甚多，详氏著，《谈王亥与伊尹的祭日并再论殷商王制》，同上，第三五期（1964年9月），页111注所引。

13. 见胡厚宣，《殷代婚姻家族宗法生育制度考》。自来说明内婚，都以殷王妣不系姓为理由，此说创自王国维，《殷周制度论》，但所指都是庙号，王妣另有生名也。关于生名中的妇好，好字从女从子，丁山以为是子姓（殷王室同姓），为同姓内婚之证。参见张光直，《商王庙号新考》所引。

14. 梁启超谓："未有婚姻则男女共，有之则男女别，……有夫妇则不如前此之仅有母子，而更有父子。"见氏著，《中国文化史》（台北，中华，1960年），页3。

15. 王梦鸥，《中国古代家族之形成及其流变》，《国立政治大学学报》，第五期（1962年）。

16. 王国维，《观堂集林》，卷十，《殷周制度论》，谓周制大异于殷者，一为立嫡之制（嫡庶之分），二为庙数之制，三为同姓不婚。

• 礼制的完成

殷代以前传统婚制虽已萌芽，但以礼作为婚姻的指导原则，则始于周。殷周之际，是古代文化社会的转变关键；主要差异之一，就是周代对婚姻礼制的强调[16]。殷周文化系统原本不同。周人很早就形成了父系社会，推翻殷朝后，周的宗法圈与婚姻圈随之扩大，礼成为政治上的习惯，也成为社会组织的原则。婚姻礼制遂逐渐确立。所谓婚礼，至少包括两方面，就是"婚义"与"婚仪"，前者使婚姻结构、婚姻关系更为确定，后者造成婚姻程序、婚嫁方法的制度化，即婚姻的实质与形式要件都受婚礼的规范，可分四方面说明[17]：

1. 婚姻范围的确定：周人采族外婚制，所以《礼记·大传》上说："系之以姓而弗别，缀之以食而弗殊，虽百世而婚姻不通者，周道然也。"同姓不婚是"周道"，跟殷人五世可婚不同。当时娶妻不娶同姓，若是买妾不知其姓，则用卜筮决定可否。周代男子称氏而不称姓，女子称姓而不称氏；称氏为表明封建身份，称姓则是为了同姓不婚。女子嫁后，仍保留父家的姓，像文姜、伯姬、叔姬之类，这就是所谓"系姓"制度。同姓不婚的理由，一方面是生理上的，古人已认识到"男女同姓，其生不蕃"的事实；另一方面是由于要维持人伦关系的稳定。这时虽然尚未发展出像后世禁止近亲婚（如中表婚）的规定，但乱伦禁忌已经形成。

由于社会阶层的分化，阶级内婚（Class Endogamy）也已出现。王室地位最高，无法找到对等的家族，只有下娶下嫁于诸侯，但也以有势力者优先，所谓"春秋之义，娶先大国"。诸侯间互相嫁娶，大夫也有同样情形，这都是由于地位相当的缘故[18]。公元前706年，齐国欲嫁文姜于郑，郑辞以"齐大，非吾偶也"(《左传》桓六）。这种情形成为后世门第观念的先河。贵族与庶人间的婚姻似乎也有界限，当时婚嫁有五不娶之说，即：逆家子、乱家子、世有刑人子、有恶疾子、丧父长子，主要是指家世的缺失。由于"刑不上大夫"，世有刑人子当指庶人，庶人也只能在本阶级内为匹夫匹妇的结合而已[19]。汉以后的"士庶之分"、"良贱之别"，都以此为滥觞。

2. 配偶人数的确定：传统中国的婚配人数，以一夫一妻制为主，而辅以妾制，所以有称"一夫一妻多妾制"，或直称"一夫多妻制"。它的起因很复杂，有人认为是男女比例不平衡所造成。照《周礼·职方》

17. 以下前三点参考陈顾远，《中国婚姻制度之发生并其进展》，《东方杂志》，三四卷七期（民国二十六年四月）。

18. 陈顾远，《中国婚姻史》（台北，商务，1964年，台一版），页27—30。以楚国为例，除了少数例外，大都与其他诸侯相婚，如秦、晋、郑、越、卫等。参考文崇一，《楚文化研究》（中央研究院民族学研究所专刊，1967年），页79。

19. 陈顾远，《中国婚姻制度之发生并其进展》。

所载，九州中只有雍冀两州男多于女，青州男女平衡，其他各州都是女多于男，所以自然形成一夫多妻。也有人认为是古代群婚制，转入男系社会后的遗习[20]。另外还有男系社会中保障祖先血食[21]、战争俘虏跟统治阶层的纵欲等不同的说法[22]。

周代以来，虽然允许一男娶数女，但礼制上仍重视一夫一妻，妾是可有可无的。嫡庶之分随着宗法的发展愈形严格，嫡妻只能有一个，所以古人常把夫妇的关系比作阴阳、日月，又常用伉俪妃偶等词语来表示婚配关系，在这种情形下，夫妻具有对等的意味。春秋时齐桓公、郑文公、陈哀公都因为拥有两个以上的正妻，而被指为淫乱。齐桓公在公元前651年召集的“葵丘之盟”中，并将不得“以妾为妻”列为盟约。鲁哀公以妾为妻，引起国人恶感，楚国的司马子期想把侧室扶正，也遭到反对。

至于妻妾人数的多寡，《礼记·昏义》上有王者一后、三夫人、九嫔、二十七世妇、八十一女御，以及“诸侯一娶九女”的说法，这些数目虽不可靠，但礼制上确是按阶层高低而各有科品的。战国时一般庶人也蓄妾，孟子所谓“食前方丈，侍妾数百人”固然是指得志为官者，但以乞食骄其妻妾的齐人却是一般平民。卫国一个妇人怕丈夫多财则将纳妾，甚至在祷祝时也只敢向神灵祈求少量的意外之财[23]。汉代以后，多妾的情形愈为严重，汉桓帝后宫竟有五六千人，一般豪富也各有数百人，广蓄姬妾成为炫耀财势的方式，连宦官也养了大批美女。为了限制妻妾的人数，儒家造出了前述周代王室诸侯的后宫数目为立论之依据，因而出现汉以后历代的嫁娶科品。不过，就一般平民来说，由于受到经济条件的限制，绝大多数仍是一夫一妻[24]。

3．嫁娶方法的确定：周代之前的婚制，曾有掠夺婚、买卖婚的事实。掠夺婚方面，《易经》屡见“匪寇昏媾”的话，并有“乘马班

20. 董家遵，《中国古代婚姻制度研究》，《现代史学》，二卷一、二期合刊（民国二十三年五月）。

21. 胡厚宣，《殷代婚姻家族宗法生育制度考》。

22. 蔡献荣，《中国多妻制度的起源》，《新社会科学季刊》，一卷二期。

23. 参考陈顾远，《中国婚姻史》，页63—64。

24. 刘增贵，《汉代婚姻制度》（台北，华世，1980年），页59—60，181。

如，泣血涟如”的描写，婚礼行于黄昏，也为便于劫掠。至于买卖婚更是不胜枚举，买妾即其变形[25]。不过，从周代起，以媒妁方式进行的聘娶婚即已形成，聘娶程序成为婚礼中不可少的项目。当时“聘则为妻，奔则为妾”，可见婚礼的郑重。

聘娶以“父母之命、媒妁之言”作为婚姻成立要件，父母之命是宗法社会注重家族的表现，媒妁之言则为当时讲求“男女之别”的产物。不经过这两项程序，当时人是瞧不起的。《左传》上记载声伯的母亲在成婚时手续不备，生声伯后便被出了。鲁桓公不用媒妁，自行成婚，也被指为非礼。媒人说亲，往往唯利是图，混淆黑白，极受周人贱视，但是“处女无媒，老且不嫁”，媒人仍是少不得的[26]。

婚礼的过程，遵从“六礼”（详见下文），婚礼当夜，有沃盥、同牢合卺等礼，婚礼之后又有见舅姑、庙见等礼。其中“六礼”最为重要，虽然后世屡有兴革，各地风俗也不齐一，但总是大同小异，不脱六礼的范围。在六礼进行中，都各有礼物，但礼物只是礼敬的象征，不能看做身价，尤其纳征（订婚），具有契约的征信作用，跟买卖婚不同[27]。

4．夫妻地位的确定：在父权社会中，男女是不平等的，周代的宗法观念加强了这种差异。男女自出生时，即有不同的待遇。若生男，就让他睡床，玩弄玉璋；若是女，则让她睡在地上，玩弄砖瓦。这种差别，是由于男子生为“室家君王”，女子则“唯酒食是议”[28]，跟男女的分职有关。《易·家人》卦彖：“女正位乎内，男正位乎外，男女正，天地之大义也。”内外之分既定，女子活动范围也受限制。与殷代相比，其活动已大为缩小，她们多被局限在家。女子干预政治，会被讥为“牝鸡司晨”。武王伐纣，所悬纣王罪名之一即“惟妇言是用”，到齐桓公会盟，更以“勿使妇人与国事”相约束[29]。从这里再引申出

25. 梁启超，《中国文化史》，页4。

26.《战国策·燕策》：“周地贱媒，为其两誉也。之男家，曰：‘女美’。之女家，曰：‘男富’。然而周之俗，不自为取妻，处女无媒，老且不嫁，舍媒而自炫，弊而不售。”

27. 陶希圣，《婚姻与家族》，页38—39。

28.《诗经·小雅·斯干》。

29. 见《尚书·牧誓》及《谷梁传》僖公九年。

“男女之别”，所谓“外言不入于梱（门限），内言不出于梱”，除了祭祀与丧事，连传递物品也被禁止，甚至夫妇也不共用浴室，衣服也不能同箱[30]。

夫妇地位的分划，也反映在丧服上。妻为夫服斩衰三年，而夫为妻只服齐衰杖期（一年），却为长子服斩衰三年，可见妻的地位还不如长子。妻为夫的父母服齐衰不杖期（一年）之服，而夫为妻的父母，只服缌麻三月。至于妾地位更低。妾为夫服三年丧，而夫视妾如路人，根本没有服制。即使是贵妾，也不过缌麻三月[31]。

女子在古代有“三从”、“七出”的限制。三从是在家从父，既嫁从夫，夫死从子；七出则是男子可以用不顺父母、无子、淫、妒、有恶疾、多言、窃盗等七种理由休妻。事实上，出妻的理由远比七出宽泛。曾子出妻，理由不过是藜烝不熟；吴起出妻，为的是织的布幅太狭[32]。虽然“妻者齐也”，但是“一与之齐，终身不改”，女子的附属性加强，贞节观念也随之萌芽。楚昭王的妹妹季芊，在战争败退中曾由钟建背着逃走，因而不愿嫁别人。息妫对楚子说：“吾一妇人而事二夫，纵弗能死，其又奚言？”[33]都可窥见此中消息。

从以上四点来看，婚姻礼制大体在周代已经形成。但周代只是礼制发展的初期，礼制的观念虽已提出，实际的情形与礼制规定颇有差距。春秋时，贵族生活淫乱，烝报的风气很盛，兄弟姊妹相乱、彼此换妻、君臣同淫一妇、纵妻行淫、强夺子妇的记载屡见不鲜。这些事实，与其视为王纲解纽，不如认为是礼法初兴时的现象[34]。牟润孙曾列举春秋时代母权尊重、亲族关系的父母双方并计、女子行动自由、舅权尊重等情形，认为是殷代母系遗习的传承，尤以殷遗民众多的齐、鲁、宋、卫东方各国为著[35]。这些现象与母系社会是否有关，尚待更

30. 皆见《礼记·内则》。
31. 刘德汉，《东周妇女生活》（台北，学生，1976年，再版），页10。
32. 事见《孔子家语》及《韩非子·外储说右上》。
33. 事见《左传》成公十一年及庄公十四年，参考陈槃，《春秋列国风俗考论别录》，《中央研究院成立五十周年论文集》（台北，中央研究院，1978年），页75—111。
34. 参考张亮采，《中国风俗史》（台北，商务，1969年，台一版），页47。陈东原，《中国妇女生活史》（台北，商务，1965年），页26。
35. 牟润孙，《春秋时代母系遗俗公羊证义》，《新亚学报》，一卷一期（1955年8月）。

进一步的证明，但其不合礼法则是事实;《春秋》对这些现象的抨击，正反映了礼制初期的状态。

婚姻礼制发展到汉代才趋于严密，并对社会发生实际的影响。其中尤以东汉为关键时期，这是社会形态转变、儒家势力扩张和士人阶层兴起的结果。在汉代，一方面礼制理想化，仪文更为确定完备，出现在《白虎通》中的婚制已非古代原貌；另一方面礼制普遍化，汉代之前“不下庶人”的“礼”，由于政府与士人的提倡而渐渐深入民间，六礼的实行即其一例[36]。

婚姻禁忌方面，周代虽然提出同姓不婚的说法，但我国的同姓通婚，却以春秋时为多[37]。到汉代不但较少，而且当时人深以为非。此外，亲族间的“收继婚”，即“烝报”的习俗，春秋时代盛行于贵族之间，有些甚至出于国人的公意[38]，到了汉代，也渐渐消失。汉代娶亲族妻妾，以及后母、子女、姊妹、姑母间相乱都被禁止，连诸侯王犯禁，也被冠上“禽兽行”、“乱人伦”的罪名加以诛杀放废。另外，春秋时还盛行“娣媵制”，姊妹姑侄同嫁一夫，也是不合礼法的。西汉虽然婚嫁不论行辈，但到东汉时，这种现象已大为减少；像汉惠帝娶外甥女为后，当时并无人非议，到了东汉，却受到荀悦的批评。凡此种种，都可看出东汉婚姻结构渐趋严密。

春秋时代，男女交往虽受礼法限制，但民间礼防不严，风气还算自由,《周礼》便载有媒氏在仲春之月会合男女，奔者不禁的情形。《汉书·地理志》记载汉初郑、卫等地，男女常有聚会，燕地的习俗甚至“以妇侍宿，嫁取之夕，男女无别，反以为荣”。这类现象是不合礼防的，所以从秦始皇开始，就有“昭隔内外”的主张。汉哀帝时，陈遵因为在寡妇家饮酒而被免职。王莽时代甚至有“男女异路”（男子由右、女子由左）的规定。到了东汉，士族间更禁隔男女，像蔡文姬宁可将所记得的书亲自写交曹操，也不愿假手书吏，理由是“男女之别，

36. 陈东原,《中国妇女生活史》，页24。

37. 赵翼,《陔余丛考》（湛贻堂版，乾隆五十五年），卷三一，“同姓为婚”条。

38. 李卉,《中国古代的收继婚》,《大陆杂志》，九卷四期（1954年8月）。

礼不亲授”。不过一般农村男女都参与劳动，男女之别自然是无法严格的。

夫妻地位的分划，从《白虎通》提出“三纲说”后更为固定。三纲说以“夫为妻纲”，并解释夫妇的意义为“夫者扶也，以道扶接也；妇者服也，以礼屈服也”。当时社会上还出现妇人守寡有“三节”的说法：“上欲激贞名于当世，中欲不负夫于黄泉，下欲育遗嗣而继宗。”[39] 女子的“贞名”跟男子的“气节”同是东汉礼法观念的产物。从汉宣帝神爵四年（公元前58年）起，政府开始表扬气节，东汉安帝时出现了旌表贞妇门闾的命令，贞妇的数目，与孝子、顺孙同为地方政治好坏标准。在这种情形下，出现了大量的节烈妇女，开后世重视女子贞节的先声。

东汉婚姻礼制的另一项新进展，是礼法成为家族传统，门第观念也发展成熟。门第观念，除崇尚富贵外，礼法也成为重要因素。在家族门风的强调下，出现了“女诫”一类的作品，从班昭以后，还有蔡邕、诸葛亮、荀爽的《女诫》、蔡邕的《女训》、程晓的《女典篇》。这类文章也是后世《女宪》、《女论语》、《女孝经》等作品的嚆矢[40]。

综上所述，我国的传统婚制，在殷代以前即已萌芽，周、汉之间，礼制大体完成，唐宋以后的婚律，只不过是礼制观念的延伸而已。礼制观念下所出现的婚姻形态有五个特点：（一）族外婚制。形成乱伦禁忌与同姓不婚。（二）家族中心。以“继祭祀、繁子孙”为目的，因此出现了多妾的情形。结婚不但是替个人娶妻，也是为家族娶“媳妇”。在家族地位的考虑下，也出现了门第观念与“良贱不婚”的现象。（三）男性中心。在父权社会下出现了“男尊女卑”的情形；三从、七出、男女之防都受到强调。（四）尊卑有序。亲族间不同行辈的不能相婚，家庭内妻妾地位也很悬殊。（五）礼仪的强调。不经“六礼”等公开仪式，即不被承认，所谓“明媒正娶”保障了婚姻的合法性。

传统婚制经周汉礼制而确立，由唐宋以后的法律而得保障，这是

39. 这是仇香对陈元的母亲所说的话，语见袁宏，《后汉纪》，卷二三，《灵帝纪》。

40. 以上汉代婚制，参考刘增贵，《汉代婚姻制度》，第二章，《婚姻结构》。

婚制的主流。但历代各种婚姻异象，仍然存在，像招赘、典雇妻妾、收继婚、一妻多夫等。这类现象，或出于经济原因；或基于继嗣的需要；或受异族风俗影响；都不是礼制所能限制。我国幅员广大，各地风俗自然不同，社会发展的阶段也不一致，但大体上说来，这些现象只是婚制的变异，并非常态；礼制的维持，对社会形式的统整自有其贡献。汉代以后礼制的宽严也有变化。中唐以前，由于儒学不盛，胡风杂糅，在名教危机中礼法观念十分淡薄。中唐以后，儒家势力再次抬头，到了南宋，程朱派理学得势，礼制又趋严密。明清以后的社会，礼制甚至演为“礼教”，产生许多不合理的现象。

当中原地区以礼制为社会组织的纲领时，周边各民族仍保存不同的习俗，像匈奴、突厥各族尊重女权，契丹、女真、蒙古等流行收继婚、劳役婚（住在妻家服劳役一段时间）。这类习俗在入主中原的其他民族长期统治下，对中原地区的婚俗也有若干影响。魏晋到唐，妇女的地位很高，活动自由，这种现象与胡人风气有关。蒙元时期的同姓婚、姑舅婚、弟收兄妻、子承父妾等习惯，仍为明代某些地区的汉人所遵行[41]。周代以来，其他民族通婚常遭蔑视，西汉、唐所盛行的“和亲”政策，在儒家势力兴盛的东汉与宋即不采用，这是因为与汉族礼法相抵触的缘故[42]。但在其他民族入主的情形下，其他民族通婚非常普遍。通婚过程中，虽也产生礼制的冲突，但胡人久染华风之后，也逐渐接受中国礼制。如拓跋氏与中原士族早期通婚时，常产生“纳不以礼”的问题，其后经过魏孝文帝鼓励胡汉通婚，到了周齐隋唐，拓跋氏已与中原士族毫无区别[43]。以汉化最浅的蒙元来说，汉人与非汉人间的通婚也很频繁，这些通婚的家庭内部也很融洽，许多蒙古女子也能遵从中国礼制[44]。蒙古不但未强迫汉人接受他们的婚制，相反，曾数度下令不许汉人、南人、色目、回回、

---

41. 见 Henry Serruys、C. I. C. M. 著，朱丽文译，《明初蒙古习俗的遗存》，《食货月刊》，复刊五卷四期（1975 年7 月）。

42. 王桐龄，《汉唐之和亲政策》，《史学年报》，一卷一期（民国十八年五月）。

43. 逯耀东，《拓跋氏与中原士族的婚姻关系》，《新亚学报》，七卷一期（1965 年2 月）。

44. 洪金富，《元代汉人与非汉人通婚问题初探（二）》，《食货月刊》，复刊七卷一、二期合刊（1977 年4 月）。

答失蛮、主吾人等实行收继婚，这都是受到中国婚制的影响[45]。总之，其他民族风俗的羼入，虽使风俗样态发生变化，但最后仍消融于礼制中。

45. 见Henry Serruys、C. I. C. M. 著，朱丽文译，《明初蒙古习俗的遗存》。

46. 见《北史》，卷三一，《高允传》。

47. 见长孙无忌，《故唐律疏议》（台北，商务，1969年，台一版），卷一三。唐代离婚甚至也请公牒。见苑摅，《云溪友议》（《唐代丛书》本），页8。

48. 见陈顾远，《中国婚姻制度之发生并其发展》。

婚仪与婚俗

礼制在婚姻缔结过程中具体化为婚仪，这方面最为繁复多姿，于礼制的规范中，最具弹性。

婚姻的缔结，必须经过公开的仪式才能被社会所承认，所谓“先之以媒聘，继之以礼物，集僚友以重其别，亲御轮以崇其敬”[46]；在礼仪上要经“六礼”，在法律上须有婚约。唐律规定，许嫁女已有婚书及私约而悔婚者，杖六十，虽无婚书而已受聘财者，也受同样限制[47]，其后宋、元、明、清都沿而不改，这是为了维护礼制过程的合法性。所谓六礼，是指纳采、问名、纳吉、纳征、请期、亲迎。婚议开始，到女方商议可否，就是纳采。如得同意，就问得女子名字回来，卜于宗庙。占卜得吉，告于女方，是为纳吉。纳吉以后是纳征，即送聘礼。决定了日期，到女方征求同意，届时男方去迎娶，就是请期、亲迎。六礼于周代形成，到汉代渐为普遍，隋唐以后，稍有增减。宋代常并问名于纳采，并请期于纳征，六礼只存四礼；《朱子家礼》又并纳吉于纳征，只存三礼。明洪武时明令士庶遵守《朱子家礼》。到清又加入成妇、成婿等礼，细分为九[48]。事实上，婚仪的内容不只六礼，也包括“同牢共卺”、“成妇”等礼。

- 婚龄

在叙述婚姻程序以前，先看看历代的婚姻年龄。《周礼·媒氏》上说，男三十而娶，女二十而嫁，这只是最迟婚龄，超过的被认为过期，实际的婚嫁年龄都偏早。《韩非子》中提到男二十而室，女十五而嫁，笔者曾统计三十个汉代男女的婚龄，发现都在十三到十九岁间。女子的婚龄比男子又略早，明帝马皇后十三岁即成婚，后世奉为女教圣人的班昭，十四岁就嫁人了。法律上也不鼓励迟婚，汉惠帝时甚至对十五以上到三十岁不嫁的女子，罚钱五算（一算一百二十钱）。帝王方面，婚龄更低，汉昭帝八岁即位，就立六岁的上官氏为后以待年。平帝九岁即娶同龄的王皇后。曹操把三个女儿嫁给汉献帝，年龄最小的犹须待年于国[49]。晋武帝时，甚至下令，女子年十七不嫁者，由官方强迫配嫁[50]。唐人也多早婚，通常都在十四到十九岁间，尤其十四五岁的最多[51]。开元二十二年（734年）二月的敕令中，规定男年十五，女年十三即可嫁娶[52]。后来宋、元、明、清也多早婚，并为法律所肯定。

至于议婚的时间更早，三国时虞翻曾拟为四岁幼子议婚。这种风气的极致，就是“指腹为婚，割衿为定”，此风盛行于魏晋以下[53]，宋以后尤盛，虽然经过士大夫的反对与法律的惩罚，也无法止绝。

造成早婚的因素很多。政治方面，历代均鼓励生育，影响重大。经济方面，早婚可为家庭添进劳动人口，许多贫家也因负担不起嫁娶费用，而抱养童养媳。社会方面，我国向来以子孙众多为有福，家长为早日抱孙，常要儿女早日完婚，有的还希望能看到“五世同堂”的实现。生理方面，早婚是为了防止淫泆，消除旷怨，以安定社会[54]。实际上，早婚所生的孩子，身体孱弱，父母年幼，对子女的教育更是不利，这些弊端早在前汉时王吉就已提出了[55]。

婚龄也受到战乱及家境的影响。从东汉到宋齐，为了怕婚姻过期，而有“拜时”的权宜之计，不备六礼，只用纱縠蒙在头上，由新郎揭开，便算成婚[56]。唐代也有因战乱而迟婚者，白居易所谓“近

49. 以上参考刘增贵，《汉代婚姻制度》，页48—49。

50. 此武帝九年制，见《晋书·武帝纪》。

51. 李树桐据部分资料估计，谓十四五岁者占百分之四十，见其著，《唐代妇女的婚姻》，《师大学报》，十八期（1973年6月）。

52.《唐会要》，卷八三，“嫁娶”条。

53. 见虞翻，《与某书》，《全三国文》，卷六八，页3引《御览》，四九〇又七三九。东汉贾复力战创甚，光武谓：“闻其妇有孕，生女邪，我子妻之；生男邪，我女嫁之。”学者或以此为指腹为婚之始，但光武意在抚慰贾复，“不令其忧妻子也”，是政治因素所造成，与后世指腹为婚有别。

54. 参考马之骕，《我国婚俗研究》（台北，经世，1979年），页192—194。

55.《汉书》，卷七二，《王吉传》。

56.“拜时”之俗见《通典》，卷五九，杜佑之议。

代多离乱，婚姻多过期”。家境好的女子较易嫁，家境差的除童养媳外，大抵迟婚，白居易另有诗：“红楼富家女，……娇痴二八初，母兄未开口，已嫁不须臾。绿窗贫家女，寂寞二十余。……”[57]在家庭环境的限制下，贫女只有“苦恨年年压金线，为他人作嫁衣裳”了。

• 议婚

如上文所述，婚议是依父母之命、媒妁之言的方式进行。媒妁往来，所代表的也是双方家长。六礼中除亲迎外，都是在家长的名义下举行，亲迎虽然新人自己出马，但据《周礼·婚义》所说，也仍然是“父亲醮子而命之迎”的。从法律上看，唐代以下，都以直系的父母、祖父母为主婚人，嫁娶违律的责任，虽由主婚与当事人分担，但以主婚人为首，嫁娶人为从。卑幼离家在外，也没有婚姻自主权。唐律规定卑幼在外，若自行娶妻，已成婚约者，可以承认，如尚未成婚，则从尊长所定，违反者，杖责一百。这种规定一直为后世沿袭，可见尊长在婚议中的崇高地位[58]。汉代由祖父母与父母代定婚姻的例子很多。东汉的戴封送老师的丧，路过家乡，父母认为他会回来，就预先替他娶了亲，当事人竟不在场[59]。

媒妁的记载始见于周，有官媒私媒的分别。官媒有统制婚姻的作用，或者担任贫苦男女间的联络人。私媒在周以后盛行于民间，常由年长妇人担任，所以被称为“媒婆”，又有冰人、月老、红娘的别称。媒妁往来奔走两造，担任牵合的工作，是礼制上不可少的人物。在法律上，他跟主婚人同负嫁娶责任。媒妁婚确实产生不少弊端，造成旷怨，所谓“姜桂因地而生，不因地而辛，妇人因媒而嫁，不因媒而亲”。[60]不过，古人视两姓结合是“前生缘分，今世婚姻”[61]，如

57. 见白居易，《议婚》、《赠友》二诗，《全唐诗》，卷四二五。

58. 参考瞿同祖，《中国法律与中国社会》（台北，崇文书店影印，1974年），页76—77。

59.《太平御览》，卷六一一引谢承《后汉书》。

60. 见刘向，《新序》（《汉魏丛书》本），卷五，页13。

61. 语见唐代宋若莘，《女论语》（陈弘谋，《五种遗规》本），《事夫章》。婚姻归之于命，早见于《史记》，卷四九，《外戚世家序》。

果不能和谐，也只有认命；清初朱彝尊有诗说："织女牵牛配，姮娥后羿妻，神人犹薄命，嫁娶不须啼。"[62] 也有不道德的媒人，往来两家，隐瞒双方的短处，虚捏聘金、陪嫁财物的数目，以致成婚后男女两家都自认受骗，因而反目仳离[63]。所以自周以来，一般习俗都贱视媒人，元代的媒婆列为"三姑六婆"之一，被妇女瞧不起[64]。不过，在古代严男女之防下，必须借媒人相通，媒人也具有安定社会的功用。

62. 朱彝尊，《曝书亭集》（台北，世界书局影印），卷二，《无题》六首之一。

63. 见袁采，《袁氏世范》（《五种遗规》本，《训俗遗规》），《睦亲》篇，页27。

64. 赵翼，《陔余丛考》，卷三八，"三姑六婆"条引元陶宗仪《辍耕录》。

65. 参考刘增贵，《汉代的豪门婚姻》，《史原》，第八期（1978年9月）；《唐代婚姻约论》，《成大历史学报》，第五期（1978年7月）。

在父母之命、媒妁之言下，当事人并非完全不能自主。汉代的孟光选择梁鸿，平阳公主下嫁卫青，湖阳公主愿嫁宋弘都是有名的例证。古诗《孔雀东南飞》中，描写刘兰芝被休归家，第一次有人求婚时，她母亲不敢做主，按照她的意思拒绝了。唐代的李林甫设窗于厅壁，遇有贵族子弟来拜，就让他的六个女儿从窗中自行拣选。这些虽是少数例子，但婚娶问当事人的意见，也是情理之常。

议婚所要求的条件，除才貌德行外，大体是以门当户对为准，民间所崇尚的是富与贵。周代的媒人，已有"男富""女美"的说法。贾谊提到汉初的习俗说："娶妇嫁子，非有权势吾不与婚姻。"东汉以后门第兴起，以礼法传家作为门第特色，门第遂与财势分离。这时士大夫多不愿跟皇室联姻，因为皇室公主多不守礼法。汉桓帝欲嫁公主给尚书杨乔，杨乔坚辞无效，绝食七天而死。在这种趋势下，汉魏到唐，都严守门第界限。但士族往往"名虽著于州闾，身未免于贫贱"，因而有倚靠门第，多收聘财的，形成"问名惟在于窃财，结褵必归于富室"的"赀婚"之习。中唐以后，士族门第消融，渐与科举出身合而为一，再加上战乱频仍，就出现了五代以后"取士不问家世，婚姻不问门阀"的局面[65]。宋以后，自汉以来数百年的士族虽已消失，但门第观念仍然延续下来，"诗礼传家"仍与富贵同为民间择婚的要件。

• 订婚

议婚须经过六礼的程序，尤其是纳采、问名、纳吉、纳征等阶段。到了纳征，婚约才完全确定。纳采是求婚的仪式，如果女方同意，就收下礼物，表示“接纳”。周代是以雁为贽礼。事实上，周代除纳征外，五礼都用雁。照《白虎通》的说法，雁具有守信、守节的意思。汉代天子纳采，多用雁璧、乘马、束帛。大臣纳采，礼物有多到三十种的，每种并有赞文。照郑众的解释，每种礼物都有象征的意义，大体上可分四类。第一类表示吉祥，像以羊代祥，以鹿代禄等。第二类是夫妻好合的祝颂，像胶、漆相合，凤凰合俪，合欢铃声音和谐，鸳鸯鸟鸣和等。第三类象征以男性为主的夫妇关系，像雁是随着阳气而转移的鸟，表示妻从夫，蒲与苇都很柔顺；卷柏是一种药草，附生于山顶，并卷屈成性。至于长命缕是缝衣用的，代表妇女的工作。第四类是一般德性，如舍利兽廉而谦，受福兽体恭心慈，乌鸦反哺，孝顺父母等[66]。后世的纳采礼物较为简易，像北齐只有羊、雁、酒、黍、稷、稻、米、面等。唐代有九种，多为汉朝已有者，只有双石、绵絮较为特殊。双石意在“两固”，棉絮表示柔调。到了宋，仍有羊、雁，无雁者，以鸡代替，也有用鹅代替的，叫“雁鹅”。清末民初，用羊与鹅的习惯仍然保留在北京的婚礼中[67]。这些礼物的象征意义大于经济价值，跟买卖婚不同。

纳采后是问名，通常两项合并举行。大体上是书写双方的父母与当事人姓名等，磋商初步条件。在宋代有“草帖子”（图一），就是初步的帖子，分男女两张，写明曾祖、祖、父三代任官家世，当事人出生年月；女方的帖上还注有“奁田若干，奁具若干”。男方得帖后卜于宗庙，得吉兆就去告诉女方，再交换“细帖子”（图二），相当于后世的交换庚帖。同时男方担了“许口酒”（酒担饰以花、绢）送给女方，女方回以淡水两瓶，活鱼数尾，叫“回鱼筋”，表示答应，这称为“小

66. 见杜佑，《通典》，卷五八，引郑众，《婚礼谒文》，郑氏另有《婚礼谒文赞》，皆收于《全后汉文》，卷二二。

67. 参考陈顾远，《中国婚姻史》，页153。北平俗见杨瑞德，《北平的旧氏结婚》，收于董作宾等，《婚姻歌谣与婚俗》（北大与中国民俗学会合刊之《俗民丛书》第九十三册）。

定”[68]，所以纳吉在后世就演变成“定婚”。卜于宗庙，显示了婚姻是承继祖祀的大事，在后世有把帖子压在佛棹的香炉下三天，三天内如果两家都无凶险，才可以请人合八字，算是正式定亲[69]。至于合八字，起源甚早，现存敦煌卷子中有一份“婚嫁图”，中间就有“六破”、“六凶”、“天勾大禁”等说法[70]。

纳吉后正式下聘，即是纳征，征是“成”的意思。纳征又称纳币，宋以后又称纳财，或“下财礼”。周代纳币，庶人锱帛五两，士、大夫玄纁、束帛、俪皮，诸侯加上大璋，天子再加上谷圭。汉以后虽有礼物，但以聘金为主。汉代聘皇后有的用到三万斤黄金，一般豪富娶妻也有黄金两百斤的。古诗《孔雀东南飞》中描写太守家聘兰芝“赍钱三百万，皆用青丝穿，杂采三百匹，交广市鲑珍，从人四五百，郁郁登郡门”。一般贫民虽然二万、三万钱（即二、三金）就可成婚，但以中等人家家产十金（斤）来看，负担也是很重的[71]。除钱外，还有衣裙、衫、被、锦、罗、绢、盏、油、羊、驼、马等礼物[72]（图三）。后世订婚，茶也是重要物品，取其“不移植”之意，表示缔盟不易，所以又叫“下茶礼”。有的地方如广东、台湾也用槟榔，这种习俗是从东南亚传来的[73]。贫苦家庭，把聘金当收入，但一般说来，聘金也不能看做买卖婚，因为女家的陪嫁通常都超过聘金。

68. 见孟元老，《东京梦华录》（邓之诚校注本，台北，世界，1963年），卷五，《娶妇篇》。邓注引《事文类聚》，《翰墨全书》中载有草帖子与细帖子式。

69. 杨瑞德，《北平的旧氏结婚》。

70. 见英国伦敦所藏敦煌卷子，编号S4382。

71. 以上见刘增贵，《汉代婚姻制度》，页53，55。

72. 见英国伦敦所藏敦煌卷子，编号S4609，宋太平兴国六年十月“邓家财礼目”。

73. 马之骕，《我国婚俗研究》，第三章，《聘礼》。

• 成婚

纳征时婚约已定，请期以下，就进入成婚的正式节目。请期只是决定日期，仪式简单。请期后、亲迎前，还有男方到女家去“催妆”以及女家送嫁妆到男方“铺房”的仪式。催妆起于北朝以后，但无定制。明代的催妆可以代替请期，含有催促置妆以便迎娶的意思；

男家草帖正式

某某州某縣某官宅或云寄居
一三代
曾祖　某　某官
祖　某　某官
父　某　某官
一本宅幾宜数某年某月生
一母姓氏有封號則具
右見議親次
月　日　草帖

女家草帖正式

某某州某縣某官
一三代
曾祖　某　某官
祖　某　某官
父　某　某官
一本宅某位幾小娘子某年某月生
一母姓氏
一奩田若干
一奩具若干
右見議親次
月　日　草帖

男家定帖正式

位姓　某
右某伏承
親家某人謹以第幾院小娘與
某男議親言念蠲豆籩之薦聿
修宗事之嚴躬井臼之勞尚賴
素風之舊既
令龜而叶吉將奠雁以告虔敬
致微誠願聞
嘉命伏惟　合台慈特賜
鑒察
年　月　日具位姓某　定帖

女家定帖正式

具位姓　某
右某伏承
親家某人以第幾令似與某女
締親言念立冰既兆適諧鳳吉
之占種玉未成先拜
魚牋之寵雖若太簡不替初心
自愧家貧莫辦帳幄之具敢祈
終惠少加
筐篚之資諒惟
台慈特賜
鑒察
年　月　日具位姓某　定帖

图一 宋代议亲所用“草帖子”。采自《事文类聚·翰墨全书》甲集五。宋代婚书分草帖和细帖。草帖介绍男女双方的籍贯、住址、祖上三代名讳官职，男女当事人的出生时间等。

图二 宋代议亲所用“细帖子”（正式庚帖）。采自《事文类聚·翰墨全书》甲集五。宋代婚书分草帖和细帖，细帖又称定帖。定帖形式郑重，内容反而简单。

用果酒二席，大红衣裳一套，脂粉一包，巾栉二面，在亲迎前一天送到女家催促起身。所以催妆也可说是婚礼的发动，是亲迎前的重要节目[74]。

催妆之前，女方先到男方去铺房，把置备的新房器物送去，布置起来。唐朝已有此俗，宋以后相沿成风，有的连嫁妆也一起送去（图四）。汉代的女子，在嫁前往往要亲手做衣裳。贫苦人家陪嫁的只是些粗衣、布被、竹笥、木屐；富贵人家则送嫁奴婢多达百余人，车马充满道路。在竞相奢侈的风气下，大有因而破家的。当时就有“盗不过五女门”的谚语，便是说有五个女儿的家，再富也嫁穷了，无怪到了晋朝，曾下令将士家有五个女儿的，可以免税[75]。北齐时高门巨室嫁女往往竞相夸富，争长道短，像封述批评儿媳家送来的骡子脚跛，田地咸薄，铜器古旧[76]，这种风气唐宋以下也不例外。嫁妆大都是日常用品，乾隆十六年（1751年）安徽休宁县的一份嫁妆账中列有桌椅橱盒等物，甚至也包括马子（夜壶）等。道光十六年（1836年）的一个抄本中记搬运嫁妆用人役十八名[77]。嫁妆都有奁目（清单），光绪十五年（1889年）苏州地方的一个奁目条列一百二十八行，包括了铜、锡、磁、牙、木、竹、箱、镜、布帛等器物共九十五种，件数不等[78]。这还只是中等人家的排场，家境好的还要多些，也有陪嫁丫头的。

亲迎是六礼中最隆重的节目。从字源上看，“婚”字就是戴玄冕（祭服）去亲迎的形状[79]。亲迎的队伍最为壮观，往往是几十个人的行列（图五）。新人在汉代坐的是轩车或轺车，唐代用画着图画的障幰车，宋代以后则流行花轿[80]，队伍中还包括了鼓吹乐队等。清代北京

74. 同上书，第四章，《催妆》。

75. 汉代情形参见刘增贵，《汉代婚姻制度》，页55。五女之门给复令见《晋书》，卷三，《武帝纪》，咸宁元年令。

76.《北齐书》，卷四三，《封述传》。

77. 见方豪，《乾隆十一年至十八年杂账及嫁装帐》，《食货月刊》，复刊二卷一期（1972年4月）；《道光咸丰光绪大婚事记》，《食货月刊》，复刊二卷十一期（1973年2月）。

78. 顾颉刚，《一个光绪十五年的奁目》，收于顾颉刚、刘万章编，《苏粤的婚丧》（《中山大学民俗丛书》本）。

79. 龙宇纯，《说“婚”》，《中央研究院历史语言研究所集刊》，第三十本下册（1959年10月）。

80. 汉代轺车等见《汉书》，卷十二，《平帝纪》。白居易《知春深》：“宾拜登华堂，亲迎障幰车”。关于轿子见《古今图书集成》的《礼仪典·婚礼部》，卷三一，引《朱子语类》。

的婚礼，许多挑夫拿着“开道”、“回避”等大字的木牌与提灯，又举着马镫、斧钺、金瓜等物，浩浩荡荡地开向女方（图六）。因为结婚是一生中的大事，所以模仿帝王仪仗以示隆重[81]，新郎戴官帽、新娘凤冠霞帔，虽然逾礼，官府也不加干涉。

学者认为亲迎是古代掠夺婚的遗习。周代的亲迎，是在黄昏举行，这就是婚礼称“婚”的由来；迎亲的人都穿着黑色的衣服，也是为了便于抢亲。在清代，亲迎队伍到达女家，女家往往紧闭大门，男方百般恳求，奉上“开门钱”才得进入，也是古代抢婚的遗迹。这种现象早在北朝即有。北朝婚礼，在门外搭建“青庐”（用青布幔围的小屋）交拜迎亲，这时女方集合妇女，用棍子围打新郎，有的被打得很凶[82]。宋代的“拦门”习俗，已与清俗相近[83]。目前广东的旧俗中，也有类似的风俗。广东旧俗，女子嫁前要大哭三天，哭有一定的词句，叫“开叹情”，通常是大骂夫家，自叹命苦，她的女伴也助她共唱。从广东东莞一带的婚歌看来，内有“胡奸、蕃邦、胡疆、权奸、奸臣、囚牢、牢笼、囹圄、牢困、灾变”等词语，视出嫁如灾难，与婚礼的喜气不合。新郎上阁，女伴也用棍子打他，这都是抢婚抗拒的遗习[84]。不过，这些习俗大都已礼制化，哭泣只是表示惜别，唱词何以如此，许多人早已不知其然了。

亲迎过程中为了避凶趋吉，常有种种祛邪的仪式。新娘出门，用斗装谷、豆、钱、彩果等望门而撒，小孩争抢，叫“撒谷豆”；入婆家前，也要同样施行一遍。这种习俗的起源已无法推究，大致流行于宋代以后。据说这是为了避“三煞”（青羊、乌鸡、青牛之神），三煞忙着嚼食，就无法危害新娘。明代以后，撒谷豆转成“撒草”，也有同样的作用。隋唐时代的婚礼，出门时用粟三升填臼，席一张盖井，枲

81. 见青木正儿编图、内田道夫解说、张迅齐编译，《清代北平风俗图》（台北，长春树，1978年），页122，127。

82. 见段成式，《酉阳杂俎》（《学津讨原》本），卷一，《礼异篇》。按，青庐之制汉时已出现，见尚秉和，《历代社会风俗事物考》（台北，商务，1975年，台四版），页239，“汉时婚用青庐”条。

83. 见孟元老，《东京梦华录》，卷五，《娶妇篇》。

84. 参考刘万章，《广州的旧婚俗》，《苏粤的婚丧》；刘伟民，《中国婚俗之民俗学的研究》，《联合书院学报》，七期（1969年）。

聘礼帖式

謹具
婚書成通
啓書成封
聘金雙封
盒儀成封
釧儀成封
錦麟成楹
壽帕雙幅
色紬成端
金猪成首
喜羊成隻
糖昇幾拾
福糖滿百
萬糖成盒
鮮花成楹
喜酒成罈
龍燭雙輝
奉申
納采之敬
忝姻弟姓名鞠躬

回聘帖式

謹具
婚書成通
啓書成封
壽帕成幅
文房四寶
大帽成頂
緞帶成襲
緞鞋成雙
錦襪成雙
朱履成雙
梭襪成雙
蓮鞋成雙
膝衣成雙
龍餅滿百
月糖榴桂
嘉種名色
百子千孫
奉申
旋吉之敬
忝姻弟姓名鞠躬

图三 清代的聘礼帖式与回聘帖式。采自吕子振《家礼大成》卷四。

图四 清代婚礼送妆图。采自内田道夫编撰《北京风俗图谱》卷一（东京，平凡社，昭和五十年）。“送妆”指的就是在迎亲的数日前，女方家里派人将嫁妆送到男方家里的仪节。富裕人家为了炫耀嫁妆丰厚，就将嫁妆铺在方桌之上，然后排成一个纵队浩浩荡荡送到男方的家里。

图五 清院本《清明上河图》中的迎亲行列。中国十大传世名画之一的清明上河图为北宋风俗画作品，宽24.8厘米，长528.7厘米，绢本设色；该画卷是北宋画家张择端存世的仅见的一幅精品，属国宝级文物。

图六 清末所绘北京的迎亲行列，包括金瓜、马镫、鼓吹、开道等。采自内田道夫编撰《北京风俗图谱》卷一。

三斤塞窗，箭三支置门上，上车前，用蔽膝（围裙）遮脸。后世也发展出其他法物，满洲旗人习俗，花轿临门时，新郎射箭三支以祛煞神，其他还有宝瓶、镜子、筛子等法物。唐以后还有跨马鞍与转席两种习俗。跨马鞍多在新娘入门时，取“鞍”、“安”同音，表示安稳。新娘到门，脚不能踏地，必须用几张席或毯子铺地，交替前进叫“转席”。清朝也有用布袋的，称“传代”，取“传宗接代”之意。新娘脚不踏地，是怕冲犯神灵，至今尚存铺红毯的风俗。这类辟邪习俗常因时地而不同，像“撒谷豆”在宋代的吴郡变成撒“护姑粉”，跨马鞍改为“禳祝”，转席改成“抱女登床”。明以后，有些地方不跨马鞍，改为泼水、跨火，都是除灾的意思[85]。

新娘入门后，就举行正式的婚礼，包括拜堂（图七）、合卺、撒帐等。拜堂指新娘新郎拜天地神祇后，再行交拜之礼，这在唐代已出现，起源应更早[86]。周代有“同牢合卺”的项目。就是夫妇同吃一牲，并把一匏剖成两半，新人用来对饮（夫向东、妇向西），表示同体合一。南朝萧齐，合卺用方樏（食器），两卺用锁相连。唐以后用酒杯代替，称为“双杯”。宋代把两杯用彩结相连，对饮一杯，叫“交杯”（图八），喝毕，掷杯于地，杯一仰一合，象征阴阳和合，大吉大利[87]，此后“交杯酒”成为后世通行的习俗。汉代的新娘用纱罩面，六朝隋唐则流行以扇遮面，合卺之后，除去障蔽物，就是“却扇”以及后来的“挑盖头”。汉以后，在进入新房之际，还有“撒帐”的仪式，用米或钱、彩果撒向帐中，以相祝颂[88]，果实与米等，都是“多子”的象征。

婚礼的过程中洋溢着音乐与诗歌，各种仪式都有赞文及歌谣。最能显现婚礼热闹气氛的是贺宴跟闹房之习。《礼记》虽然说“婚礼不贺，人之序也”，但贺婚为人情之常，自汉以后相沿成俗。汉代的嫁娶宴

85. 以上参考马之骕，《我国婚俗研究》，页87—114。

86. 司马光在《温公书仪》中说：“古无婿妇交拜之仪，今世俗始相见交拜”。但在唐似已有，王建《新嫁娘》云：“遣郎铺簟席，相并拜亲情”。

87. 齐俗见《齐书》，卷九，《礼志上》；唐见王建，《失钗怨》；宋俗见《东京梦华录》，卷五，《娶妇篇》。

88. 参考马之骕，《我国婚俗研究》，第十七章，《撒帐》。

会，跟后代无异，男女都可参加。汉灵帝时京师嘉会，有傀儡戏助兴，酒酣之后，高唱挽歌[89]。唐代亲迎途中，队伍常被贺婚的人拦阻，歌舞喧哗充满道路，障车的礼贶甚至超过聘财。清代的喜宴席数，法有定制，亲王六十席，依次递减，到五品只有六席，事实上民间嘉会酒席绝不止此数，也不是法律所能禁止的。正如汉宣帝的诏书所指出的："酒食之会，所以行礼乐也"[90]，婚会具有亲睦乡党的作用。在我国旧俗里，这样的聚会要延续三天，远道的亲戚也借此相会，对亲党关系的巩固，有其实际作用。

89. 杨树达，《汉代婚丧礼俗考》（台北，华世，1976年），页22—23。

90. 唐俗参考李树桐，《唐代妇女的婚姻》。清代规定见《古今图书集成》的《礼仪典·婚礼部》，卷二八。汉宣帝诏，见《汉书》，卷八，《宣帝纪》，五凤二年秋八月诏。

91. 见黄华节，《闹新房》（上、下），《东方杂志》，三一卷，二一期及二三期。宋代吴郡俗见庄季裕，《鸡肋篇》；参考马之骕，《我国婚俗研究》，页147。

结婚当天，嘉礼完成，欢宴已毕，接着有"闹房"。这种习俗由于不合礼法，最为士大夫所诟病。汉代除了燕地在嫁娶之夕"男女无别"外，也有"听房"的习俗。至于闹房，有用棍子敲打、倒挂致死的。晋代有"戏妇"的习俗，在大庭广众间，询问新妇难以作答的话。北朝的新婚戏闹不限于新妇，且有"弄女婿法"，胡闹的人，不限于男子，连妇人也出面戏弄新郎。宋代吴郡习俗，新娘在洞房任人纵观，看的人称欢道好，甚至肆加狎抚，也不以为意。宋以后不但未能禁绝，反而愈演愈烈，无怪明代的杨慎要指责"以庙见之妇，同于倚门之倡"了。这种习俗并非我国所独有，有些学者认为是掠夺婚形式下，参与抢婚亲友对新娘拥有"初夜权"的柔和化、游戏化[91]。但从闹房男女新人都遭戏弄看来，早已脱离原始形态，只能说是婚礼中的狂欢行动了。

- 完婚

成婚只是完成男女的结合，但婚姻不只是个人的事，也是家族的事，所以除了"成妻"、"成夫"的仪式外，"成妇"、"成婿"的仪式也是不可少的。

周代的婚礼，成婚次晨，新妇要早起沐浴，用竹器盛枣子、栗、姜桂、干肉作见面礼来拜见舅姑（公婆），是为“成妇”之礼。到了第三天，公婆用一杯酒飨新妇，新妇答一杯，然后公婆从西阶下堂，媳妇从东阶下，表示从此新妇代替了主位，公婆是客，这就是“著代”之礼。如果公婆已去世，便在三个月后到宗庙中行“奠菜”的庙见礼。另一种说法认为不论公婆存殁，都要举行庙见。古人视“成妇”重于“成妻”，《礼记·曾子问》记孔子答曾子的话，认为女子没有庙见就死了，不能算夫族的一员，只能归葬母家[92]。晋宋以来，初婚三日拜公婆，宾客列观。唐人在次日拜公婆，并拜夫的尊长故旧，称为“拜客”。到三日以后才开始劳作，也就是王建《新嫁娘》诗所说的“三日入厨下，洗手作羹汤”。后世有在当夜拜公婆者，但次日仍要献茶。至于拜及尊长，甚至到街坊遍拜邻里乡党，有敦睦邻里的意义[93]，也象征新妇取得夫家的地位，成为家族的一员。

成婿的礼节通常是与新妇“回门”（归宁）同时，但也有分开的。在宋代，结婚次日，婿到岳家去“复面拜门”，若不去的话，等三日或七日与回门同时举行。后世的拜门又称作“会亲”、“唤姑爷”，通过这种会亲的方式，让新郎跟女方建立起亲戚关系。至于归宁，通常在第三日，所以又叫“三朝回门”。婚礼到此，才算全部完成[94]。

如上文所述，整个婚礼的过程，仪式非常复杂，大体上可分成三个阶段，即婚前礼、婚时礼、婚后礼[95]。照《礼记·昏义》的解释，它们各代表不同的意义。从纳采到请期，表示婚礼的慎重；从亲迎到合卺，显示夫妇一体同尊卑以相亲；而见舅姑与庙见等礼是“妇顺”的意思。纳采等礼，庄严隆重，男方尊重女方，具有“男下女”的精神，称

92. 关于庙见，有据三月庙见始成妇认为周代实行“试婚制”者，曾引起一些争论，见管东贵，《中国古代的娣媵婚与试婚》，《中央日报》，1981年2月3日。传隶朴，《中国有过试婚制度吗》，同刊，1981年9月25、26日。李旭升，《周代试婚制度说的检讨》，同刊，1981年10月31日—11月1日。

93. 参见马之骕，《我国婚俗研究》，第十四章，《拜堂》。

94. 广东旧俗回门之后，即第四日还有“落妆”的仪式。因新娘自亲迎日起穿红袍，戴凤冠霞帔，到这天才卸下，从此与常人相同，见刘万章，《广州的旧婚俗》。

95. 何联奎，《中国礼俗研究》（台北，中华），页69—72。

“纳”、“请”都含有商议的意味，这种谨慎隆重也通贯整个婚礼。婚礼中的两性关系，一方面是夫刚妻柔，一方面也以和谐为标的。在同牢合卺礼中，更显示夫妇地位的平等亲密。婚礼所表现的婚姻观念显示了婚姻的重要性。结婚不但是人世的事，也通于天地鬼神，所以把“拜天地”作为结婚的代语；不但是个人的事，也是社会的事，所以有贺婚拜亲；不但是现世的事，也关联到过去与未来，所以要拜祖宗，在延续不绝的大生命里求得一个位置。传统中国社会也就在婚姻的绳绳相继里，维持了长久的稳定与发展。

婚姻关系

- 家族关系

婚礼不但表现在婚姻的缔结上，对其延续、维持与取消也都有影响。通过婚姻的缔结，产生了夫妇、妻与男方家族、男女双方家族的关系，礼制也成为这些人伦关系的维系力量。

婚姻在传统中国，本在“合二姓之好”，两家的婚姻关系建立，人伦关系也因而扩大。古代有“九族”的说法，虽然解说纷纭，但归纳《尔雅·释亲》的亲族关系，除直系一族外，其余的八族（三父族、二母族、一妻族、一妇族）都由婚姻关系而生[96]。这种由婚姻关系而形成交错盘互的亲族观念，是社会团结的重要力量。联姻两家，形成丧服关系、亲戚称谓。政治上利害的一致性，法律上责任的连带性，也都随之产生[97]。

女子从父家进入夫家，是一生的转折点，从此“别人堂前我上香，别人父母我喊娘”[98]，成立了新的伦常关系。相对的，与父家的关系逐渐疏远，甚至连回娘家都受限制。在丧服关系上，夫家重于父家。在法律关系上，汉代的妇女同时承负夫家与父家的连坐责任，女子与父家

96. 芮逸夫，《九族制与尔雅释亲》，《中央研究院历史语言研究所集刊》，第二十二本（1950年7月）。

97. 陈顾远，《中国婚姻史》，页204—214。

98. 此为四川广安的新娘哭唱词，见娄子匡，《婚俗志》（台北，商务，1968年），页168。

的关系仍深。到了魏晋以后，女子只负夫家的责任，与父家无关。此外，周代的“系姓”制度，到汉以后渐为“冠夫姓”所取代，说明了女子的归属。

婚姻的家族意义极受重视。周代的婚礼中，新郎穿着祭服（玄冕）迎娶，当夜施席正寝，正是祭祀祖祢的重地。婚姻在于“上以事宗庙，而下以继后世”（《昏义》），实为旧家族的扩大或延续，而非新家庭的成立。在家族主义的影响下，妇道的讲求成为要务。女子以顺从为美德，主要的表现是“顺于舅姑，和于家人”（《昏义》）。出嫁上车（轿）前，父母诫以顺从，自周以来就已是婚姻中的一项仪式。女子的四德——妇德、妇言、妇容、妇功，无非是妇顺的表现。自从东汉班昭的《女诫》列《曲从（舅姑）》、《和叔妹》为专章，后世的许多家礼、家法、女训都环绕着这点立论。

从夫的家族关系也可看出夫妇的关系。古人曾将婚姻关系比作兄弟关系，《诗经》中有“宴尔新婚，如兄如弟”的话，这是指夫妇而有兄弟之义。从血统上看，兄弟是天伦，夫妇是人伦，把人伦比天伦，是以人合拟天亲。这种比喻把夫妇的关系抬高到与兄弟同等，隐含着兄弟的天伦关系较亲密的事实，后来就出现了“兄弟如手足，妻子如衣服，衣服破，尚可缝，手足断，安可续？”的谚语[99]。妻子是异姓别亲，跟父子兄弟的关系毕竟不同。古人常告诫子弟，不要因为妻子的缘故而疏忽了天伦关系，北齐的颜之推认为娣姒（妯娌）不和是造成家庭冲突的因素；宋代的袁采指出舅姑伯叔妯娌都是假合强为，不是自然天属。家族累世同居常被人所称美，浦江郑氏回答明太祖能同居的原因说：“臣同居无他，惟不听妇人言耳”，顾炎武对这大为赞扬，认为可行之百世[100]。明清时有“孝衰于妻子”的谚语。唐彪认为妇女要能使她的丈夫亲于父母而疏于妻子，才是好媳妇[101]。

99. 参考钱锺书，《管锥编》，页83—84。

100. 颜之推，《颜氏家训·兄弟第三》；袁采，《袁氏世范·睦亲》；顾炎武，《日知录》，卷十七，“分居”条。

101. 唐彪，《人生必读书》（《五种遗规》本，“教女遗规”）。

这类主张，一方面是站在名分的立场，一方面也是基于家族和谐的考虑。媳妇事奉公婆的道理，从周代起就是礼制的一部分，后儒更使媳妇一举一动都有规矩可循。但这些理想不过是士大夫阶层的“家风”，至于民间妇女，自然顾不到繁文缛节。姑媳地位的悬殊，说明了既嫁妇人的地位常因身份不同而有别。身为媳妇，凡事都不能自作主张，必须与丈夫公婆商量[102]。但若成为一个家的“主妇”，地位又自不同。主妇负责家内事务，主中馈（管理膳食）、督导妇工、接待宾客之外，还拥有“钥匙权”，掌握了全家重要箱笼与门户。唐代李光进的母亲娶得媳妇后，就将钥匙交出。宋代赵彦霄跟兄长同居，也把钥匙交给他嫂嫂；《红楼梦》中的凤姐也是钥匙的保管人。钥匙象征着家务的独立处分权。在实际事务的执行上，所谓“三从”并不是绝对的，在这点上，礼制的主张跟社会实情有相当距离[103]。

102. 见吕得胜，《女小儿语》（《五种遗规》本，“教女遗规”）。

103. 参考仁井田升原著、林茂松编译，《中国法制史新论》（台北，环宇，1976年），页126—128。

104. 见《史记》，卷四九，《外戚世家》；应劭，《风俗通义·愆礼第三》。

• 夫妇之义

婚姻固然看重家族，但若认为它跟个人无关，只是替家族娶媳妇，也不合传统婚制的实情。司马迁就极强调婚姻对当事人的意义，他以为“妃匹之爱，君不能得之于臣，父不能得之于子”。汉代的俚语中也有“妇死腹悲，唯身知之”的话[104]，把丧偶看做人世最大的悲哀。

夫妇关系在传统中国有两种不同的观念，一为夫尊妻卑，一为夫妇对等，两者都形成礼法的内容，而以前者为重。男性社会中夫尊妻卑是自然的。《易·系辞》中把男子看做天、乾、阳，而把女子比作地、坤、阴，所谓“天尊地卑，乾坤定矣；卑高以陈，贵贱位矣。……乾道成男，坤道成女”。这类观念在后世为法律所维护。法律上夫妇地位极不平等，明清律规定妇人除犯奸、死等罪外，都不收监，而由本夫收管，本夫对妻有监护权。从两者的冲突看，妻告夫在唐代以后都被认为是干犯名义，即使所告属实也要受罚。相反的，夫告妻则不干犯名义，跟尊长告卑幼一样。妻殴夫比一般人互相殴打要加重处罚，夫殴妻则采减刑主义。妻殴夫，只要动了手，罪名就成立；夫殴妻，如果无伤，不成立殴罪。夫过失杀妻可不问罪，而妻过失杀夫则不能免除刑责[105]。

原则上，夫妇关系又是一种对等关系。除了前述阴阳匹偶等比喻外，在宗教上夫妇共承祭祀，构成“妻者齐也”的理由。在生活上，两人是一体的。《仪礼·丧服传》有“夫妻泮合”的说法，意思是合两半为一体，后世讲夫妻关系，常提到“同甘同苦，同富同贫，死同葬穴，生共衣衾”[106]。虽然，这样的观念也并不表示夫妻完全平等。因为夫妇一体是以夫刚妻柔的形式出现，妻的从属性很强，所以又有夫唱妇随、嫁鸡随鸡的说法。不过，夫妇一体、对等的观念，多少缓和了男尊女卑之下的冲突，礼制以夫妇的和谐作为婚姻的理想，晏子提到“夫和、妻柔、姑慈、妇听”[107]，都不只是单方面对妻的要求。

夫妇日常生活，也以礼相对待。后汉士大夫阶层标榜礼制，像张湛、冯良都矜严好礼，对待妻子好像君王对待臣子一样。梁鸿虽然杂在庸保中工作，妻每送饭，都举案齐眉，不敢正视。仇览平居讲礼，妻子有过错，常免冠自责，妻子在庭中认错，等他戴冠，才敢登堂。樊英有疾，妻子派婢女来拜问，他对下床答拜，并且对学生陈寔解释说“妻，齐也”，婢女代表妻子问病，所以要答拜。三国时的顾悌待妻有礼，常夜入晨出，很少看到她的脸。有一次生了重病，妻子来看他，他叫左右扶起自己，穿戴整齐与她应对[108]。这些例子中，夫尊妻卑跟夫妇对等的关系同时存在。像这种相敬如宾的情形，是夫妇生活的理想，但也不能因此论断传统夫妇间只有礼而没有情、只有恩而没有爱[109]，像《浮生六记》中的伉俪情笃，正是平常夫妻的理想典型。

---

105. 瞿同祖，《中国法律与中国社会》，页81—85。

106. 宋若华，《女论语·事夫章》。

107. 见《礼记·礼运篇》；《左传》昭公二十六年晏子言。

108. 见《后汉书》，卷二七，《张湛传》；卷五三，《冯良传》；卷八三，《梁鸿传》；卷七六，《仇览传》；卷八二，《樊英传》；《三国志》，卷五二，《顾雍传》注引《吴书》。

夫妇关系中，最受人注意的是再嫁与守贞的问题。贞节观念极为近人诟病，它因礼制的发展而有宽严的不同，而且与再嫁的事实同时存在。

贞节观念自周即已萌芽，但民间并不重视。秦始皇会稽刻石，曾大加提倡，所说的贞节仍兼指男女双方；到了汉代，遂只限于女子一方，班昭的《女诫》强调“夫有再娶之义，妇无二适之文”，旌表贞节也始于此时。在东汉的儒学发展下，贞节观念渐趋严格，守贞妇女为免失节，常自毁肢体，甚至自杀，这类妇女，已具有后世“节妇”、“烈妇”的特质，节烈妇女成为当时重要的社会现象[110]。从魏晋到中唐，礼法观念淡薄，朝廷虽也曾加提倡，终未受重视。史书曾为“末代风靡，贞行寂寥”而叹息[111]，这是儒学衰微，佛道代兴以及胡风杂糅的结果。

中唐以后，贞节观念又渐受重视。唐公主九十三人中，改嫁的共二十八人，三嫁以上的也有五人，但唐代宗以后，竟无再嫁者[112]。白居易把妇人比喻作竹子，折不重生，枯身抱节；男子则像柳树，虽被折断，隔春又发，因此深致不平[113]。但当时尚无人主张绝对不可再嫁。这种观念的极端化，是在南宋程朱派理学兴起之后。程伊川认为“饿死事极小，失节事极大”，他不只重贞节，又极重视贞操，把贞节观念扩大到未嫁女子，这比唐代以前之重视寡妇守节又进一步[114]。这种说法再经朱子的提倡，影响后世极深，此后贞节观念渐趋极端，甚而连手臂为男子牵引，体肤被男子所见，都视为失贞[115]。

明清的贞节观念，已制度化、普遍化。明洪武元年（1368年）曾

109. 陈东原据班昭《女诫》推论“西洋的夫妇，有爱无恩；中国的夫妇，有恩无爱。”（见《中国妇女生活史》，页50）其实情爱为人性所共，传统夫妇关系固重视“恩义”，但亦言“恩爱”（见《女论语·事夫章》），汉代张敞夫妇的画眉，晋代王戎夫妇的卿卿，皆为美谈。

110. 刘增贵，《汉代婚姻制度》，页25—27。

111. 见《旧唐书》，卷一九三，《列女传序》。

112. 见《唐书》，卷八三，《公主列传》。董家遵，《从汉到宋寡妇再嫁习俗考》，《中大文史月刊》，三卷一期（民国二十三年三月）曾列表说明，唯三嫁以上只举三人，岑仲勉另补二人，见岑氏所著，《隋唐史》（香港，文昌书局），页652。

113. 见白居易，《妇人苦》，《全唐诗》，卷四三五。

114. 程伊川主张见《近思录》，卷六。程子重贞操，故以为孀妇不可取。按汉律，淫寡女与寡妇处罚相同，而唐律中则淫寡妇处罚较重，可见唐对寡妇守节较重视。见沈家本，《汉律摭遗》（台北，商务，1976年），卷八，页8，“淫寡女”条沈氏按语。

115. 早在五代时即有妇人手为男子牵引，以为受辱，乃引刀断手。元代有寡妇乳病宁死不医。皆引见陈东原，《中国妇女生活史》，页177。

下令民间寡妇三十以前夫亡守制，五十以后仍不改节者，可旌表门闾，同时还可免除本家的差役。到了清代，寡妇与贞女，都受旌表[116]。为顾及寡妇孤苦无依，清代民间还出现了“贞节堂”的组织加以救济[117]。民间也都以家有节妇为莫大荣耀，甚至狞伪横生，有增减年岁以合法律旌表规定的，还有教女儿殉节以求荣的[118]。至于节烈妇女的人数，董家遵曾根据《古今图书集成》统计，宋代三百年间节妇有一百五十二人，已超过前此各代的总和一倍以上，到了明代，达二万七千一百四十一人，烈妇的数目也显示同样的趋势；这说明了贞节观念到宋发展成熟，明以后则已“宗教化”了[119]。

对这样极端化的贞节观念，近人评以“礼教杀人”并不为过，但这并不能代表全部事实。历代再嫁理论跟事实的存在也是不可忽视的。《管子·入国篇》曾主张“合独”，用官媒来撮合鳏寡。汉代的大儒董仲舒把无子更嫁认为是“春秋之义”，揆诸春秋史实，确有可证，像孔子的儿子伯鱼死了，儿媳就改嫁于卫。汉代，陈平之妻，归于陈家时，已是第六次出嫁。从魏到唐，皇室、公主都不讳再嫁。士大夫阶层如提倡道统的韩愈，女儿也曾两嫁。宋代，范仲淹的《义庄规矩》给再嫁妇女以优恤，他跟王安石都曾替自己的儿媳择婿再嫁。甚至程伊川虽倡守贞之说，他的甥女跟侄媳也都曾改嫁[120]。从魏到唐，再嫁并为法律所鼓励。魏时掠夺寡妇配给将士，列为常令；唐贞观元年（627年）且有“孀居服纪已除，并须申以婚媾，令其好合”的诏书[121]。不但宋以前不以再嫁为非，即使宋以后再嫁事实也普遍存在。像明代大量的贞节妇女中，有许多是遭家人逼迫改嫁而自毁、自杀的。这些改嫁

116. 见《明会典·旌表门》;《清会典·风教门》。

117. 高迈,《我国贞节堂制度的演变》,《东方杂志》, 三二卷五号（民国二十四年三月）。

118. 参考陈东原,《中国妇女生活史》, 页二四九引俞正燮《节妇说》。

119. 见董家遵,《历代节妇烈女的统计》,《现代史学》, 三卷二期(民国二十五年)。董氏据《古今图书集成》之《闺媛典》、《闺列传》、《闺节列传》计算所得。

120. 再嫁之习, 参考尚秉和,《历代社会风俗事务考》, 页244—247,“圣人家妇改嫁”诸条; 董家遵,《从汉到宋寡妇再嫁习俗考》; 聂崇岐,《女子再嫁问题之历史的演变》(收于鲍家麟编,《中国妇女史论集》, 台北, 牧童, 1979年); 陈东原,《中国妇女生活史》, 页132—139。

121. 三国录夺寡妇之令, 见《三国志》, 卷五,《郭皇后传》; 卷三,《明帝纪》注引《魏略》; 卷十六,《杜畿传》注引《魏略》。唐代诏见《唐会要》, 卷八三,“嫁娶”条, 贞观元年二月四日诏。

不成的记载，正好反映了家人欲其改嫁的愿望。其同意改嫁，未见史书的不知凡几。其次，贞节观念常受社会阶层的限制，如隋禁品官的妻妾改醮；唐宣宗下令公主县主有子而寡，不得再嫁；辽、元、明、清不许命妇在丈夫死后再嫁[122]；这些都限于官僚阶层，一般人则不受此限。民间习俗，也并不以再嫁为非，因为这关系到寡妇的生活问题。根据民初的调查，各省都有再嫁或招“接脚夫”的风俗，主婚权在夫家的翁姑伯叔[123]。

个人的情操在守贞观念中也应予以考虑，许多节烈行为常由感情所激发。像《孔雀东南飞》中的兰芝跟府吏，都为爱情而死，就是一例。传统对贞节的观念是：自愿守节的虽加褒美，但夫死改嫁，也并不加限制（官僚命妇是特例）。历代法令对强迫守节与强迫再嫁两者都同样禁止。贞节是对女子的要求，但实际上凡是笃于夫妇恩义的，都为人钦佩，因此男子不再娶，也受到赞扬。像程伊川倡贞节之外，也认为“凡人为夫妇时，岂有一人先死，一人再娶，一人再嫁之约？只约终身夫妇也”。只有在不得已的情形下才可再娶[124]。

最后谈谈离婚的问题。在古代婚姻结构未严密前，离婚相当自由，所谓“夫妇之道，有义则合，无义则去”[125]。在男权社会下，离婚权自然在男性，所以“出妻”成了离婚的代语。不过也有由女子发动的，像太公望为妻所弃，孟子之妻求去，以及汉代朱买臣妻离夫等，都可看出女子仍有相当的自由。在唐以后的法律中，女子地位低落，而有妻妾不能擅去其夫的规定，不过在夫逃亡时，可向官府申诉离婚[126]。

离婚也缘饰以礼制。古代贵族的离婚，有一定的仪式，《礼记·杂记》，不但有夫出妻的仪式，也有妻出夫的仪式，出跟被出的双方都以谦辞自责。从敦煌卷子中保存的几张唐人“放妻书”（离婚证书）（图

122. 见陈顾远，《中国婚姻史》，页232。

123. 见法政学社编，《中国民事习惯大全》（台北，文星书店影印本）第四编，第十六类，《再醮及孀妇招夫之习惯》，此为民国十二年调查所得，再嫁之习，曾调查陕西、直隶、山西、奉天、江苏、浙江、福建、安徽、湖南、湖北、甘肃、热河、江西十三省，故具普遍性。

124. 见陈东原，《中国妇女生活史》，页138引《性理大全》。

125. 语见刘向，《列女传》卷四，《贞顺黎庄夫人传》。

126. 参见陈顾远，《中国婚姻史》，页244。

九）看来，男女的地位似乎相当平等。“放妻书”内容大体分成三段。第一段重述夫妻缘分，经累劫共修得来，本应如水如鱼，同欢终日。接着第二段描写目前的状态，由于两人个性不合，经常冲突“夫若举口，妇便生嗔；妇欲发言，夫则捻棒”，大小不安，六亲相怨，实在无法继续下去了。第三段写离婚的祝福。既然无法同处，不如“一别两宽，各生欢喜”，同时祝福离婚后男女各有前程，“夫觅上对，千世同欢；妇聘豪宗，鸳鸯为伴”，有的只有对女方的祝福。在离婚书末尾也有注明给女方赡养费的。由于婚姻关系涉及双方家族，所以离婚证书都要会聚两家父母亲戚共同作证[127]。

唐人出具放妻书的离婚似乎是一种协议离婚，也就是“和离”。除了个性不合可行“和离”外，礼制上还有“七出”之条。“七出”的规定，都与家族有关：不顺父母是逆德的行为，无子则无法承宗庙，淫乱造成血统混杂，嫉妒、多言使家族失和，有恶疾则不能奉祭祀，窃盗是不义的行为，也违反“子妇无私货”的原则[128]。七出之条曾被认为是“夫族的护身符”[129]，是对女方的片面限制，但此说不免失之偏颇，因为它还有“三不去”的限制。所谓三不去，是指没有娘家可归的不能去、和丈夫共守过父母三年丧的不能去、曾跟丈夫共过患难而后富贵的不能去。在执行上，七出只是礼制的原则，虽然于礼可出，但未必就出。像其中“无子”一项，照唐律规定，必须年五十以上，才能构成理由，到了五十还想离婚的很少，何况还可用立妾及庶子的方式解决问题[130]。另一方面，古人出妻的理由非常广泛，往往有超出七出者，像汉代的鲍永妻，因为在婆婆前面叱狗就被出了。在这种情形下，七出的提出，与其看做男子出妻的借口，不如视为出妻条件的限制。唐律就规定“诸妻无七出及义绝之状而出之者，徒一年半，虽犯七出，有三不去而出之者，杖一百，追还合”。这是划定离

127. 参考黄永武，《唐代的离婚证书》，《中国时报》，1981年11月29日副刊。

128. 七出之条见《大戴礼·本命篇》；《孔子家语·本命解》；对窃盗之条的解释见陈顾远，《中国婚姻史》，页241。

129. 语见董家遵，《汉唐时〈七出〉研究》，《文史汇刊》，一卷一期（民国二十四年三月）。

130. 瞿同祖，《中国法律与中国社会》，页97。

婚的范围，擅自出妻也是有罪的[131]。

除和离跟七出外，另一称离婚方式是“义绝”。义绝指夫对妻族、妻对夫族的殴、杀、奸罪及妻谋害夫的情形，这是由于破坏伦常。所以构成离婚的条件。法律上义绝强制执行，有义绝的事实而不离婚也有罪，这跟“七出”的执行权在夫不同[132]。

从上所述，男子可以任意休妻的说法实在是一种误解，因为夫妻的离异同受家族观念的支配，也为法律所限定。实际上，传统社会的离婚率很低。由于重视社会关系的稳定，离异总不被提倡。《易·序卦下》说：“夫妇之道，不可以不久也，故受之以恒（卦）”，《管子·小匡篇》也有“士三出妻，逐于境外”的条文。东汉的冯衍，年老出妻，遭人批评[133]。宋代以后，士大夫多认为出妻的人没有品行[134]。至于一般农村，出妻的情形更为少见，这是受到经济因素的限制，离婚使家内劳动力减少，再娶的负担也很重[135]。此外，名分观念也有影响，在“夫妻义重”的普遍想法下，也不敢轻言离婚[136]。对他人夫妻是劝和不劝离的，劝人离婚，会遭天谴[137]。由此可知，琴瑟和鸣、伉俪匹止的婚姻理想，不但表现在婚姻的缔结、维持上，也限制了离婚趋势的发展。

结 语

礼是传统中国的社会规范，是以协调的方式使人们各安其位，以达社会的和谐，这在婚姻礼制中表现得很明显。礼自然也具有某些法

---

131. 见《故唐律疏议》，卷十四，《户婚下》。

132. 同上。其条文为“诸犯义绝者离之，违者徒一年，若夫妻不相安谐，而和离者，不坐”。

133. 见《后汉书》，卷二八下，《冯衍传》。

134. 司马光，《训子孙文》：“今士大夫有出妻者，众则非之，以为无行，故士大夫难之。”程子亦言：“今世俗乃以出妻为丑行，遂不敢为。”引见陈东原，《中国妇女生活史》，页145。

135. 见仁井田升著、林茂松编译，《中国法制史新编》，页138。唯仁井田升认为在此情形下，妻的地位在贫困的农家，有愈来愈巩固的倾向；而在富有之家，有愈来愈脆弱的可能。此说尚可商榷，因富有之家亦受名分观念的影响，同时富家所娶者亦必门当户对，在女家的支持下，夫未必得随意休妻。

136. 民间有谚云：“二人力大顶破天，一女田中得半边，我王头上双生角，千连田来土连田。”谜底是“夫妻义重”四字。引见郑宾于，《歌谣中的婚姻观》，收于董作宾等《婚姻歌谣与婚俗》中。

137. 这类故事宋代即有，见陈东原，《中国妇女生活史》，页144。

二人意隔，大小不安，更
若連流，家業破散，顛
鐺損脚，致見宿活不殘
擎鏉築瓮，便招困
弊之苦，男飢耕種，衣結
百穿，女寒績麻，怨心在內
夫若舉口，婦便生嗔，婦欲
發言，夫則捻棒，相憎終日
甚時得見飯飽衣全，意隔
累年，五親何得團會，乾
沙握合，永無此期，羊虎
同窠，安能見久，兩个同心一
向陳話，美人雖必不和合
當頭取離，夫妻上對

图七 清代北京婚礼中的拜天地。采自内田道夫编撰《北京风俗图谱》卷一。

图八 婚礼中饮交杯酒所用的酒瓶及酒杯。采自内田道夫编撰《北京风俗图谱》卷一

图九 敦煌石室中的唐人“放妻书”残片。原题“夫妇因缘说”，编号55578。1941年，日本学者仁井田升发表了《敦煌发见唐宋时代之离婚书》，最早介绍了其中的放妻书。放妻书的格式是：首先讲理想的婚姻应该怎么样；其次讲现实的婚姻状况，亦即离婚的原因；最后说明离婚善后事宜。

8

蓋聞夫婦之禮是宿世之
因累劫共修今得緣會
一從結契要盡百年如水
如魚同歡終日生男
滿十並受公卿生女柔
容溫和內外六親歡美
遠近似父子之恩九族
邕怡四時而不曾更改奉
上有謙恭之道恤下無
當無偏家饒不盡之才
妯里稱長延之喜何乃結
為夫婦不悅數年六親聚
而成怨隣里見而含恨

9

律性的强制作用，但一般所说的“礼法”是着重于“礼”的[138]。与其说礼具有法的效用，不如说法依礼而立。礼并非一成不变，婚礼的形成，就经过长久的因革损易。在“缘情以制礼”的情形下，礼法不外乎人情，执行上具有相当的弹性。例如我国虽倡节烈，但并不要求人人奉行，改嫁仍是普遍的现象，并为人情所许可。社会规范的礼虽渐定于一，社会习俗仍允许有不同的发展。

传统婚制的基本特点大体自殷即已出现，至周初凝为礼制，汉以后渐行普遍。就婚姻形式而言，一夫一妻与妾制并存，同姓不婚与乱伦禁忌都被强调，六礼也成为婚礼程序的主流。就婚姻实质而言，男尊女卑、夫刚妻柔是婚姻关系的特色，但常被夫妇对等的观念所缓和。整个婚制所显示的婚姻理想是立足于婚姻的恒久与和谐上，从社会稳定的角度看，这种主张无疑尽了它的历史任务。

清末以来，在西潮冲击下，传统婚制发生急遽转变：一夫多妾不再是常态，自由恋爱代替了媒妁婚姻，西式婚仪也代替了传统礼仪。传统婚制被讥为重家族而忽个人，重男权而轻女子；以往为人所称许的贞节观念，也被指为“礼教吃人”，这是近代中国社会最重大的一项变迁。诚然，传统婚礼中有许多不合理的成分，但一则它是父系社会的自然产物，再则它是宋代以后礼制极端化的结果，并不能包含礼制的所有内容。检讨传统婚礼，其繁琐的仪式，偏颇的两性观念等固然必须扬弃，但其所揭示的婚姻理想，在社会变迁急速的今日，仍值得现代人深思。

138.“礼法”一词，早在汉代即已出现，班昭的《女诫》中提及卑弱、执勤及主祭祀“三者盖女人之常道，礼法之典教矣”。此处所说礼法偏重礼，后世也大多采同样用法。

礼法、秩序与亲情

中国传统的长幼之伦

耿立群

我国素称“礼义之邦”，各种事物多喜讲求礼；尤其待人接物，特别能表现中国人的多礼。这是因为中国人一向非常重视人与人之间的关系，也就是所谓的“人伦”；杨懋春曾对人伦做过一番解释，他说：“伦是在基本人际关系中，各人所处的固定地位与各人活动出现的次序。”[1]这也就是说，对不同身份地位的人，有亲疏远近的关系和各种不同的交接之礼。其中最基本的，见于《孟子·滕文公篇》的“父子有亲，君臣有义，夫妇有别，长幼有序，朋友有信”；与《礼记·中庸》中的“君臣也，父子也，夫妇也，昆弟也，朋友之交也，五者天下之达道也。”这也就是一般所谓的“五伦”。

家庭是中国社会的基础，也是中国社会的骨干。自古以来，中国人就相当重视“家”，家不仅抚养培育个人成长，也是个人精神情感的寄托，更常是个人奋斗的目标；过去甚至有些人对国家、社会的观念较为淡薄，只有家才是他思想、行动的中心。既然家庭在中国社会中占这么重要的地位，家庭中的人伦关系自然受到普遍的重视。在家庭中，讲求的是“父慈子孝，兄友弟恭，夫义妇顺”等，每个人与不同的家人相处时，都应恰如其分地谨守一定的礼节；这不但古有明训，也是每个中国人深切了解的道理。

除了在家庭里有父子兄弟等的交接之礼，这种关系也在家族、宗族、乡里乃至整个社会中发展，使每个人在与人相处时，有一套可以遵从的规矩。而我国儒家思想中的“老吾老以及人之老，幼吾幼以及人之幼”、“敬老尊贤”等观念，更强固了中国社会尊重长者的传统风俗。在中国传统社会中，常依个人与他人血缘上的亲疏，定出其关系的远近，期能使整个社会，如同一家人一般的情感融洽，关系和睦；并由各种不同的规矩礼数，陶铸每个人，使其各守本分，以礼待人，从而形成一有秩序的社会。

本文就以下各方面来论述中国传统家庭，乃至乡里的长幼之伦：

1. 详见杨懋春，《中国家庭与伦理》，《东吴政治社会学报》，二期（1978年12月），页1。

首先由称谓上看中国人如何重视亲属关系，及亲属之间亲疏远近的次序；其次叙述传统中国家庭中各成员的交接之礼；最后叙及乡里中人的亲疏关系以及相处之道。

亲属称谓与避讳

中国人对于亲属的称呼，是很繁复而严格的。众所周知：我们称呼父亲的弟弟为叔叔，母亲的兄弟为舅舅，阿姨的丈夫为姨父（或姨丈），姑姑的丈夫为姑父（或姑丈），不似英文中，此四者一律以 uncle 称之；同样地，中文中的舅母、婶婶、阿姨、姑姑，英文也一律以 aunt 称之。兄弟姊妹的称谓情形也相同，英文中若不特别标明是 elder 或 younger，一般称 brother 或 sister 是难辨长幼的；不像中文很清楚地依年龄大小分出哥哥、弟弟、姐姐、妹妹，并各有其应守的本分。

由这个简单的比较，就可知道中国人对亲属称谓的重视了。当一种民族文化，对某一类的事物所用的语汇种类愈多，则可推断其对此事物愈熟悉，也愈重视。例如爱斯基摩人有关“冰雪”的字汇就相当多，这与他们长年生长在冰天雪地的环境中有关；他们熟悉冰雪，分辨出冰雪有各种不同的种类及用途，而且，冰雪对他们的生活影响至大，因此在日常词汇中，自然而然有更多关于冰雪的字眼。同理，中国人有关亲属的称谓，种类很多，正可推断中国人重视亲属关系，且习于和亲属保持密切来往。在亲属交往的过程中，自然应有一定的称呼，来界定彼此的关系。

关于亲属的称谓，在典籍中略有叙述；例如中国最早的辞典《尔雅》中，即有《释亲》一篇；后汉刘熙所撰《释名》中也有“释亲属”，对各种亲属的称呼，都叙述得十分详细。此外，在《礼记》、《诗经》、《仪礼》、《说文解字》等书中，也都有零星的记载与解释。

虽然我国自古以来即有一套亲属称谓，但它并非一成不变的，考察古籍，亲属称谓有些一直相沿至今，有些则历经变化，或有增删。

例如《尔雅·释亲》说："男子先生为兄，后生为弟；男子谓女子先生为姊，后生为妹。父之姊妹为姑，……母之罤（即今'昆'字）弟为舅。"等，今日仍在沿用。但如"女子谓姊妹之夫为私"、"男子谓姊妹之子为出"、"女子同出，谓先生为姒，后生为娣"之中的"私"、"出"、"姒"、"娣"等称谓，自汉以后已不见通行[2]，现则径称姊妹之夫为姊夫或妹夫，称姊妹之子为甥。又如《尔雅·释亲》载："子之子为孙，孙之子为曾孙，曾孙之子为玄孙，玄孙之子为来孙，来孙之子为罤孙，罤孙之子为仍孙，仍孙之子为云孙。"东汉刘熙《释名》也有相同记载，且加以说明："子，孳也，相生蕃孳也；孙，逊也，逊遁在后生也；曾孙，义如曾祖也；玄孙，玄，悬也，上悬于高祖最在下也；玄孙之子曰来孙，此在无服之外，其意疏远，呼之乃来也；来孙之子曰昆孙，昆，贯也，恩情转远，以礼贯连之耳；昆孙之子曰云孙，言去已远如浮云也，皆为早娶晚死寿考者言也。"[3]今日一般人对子孙的称谓多只识至玄孙，而不知在汉代礼教制定之时，玄孙之下还有三世呢！中国古代亲属称谓极详备、极繁琐，可见一斑。

此外，根据人类学者芮逸夫的研究，古今亲属称谓的转变，有如下述：

中国人对尊一辈的直系血亲，男性称父，女性称母，自古已然。不过，在殷虚卜辞中可发现，殷人对诸父是同称为"父"的；直至汉世，"诸父"还是单称为"父"的，只有在要分辨长、幼、亲、疏时，才分称世父、伯父、仲父、叔父、季父及从祖父、族父[4]，不过仍以父为主体，其世、伯、仲、叔、季、从祖、族等区别词，只是一种附加的成分，不能用作单独称谓。到了六朝，对父之兄、弟，已通行单称伯、叔，而不必要称父了。此可由北齐颜之推的《颜氏家训·风操篇》证之："古人

2. 芮逸夫，《尔雅释亲补正》，《文史哲学报》，一期（台大，1950年六月），页101。

3.《释名》（《四部丛刊》正编，台北，商务，影印上海涵芬楼版），卷三，《释亲属》，页21。

4. 有关世父、伯父、仲父、叔父等的解释，据《尔雅·释亲》："父之罤弟，先生为世父，后生为叔父；父之从父罤弟为从父，父之从祖罤弟为族父。"而《释名·释亲属》云："父之兄曰世父，言为嫡统继世也，又曰伯父，伯，把也，把持家政也。父之弟曰仲父，仲，中也，位在中也；仲父之弟曰叔父，叔，少也；叔之弟曰季父，季，癸也，甲乙之次，癸最在下，季亦然也。"

皆呼伯父、叔父，而今世单呼伯、叔。”

“母”的情形也很类似，按《尔雅·释亲》：“父之兄妻为世母，父之弟妻为叔母，……母之姊妹为从母。”可见父之兄弟之妻及母之姊妹都是称“母”的；虽有世母、叔母、从母等分别，仍以母为主体。而汉末，情况就不同了，《释名·释亲属》云：“母之姊妹曰姨。”可见母之姊妹可不必称母而单为姨了。这代表古代对直系的尊一辈血亲，与其旁系的同辈、同性血亲，都不认为有亲疏之别，也不分辨直系、旁系，而后世则承认亲、疏之别，分辨直系、旁系了[5]。

对卑一辈血亲的称谓，也有相同转变：即男子对兄弟之子及女子对姊妹之子，在古代是和己身所生之子同称为“子”的。自六朝以来，男子对兄弟之子已不称子，而和女子对兄弟之子的称谓一样称“侄”了；女子对姊妹之子也已不称子，而和男子对姊妹之子的称谓一样称“甥”了[6]。

以上是因为亲、疏关系的认定有所转变，造成亲属称谓的改变。下面一些亲属称谓改变的例子，则是因为原有称谓太过繁复混淆，为求明晰，而改变称谓。如古时夫称妻之兄弟，原有“甥”之称，但可能因为称甥的太多了[7]，太过于混淆，便从其子女称母之兄弟而为“舅”。又如妻称夫之姊妹，原有女公、女妹或女叔之称，也因太混淆，遂从其子女称父之姊妹，而为“姑”。此外，“世父”、“伯父”、“仲父”、“叔父”、“季父”等称谓都太繁复了，孩子们便从母而称年长于父的为“伯”，年幼于父的为“叔”[8]。因此，亲属称谓的改变，有时是为了求方便明晰。

由以上叙述可知，中国自古亲属称谓即相当详尽而完备，后虽因亲疏关系认定的不同，或为求简单明晰，而使某些称谓历经变更，但总不失其完整性，可见我国一向对亲属称谓很注意；也可推断我国自

5. 参见芮逸夫，《论中国古今亲属称谓的异制》，《国立中央研究院院刊》，第一辑（1954年6月），页54—59。

6. 同上书，页59—60。

7.《尔雅·释亲》：“姑之子为甥，舅之子为甥，妻之晜弟为甥，姊妹之夫为甥，……谓我舅者，吾谓之甥也。”《孟子·万章篇》赵岐注：“女之夫为甥。”《诗·齐风·猗嗟》毛氏传：“外孙曰甥。”

8. 参见芮逸夫，《亲子合一的亲属称谓——几个苗汉亲属称谓的比较研究》，《中国民族学报》，一期（1955年8月），页59—60。

古以来一直重视亲属的关系与秩序。

现将中国一般的亲属称谓表列如下，以明各亲属间的关系[9]。

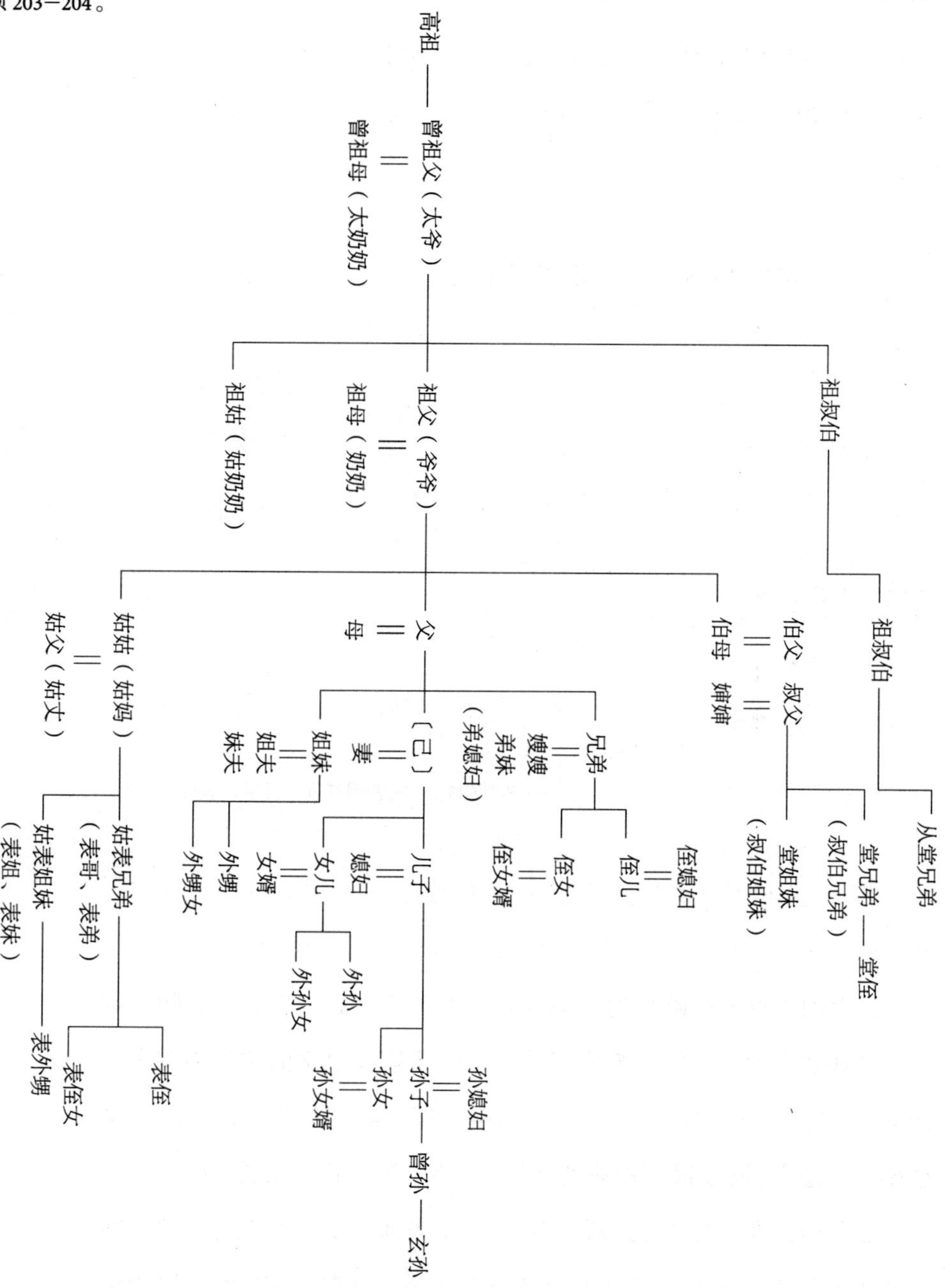

表一　以己家为中心的称呼

9. 此三表系根据泷泽俊亮《支那に于ける亲属关系》一文中亲属称呼图修改而成。该文载于《满蒙》，第十六年第十号，页203—204。

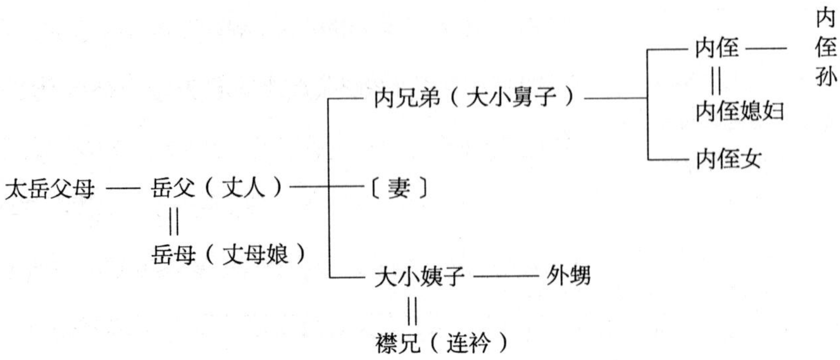

表二　以妻家（岳家）为中心的称呼

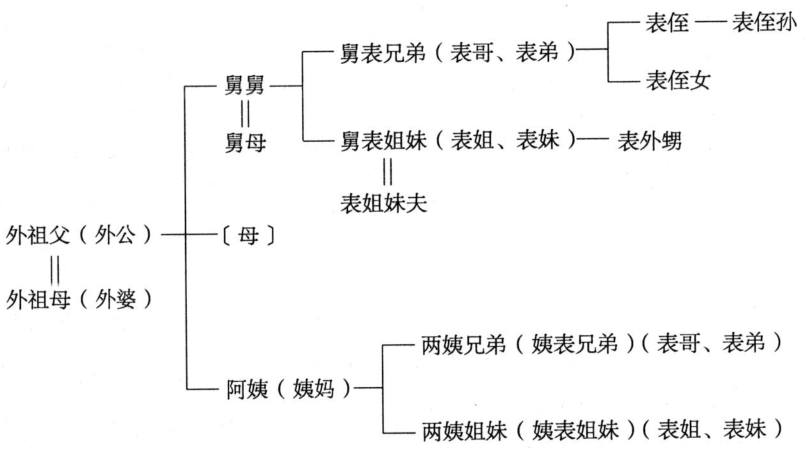

表三　以母家（即外祖家）为中心的称呼

以上图表仅为概略性的介绍，其实中国历史悠久，幅员广阔，亲属称谓在各时代、各地方都会有差异。以妻对夫之父的称谓为例：在《尔雅》中，“妇称夫之父为舅”，至秦时即有称“妐”的，东汉时又通称为“翁”，而今日所称的“公”，也始于汉；后来在长江下游也有称“官”的，唯一般通称，则多为“公”；至明初，公婆之称已普遍地代替了舅姑[10]。另外再以对父亲的称谓为例，现在一般皆称父亲为爸爸，但古时周晋秦陇谓父曰翁[11]，荆土方言谓父为爹[12]，《杭州府志》

中谓："人子呼父曰阿八，曰巴巴。"[13]可见单是父亲就有各种不同的称呼。其他例子很多，无法一一列举。

此外，中国更有一项特殊的风俗，足以表现中国人之尊亲礼贤，长幼有序，那就是"避讳"。

所谓避讳，是指在文字上不得直书当代君主或所尊之名，必须用其他方法以避之；避讳之俗起于周，成于秦，盛于唐宋，其历史垂二千年[14]，本文不准备讨论有关避君主之讳的部分。除了对当代君主要避讳外，中国人并对往圣先贤及自己的父母尊长避讳。对往圣先贤避讳，最有名的例子即为对孔子，孔子名丘，古籍中为避讳，常写作"丠"，在读书时，也不可发"丘"的原音；可见中国人对圣贤的重视。

10. 芮逸夫《伯叔姨舅姑考》一文中，对伯叔姨舅姑古今称谓含义的递变，有所详述。见《中央研究院历史语言研究所集刊》，第十四本（1949年），页174—181。

11.《汉书》（武英殿本）《高帝纪下》，注引扬雄《方言》云："周晋秦陇谓父曰翁"，页22前。

12.《南史》（武英殿本）卷五二，《始兴忠武王憺传》，页15。

13.《杭州府志》卷七五，《风俗二》，页30后。

14. 陈新会，《史讳举例》（台北，文史哲，1974年），《序》，页1。

15. 周密，《齐东野语》（台北，广文，1969年），卷四，页3。

至于中国人对自己的父母或尊长避讳的例子，就太多了。如司马迁之父名谈，《史记·赵世家》遂改张孟谈为张孟同，《佞幸传》改赵谈为赵同。范晔父名泰，《后汉书》改郭泰为郭太，郑泰为郑太。此外又如："王羲之父讳正，故每书正月为初月，或作一月，余则以政字代之。王舒除会稽内史，以祖讳会，以会稽为郐稽。李翱祖父名楚今，故为文皆以今为兹。杜甫父名闲，故杜诗无闲字。"[15]这些都是士大夫自避家讳的例子。连通俗小说中，也不乏这种例子；如红楼梦第二回中说：林黛玉之母名贾敏，所以林黛玉每读到书中有"敏"字，她都念作"密"字，写的字遇着"敏"字，又减一二笔。可见她避母亲的名讳。

何以中国人对自己的父母尊长，要像对帝王或圣贤一般的避讳呢？这是因为中国人把父母长辈看得十分尊贵。一般说来，中国人是很重"名字"的，小时候有乳名，固然大家可随便叫，但长大后，一般人就不太称呼对方的"名"，而改称"字"，以示对"名"的尊重。《礼记·曲礼》中说："男子二十，冠而字。……女子许嫁，笄而字。"郑玄注曰："成人矣，敬其名。"对一般人都因敬而不称其名，对父母尊长自然要更进一步的避讳，以示至尊至敬了。

但是晚辈对于尊长，则必自称"名"，以示己之卑下，不敢在尊长面前自抬身价。所以《礼记·曲礼》云："父前子名，君前臣名。"郑玄注："对至尊，无大小皆相名。"《白虎通》中说得更明白："名者，少贱卑己之称也，……君前臣名，父前子名，谓大夫名师，弟名兄也，明不敢讳于尊者前也。"[16]由子女须避父母之名讳，和晚辈在尊长前必自称名，两相对照来看，可知中国人对长幼尊卑关系，极为重视；幼者卑下，不得僭越长上，就连"名字"上都有其规矩，一点儿也乱不得，否则就会被讥为"失礼"或"没有教养"。

16. 班固，《白虎通德论》（台北，广文，1965年），卷三，《姓名》，页24前。

伦理道德的教化与实际性

自古以来，我国就相当重视伦常关系，常将"伦理"和"道德"并称，似乎不讲"伦理"的人，其道德即有所欠缺；事实上，社会上也常以一个人是否孝顺父母，友爱兄弟或敬老尊贤，来评判他的品德好坏。而教导人们要如何谨守"伦理道德"的文句，所在多有，例如朱熹《白鹿洞书院学规》一开头就揭示：

> 父子有亲，君臣有义，夫妇有别，长幼有序，朋友有信。
>
> 右五教之目，尧舜使契为司徒，敬敷五教，即此是也，学者学此而已。

又如《礼记·礼运》："何谓人义，父慈、子孝、兄良、弟弟、夫义、妇听、长惠、幼顺、君仁、臣忠，十者谓之十义。"又如林逋《省心录》："君容而断，臣恪而忠，父严而慈，子孝而敬，兄爱而训，弟恭而劳，夫和睦而庄，妇守正而顺，人伦之道尽矣。"[17]还有一首前人所写的

《四箴》诗，用以劝诫父子、夫妇、兄弟、朋友应如何相处，读来很有意思，兹录于下[18]：

17. 林逋，《省心录》（台北，商务，《丛书集成简编》，1965年），页12。

18.《古今图书集成·明伦汇编·家范典》，卷四，《家范总部·艺文二》，第三二一册之二一叶前。

子孝宽父心，斯言诚为确，不患父不慈，子贤亲自乐；父母天地心，大小无厚薄，

大舜日夔夔，瞽瞍亦允若。夫以义为良，妇以顺为令，和乐祯祥来，乖戾灾祸应；

举案必齐眉，如宾互相敬，牝鸡一晨鸣，三纲何由正？兄须爱其弟，弟必恭其兄，

勿以纤豪利，伤此骨肉情；周公赋棠棣，田氏感紫荆，连枝复同气，妇言慎无听。

损友敬而远，益友宜相亲，所交在贤德，岂论富与贫；君子淡如水，岁久情愈真，

小人口如蜜，转眼如仇人。

一般说来，"五伦"是包含君臣、父子、夫妇、兄弟、朋友五项。就家庭来说，父子、兄弟、夫妇三项是家庭中最基本、最主要的人伦关系，因此本节以家庭为范围，依次叙述父子之间、兄弟之间与夫妇之间的亲疏关系和交接之礼仪。

不过，在谈到家庭亲属间实际的交接之礼以前，有一些观念必须先加以说明澄清：

由于古书中所谈到的家庭礼节和应对进退之道十分繁琐，让人感觉中国家庭里的"规矩"很多，于是有人认为，只有在大家庭中，因人口众多，且成员复杂，才需要这么多的礼节和规矩，以界定彼此的关系，约束个人的行为，而使家庭和谐、有秩序。但也有许多学者指出，中国历史上实际存在的家庭形态，应以一对夫妻和其未婚子女所组成的小家庭占多数；至多不过是折中式家庭（即由父母、未婚子女与一名已婚儿子和其妻小组成），大家庭的存在应是少数

例子[19]。有人甚至怀疑传统中国家庭所规定的应对进退之道，在实际生活上并不普遍实行。姑且不论中国历代实际的家庭形态是大是小，至少大家庭制度是中国人的理想，为儒家所赞许，也是历代政府所提倡奖励的；这种代表大家庭精神的谦和有礼，克己忍让及讲求长幼有序等的规矩仪节，早已深植人心，即或生长在小家庭中，不需要那么复杂繁琐的礼节，也不会否定这套礼节的价值。何况，中国人安土重迁，看重家庭的力量，中国社会往往是一个宗族聚居于同一村里，即或是每家都维持小家庭的形态，其父系亲属也常是住在同一地区，且彼此往来密切；有关亲属间进退应对的规矩，在这样的宗族中，还是很需要的。以下所谈家庭亲属间的亲疏关系与交接之礼，应有相当的实际性，而不只是士人儒者嘴里说说的理想而已。

19. 持这种看法的学者，中外皆有。他们多半以经济的观点认为中国一般百姓的经济条件，不足以供养“数世同堂”的大家庭；并且用历代人口与户数的统计数字，来证明中国家庭平均口数不多，应为小家庭。参见许倬云，《汉代家庭的大小》，《庆祝李济先生七十岁论文集》(1965年9月)，下册，页789-806。陈宽政、赖泽涵，《我国家庭制度的变迁——家庭形式的历史与人口探讨》，《中央研究院三民主义研究所专题选刊》，二六号，页1—24。Maurice Freedma，*Lineage Organization in Southeastern China*(1958). Hugh David Roberts Baker, *Chinese Family and Kinship* (1979). Olga Lang, *Chinese Family and Society* (1946)。

可惜由于史料上较缺乏对社会下层民众的记载，本文所述难免偏重士家大族等上层社会的情形，而非整个中国社会与家庭的普遍现象，这项缺陷，希望日后能借更多的资料及进一步的研究来克服。

父子关系与伦序

此处所谓的父子，只是个泛称，包括父母和儿女的关系，也包括翁姑与儿媳的关系；此外，大凡长一辈与幼一辈的关系，如伯叔和侄儿之间，阿姨、舅舅和外甥之间等，也都包含在内，有时还由父而推至祖，由子而推至孙。

子女对父母最主要的表现就是要“孝”，这是因为父母对儿女有生养之恩，儿女对父母有孺慕之情。儒家讲究“亲亲而仁民”，故对至亲的父母要竭力尽孝，《孝经·开宗明义》第一章就说：“夫孝，始于事亲。”因此，首先讨论日常生活中，子女应如何侍奉父母。

《礼记·曲礼》：“凡为人子之礼，冬温而夏清，昏定而晨省。”这是说子女对父母，要冬日温之御其寒，夏日清之致其凉；晚间要替父母安置床铺，早晨则要向父母请安问好。另外，在《礼记·内则》中，对事父母之礼讲得尤为详细。其大意为：凡子事父母，妇事舅姑，鸡初鸣即起，漱洗完毕，穿戴整齐，到父母舅姑之住处，下气怡声，问父母穿得冷暖，有无疾痛不适，并为之舒解。出入则或先或后，而敬扶持之。三餐要请问父母舅姑想吃什么，然后去准备、奉上，待父母舅姑尝过后，子妇方得各退就食。在父母舅姑之所，要恭敬应对，进退周旋慎齐，且不敢随意喷嚏、咳嗽、欠伸、跛倚、睇视、唾洟。同时，父母舅姑不命之坐，不敢坐；不命之退，不敢退。

由以上这一段叙述，可知子女对父母应侍奉得极其周到，且对父母的态度要极其恭谨。虽然以上所言，是出自《礼记》，且有人认为其仅为儒家的理想，但儒家经典对后世影响颇大，事实上，也真有人是如此实行的。如宋代张存“家居矜庄，子孙非正衣冠不见。”（《宋史》卷三二〇《张存传》）又如三国时司马防，其“诸子虽冠成人，不命曰进不敢进，不命曰坐不敢坐，不指有所问不敢言，父子之间肃如也”。[20]再如唐河东节度使柳公绰，每平旦诸子皆束带晨省于中门之北，至归寝时，诸子复昏定中门之北，凡二十余年，未尝一日变易[21]。以上诸例，都十分符合《礼记》所载的事项。可见我国古代的父子关系较为严肃。

此外，《礼记·曲礼》和司马光《涑水家仪》中都说：“为人子者，出必告，反必面。”其意类似今日国民生活须知中的“出门必敬告父母，回家必面见父母。”为什么要有“出告反面”之礼？根据司马光的解说是：“为人亲者无一念而忘其子，故有倚门倚闾之望；为人子者无一念而忘其亲，故有出告反面之礼。”[22]因为为人子的，常

20.《三国志》（新校本）《魏书·司马朗传》注引司马彪《序传》，页466。

21.见《小学外篇》，转引自《古今图书集成·明伦汇编·家范典》，卷五，《家范总部·纪事一》，第三二一册之二四叶后。

22.司马光，《涑水家仪》，转引自《古今图书集成·明伦汇编·家范典》，卷十二，《父母部·总论二》，第三二一册之五九叶前。

常惦念着父母，而且唯恐父母悬念，所以出必告，反必面。这样说来，事亲之礼的产生，应是源于子女对父母诚挚的情感。

子女对父母除了情感外，更重要的是尊敬。在传统的中国家庭里，父母是高出子女一等的，子女绝不可逾越父母。《涑水家仪》中即谓“凡事不敢自拟于其父”[23]；《礼记·曲礼》也说：“父子不同席”，郑玄注：“异尊卑也”，这意思是说父子不并排坐[24]。这种父子尊卑相异、不处一席的想法，在国家社会都受到承认。如《吴录》中载：景皇时纪亮为尚书令，其子纪骘为中书，“每朝会，诏以屏风隔其坐。”[25]隋时杨玄感与其父杨素俱为第二品，朝会则齐列，“其后高祖命玄感降一等，玄感拜谢曰：‘不意升下宠臣之甚，许以公廷获展私敬。’”(《隋书》卷七十《杨玄感传》)而汉时杜延年被征为御史大夫，居其父之官府，“不敢当旧位，坐卧皆易其处。”(《汉书》卷六十《杜周传》)这些都是子不敢与父并驾齐驱的例子；因子尊崇其父，认为父亲是高高在上的。

至于父母方面，按理讲，是应对子女慈爱，且应以身作则的。如《颜氏家训》谓：“夫风化者，自上而行于下者也，自先而施于后者也。是以父不慈则子不孝，……”[26]又刘宋颜延之的《庭诰》云：“欲求子孝必先慈，将责弟悌务念为友；虽孝不待慈，而慈能植孝，悌非期友，而友亦立悌。”[27]但因中国是一个父权社会，父亲有绝对的权威，因此一般多只要求儿女要“孝”，很少要求父母应有相对的“慈”。如林逋《省心录》谓：“父慈子孝，兄友弟恭，相须之理也。然子不可待父慈而后孝，弟不可待兄友而后恭。”[28]又如前人在《魏孝文论》一文中云：“母虽不慈，子不可以不尽子道，……母生之身而母杀之死者，且不敢怨，……孝

23. 司马光，《涑水家仪》，页2后，收于《说郛》正编，第七一，第七三册。

24. 徐充，《暖姝由笔》云：“今人谓父子不同席，至不同堂会饮，古者席坐四人，犹之长凳，父子但不并坐耳，非今之燕席也，误会礼意。”见于《说郛》续编，一四五册，页2。由此可知，父子至少应不并排而坐，有些古人甚且做到父子吃饭时不同桌或不同堂呢！

25.《吴录》，转引自《古今图书集成》，《明伦汇编·家范典》，卷二十，《父子部·纪事二》，第三二二册之四二叶后。

26. 颜之推，《颜氏家训》(《四部丛刊》正编，台北，商务，影印上海涵芬楼版)《治家篇》，页7。

27. 颜延之，《庭诰》，收于《玉函山房辑佚》，卷六二，《经编小学类》，页67。

28. 林逋，《省心录》，页1。

子之于亲，纵受其虐，不敢疾怨。”[29]这是因强烈的父尊子卑观念而造成。因此纵然父母有不是之处，子女也须顺从，最多是和颜悦色地相劝，《论语·里仁》就说：“事父母，几谏；见志不从，又敬不违，劳而不怨。”而不能稍减其孝敬之心。宋《袁氏世范》对父子关系也有所说明：

> 子之于父，弟之于兄，犹卒伍之于将帅，胥吏之于官曹，奴婢之于雇主，不可相视如朋辈，事事欲论曲直，若父兄言行之失，显然不可掩，子弟止可和颜几谏，若以曲理而加之，子弟尤当顺受，而不当辨。为父兄者又当自省。[30]

有句俗话：“天下无不是的父母”，正反映了这种父尊子卑的观念。

既是如此，在家庭中，一个孩子常自幼就得学习孝顺父母、恭敬长上，年幼者常要遵守很多的规矩限制，若有不是之处，还要被教训责打。由司马光《涑水家仪》中可见小孩从开始会讲话，就教导他尊亲敬长：“子能言，教之自名及唱喏万福安置；稍有知，则教之以恭敬尊长；有不识尊卑长幼者，则严诃禁之。”[31]所谓唱喏，即作揖时口称颂词，万福为妇人裣衽时口道万福，都是恭敬问候的举动。另外，在《郑氏家范》中也可见到很多规范年幼子孙的条文，如“子弟未冠者，学业未成，不听食肉。”“子弟未冠者不许以字行，不许以第称。”“子孙年未二十五者，除绵衣用绢帛外，余皆用布，除寒冻用蜡屐外，其余遇雨皆以麻屦从事，三十里内并须徒走。”“子孙饮食，幼者必后于长者，言语亦必有伦。”“子侄年非六十者，不许与伯叔连坐，违者家长罚之，会膳不拘。”“卑幼不得抵抗尊长，其有出言不逊，制行悖戾者，姑诲之，诲之不悛者，则重箠之。”“子孙受长上诃责，不论是非，但当俯首默受，毋得分理。”[32]可见年幼的子孙不得太过享受，凡事都要礼让尊长，尤其不可冒犯顶撞尊长，否则就要受到责骂训诲。

---

29. 林逋，《魏孝文论》，转引自《古今图书集成·明伦汇编·家范典》，卷七，《祖孙部·艺文一》，第三二一册之三六叶前。

30. 袁采，《袁氏世范》（《四库全书珍本别辑》），卷上，《睦亲》，页3后—4前。

31. 司马光，《涑水家仪》，页5。

32. 参见金华郑氏，《郑氏家范》（《青照堂丛书次编》），页1—4。

其实，也不只是年幼的子孙才受管教，只要是辈分低的，即使已长大成年，犯了错，仍有可能受到责罚。晋代孙盛“性方严有轨宪，虽子孙班白，而庭训愈峻”。(《晋书》卷八二《孙盛传》)元代郑大和“家庭中凛如公府，子弟稍有过，颁白者犹鞭之”。(《元史》卷一九七《孝友一》)

经由如此严格的管教，常使子孙辈自幼即颇知礼数，懂得长幼有序，恭谨不敢逾份，成年后即使功成名就，在社会上很有地位，在家里仍谨守子弟之礼，不敢托大。如《厚德录》上有一例：

> 陈秦国公省华三子已贵，秦公尚无恙。每宾客至其家，尧佐及仲季子侍立左右，坐客踧踖不安，求去，秦公笑曰：“此儿子辈尔。”后天下皆以秦公教子为法，而以陈氏世家为荣。[33]

33. 李元纲，《厚德录》(台北，艺文，《百部丛书集成》)，卷二，页14。

由以上看来，似乎父子间的关系，笼罩着厚厚的礼教与规矩，而看不出其间的情感。的确，由表面看来，中国传统家庭似乎人人都依规矩行事，彼此没有浓烈的情感表现，有人就曾批评中国的大家庭是“礼胜于情”。这一方面也许是因中国人不习惯当众抒发自己的情感，尤其不喜欢露骨地表达情意；另一方面，若生长于大家庭或大宗族中，人口众多，关系复杂，就不得不压抑约束自己的情感，依礼法行事，以维持家族的和谐。因此，或许史上较少记载的一般家庭（指非官宦世家，或累世同居之家），因受礼教的束缚较小，遂使家庭内规矩没那么严格，父子亲情可能较易表露出来。

不过，事实上，家庭内规矩礼法的形成，也都有“情”的成分在内。《礼记·丧服四制》说：“凡礼之大体，体天地，法四时，则阴阳，顺人情。”可见礼是顺乎人情的。何况家庭本是由至亲骨肉所组成，人总有人的天性，天下没有不爱子女的父母，也少见不爱父母的子女，我们由欧阳修《泷冈阡表》、蒋士铨《鸣机夜课图记》与归有光《先妣事略》等文章中，都可感受到父母与子女间的骨肉至情。因此纵然有规矩，也常富含着情意。如对父母的昏定晨省、出告反面，都是一种关怀父母的表现；谨遵父教、不敢与父并列，也是一种尊崇父母的行为，只是或许形式化后，反而不见其背后的情感层面。下面举一个例子，可见人之真情：后汉第五伦以奉公无私出名，有人问他："公有私乎？"他回答说："……吾兄子常病，一夜十往，退而安寝；吾子有疾，虽不省视，而竟夕不眠。若是者，岂可谓无私乎？"（《后汉书》卷四一《第五伦传》）由此可见，虽然外表上宥于礼法或其他缘由，常使父子间不甚亲近，但彼此内心中总还充溢着亲情。

有时家范中也表露出通情达理之处，如宋《袁氏世范》说："为父兄者通情于子弟，而不责子弟之同于己；为子弟者仰承于父兄，而不望父兄惟己之听，则处事之际必相和协，无乖争之患。"又说："高年之人作事有如婴孺，喜得钱财微利，喜受饮食果实小惠，喜与孩童玩狎，为子弟者能知此而顺适其意，则尽其欢矣。"[34]可见其孝思之深，对老年人的尊崇是出于体谅与包容，而不是遵循呆板的形式，这是何等的祥和温馨！

接着要特别谈一下母亲的地位与母子间的关系。通常以父母连称，其实母亲的形象与地位，与父亲略有不同。就中国礼法上来讲，"家无二尊"，因此父亲至上，母亲则略逊一等。由我国的丧服制中，可看出亲属间亲疏远近的关系；父与母的不同，在丧服制中也很明显地表现出来：在《仪礼·丧服》中，子为父固定服斩衰三年，但子为母守丧须视父的情况而定：父卒，为母服齐衰三年；父在，仅为母服齐衰杖期。由此可见父与母地位的不同，而母处于较疏一层的关系上。后来在唐代和明清，对母亲的丧服才有所改变[35]。不过，就母子关系而言，通常较父子关系亲密，这可能因自小母亲照顾子女的时间较多，另一方面传统家庭父母的形象常是"严父慈母"，故母亲较易

34. 袁采，《袁氏世范》，卷上，《睦亲》，页1后—2前。

35. 到了唐代，子一律为母服齐衰三年，不再计较父之存殁。明代则把行之于父的斩衰，同样地也行之于母。可见母亲地位逐步提高了。参见石磊，《从历代丧服制度观察我国亲属结构的演变》，第一届"历史与社会变迁研讨会"论文初稿。

亲近。于是在情感的倾向上，母子关系常较亲密，超过父子关系。由此也可看出，在礼法和情感两方面，常会有不一致处。

在中国的旧家庭中，子女对父母的敬爱，也扩及与父母同辈的伯、叔、姑、舅、姨等人身上。因“伯叔，父所同出；母舅，母所同出”[36]，故亦尊崇敬礼之。唐代姚栖云“方三岁，其母再嫁，栖云养于伯母。既长，事伯母如其母”。(《宋史》卷四五六《孝义传》)《小学外篇》载：

> 及（柳）公绰卒，（子）仲郢一遵其法，事（叔）公权如事公绰。非甚病，见公权未尝不束带。为京兆尹盐铁使，出遇公权于通衢，必下马，端笏立，候公权过乃上马。公权莫归，必束带迎候于马首，公权屡以为言，仲郢终不以达官有小改。[37]

可见事伯、叔或伯母、叔母之礼，是可比拟于事父、母的。

舅甥之间的关系尤为特殊，虽然在丧服制中，为舅舅所服的丧不算很重[38]，这是因为我国是父系社会，而舅舅是母方的亲属；但在民间的习俗中，舅舅的地位是很高的，甚或超过伯伯、叔叔等父方亲属。这一方面可能是我国初民时代母系社会所遗留下来的风俗，另一方面可能因子女与母亲较亲近，故对母亲的兄弟也产生较密切的情感，同时舅舅又是母亲合法保护人的递补者，因此有着较特殊的地位。

至于祖孙之间的关系，是较为有趣的。祖父母在家中的地位相当崇高，因祖父母为较父母更高一辈的直系血亲，且常为一家家长，故加倍受到儿孙之敬爱与侍奉。南齐江敩“庶祖母王氏老疾，敩视膳尝药，七十余日不解衣”。(《南齐书》卷四三《江敩传》)宋代戚同文“幼

36. 吕柟，《礼部》，转引自《古今图书集成·明伦汇编·家范典》，卷六，《家范总部·杂录》，第三二一册之三〇叶后。

37. 见《小学外篇》，转引自《古今图书集成·明伦汇编·家范典》，卷五，《家范总部·纪事一》，第三二一册之24叶后。

38.《仪礼·丧服》中规定，为舅仅服缌麻，至唐代丧服制改为舅、甥之间互服小功。而对父母的其他同胞，服丧要重得多。如男性自我对伯叔父或未嫁之姑，服不杖期，对已嫁而有子的姑服大功，女性自我为伯叔和姑均服大功；而男女两性均对从母（即姨）服小功。参见石磊，《从历代丧服制度观察我国亲属结构的演变》。

孤，祖母携育于外氏，奉养以孝闻。祖母卒，昼夜哀号，不食数日，乡里为之感动”。(《宋史》卷四五七《隐逸传上》)又杨懋春在描写山东某一小城的风俗时，曾说到“婴儿在出生的第三天，由一家之家长给取个小名，假如没有祖父母，这任务就落在婴儿的父母身上”。[39]可见若祖父母健在，则新生婴儿的命名大事，是要由祖父母来决定的。

祖父母虽在家中有着崇高的地位，但由于老人家多疼爱孙儿，因此对孙儿较为纵容，不似父亲对儿女较有威仪，且严格管教。举例来说，在《红楼梦》中随处可见，宝玉姐妹都到前面贾母房里用饭，且和老祖母同桌而食，可见未成年的少爷小姐可以陪着老人吃，不像父子之间有“父子不同席”的规矩，而是充满着慈爱气氛的。又如贾宝玉见着父亲贾政，总十分畏惧，谨守礼仪，贾政对贾母也恭谨有礼，独宝玉在贾母跟前，则不太讲求规矩，由此也可看出父子关系与祖孙关系的差别。

兄弟关系与伦序

本节所谓的“兄弟”，也是泛称，不仅指兄弟，还指姊妹、叔嫂、伯与弟妇、妯娌等的关系。总之，包括除夫妻外，家中一切同辈人之间的关系。

兄弟之间讲求“兄友弟恭”，也就是一个“悌”字。兄弟是手足，且辈分相同，因此情感较浓，繁琐的规矩较少；但因我国讲究“长幼有序”，常言道：“不可以没大没小的。”做弟弟的须对哥哥恭敬有礼，而做哥哥的要友爱弟弟，并为弟弟树立好榜样，教导弟弟。

金华《郑氏家范》说：“子孙须恂恂孝友，见兄长，坐必起，行必以序。”[40]可见弟弟对兄长应恭谨。有时弟弟甚且待兄如父，如宋张揆“事(兄)揆如父，理家必咨而行，为乡党矜式”。(《宋史》卷三三三

39. Martin C. Yang, *A Chinese Village: Taitou, Shantung Province* (New York, Columbia Univ. Press), p. 124.

40. 参见金华郑氏，《郑氏家范》，页2前。

《张揆传》）北魏杨播“家世纯厚，并敦义让，昆弟相事，有如父子”。杨播有二弟，杨椿较长，杨津较幼，且看他们兄弟是如何友爱，长幼秩序分明：

> 椿年老，曾他处醉归，津扶持还室，仍假寐阁前，承候安否。椿、津年过六十，并登台鼎，而津尝旦暮参问，子侄罗列阶下，椿不命坐，津不敢坐。椿每近出，或日斜不至，津不先饭，椿还，然后共食，……椿命食，然后食。（《魏书》卷五八《杨播传》）
>
> 另外，北魏崔挺诸子也充分表现兄友弟恭的情感：崔挺子孝演、孝政先亡，其兄弟哭泣哀恸，容貌损瘠。此外，诸弟奉长兄孝芬尽恭顺之礼，坐食进退，孝芬不命则不敢。家内共财，一钱尺帛，不入私房，诸妇亦相亲相爱，有无共之。（《魏书》卷五七《崔挺传》）

有时弟弟为了顾全大局，甚且肯代兄死。如明代卢宗济，父兄并有罪，吏将逮治，宗济谓其兄曰：“父老矣，兄嗣（即嫡长子），且未有后，我幸产儿，可代父兄死。”乃挺身诣吏，白父兄无所预[41]。这不但是悌道的最高表现，也可反映出中国人重嫡长子与重子嗣的观念。

中国自周代宗法社会以来，就重视嫡长子，把嫡长子看成主要的延续世系和继承香火的人，因此嫡长子在家中的地位特别重要。《仪礼·丧服》中规定，父亲为众子和未出嫁的女儿服不杖期的丧服，但若父亲本身是长子，就要替他自己的长子反服斩衰，因其长子继承祭祖的责任与义务[42]。由此可见长子与众子有很大的差别。再者，当父亲过世后，长子常继为家长，主持家政，因此诸弟对长兄自然敬礼有加了。

兄弟间要维持浓密的情感与悌道，亦非易事；通常，兄弟本来友情甚笃，但各自结婚生子后，常逐渐疏远，一因各人专注于自己的家

41.《明外史》，转引自《古今图书集成·明伦汇编·家范典》，卷二七，《父子部·纪事十》，第三二三册之一四叶前。

42. 参见石磊，《从历代丧服制度观察我国亲属结构的演变》。

庭，二因受妻子影响。《颜氏家训》云："兄弟者，分形连气之人也，方其幼也，父母左提右挈，前襟后裾，食则同案，衣则传服，学则连业，游则共方，虽有悖乱之人，不能不相爱也。及其壮也，各妻其妻，各子其子，虽有笃厚之人，不能不少衰也。娣姒之比兄弟，则疏薄矣，今使疏薄之人，而节量亲厚之恩，犹方底而圆盖，必不合矣。"[43] 这的确为实情，但非我国礼教观念所愿接受，因传统讲究的是男尊女卑，丈夫要教化妻子，绝不可因夫妻的私情而损害手足之爱。事实上，历代也还是有一些抱这种观念而行的人。宋代张存"性孝友，尝为蜀郡，得奇缯文锦以归，悉布之堂上，恣兄弟择取。常曰：'兄弟，手足也，妻妾，外舍人耳。奈何先外人而后手足乎？'"（《宋史》卷三二〇《张存传》）后汉缪彤"少孤，兄弟四人，皆同财业。及各娶妻，诸妇遂求分异，又数有斗争之言。彤深怀愤叹，乃掩户自挝曰：'缪彤，汝修身谨行，学圣人之法，将以齐整风俗，奈何不能正其家乎！'弟及诸妇闻之，悉叩头谢罪，遂更为敦睦之行。"（《后汉书》卷八一《独行列传》）此外，还有特立独行之士，为恐兄弟相疏，而不娶妻，如唐代阳城兄弟（见《新唐书》卷一九四《卓行传》）。由此可见，依我国传统礼教，应先兄弟而后夫妻；但在情感方面，往往夫妻较兄弟更为亲密，这也是礼法与情感不相合的地方。

43. 颜之推，《颜氏家训》（《四部丛刊》正编，台北，商务，影印上海涵芬楼版），《兄弟篇》，页4。

一般说来，夫妇是一体的，妇在家中的长幼辈分随夫而定，因此弟妇要如其夫一般恭顺兄嫂，而兄嫂对弟弟、弟妇也要待之以礼。此外，又因男女防嫌，伯与弟妇、叔与嫂之间更须讲求礼法，而更显得客气。东汉马援，年十二而孤，后其兄马况卒，"援行服朞年，不离墓所；敬事寡嫂，不冠不入庐。"（《后汉书》卷二四《马援传》）由此看来，马援必衣冠整齐，才与寡嫂相见，此一可见其恭谨，一可见其严男女之防。梁代范云："性笃睦，事寡嫂尽礼，家事必先咨而后行。"（《梁书》卷十三《范云传》）明代张邦奇"性笃孝友，事寡嫂如其母”。[44] 可见事嫂之道与事兄之道并无二致，甚至更谨守于礼。

而大伯与弟妇的关系，则更为拘谨有礼。杨懋春在描写中国北方家庭亲属关系时提到：“一女子和她丈夫的哥哥之间的关系是基于尊敬，而有防嫌的距离，就像父亲一样，哥哥不能进已结婚的弟弟的卧房，除非是有绝对的必要。……只有在家人聚集或在年老父母房中，一家人都在场并自由交谈时，大伯才能开玩笑，而不至令弟妇局促不安。”[45]

44.《明外史》，转引自《古今图书集成·明伦汇编·家范典》，卷七五，《嫂叔部·纪事》，第三二七册之一九叶后。

45. Martin C. Yang, *A Chinese Village: Taitou, Shantung Province*, pp. 65 - 66.

46. 此段原文见《礼记·内则》：“舅没则姑老，冢妇所祭祀宾客，每事必请于姑，介妇请于冢妇，……不敢并行，不敢并命，不敢并坐。”《礼记郑注》（台北，新兴，1961 年），页 18。

至于兄弟之妻间的关系，也就是妯娌之间，又如何相处呢？妯娌古称娣姒，《尔雅·释亲》：“长妇谓稚妇为娣妇，娣妇谓长妇为姒妇。”值得注意的一点是，娣姒的分别，是依妇的长稚，而非夫之大小（依宋邢昺疏），不过她们在家中的地位，应还是依其夫之嫡庶长幼而定。因为嫡长子在兄弟间的地位特别高，责任也特别重，连带地，长妇的地位与责任，也要高出其他妯娌。《礼记·内则》中提到冢妇和介妇的差异，冢妇即嫡长子之妻，介妇即众妇，其他诸子之妻。其内容大略如下：公公亡故，则婆婆传家事于长妇，长妇虽受传，犹不敢专行，故祭祀宾客等每事必禀问婆婆，而众妇则每事问于长妇。……众妇与长妇分有尊卑，故不敢比肩而行，不敢并受命于尊者，不敢并出命于卑者，且坐次亦必异列[46]。由此可看出，众妯娌虽并听命于翁姑，但长妇较众妇为尊，且地位高出一等。

夫妇关系与地位

《易经·序卦传》说：“有天地然后有万物，有万物然后有男女，有男女然后有夫妇，有夫妇然后有父子，有父子然后有君臣，有君臣然后有上下，有上下然后礼义有所错。”可见夫妇是人伦之始。

夫妇相处之道，理想上是应相敬如宾，但因中国社会以男子为中心，自古即有男尊女卑的观念，因此夫妇关系并不平等，《白虎通》说："夫为妻纲"，又说："夫妇者，何谓也？夫者扶也，以道扶接也；妇者服也，以礼屈服。"（《白虎通》卷三《三纲六纪》）可见妇屈居于夫之下，从属于夫，其荣辱尊卑都依夫的地位来决定。《礼记·郊特牲》就说："共牢而食，同尊卑也，故妇人无爵，从夫之爵，坐以夫之齿。"

妇人既从属于夫，则事夫要周到恭谨。后汉梁鸿与孟光夫妇，被认为是夫妻"相敬如宾"的典型，传颂千古，其实"举案齐眉"代表的是妻对夫的恭谨有礼，不敢仰视于夫，遂将食具高举至眉奉上，可谓敬之极也（《后汉书》卷八三《梁鸿传》）。妇人除了要敬夫从夫，还要与夫共尽子媳之孝，料理家中大小琐事，并协助丈夫管教子女，因此"诸妇必须安详恭敬，奉舅姑以孝，事丈夫以礼，待娣姒以和"。[47]所谓"男主外，女主内"，家庭的和谐兴旺与否，常与主妇有很大的关系，如程颐母侯氏，正是贤淑主妇的典型，依《伊川先生文集》所载：

> 侯夫人事舅姑以孝谨称，与先公相待如宾客，先公赖其内助，礼敬尤至，而夫人谦顺自牧，虽小事未尝专，必禀而后行。仁恕宽厚，抚爱诸庶，不异己出，从叔幼姑，夫人存视，常均己子，治家有法，不严而整。……先公凡有所怒，必为之宽解。[48]

这样的妇人，真是标准的"贤内助"，虽然当家主事，但不掌权握权，无怪乎其夫对她"礼敬尤至"。

其实，夫妇之间的关系最为亲密，妻子固然应敬夫从夫，丈夫也常受妻子的影响，尤其在家务事方面，但男子从不承认这一点，因在他们的意识中，他们是要做一个男人，一个孝子，一个好兄弟和一个威严的丈夫，因此他们不能听从妻子的话，尤其不能相信他妻子对家

47. 参见金华郑氏，《郑氏家范》，页5。

48.《伊川先生文集》，转引自《古今图书集成·明伦汇编·家范典》，卷六，《家范总部·纪事二》，第三二一册之二七叶后。

人的抱怨；另一方面，虽然家务事可能是妻子负责掌理，但她不会因此而减少对丈夫的尊敬，也不会不承认丈夫是一家之主[49]。由此益发可见“男主女从”的观念深植人心。

虽然夫的权力地位皆凌驾于妻之上，但毕竟妇与夫是互相匹配，可等量齐观的。有一种人在家庭中的地位却相当低，那就是妾。古时男子可因子嗣问题或其他原因，除了正妻外，再纳别的女子为妾；妾或可受夫爱宠，但她在家中是没什么地位的，这是因我国重宗法，讲名分，所以妾无法和妻相比拟，《吕氏春秋·慎势篇》说：“妻妾不分则室家乱，适（即嫡）孽无别则宗族乱”，故妻妾间有很大的分野。一般来说，娶妻要行大礼，要找门当户对的女子；纳妾则较随便，或用钱财买得，或纳家中的婢女，或纳妻子的陪嫁丫头，在《红楼梦》中就有这类例子。另外，读《红楼梦》还可清楚地感觉到，妾的地位极低贱，甚至比未嫁的丫头及年老的用人还差一截[50]。历史上也有个例子，可说明妾之地位：唐代严挺之独厚其妾英，其子严武由母处知悉其情，奋然以铁锤就英寝，碎其首。左右惊白挺之曰：“郎戏杀英。”武辞曰：“安有大臣厚妾而薄妻者，儿故杀之，非戏也。”父奇之，曰：“真严挺之子！”（《新唐书》卷一二九《严挺之传》）儿子故意杀死宠妾，父亲却无责怪之意，可见妾的不受重视。

继室的情形则和妾不同。正妻亡故或被出，丈夫又再续弦，这也是明媒正娶，因此继室的地位与原配差不多，此由儿子的丧服形式或可看出：《仪礼·丧服》云：“继母如母。”传曰：“继母何以如母？继母之配父与因母（因母意为亲母）同，故孝子不敢殊也。”又据《续辑明刑图说》看来，孝子服丧对继母和对嫡母一样，要服斩衰三年[51]。而在日常生活上，子女对继母也是很恭顺的，隋代房彦谦事所继母有逾本生，后丁所继母忧，勺饮不入口者五日（《隋书》卷六六《房彦谦传》）。唐代柳公

49. Martin C. Yang, *A Chinese Village: Taitou, Shantung Province*, pp. 56 - 57.

50. 参见萨孟武，《由赵姨娘说到〈红楼梦〉中妾的地位》，《〈红楼梦〉与中国旧家庭》（台北，东大，1977年），页116。

51. 清末胡鸿泽辑，《续辑明刑图说》（光绪七年石印本，日据时代台湾总督府民政部保管），引见陶希圣，《服制之构成》，《食货》，一卷九期（1971年），附图，页22。

绰，事后母薛谨甚，虽姻属不知非薛所生（《新唐书》卷一六三《柳公绰传》）。

由以上所述的一般家庭中父子、兄弟和夫妇之间的关系，我们可以认识到在人伦关系上，因辈分、年龄、性别等的不同，区分出尊卑、上下。而这种长幼有序的现象，在中国传统的大家族中表现得特别明显。

乡里社会的长幼之伦

中国传统的长幼之伦，不仅表现在家庭中的人伦关系上，同时还扩及宗族乡里乃至社会。子曰："弟子入则孝，出则弟。"（《论语·学而》）意思是少年子弟在家要孝顺父母，出外要恭敬长上。这也就是说，在外要像在家一样讲求长幼的秩序。于是，中国人由亲而疏，由近而远，将一些原本用于亲属间的仪节伦序，逐步施行于宗族、乡里，甚而社会上的一般人。《于镒中说》云："以一身率众身，自同祖同父至无服，又至于同姓，……使亲者恒亲，疏者不薄。"[52] 至于乡里，是个人与家庭居住的所在，邻人接触频繁，自然也就关系密切。

中国乡里社会中的长幼之伦，表现在哪些地方呢？先由父执辈说起，《礼记·曲礼上》："见父之执，不谓之进，不敢进；不谓之退，不敢退；不问，不敢对，此孝子之行也。"可见对父亲的朋友同辈，要像对自己父亲一般地恭敬尽礼。即使自己身份地位很高，也不得恃贵而骄纵。如东汉马援生病，梁松来探病，未尽礼，马援遂不答理他，梁松去后，诸子问："梁伯孙帝婿，贵重朝廷，公卿已下莫不惮之，大人奈何独不为礼？"援曰："我乃松父友也，虽贵，何得失其序乎？"（《后汉书》卷二四《马援传》）可见对父执辈要恭谨有礼，一点也马虎不得，否则就会受到指责。

另外，中国人喜欢推广亲属的范围，凡由生育和婚姻所连接的人，

52.《于镒中说》，转引自《古今图书集成·明伦汇编·家范典》，卷三，《家范总部·总论二》，第三二一册之一四叶后。

都算是亲戚，且推至很远，只要能沾上一点边，就可认亲，故有“一表三千里”的说法。认了亲戚之后，自然可推算出辈分，于是幼辈对长辈要恭顺；年龄也很重要，对年长的人总要敬礼三分。北魏卢度世推计中表（父之姊妹与母之兄弟姊妹之子，皆为中表亲），致其恭恤。每觐见传氏，跪问起居，随时奉送衣被食物。传氏是谁呢？是卢度世“继外祖母兄之子妇也”（《魏书》卷四七《卢玄传》），算来比卢度世长一辈，所以卢度世对她尽子弟之礼，“跪问起居”；由此也可见亲属关系推得有多远。另外，卢度世之子“并循父风，远亲疏属，叙为尊行，长者莫不毕拜致敬”。对年长的亲属同样恭敬有礼。

事实上，即使没有任何血亲、姻亲关系，中国人也能推行其亲属间的长幼之伦，譬如推之同姓。同姓总被认为“五百年前是一家”，因此一个姓杨的人，会将亲属称谓用于其他姓杨的人，和自己同辈的称兄弟与姊妹，而所有比自己长一辈的就叫伯伯叔叔，或伯母婶婶姑姑[53]。而其行事，也依照彼此的长幼，守其本分。此外，即使不是同姓，只是平日所接触到的人，也可依年龄而分出长幼，《礼记·曲礼上》：“年长以倍，则父事之，十年以长，则兄事之；五年以长，则肩随之。”意思是说，对年纪比自己大一倍的，就像对自己的父亲一样对待他；对年长自己十岁的，就把他看成哥哥一样；若年长自己五岁，则与之并行，稍退以示尊敬。由此则任何人相处，都要遵循长幼之顺序。

一般来说，表现于乡里社会的长幼之伦，包括崇敬长者和尊师重道。中国自古即尊老敬长，《礼记·祭义》：“昔者有虞氏贵德而尚齿，夏后氏贵爵而尚齿，殷人贵富而尚齿，周人贵亲而尚齿。虞夏殷周，天下之盛王也，未有遗年者，年之贵乎天下久矣，次乎事亲也。”可见古来即重年岁，尊高年仅次于事亲。这点在乡饮酒礼中表现得最明显。《礼记·乡饮酒义》中说：“乡饮酒之礼，六十者坐，五十者立侍，以听政役，所以明尊长也。六十者三豆（豆为一种食器），七十者四

---

53. Martin C. Yang, *A Chinese Village: Taitou, Shantung Province*, p. 70.

豆，八十者五豆，九十者六豆（此处意为年事高者，可享用较多的食物），所以明养老也。民知尊长养老，而后乃能入孝弟，民入孝弟，出尊长养老，而后成教，成教而后国可安也。”又如《礼记·曲礼上》，谓：侍饮于长者，酒进则起身，拜受尊所，长者辞，少者返席而饮，长者未喝干一杯，少者不敢饮，长者赐，少者贱者不敢辞；在饮食衣服上，少者不可过分享受，而老者可衣帛食肉；行路之时，少者不可与长者并肩而行，须在其身后行之。可见年事愈高，愈受到尊崇与礼遇。历代朝廷也都养老敬老。直至今日，到了重阳节，政府首长仍要到高年人家拜望，即为承袭传统敬老风俗。

在乡里中，最受人尊敬的，大概是年高德劭的老读书人，他们可能并未任官，但在公共事务或乡里生活上的影响力，往往超过公家的地方首长；而且乡中显贵，也不得对乡中长老无礼或不敬。汉代万石君石奋，其子石庆，官居内史，一日醉归，入外门不下车。万石君闻之，愤而不食，石庆与家人肉袒谢罪，万石君仍不宽贷，责骂曰：“内史贵人，入闾里，里中长老皆走匿，而内史坐车中自如，固当（讽刺其子真是做得对）！”以后，石庆及诸子入里门，下车步行至家（《汉书》卷四六《万石君石奋传》）。

不仅敬老尊贤，老师尤其受到尊敬。师与天、地、君、亲并列齐称，可见其地位之尊贵。一般人对老师，有像对父亲一样的感情；老师往往被认为是“道”的化身，所以更加受到崇敬。所谓“一日为师，终身为父”，师生间的关系亲密而久远，而事师之礼与事父之礼，也多有相同之处。《礼记·曲礼上》有不少事师之礼：“从于先生，不越路而与人言；遭先生于道，趋而进，正立拱手，先生与之言则对，不与之言则趋而退。”“侍坐于先生，先生问焉，终则对；请业则起，请益则起。”先生问话，要等话问完了再回答，因为不敢错乱尊者之言；要向先生请教问题，须起身；正所以尊师重道。“父召无诺，先生召无诺，唯而起。”唯和喏都是应答语，而唯恭于喏。这是说：父亲或师长召唤，要恭敬应答，并立即起立。由以上记载，可见事师要恭谨谦卑。

历代政府也提倡尊师。《礼记·学记》说:“凡学之道，严（意为尊敬）师为难，师严然后道尊，道尊然后民知敬学。是故君之所不臣于其臣者二，……当其为师，则弗臣也。大学之礼，虽诏于天子，无北面，所以尊师也。”天子诏师，不设北面，是不使师处于臣位，也是尊师重道的表现。另外在实例上有：东汉章帝师事张酺，元和二年（85年）东巡，张酺为东郡太守，进谒，帝先备弟子礼，使张酺讲《尚书》一篇，然后再修君臣礼（《后汉书》卷四五《张酺传》)。为人师者也常自尊自重：东汉时包咸曾立精舍讲授，后归乡里，太守黄说欲召咸入授其子，咸曰:“礼有来学，而无往教。”说遂遣子师之（《后汉书》卷七九下《儒林列传》)。可见拜师投师，也要守一定的礼。一旦师生关系成立，往往是永久的，弟子尊师，有时师已亡故，仍不减其恭敬之心。如岳飞习射于周同，周同死，岳飞朔望设祭于其冢（《宋史》卷三六五《岳飞传》)。

在乡里社会中，由于家庭内的人伦关系被推至父执辈、远亲、同姓、高年之人、与师长；长幼之次序随处可见。

长幼之伦施行的原因

中国人一向以几代同堂、累世同居的大家庭为理想的家庭形态，同时重视亲属关系，常喜与父系亲属聚居于同村里，形成宗族。而人口众多的家庭或宗族，由于人各有私心，不易和谐，且人与人接触愈多，愈容易生摩擦，因此要以礼来约束人的言行，并定出长幼的分际，让人在相处时，有一套可依循的规矩。徐三重《明善全编》中有一段话，说明了这个道理:“家人同居易生玩狎，鲜能以礼自将，此乖忤所由生也。……凡父子兄弟夫妇之礼，不过日夕接对语言动静之间，书记所载，素所诵习，人自不体耳；但以礼约饬，不惮烦劳，如父坐子立，兄行弟随，见长者则起，应对必以名，出必告，反必面，事必禀命，朝问安，夕定省，诸如此类，肃而行之，习而安之，上为而下效之，则慢易交亢之性，自然消融，而和顺之风，未有不成者也。”[54]因此家族中的长幼之伦，具有维系家族和谐与秩序的作用。

《周易·咸卦》：“家人有严君焉，父母之谓也。父父子子，兄兄弟弟，夫夫妇妇，而家道正，正家而天下定矣。”程传曰：“虽一家之小，无尊严则孝敬衰，无君长则法度废；有严君而后家道正。”赵氏曰：“必父母尊严，内外齐肃，然后父尊子卑，兄友弟恭，夫制妇听，各尽其道，而后家道正，正家而天下定矣。”可见治家要严整，家长要有尊严，而家人应各安其分，如此长幼有序，家道方正。

由社会的观点看，儒家注重伦常，有它的社会背景。中国传统社会结构的基础是亲属关系，亲属关系供给了显明的社会身份的基图：夫妇、父子间的分工合作是人类生存和绵续的基本功能所必需的，这些身份比起其他社会团体中的身份容易安排，容易规律；而且以婚姻和生育所结成的关系，一表三千里，从家庭这个起点，可以扩张成一个很大的范围；而且在亲属扩展的过程中，又有性别、年龄、辈分等清楚的原则去规定各人相对的行为和态度[55]。因此亲属间长幼的关系，也常被运用到乡里社会的人群间。由于中国人敬老、尊师，使中国的社会常呈现出有礼有情、长幼有序的景象。

政府更是积极提倡长幼之伦：一因在政府权力下达的限界以下，要靠社会的自治，而家族是社会的核心，因此倡导长幼之伦，可使家族的自治更为稳固安定；二因教民尊亲敬长，可使民性较为恭顺，且将家、国连为一气，陶融人民由对父之孝发而为对君之忠，如此则更易于统治。

中国历代在君主政体之下，君主综揽国权，而幅员广大，政府行政结构仅达于县，县之下则由家族组织发挥政治功能。家族组织要发挥政治功能，必须自治自理，于是家族中俨然一小社会，或小王国：家有家长，负责指挥全家的人与事，其他成员则依辈分、年龄、性别，分出长幼尊卑，

54. 徐三重，《明善全编》，转引自《古今图书集成·明伦汇编·家范典》，卷三，《家范总部·总论二》，第三二一册之一五叶前。

55. 费孝通，《中国社会变迁中的文化症结》，《乡土重建》，页7。

各行其事。若每个家族皆能长幼有序，敦睦和谐，社会自然稳定。因此政府鼓励大家族的存在，限制分家，并经由法律保障家族中长者的权威[56]。瞿同祖根据历代的法律，发现法律中给予父亲很大的权威，且随着朝代的推进而日益增加。如汉时，父亲杀子是违法的，要受刑罚；但在明清时代，父母或祖父母殴打不服从的子或孙而意外致死，是不至于获罪的，只有在子女被残忍地杀害时，才考虑判罪，而其刑罚又相当轻微。再者，若父母宣称杀子是因他不孝顺、不听教导，官府就不会再进一步调查这件事。此外，除了承认父母有权惩罚孩子外，法律也赋予权利要求地方政府惩处其子[57]。由此可见政府借提高家长权威，来促使家族内长幼秩序分明，进而由家族之敦睦有条理，促进社会的稳定。

自汉以来，政府推行儒家思想，提倡“孝悌忠信”，并将孝亲思想与忠君思想连接起来，以方便统治。《礼记·祭统》云：“忠臣以事其君，孝子以事其亲，其本一也。”又云：“是故君子之教也，外则教之以尊其君长，内则教之以孝于其亲。是故明君在上，则诸臣服从；崇事宗庙社稷，则子孙顺孝。尽其道，端其义，而教生焉。”人民在家孝亲敬长，又讲长幼之伦，故较恭谨顺从，《礼记·文王世子》：“父子、君臣、长幼之道得，而国治。”有子曰：“其为人也孝弟，而好犯上者鲜矣！不好犯上，而好作乱者，未之有也。”（《论语·学而》）

由此可见历代以来都鼓励人民讲求长幼之伦，以期达成社会祥和、国家安定的效果。

结 语

总括言之，中国传统社会相当讲究长幼之伦，由亲属称谓之繁复，家人交接之多礼，乃至乡里社会之敬老尊师，的确可发现长幼有序的观念，是维系中国家庭社会秩序的一大因素。

---

56. 参见唐美君，《中国家族组织的政治功能》，《文史哲学报》，二七期（台大，1978年），页373—388。

57. T'ung-tsu Ch'u, *Law and Society in Traditional China* (Paris, Mouton & Co La Haye, 1961), pp. 22-25.

长幼之伦在原始儒家的要求中，指的是人与人相对的行为和态度，如父慈、子孝；兄友、弟恭，都是相对的。但到了后世，尤其是宋代以后，无论在礼书、家范、教化等要求上，或是实际表现的行为上，都是下对上这方面被要求得较多较严格，譬如子对父、弟对兄、妇对夫、幼对长等，常受责备求全，要孝悌顺服，不得忤逆；而在上对下方面，则不那么注意，如父对子、兄对弟、夫对妇、长对幼等，则不太强调他们相对地应慈祥、友爱、行得端正，以为模范。因此历史上有时会出现割股疗亲、埋儿养母等不太合情理的事，长幼之伦发展到如此崇长抑幼、尊长卑幼的程度，未免失之矫情。

不过，我们绝不能因此而否定了长幼之伦存在的意义与价值，因为长幼之伦的适度表现，正所以说明中国人具有谦逊、和气、讲礼貌、有节制等美德。今日由于社会结构、家庭形态的改变，以及“平等”思想流行等因素，致使父子、兄弟、长幼之分，不太可能如过去一样明显，事实上也没有必要像过去一样严格。我们现在讲求“长幼之伦”，应着重其精神，而非表面形式；应从情感的角度出发，而不再是用礼法来约束，让每一个人发自内心地孝顺父母（因父母对子女有生养之恩、抚育之劳）、尊敬长上（因年高者阅历丰富，且曾对家庭、社会、国家尽过责任，有过贡献），由这种真诚的长幼之伦，造成秩序井然、有礼有情的社会。

新桃旧符

话过年

李今芸

在古代中国，时序变易与农业生产活动密切相关，从实际的生产活动中，中国人很能具体地感悟到时间的变动，并且把这种感悟融入生活，成为农业生活的庆典仪式，全体社会成员均得参与，所以又间接构成了凝结社会的主要力量。

在这些感悟中，无疑的，以对一个自然循环的结束的感受最为强烈，一方面感悟到时光的消逝、工作的结束，一方面又感悟到崭新的希望与工作的开始。所以，我们可以说，在传统的各种庆典节日中，以"年节"最为重要，含有除旧迎新的意味。年节一方面是民俗性的，中国人的生活态度和方式在这个节日中完全表现出来，呈现一个活泼的"生活世界"。另一方面年节又是宗教性的，通过庆典仪式，人与自然密切结合，彻底显示中国人的人生观、自然观与宗教信仰，呈现一个丰富的"心灵世界"。

因此，探讨中国的年节，目的在借民俗的研究来了解以往庶民百姓的生活。大致说来，中国文化表现于典籍史册的，仅是上层士大夫的文化，大多数群众的生活情况，则记载阙漏，难以详考[1]。基于这种限制，要想厘清传统民众生活的面貌，唯有从民俗的考察入手。通过这条途径，我们可以走近以前的民众，认识他们的生活，了解他们的感情和思想。本文即拟采用这种观点，对传统的年节风俗作一概略的描述。

1. D. Bodde, *Festivals in Classical China: New Year and Other Annual Observances During the Han Dynasty, 206 B.C.-A. D. 220* (Princeton University Press, 1975), Introduction, p. 2.

年节的起源和性质

- 年节的起源

"日出而作，日入而息"，在诗人的眼里是很恬静的，但农人的感受也许并不如此。经过一年的辛苦，到秋收冬藏之际，旧的工作结束，新的工作尚待开展，终年忙碌的人们利用这个空当过个节，好好地调剂一下繁忙而枯燥的生活。因此，过年的习俗与农业社会的作息有着密切的关系。

中国人何时开始过年，已不可考。夏的文献记载多为后世伪托，考古发掘又不足证明夏人有过年之事。商人固然留下了丰富的甲骨材料，但多涉及占卜，而且内容不可解者甚多。至于周代，姑不论文献之难稽，仅就当时政治、文化均未统一的情形而论，节庆就算存在，也会因时因地而异[2]。《史记》记载秦惠王十二年（公元前326年）初腊，可见在此之前秦的历法尚无置腊之习[3]。

虽然过年这种习惯很可能在周代便已出现，《诗经·豳风·七月》："十月蟋蟀，入我床下。穹窒熏鼠，塞向墐户。嗟我妇子，曰为改岁，入此室处。""改岁"很可能就有过年的意味。不过，过年之蔚然成俗，体制俱足，恐怕还是秦汉以后的事情。

2. D. Bodde, *Festivals in Classical China: New Year and Other Annual Observances During the Han Dynasty, 206 B.C.-A. D. 220*(Princeton University Press, 1975), Introduction, pp. 5 -7.

3. 谢肇淛，《五杂俎》（明万历戊申年刻本。台北，新兴，影印本，1971年5月），卷二，《天部》，页127—128。

• 年节的宗教性

儒家文化表现出来的态度是理性的，但民间的活动则带有浓厚的宗教色彩。整个年节里便充满了祭祀的活动：祭天、祭祖先、拜各种神祇、拜本行本业的祖师爷等。在苏州，过年期间要烧十庙香；在杭州，要烧八寺香。在天威难测、人力微渺的时代，人们只有祝祷神祇、禳灾祈福，以求得终岁的平安。

过年的宗教性不仅显现在祭祀中，很多年节的活动，也都带有与宗教有关的动机：放鞭炮最早的目的在于吓鬼；贴春联是为了避鬼；占卜是预测明年的祸福吉凶；而元宵节的起源也与宗教有关。正因为有这种种的宗教活动，才更显出过年有趣而活泼的风貌。

• 阴阳五行与过年

阴阳五行是古代中国人对大自然的一套拟科学（pseudo-scientific）的

理论，经过汉儒的糅合而渗透到儒家的学说中，且为一般人所接受，因此对庶人生活产生了若干影响力。

依阴阳五行说，天地间的阴阳之气随着四季的运行而消长。冬天是阴气最盛、阳气最衰的季节；到了春天，阳气渐苏，阴气渐消。《礼记·月令篇》描写春天来临时，“东风解冻，蛰虫始振，鱼上冰，獭祭鱼，鸿雁来。”[4] 配合大自然的改变，人们的生活起居也跟着变化，“春则衣青衣、佩苍玉、乘青辂、驾青骊、载青旗，以迎春于东郊。居明堂左、启东户。”[5] 在立春那天，天子亲行借田之礼，鼓励农民耕作。春天是生长的季节，最好不要杀动物取雏卵[6]。因此阴阳五行思想并不全是迷信，也与农民的生活息息相关。

4.《礼记》成书于汉，则其历应以夏历为主，即建寅（阴历正月）为正月，而非周历以建子（十一月）为正月。

5. 缪袠，《皇览逸礼》（金溪王氏刊本），页2上。

6. 应劭，《风俗通》（《汉魏丛书》本，桂林陈氏重刊），卷八，页9，《禊》。

7. John Huizinga, *homo luders: A Study of the Play Element in Culture*, chap. 1, pp. 1-27.

8. 刘侗，《帝京景物略》（《说郛续编》本，台北，广文，1969年），卷二，《灯市》三，页17下。

- 人间苦乐与过年

娱乐是过年的目的之一。就生理来说，人有时需要借游玩来松弛紧张与压力。但游戏娱乐不只是玩玩而已，它可以促进人格的成长，也带来不少文化活动，如字谜、舞蹈、文学……这些活动起初未尝没有游玩的动机，但发展到一定高度后就成为艺术，并逐渐脱离娱乐性[7]。所以中国人所说的“游于艺”，是很有道理的。

从游戏这个角度来看，或许可以明白，为什么一个文化里有的现象明明很不合理，对人无益，却能继续存在。金朝与元朝都有这么一种风俗，即过年中有三天允许人偷窃，主人发现小偷时，多笑着将他遣走，即使窃其妻女也不加罪。禁止偷窃应是人类社会普遍的法律，可是女真和蒙古人却有三日放偷的行为，虽被汉族鄙为“夷俗”，女真和蒙古人却乐在其中[8]，这足以说明文化中所含游戏的成分。

不过，过年并不完全是一件快乐的事，它也会带来压力，其中有经济的，也有心理的。

经济方面的压力主要是金钱问题。有一个故事可说明这种金钱压力。明朝蔡君谟知福州时，一度于元宵节下令本州每一人家点燃七盏灯。当地有个名叫陈烈的，做了一盏大灯，灯上题了一首诗讽刺此事："富家一盏灯，太仓一粒粟。贫家一盏灯，父子相对哭。风流太守知不知，犹恨笙歌无妙曲。"[9]从这首打油诗里：我们可以感受到穷人过年的艰难。在广东海丰有句俗语"有钱人过年，无钱人过劫"[10]，贫户寒门过一次年，往往耗尽他们终年辛勤的积蓄。而年关逼近时，也正是债主上门索债之时，年而称"关"，适足表现这种窘迫之情。

另一方面，中国人对年龄一向很敏感，岁末凋年更易提醒人们回顾检讨。"一月今年始，一年前事空，凄凄百年事，应与一年同。"[11]过了年又长一岁，韶华易逝，事业是否有成？都因过年而更显得怵目惊心，心理的压力也就油然而生了。

以上简略说明过年的起源、宗教与思想的内涵，以及过年的苦乐。不过，传统社会中，过年是一段漫长的假期，由腊八到十五，前后历经一个多月，其间包括了好几个大小节日，绝非寥寥数语所能概括。下文便依节序先后，逐次说明。

9. 谢肇淛，《五杂俎》，卷二，《天部》，页91—92。

10. 舒怀，《我也谈谈旧历新年——海丰的——》，《中山大学民俗周刊旧历新年专号》（民国十八年四月），页57。

11. 蒲积中的"岁月"诗，见于《岁时杂咏》（《四库全书珍本》，台北，商务），页380—382。

驱傩迎腊

到阴历十二月八日后，就算进入年节了。十二月八日俗称腊八。不过许慎的《说文解字》以为，腊日是在冬至后的第三个戌日，因此古代的腊日并不一定在十二月八日。

依后世学者考订，"腊"这个名词在三代已有：夏称"嘉平"，殷称"清祀"，周称"大蜡"，秦又改为"嘉平"，汉以后才固定称"腊"。不过《玉烛宝典》却认为"腊"与"蜡"是不同的祭祀，虽然在同一天，但腊是用来祭祀先祖，蜡则是报百神。

“腊”这个名词的解释有二：一同“猎”，猎捕禽兽来祭祀祖先。依此说，则腊日可能是游牧社会的遗俗。另一解为“接”，新旧相接也。也就是说新年与过去的一年相交接之日。

中国人最初过的年是“腊”，它是一个深含宗教色彩的民间节庆。而阴历一月一日则是官方定的年节，在这一天百官要上朝贺年，是一个比较世俗化的节日。而日后，一月一日之所以变成民间的年节，很可能有三种原因：一、政府强制执行的结果。二、这两个节日的日期很接近。三、腊日是在冬至后的第三个戌日，年年互异，不易掌握，而阴历一月一日则是固定不变，人们为了图方便而逐渐采用后者。于是原本在腊日举行的仪式就被过年吸收了[12]。

腊日如同西方的圣诞节，有一个很热闹的前夕。在这腊七的夜半，人们会举行一个神秘的舞蹈，叫做“傩”。傩在今天已完全消失了，它的原意是“赶鬼”，又称“逐除”，后来又加入阴阳家的说法，变成“扶阳抑阴”、“逐衰迎新”的意思。

傩在古代是个很重要的仪式，从天子到庶人都奉行如仪。《论语·乡党篇》：“乡人傩，朝服而立于阼阶。”可见至少在孔子的时代，民间已有傩舞，而且这是很慎重的仪式，从孔子观傩时还要穿上上朝的衣冠，肃立于一旁，便可窥见一斑。此后历代相袭，宫廷内举行傩仪时，皇帝和大臣也都循例参加。

最早清楚地描述傩仪的书是《续汉书·礼仪志》，但仅限于宫廷之内。据《礼仪志》的记载，汉代傩舞的主要角色有三：方相氏、中黄门及侲子和十二兽。方相氏是巫师，装扮非常奇特，有“黄金四目”，可能表示眼观四面的意思。身披熊皮，玄衣朱囊，执戈扬盾。卜德（D. Bodde）以为方相氏可能就是萨满〔萨满教（Shamanism）是古代北方民族流行的一种宗教，在契丹、女真的部落时期也盛行这种宗教〕，方相“氏”可能是一个氏族，世袭此职[13]。

---

12. Bodde, *Festivals in Classical China: New Year and Other Annual Observances During the Han Dynasty, 206 B. C.-A. D. 220*, pp. 216 - 217.

13. Ibid, pp. 27 - 28.

侲子与中黄门由宦官担任。侲子有一百二十人，选取十到十二岁的小宦官，“赤帻皁制，执大鼗”，扮演着帮腔或合音的角色。十二兽的名字很是稀奇古怪，如“甲作”、“胇胃”……都披毛戴角，深具威力，各负使命吞噬十种不祥妖物。

待皇帝驾到，黄门宣布开始，于是中黄门唱，侲子和，合念出一段咒语。咒语的内容大概是十二兽各制那十种妖物，最后“汝（那些妖物）不急去，后者为粮”。

然后十二兽与方相氏开始跳舞、呼叫，反复三次，再拿着火炬象征性地把鬼赶出端门。此时门外已有骑士等候，他们接下火炬后便快马携到雒水边，丢入水中，这个动作叫做“埋祟”。

十二兽在隋朝已不见于史书，但仪式本身直到宋朝依然存在。在孟元老的《东京梦华录》、吴自牧的《梦粱录》和周密的《乾淳岁时记》等书中仍可看到宫中举行傩仪的记载。但宋朝的傩舞已有变动，皇帝是否参加这种仪式已不可知，而仪式严肃的程度也大为减低。参加傩舞的角色既多且杂，不再只限三种。在北宋时增加了门神、判官、钟馗、小妹、土地神、灶神，全部达千余人之多。到南宋又多了六丁、六甲、神兵、五方鬼使等[14]。傩舞也越来越世俗化，趣味性增加，宗教的色彩渐淡。日期也由腊日挪到除夕。灶神、门神、户神的出现可以证明卜德所说，腊日的庆祝仪式渐为过年所吸收，到清朝遂正式废除傩仪[15]。

至于民间驱傩，最初也是一本正经，从孔子参观乡人傩仪便可推知。《荆楚岁时记》里说，南北朝时，腊鼓鸣、春草生之际，村人都系上细腰鼓、戴胡公须（即面具），作金刚力士以逐疫[16]。到宋朝，却变质为乞丐要钱耍宝的把戏，三五成群，化装成鬼神，敲锣打鼓地逐户乞讨[17]。到明朝谢肇

14. 孟元老，《东京梦华录》(《学津讨原》本，收于《百部丛书集成》台北，艺文）卷十，《除夕》，页10上。吴自牧，《梦粱录》(《学津讨原》本，收于《百部丛书集成》)，卷六，《除夜》，页6下—7上。周密，《乾淳岁时记》(《说郛》，卷69)，《岁除》，页22下—23上。三书均记载宋朝傩仪。

15.《清朝通典》（台北，三民），卷五十九云：“臣等谨按杜典军礼之末，有傩一条，虽索至驱疫，本周官旧制，而近代皆不行之，今考《大清会典》，亦未载时傩之制，谨从删去。”

16. 宗懔，《荆楚岁时记》(《宝颜堂秘笈》本，收于《百部丛书集成》)，页27上。

17.《东京梦华录》，卷十，《除夕》；《梦粱录》，卷六，《除夜》；《乾淳岁时记》，《除岁》。

浙作《五杂组》时，这种仪式无论在宫中或民间都已消失。

除中国外，韩国也有傩舞，同样地，傩舞的角色也有增加的现象[18]。

依《礼记·月令篇》所载，腊日要举行两种祭祀——祭祖和五祀。《白虎通》说：“五祀者谓门、户、井、灶、中溜[19]也，人之所处出入所饮食，故为神而祭之。”门户供人出入，中溜供人居住，灶井供人食，人们对之心怀感谢，因而祀之。

五祀不是一般人任意可行的祭祀：“大夫已上得祭之乎，士者位卑禄薄，但祭其先祖耳。”五祀的牲礼要用特牲，依等级而不同，“天子诸侯以牛，卿大夫以羊”，另一种说法是“户以羊，灶以雉，中溜以豚，门以犬，井以豕；或曰中溜用牛，余不得用豚，非以鱼。”[20]

腊日还要在城东门磔切白鸡头，这也是一种宗教性很浓厚的仪式。鸡是极受中国人喜爱的家禽，列于十二生肖之中。依阴阳家的说法，鸡是阳性的动物，斩白鸡头有助于去阴扶阳。至于为什么选择白鸡，那就不得而知了。按前人的说法，春节的前七天，每天各有一种动物为代表，初一为鸡日，初七为人日。在七种动物中只有人和鸡被画成图，鸡画挂在门上（图一），人像则贴在帐上，其他动物均无图像。有一种说法以为：鸡唱于黎明，催人起床。宅第的门也是夜闭晨开，保护人的安全，所以在门上张贴鸡画[21]。贴鸡画的习惯韩国也有，但他们是贴在巷壁上[22]。

腊日尚有喝腊八粥之俗。腊八粥用果类五谷烹成，原是寺庙僧尼煮送施主的。腊日下的雪通称腊雪。《本草纲目》以为谷子用溶化的腊雪浸过，会有较强的抵抗力，耐旱又不生虫。甚至有人迷信，洒腊雪于席间，苍蝇就不会来骚扰。由于人们相信腊雪有这样的神效，因此

18. 成俔，《慵斋丛话》(《韩国汉籍民俗丛书》，台北，1971年)，卷一，页17；其增加的角色有，乐工为唱师，方相氏多到四人，判官五人，灶王神四人，小梅数人（不知为何），也是戴面具，穿着不同颜色的衣服。

19. 马端临，《文献通考》，卷八十六，《郊社考·五祀》：“中溜犹中室也，土主中央而神在室，古者复穴，是以名室为溜。”

20. 同《白虎通》所记。

21. 应劭，《风俗通》，卷八，《雄鸡》，页6下。

22. 洪锡谟，《东国岁时记》（收于《韩国汉籍民俗丛书》内），页4。

有储存腊雪的习惯。《诗经·豳风·七月》亦有："二之日凿冰冲冲，三之日纳于凌阴"，凌阴即是冰室，不知"纳于凌阴"是否就是储存腊雪？

送灶与围炉

腊月二十三又称"小节夜"，这一天最重要的节目是祭灶。祭灶也是项古老的祭祀，可能在春秋时代已发生，《论语·八佾篇》说："与其媚于奥，宁媚于灶"，似与祭灶之俗有关。汉宣帝时有个名叫阴子方的人喜拜灶神，某年腊日早晨做饭时，突然灶神现形。当阴子方对他再加膜拜时，灶神给他一只黄羊，阴便以黄羊祭拜，从此阴家世享福禄，他人也纷纷效仿[23]。这故事可以证明，至少在汉朝已有祭灶的风俗，而且行之久远，至今犹存。

传说灶神受命于玉皇大帝，降临人间，监视每一人家的一举一动。到年末二十三、二十四日时，便要上升天廷叙职，把本户的善恶行状一五一十地禀报玉皇大帝。玉皇大帝据此决定他们未来一年的吉凶祸福，因为灶神的嘴掌握了人们的命运，趋吉避祸的人们便想尽方法堵他的嘴，于是在送行祭祀时要特别奉上一盘糖，希望他上天言好事，回宫降吉祥。甚至还要送他"云马"，以方便其行程（图二）。

中国人常以实利的观点看待神祇。因为神能赐财降福，所以人们才对他顶礼膜拜。艾伯华（W. Eberhard）便认为中国人对神的态度不同于西方人之全然仰赖神命。在这种观念下，人自有独立于神明之外的地位。虽然是个卑微的小人物，也有不可侵夺的权力，在他遭受不公平的命运时，能忍则忍，忍无可忍则上诉老天爷，讨回公道。这与西方单向的神人关系是不一样的[24]。

灶神的性别甚难确定。《酉阳杂俎》说灶神状如美女，但后代的灶神却是男性，民间印制的灶神图甚至还有妻子（图三）。祭灶原在腊

---

23. 应劭，《风俗通》，卷八，页4；及《荆楚岁时记》，页28，均有此记载。

24. W.Eberhard, *Chinese Festivals* (New York, H. Schuman, 1952), P. 22.

日举行，并由老妇主祭，但后世渐有改变，不知何时起就流行“男子不拜月，女子不祭灶”，可确知的是明朝已有此俗。不过女子不祭灶并不是个绝对的规定，在闽台地区便无此俗，但在附图四的剪纸中，图中三个人物均为男性。它可有两种解释：其一以为灶神的神格不仅不公正，受贿赂，而且好色。另一解释则以为，此时灶君沐浴清洁，将拜见玉皇大帝，所以不许女性参与[25]。不论如何，在中国重要的祭祀多由男子主持，女子能拜的多为一些次要的神。像送灶这样源远流长的家庭重典，由男子主持是可理解的。

灶神在二十三日离开后，要到正月一日才会回来。当他回来时还有其他神同行，因此初一大清早的接神与二十三夜的送灶同等重要，不容怠慢。

安徽婺源有一个奇特风俗叫“做年”。婺源人在腊月二十四以后，任选一夜做年，当夜阖家团圆，笑语喧哗，彻夜不眠。婺源做年之俗其来有自：婺源人在明中叶就以擅长经商出名，当时徽商（新安商人）的足迹活跃于中国各地。因为婺源在外经商的人多，于一年将尽之时，回到家乡，通过做年来叙叙天伦之乐是很有意义的。

做年时，又有吃年汤的习俗。晚上焚香祀祖之后，全家人都到厨房，有的调粉，有的切菜，或刷锅，或洗碗。一切准备就绪，到夜半便开始做年汤。先把猪头放入锅中加汤煮开，捞起。其次把调好的粉倒入锅中，加入肉丁、冬笋、丁香等作料，煮成糊状。最后添上切成薄片的猪头肉即可食用。年汤十分油腻，吃多了往往腹泻成疾，但婺源人还是乐此不疲[26]。

《梦粱录》记载：腊月二十五日煮赤豆粥以拜食神，赤豆粥又称人口粥，但猫狗也可分一杯羹，不明出自何典[27]。

相对于腊月二十三的小节夜，除夕又称大节夜。除夕吃年夜饭，还要守岁。年夜饭与守岁不知起于何时，但至少在南北朝已有。《荆楚

25. 刘万章，《巴公的广州过年日记》，《中山大学民俗丛刊旧历新年专号》，页4—25。

26. 胡朴安，《中国风俗志》（台北，大新，1968年），上册，卷五，《安徽》，页16—17，《婺源度岁风俗谈》。

27.《梦粱录》，卷六，页6上。

1

图一 鸡画。石与室发音相近，而鸡与吉相近。采自《中国吉祥图案》（台北，古亭书屋，1979 年）。

图二 灶君图。采自《中华民俗版画》（台北，国立历史博物馆，1977 年）。“灶神，也称灶王、灶君、灶王爷、灶公灶母、东厨司命、灶司爷爷（浙江衢州称），中国古代神话传说中的司饮食之神。

3

4

图三 灶君与灶君夫人图。采自《中华民俗版画》。现在民间供奉的灶君像，往往是一对老夫妇并坐，即灶君和灶君夫人的画像。

图四 祭灶剪纸，图中三人皆为男性。采自《岁时剪纸》(台北，民俗艺术，1979年)。中国重要的祭祀多由男子主持，像送灶这样源远流长的家庭重典，由男子主持是可以理解的。不过也并不绝对。

岁时记》就提及岁暮之时，家家相聚酣饮，留宿岁饭[28]。

除了以上所述一般腊月的风俗外，偶尔也有一些特别的活动，像南宋时杭州人的腊月春节便是很诗情画意的。在天降瑞雪时，豪门富家盛开筵席、塑雪狮、堆雪山、会宴亲朋好友。或携带佳人，驰马西湖之畔，欣赏湖山雪景，玉树琼林。雅士骚客不忘以腊雪煎茶，吟诗填词。当天气放晴时，他们呼朋引伴地夜游天街，观赏舞队。街上店铺早已开始发卖应景年货，诸如门神、桃符、迎春牌儿……琳琅满目，并免费赠送钟馗像、财马、回头马等给上门的顾客[29]。

28.《荆楚岁时记》，页29下。

29.《梦粱录》，卷六，页6上下。

元旦迎春

腊鼓初歇，元旦便紧接而来。元者始也，元旦是一年的第一天。这原是官定的节日，后来也被人民接纳，上下交庆，自汉以后，就成为中国人的年节。

年节中所用物品，比其他节日都多，如鞭炮、春联，都是过年的特色。

中国人在还未发明火药前就有放鞭炮的习惯，那时是采用爆竹。爆竹的本意原在驱逐山獠恶鬼。山獠这种怪物，据《神异经》说，它是单足的长人，人们如果冒犯了它，会身染寒热病。山獠虽会害人却怕异声，人们利用它这个弱点，燃烧竹子以竹裂时的哔剥声来吓它，这是爆竹由来的传说。点燃爆竹时，还要“庭燎”，即在庭中焚草。今日我们已不庭燎，但仍燃放鞭炮。

其次介绍本文的正题——桃符。桃符是春联的原始形态，本为两块桃板，贴在门扇的左右，上绘神荼、郁垒二神（图五）。

桃符为什么要用桃木制成？据董勋的解释，以为：桃是五行之精，为鬼所惧，以其能制百鬼，又称仙木。桃符可能是周人的遗俗。《通典》

说，周人以木为德，以桃为梗，因此周人喜爱用桃木为弓矢。中国人对桃的喜爱不止表现在桃符上：古人过年要喝桃汤；传说中西王母的玉桃，食之可以长生不死，都是国人爱桃的反映。

桃符里的门神——神荼和郁垒，也有一段传说。他兄弟俩原住在度朔山上，在一株盘屈三千里的桃树下检阅百鬼，如见到任意为害的厉鬼，便用绳索抓起来喂老虎。这株桃树上有只金鸡，每日破晓，便引吭啼叫[30]。

这个传说所包含的人、物，在过年期间纷纷出现在家家户户的门墙上。桃树、神荼和郁垒变成了桃符；鸡的重要性前已述及；至于虎，因为是百兽之长，也被视为阳性动物，力能克阴（图七）。至于把绳索挂在门上的习俗，在中国已不多见，可是日本和高棉，仍有此俗。满洲旗人也有此俗，称作“草包”，也就是一只绳制像小扫帚般的东西。他们相信草包可辟邪，挂上草包，屋内顿成清静之地，可抵挡屋外的不洁。

门神除了神荼和郁垒外，还有其他人物，如钟馗、《淮南子》中的古代勇士成庆、刺秦王的荆轲和秦舞阳、唐代大将秦叔宝和尉迟敬德等。后四者为历史上的人物，因为生前的英名而升格为神。

秦叔宝和尉迟敬德之所以被尊为门神，缘于一段家喻户晓的传说——唐名臣魏徵杀龙王的故事：唐太宗不胜冤死龙王的骚扰，命秦叔宝等二人守夜，但又不忍他们夜夜不眠，于是把他们的画像贴在门上，是为二人升成门神的由来。

依日本民俗学者永尾龙造的看法，这个传说与玄武门政变有关。玄武门政变是唐太宗手戮兄弟建成、元吉，夺得政权的手段。日后参与此政变有功的秦叔宝和尉迟被画入“凌烟阁功臣图”中。这个传说便是把建成和元吉转化成龙，而把功臣图中的二员大将化为门神。依中国人凡事讲求对称的习惯，秦叔宝成为白脸门神，尉迟敬德则成为黑脸门神[31]（图六）。

30.《风俗通》，卷八，页5下；《荆楚岁时记》，页22下—23上。

31. 永尾龙造，《支那民俗志》（台北，东方文化书局，1971年），上册，页272—287。

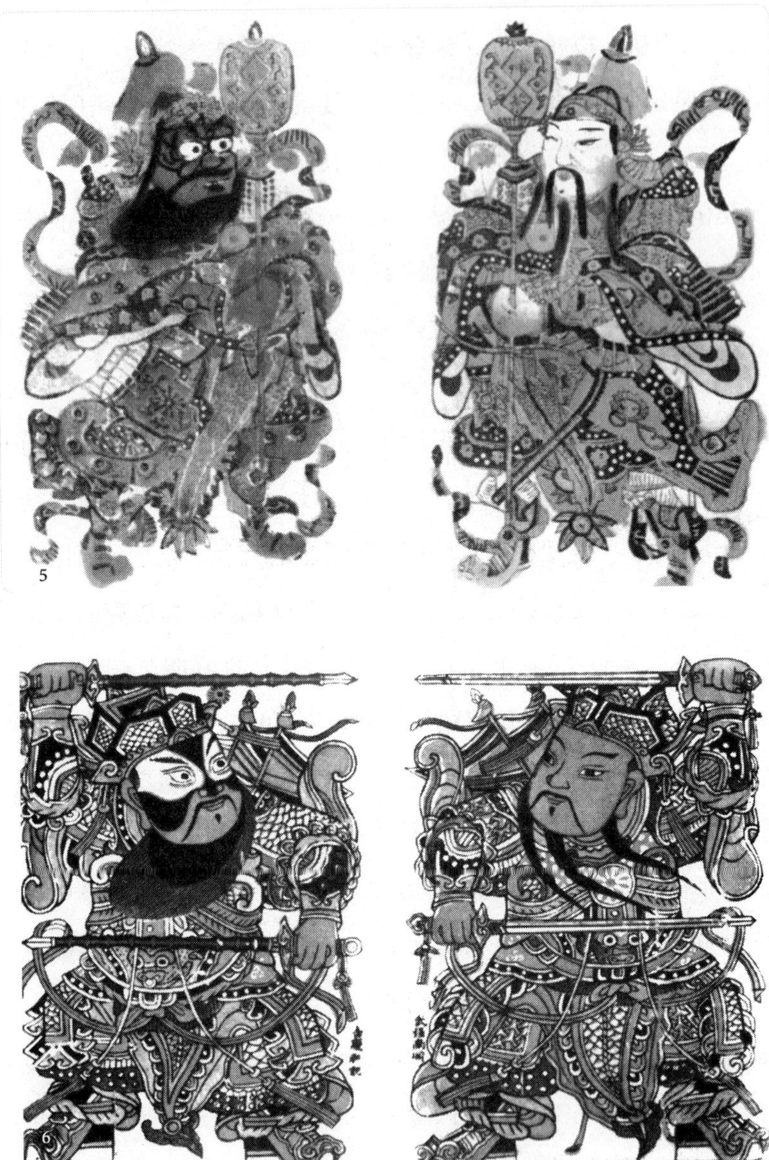

图五 门神，左为郁垒，右为神荼。采自《中华民俗版画》。神荼与郁垒为一对兄弟，兄弟俩都擅长捉鬼，如有恶鬼出来骚扰百姓，神荼与郁垒俩便将其擒伏，后世遂以为门神。

图六 门神，左为尉迟敬德，右为秦叔宝。采自《中华民俗版画》。尉迟敬德纯朴忠厚，勇武善战，玄武门之变助李世民夺取帝位。秦叔宝，唐初著名大将，勇武威名震慑一时，是一个于万马军中取人首级如探囊取物的传奇式人物。二者被尊为民间驱鬼避邪，祈福求安的中华门神。

图七 镇宅神虎。采自《杨柳青版画》。传统吉祥图案。虎为兽中王，旧时民间把老虎视为保护人们生活安宁的象征。纹饰以一大虎构成，以用它来“镇宅避邪，消灾降福”，祈求合家安宁和幸福。传统民间木版年画，常有这一题材。

7

春联是由桃符演变而来，演变的过程十分复杂。最初可能是门神画像渐渐消失，代之以书写“神荼”、“郁垒”等字样的木牌。其次则不再书此四字，而改用其他文句。一般说法，这是五代后蜀孟昶的创作，他在桃板上写的“新年纳余庆，嘉节号长春”也许是中国最早的春联。

至于春联的普遍流行，有些人认为始于北宋，另一种说法则将之归功于明太祖。太祖定都金陵后，某年除夕前日突然下令，无论公卿士庶，每家门口都要贴上一副春联，因而促使春联成为点缀年节的一大特色。

春联的内容不一定都是吉祥如意的字眼，有时也是文人发抒郁闷的工具。抗战时期就有两副有名的春联：“年年难过年年过，处处无家处处家”、“说什么新年旧年，还不是昨日今朝”，便道尽了离乱人的心酸。

除爆竹、春联外，新年期间还有若干特别的食品。

古人过年的酒食与今人有很大出入。屠苏酒即为一例。过年饮屠苏酒是一项古老的习惯。屠苏本意是“草庵、草房”。传说从前有一隐士居于草庵中，每到除夕夜，总会拿一帖药送给街坊邻居，告诉他们装入布囊内投到井中，在元旦时掬取井水装入酒樽，阖家饮用，便可以祛除瘟疫。以后这帖药方留传下来，此人姓名却告失传，世人只好以其所居的草房称之。屠苏散又称八神散，有几种配法，其中一种的药方是：大黄、蜀椒、桔梗、桂心、防风、白求、虎杖、乌头。饮屠苏酒的习惯是从年幼者开始，因为过年对年轻人而言是增加一岁，所以先以酒贺之；对老年人来说，是又少了一年，所以后饮酒[32]。

元旦饮屠苏酒的习俗久已失传，宋人仍饮屠苏酒，所以王安石《春日》诗有“春风送暖入屠苏”之句，大概在宋以后就废止了。日本人则一直到近代还保存，过年期间主人招待客人饮酒仍称“屠苏酒”，只是酒

32. 韩偓，《岁华纪丽》（《说郛》，卷六九，上海，商务，民国十六年），卷一，页6上。

中并无屠苏散[33]。

椒柏酒是年节中的另一种饮料。《四民月令》和《问礼俗》说：椒是“玉衡星精”，喝了之后身轻耐老。椒性芬芳，又可作药。柏是仙药。看来古人认为椒柏酒可防老化，尤适宜老人饮用[34]。

五辛盘：这是一道盛有五种荤菜的食物。五种荤菜为：大蒜、小蒜、韭菜、云台、胡荽。古人认为吃了这五样菜可以发五脏之气，以辟疠气。

敷于散、却鬼丸：前者由柏子仁、麻仁、细辛、干姜、附子等制成散；后者用武都、雄黄丹散，加上二两蜡调成[35]。服用这种丸散的主要目的也是在辟邪却鬼，以取吉祥。

元旦是一家之主忙得不可开交的日子，天未亮就得开门放鞭炮。然后拜天地（要以生肉为祭品）、祭灶迎神、拜祖先、拜四方神明，继而拜年。家庭主妇更是从腊八以后就马不停蹄地忙碌——清扫、做年糕、办年货、制新衣……可是到元旦这天反较轻闲，因为依照惯例，这一天不能生火煮饭，不能随丈夫一起出门拜年，不扫地，不动针线。这种种禁忌，减少了她们的忙碌。

过年期间通常不倾倒垃圾，以免把财富倒出门。这可能和下雨的传说有关：从前有个商人名叫欧明，出外经商渡澎泽湖时，突然出现一队车马。主人自称青湖君，邀请欧明到他家，并以厚礼款待，青湖君问商人何所求，旁人指点商人索求“如愿”。青湖君听了面露难色，却也不能食言。原来如愿是一婢女，青湖君告诉欧明，可带如愿回家，想要什么只须跟如愿要，就能如其所愿。从此以后，商人有求必应，数年之后成为巨富，某一年元旦，如愿晏起，商人盛怒之下，以杖责打，如愿抱头钻入粪中消失，商人失去如愿以后，家道也随之衰败[36]。此后，民间遂以此为戒，过年期间不再清倒垃圾。不过垃圾并不是过完正月十五才可清理出门，什么时候清倒，依各地习惯而异。例如闽

33. 郭立诚，《古代过年的酒食》，《中国时报》，1982年1月24日八版。

34. 崔寔，《四民月令》（《说郛》，卷六九），页3下—4上；董勋，《问礼俗》，《椒酒》，页2上。

35. 以上均见于《荆楚岁时记》，页3上—4下。

36.《荆楚岁时记》，页5下—6上。

南云霄县是从腊月二十四到正月初四，十天当中都不可倒垃圾，这叫做“播马粪”，马粪是灶君云马之粪，象征金银，如果丢了就等于丢掉金银一样[37]。

除了不能倒垃圾外，中国人过年的禁忌多如牛毛，如衣服不可曝晒户外，打破了碗不说句“岁岁（谐音碎碎）平安”是不安心的。元旦不用刀，不用白（白色物品），不喝稀饭，否则这一年出门在外会常遭风雨。台湾之俗元旦不可午睡：男子睡了，田畦必垮；女子睡了，土灶必崩，不可说不吉利的话，水饺煮“破”了要说“笑”了，这么多的禁忌都是在求福避凶的心理下产生的。

37. 谢云声，《闽南旧历新年的风俗》，《中山大学民俗周刊旧历新年专号》，页88—94。

人们不仅立下许多禁忌，以求消极的避灾；而且作各式各样的算卜，积极预测未来一年的命运。风调雨顺自然是农民最关心的事，《四时纂要》的《春令篇》里，便告诉我们许多农事占卜的方法。月内杂占是其中一种，看元旦是值哪一干支（甲子或乙卯……），不同的干支代表不同的灾祸。第二法是立竿度影法，但不在元旦而在立春和十五。立春占日影，十五占月影，立春之日不但占日影，还要占云气、占风、占雷、占雨等。此外还有占六子、占八谷、上庙求签等其他占卜法。

元旦祭祀是一桩大事。初一大清早要拜四方之神。四方之神指的是喜神、贵神、财神和福神（图八、九、十、十一）。一般人最喜欢拜财神，喜神次之。拜四方之神不在家里，而是在户外举行。依历法指示吉利的方向，出门行数十步至百步而拜，举行上香、烧神像、放爆竹等仪式。

在家拜神外，还要参拜邻近名刹。苏州有烧大庙香之俗，杭州则烧八寺香，今日的台北，元旦当天，各大寺庙仍是人山人海。

敬神之后则敬人，拜年也是初一的大事。在出门拜年前还有一项规矩，须照黄历指示，先朝吉利方向走去，称为“出行”。

拜年对象一般是亲朋好友。亲戚包括三族：父族、母族、妻族。平素有恩怨的，也可借拜年的机会消弭敌意。拜年要早，过午不拜年，有的地方甚至天才亮一家之主便已整装出门。拜年不一定非在正月十五以前完成，有时可以拖得很晚。“真心拜年，青草没鞋”，“有心拜节，寒食未迟”，拖到寒食节都不失礼，不过一般人还是尽量在正月十五以前完成。

在宋朝以后有一风气：如不能亲往拜年，则遣仆“送刺”代之，“送刺”或许是今日寄贺年卡的由来。刺是用梅笺裁成的小帖，约二三寸，写上单款、小注、寓邸，又称“片子”。都城士大夫的派头，常是空车一辆，上载一仆人，随户投片子，清朝有一人便针对这个现象作了一首打油诗：“是日（元旦）也，片子飞，空车四出。”[38]

滥送片子的流俗在宋朝正盛。宋末周密的《癸辛杂识》就说了一下有关的趣事：某年春节，周密的舅舅吴四文，正因无仆送刺而苦恼。正好友人沈子公的仆人送刺来到，吴灵机一动，请沈仆喝酒，暗地里把自己的片子放入，抽出沈的，沈仆也就糊里糊涂地把吴刺送出去。事后传开，一时乡里的人都传为笑柄。流风所播，不免引起有识之士的反动，例如司马光就很反对这种风气，拒绝迎合流俗[39]。

前面介绍的多是民间的元旦活动。但元旦本为国定假日，因此是日朝廷也有隆重典礼：大臣的第一件要事是上朝贺正。蔡质的《汉仪》今已佚失，部分保存于《续汉书·礼仪志》的注中，由其中可知汉代朝廷在元旦的盛况。当天子临驾德阳殿时，公卿将相、百官臣僚各在陪位朝贺，四周邻邦（所谓的蛮貊胡羌）的使者接着朝贡，次为地方官吏，然后是刘氏的皇亲国戚。朝贺毕，皇上赐宴群臣。

宴饮之中，还有娱乐助兴：“舍利兽”从西面而来，当它走入殿前，喷水化为比目鱼，边跳跃边喷水，化水为雾，雾浓几可蔽天。接着又变成八丈长的黄龙，遨游于庭中，闪烁于日光之下。

另有两个倡女表演走绳索，在悬空的丝绳上跳跃；最惊险的镜头是当二人绳上相逢时，擦肩而过，绝不互撞掉落。表演完毕，蹋局飞

---

38. 翟灏，《通俗编》（清乾隆间函海版，收入《百部丛书集成》），卷一，页31。

39. 周密，《癸辛杂识》（《学津讨原》本，收入《百部丛书集成》），页22上。

图八 财神图。采自《中华民俗版画》。四方之神的方向是财神正东、福神正南、寿神东北、喜神西南。拜四方之神不在家里，而是在户外举行。

图九 寿神图。采自《中华民俗版画》。

图十 福神图。采自《中华民俗版画》。

图十一 喜神图。采自《中华民俗版画》。

9

10

11

出。此外尚有“鱼龙漫延”的节目[40]。

到宋代，宋与辽之间的国际地位是平等的，二国君主有互“贺正旦”的礼仪：正旦，辽使朝见宋朝皇帝；第二天由馆伴使陪伴他们到大相国寺烧香；第三天由武臣陪他们到皇帝的南御苑射箭；初四，设国宴款待；初五辽使便打道回国[41]。

宋时元旦立于朝的外国使臣不止辽国，西夏、高丽、南番交州、回纥、三佛齐、南蛮五姓、真腊、大理、大食也都遣使而来，穿着各自风味不同的国服。宋朝把他们安置在宾馆里，但不一定能享受到与辽使相同的待遇。

过了初一，进入初二。初二在台湾是出嫁女子归宁之日。这一天，人们的另一活动是“迎财神”——财神除了关公之外，还有比干。青楼倡优的财神则是齐桓公，这或许是由齐桓公首创军妓的传说演变而来。

初三又称“小年朝”，也称“穷鬼日”。在广州这一天便可以倒垃圾，还要拿几炷香，烧几张冥纸，放几粒炮。《荆楚岁时记》则说“晦日送穷”（即十二月三十日）。送穷鬼的方式，不是倒垃圾，而是煮糜、丢破衣、拜于巷中[42]。

正月初五又名“开小正”，清寒人家从这一天起开始工作，供桌上摆设的春饭、年糕、柑橘等物也可撤去。富裕人家则要等到十五以后才“开小正”，恢复正常。多数商店也在初五开门营业，展开另一年的买卖。初五“破五”，过年期间种种严规禁忌在初五以后便告解除。

“抢路头”是初五的特色，世传此日为五路神诞辰，人们早起拜祀，抢迎路神。路神所以这么受欢迎，也是因为在人们的眼里，它是“利”的化身。

初七登高，吃七样菜。

初九拜天公，一家人在初八夜斋戒沐浴后，过夜始祭。

初一至初七，各有一种动物作为代表，魏人董勋的《问礼俗》曾

40.《续汉书·礼仪志》中，小注内。并参考本书江淑玲《陶情怡性·移风易俗——传统社会的民间娱乐》一文。

41.《东京梦华录》，卷六，《元旦朝会》，页1下—2下。

42.《荆楚岁时记》，页12上。

说："正月一日为鸡、二日为狗、三日为羊、四日为猪、五日为牛、六日为马、七日为人。""一日不杀鸡，二日不杀狗，三日不杀羊，四日不杀猪，五日不杀牛，六日不杀马，七日不行刑"[43]。

另一种说法则以初二为猪日，初四为狗日，并增加初八为谷日。正旦要画鸡于门，七日要镂金箔成人形贴于帐上。人日不仅不用刑，而且还要以自己的粮食粟豆放在灰中，给牛马鸡畜吃，称为"招牛马"[44]。

这种以人兽代日的说法，屡见于各类岁时记中，且一直流传至今，不知其中有什么意义，可能的理由是鸡狗羊猪是农家常豢养的家畜，在正月里特别为它们立一不杀之日，有感恩的情意在。

43.《问礼俗》，页3下。

44.《荆楚岁时记》，页6下—7上。

45. 刘侗，《帝京景物略》，卷二《灯市》，页16下—18下。

提灯猜谜闹元宵

元宵节是春节最后一个高潮，它是个比较后起的节日，但是却越来越热闹，盛况甚至赛过元旦。元宵节是纯娱乐的节日，虽然它的起源可能也与宗教有关，但是宗教性并不浓厚。一如元旦，元宵原本类似国定假日，但并不严肃。大致来说，元宵节的气氛偏于欢乐，元旦的气氛趋近隆重。

元宵节大约起于唐代。明人刘侗便主张上元张灯始于初唐。唐睿宗景云二年（711 年）正月十五，夷人婆陀，请燃千灯，睿宗还亲驾安福门观看[45]。

"元宵"、"上元"二词各有所源。"元"意即"开始"，"宵"者"夜"也；元宵是一岁夜节之首。"上元"则是"三元"之一，大概在唐代才有三元之说，三元是上元、中元、下元，分别在正月、七月、十月的十五。上元是天官生日，也是天官赐福之日，又是第一代天师张道陵的生日。中元是地官生日，地官爱人，故喜赦人罪。下元是水官生日，在这一天，水官会解除人间水灾之厄。从名词看，元宵节似与道教有密切关系。

与元宵节有关的另一个更古老的神祇是今已为人们所淡忘的“紫姑”。“紫姑”是传统女性悲剧人物之一。传说她为环境所迫，嫁为人妾，又为大妇所妒，某年的正月十五，被逼杀于厕内。后为天帝所怜，命为司厕之神。常在厕边显灵，由此人们遂有迎紫姑之习。到晚上在厕边或猪栏边，念“曹夫人（大妇）已行，小姑可出”等咒，她就会出现，还有人借此卜问紫姑来年蚕桑的。

紫姑是南北朝就有的神祇，可是也有人说她是唐武后时人，名叫何媚，先生是山西寿阳刺史李景，一生事迹历历可稽。

今日的元宵节只有一天，古代的元宵则远为热闹，盛况持续十夜之久。睿宗时才有的元宵节，到下一任皇帝——玄宗，就扩张到三夜——正月十四、十五、十六三天。唐代城市中严格执行坊里之制，一到夜晚，坊门紧闭，禁止人行，有如今日的宵禁，可是在这三夜中，金吾弛禁，开市燃灯，允许人们自由往来[46]。

到了宋朝，嫌三夜不过瘾，更改为上元五夜灯。宋太祖以天下升平，年谷丰收，于是在乾德五年（967年）下诏书，允许再放元宵两夜，即从十四到十八夜[47]。

南宋虽在金人的威胁下偏安江南，但君臣仍不忘寻乐。上元六夜灯就是在宋理宗淳祐三年（1243年）开始，从十三日起，街弄桥畔，都挂上灯笼，直到十八。到了明朝，更发展成上元十夜。明太祖是对春节很有贡献的皇帝，不但家家户户贴春联是他的主意，上元十夜灯也是他的创举。从初八起，十三而盛，十七熄灯。然而，并不是人人都能欢度十夜元宵，正如前所引的“贫家一盏灯，父子相对哭”，穷人多用一根蜡烛都要再三考虑。在乡下也不一定有如此盛况。但我们仍可想见都城的元宵是多么热闹[48]。

宋朝是平民文化逐渐普及的朝代。宋徽宗时，一到元宵，开封城内

---

46. 同上。

47. 王栐，《燕翼诒谋录》（《百川学海》本，收于《百部丛书集成》），卷三，页4。

48. 刘侗，《帝京景物略》，卷二《灯市》，页16下—18下。

的皇宫，早已架起山棚，横立三门，门上悬挂一个牌子“宣和与民同乐”。皇帝在元宵节这一天也会驾着御辇出巡，与人民共赏元宵。三门之上有彩缎结成的文殊菩萨跨着狮子，普贤骑着白象，顺着二佛的五指，有五道流水缓缓流下。在三门的左右二门上有草缚成的双龙，草上盖了青色布幕，布幕下隐藏着无数灯烛，远远望去，恍若天际飞龙。再向前进，宣德门（大内正门）楼横街上竖立两根长竹竿，高数十丈，挂上了缯丝做成的百戏人物，风吹人动，宛如飞仙。宣德楼上设有御座，帘内不时传来乐声和宫妃嬉笑声。城楼之下，搭了一座露台，台两边的卫士，都锦袍幞头而立。露台之上好戏连连，台前人头攒动。

这时汴京城内已汇集了四方特技表演的好手，有的击丸，有的蹴鞠，有的踏索，有的上竿。有个叫“赵野人”的艺人，能倒立身子吃冷淘（槐叶饼），“张九哥”表演吞剑，“李外宁”以耍傀儡见长，“小健儿”能口喷五色水，杨文秀鼓笛。动物也纷纷上场，猴子表演百戏，鱼跳刀门，使唤蜂蝶，追呼蚂蚁。当时似乎也有外国艺人参加表演，有一个叫“大特落”的，长于“灰药”，有一个叫“榾柮儿”的，能演杂戏。

十六日，宋徽宗登临宣德门御座，前头的帘子卷起，百姓可在门下瞻仰龙颜。垛楼上豪家的家妓竞展新曲，与山棚露台的音乐，交错起落，彼此呼应，蔚为一片欢乐气象。

等到皇帝御辇已去，整个山楼上下数十万盏烛灯同时尽灭，有钱人家子弟，驾着车马，栉比而行，转往南面相国寺游玩。佛寺之内也是一片灯海乐声，在坊巷口，架着一个小伙戏棚子，走失的小孩被聚在那儿看戏，等待父母来领。这是靖康之难前汴京歌舞升华的繁华景象[49]。

南宋杭州的元宵一如北宋汴京。官府体恤民隐，在元宵这天发放三月的房租，公私均有。舞队、乐队、杂戏、灯市之盛不减当年。

南宋欢度元宵的活动中，以舞蹈为最大特色。在佳节前夕，舞娘

49. 北宋人元宵盛况均采自《东京梦华录》，卷六，《元宵》，页3上—9上。

已来，每晚楼灯初上，箫鼓齐奏，舞娘依声而舞，曼舞轻歌，热闹非凡，姜白石有两首诗，最能道尽当时情景：

灯已阑珊月气寒，舞儿往往夜深还。只因不尽婆娑意，更向街心弄影看。

直到灯火阑珊的夜深时分，跳舞的女郎才收住脚回家，犹未尽兴，再度跳向街心，欣赏自己舞动的身影，这是何等的狂热。

南陌东城尽舞儿，尽金刺绣满罗裳。也知爱惜春游夜，舞落银蟾不肯归。

元宵期间，城南城北到处都有人盛装而舞，正因爱惜这难得的春游夜，即使跳到天亮，月儿也落了，仍是流连忘返，不肯回家。临安的街道上，一路不知有多少翠玉发簪，从带醉而归的王孙佳人身上落下。

那时稀奇古怪的乐队杂耍，如大小全棚傀儡、查查鬼、李大口、贺丰年、长瓠敛、快活三郎、快活三娘、猫儿相公、洞公觜、男女竹马、男女杵歌、六国朝、四国朝、穿心国八贡、孙武子教女兵等等[50]，百戏竞陈逞奇斗能，妆点出一派太平景象。

说元宵不可不谈灯。南宋朱淑真《生查子》词云："去年元夜时，花市灯如昼"，可想见当时盛况。周密品评灯之高下，认为苏州和福州出产的灯最好，新安的灯出名较晚，但有一种名叫"无骨灯"的却是精妙绝伦。"无骨灯"顾名思议是没有骨架的灯，这在今天塑胶发达的时代，当然容易制作，但在那时代，不得不赞美发明者的聪明。制作的方法是：用绢做一布囊，里面塞满粟米，以此为胎，再用绢布绕缀而成，然后倒出粟米，剩下的绢灯玲珑剔透，美如琉璃球[51]。

50. 南宋人过元宵情景，参看吴自牧，《梦粱录》，卷一，页3下—5上；周密，《乾淳岁时记》，页4。

51.《乾淳岁时记》，页9下—10上。

元宵的灯，品种多得令人目眩。唐睿宗先天二年[52]，在安福门外作一灯轮，有二十丈高，上亮五万盏灯，远看如一株花树，宫女民妇、长安年少，盛装绕着灯轮踏歌三日，热闹非凡。

此外如“百枝灯”、“结彩灯”、“长明灯”、“卵谷灯”、“九华灯”、“蚖脂灯”、“鳌山灯”、“灯婢”、“莲花竹槊灯”、“衮球灯”等[53]，也是文献上历历可考的灯品。

52. 先天是玄宗年号，却无二年，可能是玄宗先天元年，公元712年。

53. 永尾龙造，《支那民俗志》，中册，第二章，《元宵节》，灯考，页332—336。

54. 同上书，页360—364。

近代北方也有较特殊的灯。“冰灯”是我们比较熟稔的，“麦灯”则罕为人知。“麦灯”是把麦芽植于冰灯上，使用时，腹内灯火红红，壁上麦芽青青，相互辉映。俚歌言：“麦子灯、碧青青，茅草败絮在腹中，燃着灯烛虽好看，就怕良辰美景起大风。摆过元宵无人看，撕吧撕吧把它扔。”[54]可见麦灯是种价廉物美的灯笼。这首俚歌里或许也暗藏着秋扇见捐的讽刺吧！

大城如苏州、杭州等都有灯市，这是元宵节前商人卖灯的市集，常位于城门外一隅。入夜后，人潮汹涌，万众聚观；到元宵节那天，灯市更成为举行“猜灯谜”的地方。

猜灯谜或称“弹壁灯”，大约是在宋朝以后才有。

中国人好猜谜，中国的文字因为构造特殊，正适合用来猜谜。早在春秋就有猜谜，到汉魏六朝则流行“离合”，如：“‘渔’夫屈节，‘水潜’匿方”离“鱼”字，“与‘时’进止，‘出寺’弛张”离“曰”字；然后“鱼”与“曰”合而为“鲁”。离合与图谶互有关联，加上王莽、汉光武笃信图谶，因此离合大为流行，到隋代始衰。

魏晋六朝的名士亦喜作文字游戏。《世说新语》上便记载着曹操曾在门上写“活”字，表示门太宽“阔”，又在乳酪盒上写“一合酥”三字，表示每人吃一口酥，这两个小故事正足以表明当时人雅好猜谜的风气。

宋代流行字谜，好之者甚众。当时人挖空心思，竞逞新巧，制作了许多有趣的字谜，供人猜测，下举一谜，以见一斑："头如刀、尾如钩、中央横广，四角六抽。右面负两刀，左边双属牛。"[55]

这是灯谜出现前中国的猜谜传统，猜谜之事到两宋大盛，受到社会各阶层普遍欢迎，不止供人嘲谑，而且成为过年的点缀。以后的元、明、清都承袭了猜灯谜之俗。明朝张岱在《陶庵梦忆》中便这样写着：在十字街口搭起棚子，棚里挂一口大灯，俗称"呆灯"，有的画着四书和千家诗的故事，有的写上灯谜，供人们猜测。文人雅士更有所谓"谜社"，目的在"以文会友"、"悬谜候教"。社里的成员常彼此聚会，猜谜为乐[56]。

"走三桥"是元宵节妇女的另一项活动，她们出游时，要走过三座桥，被认为有去病避灾的作用，又可借此游玩。走过三桥，烧掉花灯，欢乐的春节也就结束了。

55. 谜底是"龟"。

56. 有关谜语之事，请参考钱南扬，《谜史》，《中山大学民俗丛书》二十七集（民国十七年）。

结 语

过年是中国人最重要的节庆，在漫长的春节中，有着形形色色的活动。兹将上文所述春节行事，列为一表：

十二月　腊八　傩舞（腊七夜）。

五祀及祖先祭祀。

斩鸡头，喝腊八粥。

十六　尾牙。

二十三夜或二十四晨　小节夜，祭灶。

二十五　祀食神，饮赤豆粥。

三十　除夕，大节夜。吃年夜饭，守岁。

正月　初一　元旦。拜天地，迎神，祭祖，拜四方之神，拜年。

初二　归宁，迎财神。

初三　小年朝，送穷鬼。

初五　开小正。破五，恢复工作，开市，抢路头。

初七　登高，吃七样菜。

初九　拜天公。

十五　闹元宵，迎紫姑，走三桥。

北方也流行一首歌，依除夕前的活动编制而成：

二十三灶王上天（送灶），
二十四写大字（写春联），
二十五做豆腐，
二十六吃年猪肉，
二十七杀年鸡，
二十八把面发，
二十九走油，
三十磕头（辞岁）。[57]

57. 井冈咀芳，《中国北方习俗考》（台北，古亭书屋，1975年），页13。

在农业社会中，过年是一岁中狂欢行乐的时间，其热闹有趣的程度，实非其他节庆所能比拟。《秦中岁时记》写长安风俗，从正月二日起，互相邀请，饮酒作乐，号为“传坐”。《荆楚岁时记》则说，从元旦至月底，整个正月人们欢聚饮食，或泛舟湖上，或临水宴会。似乎整个春节都耽于游乐之中。

时至今日，社会结构发生重大变迁，在繁忙的工业社会中，传统过年那种悠闲、热闹的景况，已成历史的陈迹。但是千余年来相沿成俗的浸润，绝非一朝一夕所能根绝。在可见的时日中，过年之俗仍将受到中国人的重视与喜爱，在我们的生活和情感里仍占有一席之地。至于如何因应社会的变迁，将这种古老的习俗赋予一种崭新的风貌，则有待大家的努力与创造了。

闲情试说时节事

清明、端午、中秋、重阳

周云锦 何湘妃

全世界各民族都因其历史背景或地理环境之歧异而有特殊的岁时节俗，这种共通的精神生活层面充分表现出人类追求生活的和谐与理想。我国民间的岁时节俗，虽因历史的悠久、幅员的辽阔、人口的众多，而形成“千里不同风，百年不同俗”的现象，然而由于长久受到中华文化的共同熏陶，各地区的岁时节俗，细节方面虽有小异，整体说来，却还是在一个“大同”的范围之内的。在这个大同的范围内，我国民间的岁时节俗约略可归纳出三个主要的文化要素：

1. 农业社会的生活规律：我国自古以农立国，人们在长期的生产过程中，逐步认识到季节更替和气候变化的规律性。为了配合季节和气候的变化，适应农事和生活，也为了调剂单调的农事时序，人们就不断地定出许多节日，并以各种不同的庆祝方式或纪念仪式来调剂生活，增进群体生活的乐趣。这些积习相沿日久，遂成为民间所普遍重视与遵循的岁时活动。

2. 灵魂崇拜与宗教心理：民间本着传统“精灵信仰”的宗教意识和祈福于神的迷信心理，产生了各种拜天敬神的祈福行为；至于每逢节令又有许多咒术和禁忌等，则是源于驱逐邪魔与祈求降赐的吉祥的原始宗教心理。

3. 传统的伦理观念：中国人的伦理思想是返始报本、慎终追远的，所以逢年过节多以虔诚严肃的心情祭祀祖先以表达对祖先的孝思与怀念。这种以祖配天、敬天法祖的思想和仪节，就像磐石一样，牢牢地凝结中华民族的每一成员，并推向无限的未来。

上述文化要素配合我国的自然与社会环境，就产生了许多自然与人文相互关联的故事与节令，例如：农历三月节为清明，《淮南子·天文训》记载：“春分后十五日，斗指乙，为清明。”斗指乙，是天文的自然现象，而清明扫墓、踏青、野宴、插柳等风俗习惯则为人事活动；农历五月初五日为端阳，亦称端午，时届仲夏，暑气渐至，毒气弥漫，这自然现象反映于人事，遂有插蒲艾、喝雄黄酒、带香包香囊及各种禳毒避疫的活动；农历八月十五日为中秋，中秋之月最圆最明，人们于此秋高气爽、桂子飘香之时，赏月光食月饼，以示“天上月圆，地上人圆”之意，也是天文与人事的合一；阴历九月九日为重阳，九为阳数，而日月并应，人们相偕于此时登高享宴，食糕插菊，也显示出中国人“天人合一”的理想境界。

中国传统的节令虽多，但以清明、端午、中秋、重阳最具多元性的意义。

回首故国话清明

清明墓祭，起源于上古，但当时并无固定的祭期。据《周礼·春官·冢人》记载：“凡祭，墓为尸。”尸就是神主，那么，在三千多年前的周初，可能已有墓祭了。又《礼记·檀弓下》载有颜渊答子路的话：“吾闻之也：去国则哭于墓而后行；反其国不哭，展墓而入。”及子路答颜渊的话：“吾闻之也：过墓则式，过祀则下。”[1]“哭墓”和“展墓”都是墓祭，“式”就是“轼”，“轼墓”也就是凭靠着车前的横木向坟墓行礼。这可以作为春秋时“墓祭”的代表。至《孟子·离娄篇》所说齐人向东郭墦间、乞其余，餍足而归，还大摇大摆地骄其妻妾的故事，足以证明战国时代墓祭已相当普遍了。但直到秦汉时代，才正式有祭墓拜扫的礼俗。《事物记原》谓：“秦始皇起寝墓侧，汉因不改，四时上饭。”《后汉书·光武纪》谓：“建武十年八月，幸长安，有事十二陵，躬祭于墓边。”而《闻见录》又记：“汉光武初继大业，诸将出征，有乡里者，诏有司给少年，令拜扫以为荣。”这是提倡孝道的立国政策。《汉书·严延年传》曾载其：“还归东海扫墓地。”《梁书·吕僧珍传》亦载：“僧珍去家久，表求拜墓。”《五代史·郭崇韬传》中亦载：“崇韬尝过汾阳拜墓。”但以上记载，都未有确定祭墓的日期。

到了唐代，据《旧唐书》唐玄宗诏谓：“寒食上墓，礼经无文，近代相沿，浸以成俗。士庶之家，宜许上墓，编入五礼，永为常式。”可

1.《礼记·檀弓下》(香港，启明书局，1956年)，页57。

知当时民间曾以“寒食”为上墓日期，既成习俗，皇帝索性把这事列入五礼（吉、凶、军、宾、嘉五礼，吉即祭礼），遂以寒食为墓祭法定的日期。又据唐柳宗元《与许京兆书》曾谓：“近世礼重拜扫……，每遇寒食，田野道路，士女遍满，卑隶佣丐，皆得上父母丘墓。”徐凝的诗，也有“嘉兴县里逢寒食，落日家家拜墓回”之句。按寒食节与清明节，本为二事，但就墓祭一事而言，寒食与清明，显然合为一事而不可分了。寒食节的起源，说法不一，以春秋晋国介子推故事为最普遍。介子推不言禄，被焚而死，晋人哀之，以其死于清明前三日，故于此三日皆禁火不举，至清明乃祀之。寒食禁烟之俗，概本于此。宋人黄庭坚的《清明》诗，不仅证明寒食与清明在祭扫上是一件事，而且极富教育价值。其诗云：“佳节清明桃李笑，田野荒冢只生愁。雷惊天地龙蛇蛰，雨足郊原草木柔。人乞祭余骄妻妾，士甘焚死不公侯。贤愚千载知孰是，满眼蓬蒿共一丘。”它说明“寒食”与“清明”已合为一节，而子推之廉与齐人之贪，则同为一丘了。虽然，一为流芳百世，一则遗笑万年，哪能相同呢！

宋代周密《武林旧事》曾载：“清明前三日寒食，人皆上冢，而野祭尤多。”北宋吴自牧《梦粱录》又曾记叙清明日祭皇陵的热闹情况。运输祭品，动用宫人三四十名之多，浩浩荡荡，穿过城内外巷陌，一连十余日。宋张择端所绘的《清明上河图》尤为珍贵，千百年来，一看就像实地见到当时的盛况。这幅名画，刻画入微，笔调细腻而脍炙人口，誉满艺林。再看宋代大诗人高翥最有名的一首《清明》诗，老幼妇孺都能朗朗上口：“南北山头多墓田，清明祭扫各纷然。纸灰飞作白蝴蝶，血泪染成红杜鹃。落日狐狸眠冢上，夜归儿女笑灯前。人生有酒须当醉，一滴何曾到九泉。”这首诗，极富哲学性，把人生看穿了。人生如寄如梦，一瞬即逝，无怪孔子说：“逝者如斯夫。”百世以下，令人读之，仍不胜感慨。尤其儿女灯前夜哭，如与“含饴弄孙”一事对比而观，人生更应达观了。历代自天子以至庶人，对于墓祭，无不重视，借以表达慎终追远的孝思，主要原因有二：第一，中国自古以孝治天下，孝为中华民族历史文化的核心，国所以立者在此，民族得以绵延者亦在此。第二，坟墓为先人葬身于斯，后人哭于斯、祭祀于斯。古者“国之大事，唯祀与戎”。孔子又云：“生，事之以礼；死，葬之以礼、祭之以礼。”祭祀，正所以尽孝而“念昔先人，继续思不忘也”。

元明清三代，仍相沿清明墓祭遗风。据清人顾铁卿《清嘉录》谓：清明日，士庶并出，祭扫祖先坟墓。间有婿拜外父母墓者，自清明节前一日，至立夏日止。道远则泛舟具馔而往，近则提壶担盒而出。挑新土、烧楮钱、祭山神、尊邻坟，均为向来的旧俗。凡新娶妇，必挈以同行，谓之“上花坟”。又新坟必在社前祭扫，谚云：“新坟不过社”，社日系旧历二月初二日，这是清代的习俗[2]。

一般中上人家的祖茔，就是先人埋葬棺椁所在地，多数是一个土堆，土堆前竖着石碑，碑上镌着墓中祖先的名姓，碑前置供桌。土堆周围砌着石墙，保持泥土来卫护棺椁。墓的前后左右，种着树木，立有翁仲、石兽。民间习俗认为这是祖宗长眠之地，英灵永在。每年至少有一次的祭祀，就在清明前后到那墓地祀先祭祖[3]。

我国大江南北，扫墓之俗，大同小异，其中可以江苏宜兴和浙江绍兴为代表。先举江苏宜兴清明扫墓的习俗：

清明前十天，家家户户都用黄色白色的纸张，凿成钱形，以红纸包裹，做成一串串的，拿着到祖坟前扫墓，俗称“飘钱”。又陈列菜肴在墓前致祭，并焚化银色纸锭，俗称“祭坟”，扫墓多在清明之前，过期就不再“飘钱”和“祭坟”。

再举浙江绍兴的清明扫墓习俗。子孙一到祖先墓地，先要祭祀祖坟右旁后土之神，认为坟墓全仗这位神祇的卫护，才能窀穸永固。行祀神礼后就开始祭祖。供桌之上，先陈列三牲：鸡、猪肉和鱼；或五牲：鸡、鱼、猪肉再加鹅、鸭。还有许多其他肴馔。在近墓的桌边，

2. 祥臻，《清明风俗考》，《国魂》，二四卷六期（1966年4月），页80。

3. 娄子匡，《清明扫墓志感》，《自立晚报》（台北，1968年4月8日）。

放上酒杯、筷子、饭盅，这些称为“案菜”。行祭礼时，族长或房长任“主祭人”，其余男丁为“陪祭”人。主祭者恭立前排，陪祭者按辈分长次分排肃立。还有执事生二人至四人，其中一人唱礼，按所唱献纳祭品。主祭、陪祭的人同行跪拜礼，另一执事生跪读祭文，然后祭文与纸锭一并焚化，祭礼告终。也有的比较简单，祭礼献纳之后，先男后女，按着辈分长幼次第磕头，不分主祭、陪祭，也没有执事生襄助行礼。

族人每次扫墓，由子孙按房头轮流值祭，主办全般祭扫的事，值祭者有祖产收入，充作扫墓一应开支。扫墓完毕，值祭人就请主祭、陪祭和男女老小同宗喝酒吃饭，这个酒席多半就是祭祖用过的肴馔，再加烹调后大家食用，这叫“散胙”。除了午膳，还得致送点心，其分配系按男人和女人；主人和佣人；数质各异，分给麻饼、香糕、馒头、豆腐干等物，也有分钱和分猪肉的。主祭者或族长、房长都要分送一些，更有只赠男子而不赠女子的，不过第一次参加扫墓的新娘子，仍可以和男人一般地受赠点心或钱、胙。婴儿也分男女，男婴有赠而女婴无赠与。

扫墓以后，子孙在祖先坟上插上一枝竹枝，竹枝尖端飘着一条纸带，表示这座坟墓已经有子孙前来扫墓了。对长年照顾祖坟的当地管坟人，则尊称他们一家是“老坟亲”，祭祀用过的肴馔要分送给他们，有时还加些酒饭，再送些金钱酬劳他。因为他住在祖坟的附近村子里，坟上的设备、草木、石器都请他们代为管理，并且随时打扫，如果祖坟有倾圮的情形发生，他们就会代为处理或通知坟亲来处理，如同子孙一样地维护先人长眠之地的安全，所以又称管坟人为“坟亲眷”。

对于祖坟附近住着的小孩子，在扫墓时总要备几样特别的食品，如米粉和糖做的“清明果”，还得加上一些小馒头和小饼，这些食物统称“上坟果”，都是准备分给当地的小孩子们。习惯上，他们一看到有人来上坟，便也赶来，在旁观礼。祭祀以后，坟主便把“上坟果”分赠给他们。有时四周村子里的孩子跑来太多了，分发也感不便，因此坟主把“上坟果”散在墓地草坪之上，让孩子们自己去抢来吃，就叫“抢上坟果”。

祖先的坟墓，有的在远处或高山之上，来去的行程较远，不是半天可以回转的，也就是扫墓的日程，必须有一天或一天以上的时间，那就要在大清早起程，在中途进午餐；水程就要备有办伙食的一只船，船上有厨工，带着祭品案餐和烹饪用具，一同出发行进。到了中午时分，扫墓祭礼完毕了，便选一个适当的地方，大家把船停泊在一起，就在船上烹调送到坟主子孙的船上共同进餐。

除了备办伙食的船只以外，还有一只载着鼓吹手的船。因为扫墓时，祀神、祭祖上香、跪拜、献肴、焚帛时，都要有鼓吹手吹打各种不同音乐。在回家的水程中，鼓吹手的船只一定驶在船队的前面，一路驶去，逢有村落、市集，他们便吹吹打打，使岸上人听到了，大家奔到岸边来看“上坟船”，同时也使得坟主们陶醉在音乐声中。

以上习俗，大约是几十年前的江浙扫墓景况[4]。追溯上去，在明朝万历之后、清朝康熙以前，也是如此，张岱所撰的《陶庵梦忆》书中，对于绍兴扫墓的景况，便有以下的叙述：

> 越俗扫墓，男女衫服靓妆，画船箫鼓，如杭人游湖。虽监门小户男女，必用两只船，必中，必鼓吹，必欢呼鬯饮。下午必就其路之所近，游庵堂寺院，及士夫家花园，鼓吹近城，必吹海东青。[5]

在扫墓习俗中，值得特别一提的是“纸钱”与插柳。“纸钱”一名楮钱，又叫冥器。据唐《封氏见闻录》载，古时以圭璧币帛享祀鬼神，事毕则埋之，魏晋则易以纸钱。又据说汉以来丧葬者皆有瘗钱[6]，则丧祭之焚纸钱，或起源于汉代的瘗钱。可见纸钱老早就有，主要作祭

4. 娄子匡，《清明扫墓志感》，《自立晚报》（台北，1968年4月8日）。
5.海东青本为鸟名，在此可能是词牌名。
6. 赵一能，《清明睽古录》，《畅流》，二三卷四期（台北，1961年4月），页19—20。

祖之用，不过，到唐代才兴盛起来，沿至清末，更有制成大若盏口的冥宝，大行其道了[7]。

各地扫墓所用纸钱略有不同，有的以草穿之成串，挂在墓前，如前述江苏宜兴的“飘钱”。闽粤一带，则将纸钱一叠用碎石压在墓碑上，俗称“挂纸”，亦称“压纸”。过了清明，如果到山上一瞧，就知道哪几家墓已无后代如同荒坟了。故挂纸的意思有二：第一，告诉人此墓业已扫过，第二，防止守墓之人贪利忘义，遇有多年未有挂纸之墓，即认为墓中人子孙已绝，便把墓中棺材起出，抛在别处，而把原墓卖给另一家埋葬[8]。

至于“插柳”之风，起源于寒食日。《五代史》谓江淮间寒食家家杨柳插门。因寒食禁火，寒食入暮时，始由朝廷赐新火，以柳条传之，阀阅之家，始获皇帝赐新火，引为荣宠；火既传，将所余柳枝插于门檐，以炫耀于人，后人争相仿效成习。又据《荆楚岁时记》载，唐中宗于清明日取榆柳之火以赐近臣，顺阳气之故。此风唐宋时最盛，如宋人陆游清明诗：“忽见家家插杨柳，始知今日是清明。”又吴自牧《梦粱录》载：“清明日家家插柳于门上，名曰明根。”插柳的意思有五：第一，柳枝可以招魂，插在檐前及门上，使鬼魂知有依归，不致迷途；第二，柳枝可以避鬼或驱鬼，清明时无所归的野鬼甚多，恐其闯入家里作祟，故悬此以驱之，使其不敢入而避去[9]。第三，柳枝有避毒功能，插柳可避疫虫[10]。第四，插柳可以预测天气，《清嘉录》载：“农人以插柳日晴雨占水旱，晴则主旱雨则主水。”第五，插了杨柳，可保吉利，正如古人所谓“杨柳清明艳，家门映春晖”是也。同时，又有“戴柳”（图一）之风，因柳条长青，戴柳可得青春长驻之效。如《燕都杂咏》诗句：“晴日清明暖，长河柳包匀，斗娥妆已换，插鬓绿娣新。”

清明节除了扫墓插柳之外，自然不免应时行乐，唐宋时代尤为盛行。

7. 赵一能，《清明睽古录》，《畅流》，二三卷四期（台北，1961年4月），页20。

8. 魏应麒，《福州的清明》，《中山大学民俗丛书》，第六十期（民国十八年），页9。

9. 同上。

10. 赵一能，《清明睽古录》，页19。

杜甫诗云："朝来新火起新烟，春色灯光净客船；绣羽冲花他自得，红颜骑竹我无缘。"胡曾诗亦云："三年寒食住京华，寓目春风万万家；金路马嘶原上草，玉颜人折路旁花。"这都是指出古人尚游之乐。陆放翁也有诗句："寒食清明数日中，西园花事太匆匆。"则谓赏花韵事也。还有许多富有娱乐性的游戏，都在清明时节举行。如登高、拔河、射柳、蹴鞠、秋千等节目，最奇特的就是今日在端午节举行的龙舟竞渡，唐宋时也多在清明时举行，这是现代人想象不到的。

登高——据宋《国朝故事》的记载："自清明日开集禧殿太乙宫三日，宫殿池沼，园林花卉，诸事备具，繁台正在其东，登楼下瞰，尤为殊观。"这是描写当时清明时节登高玩乐的情景，历历如绘，尤其在暮春三月里，江南正是莺飞草长的日子，气候宜人，谁不想欣赏春色呢？

拔河——拔河又称拖钩，据《荆楚岁时记》云："拖钩之戏，以绠作蔑缆相骨，绵亘数里，鸣鼓牵之。求诸外典，未有前事，公输子游楚，为舟战，其退则钩之，进则强之，名曰钩强。遂以时，越以钩为戏，意起于此。"又《景龙文馆记》："唐中宗清明节命侍臣为拔河之戏，以大麻绳两头系十余小绳，数人执之争挽，以力弱者为输，上尝御梨园，命三品以上抛球拔河，仆射韦巨源、少师唐休璟衰老，随组踣地，久不能兴，上及后妃大笑。"故张说有诗云："今岁好拖钩，横街敞御楼。"可见当时官民同乐之情况，且是以群力相持来决胜负，用意甚深，可惜方法太简略，流传不广。

射柳——射柳一名剪柳，又名扎柳，其俗甚为奇特。明人陈继儒云："元人以鹁鸪贮葫芦中，悬之柳上，弯弓射之，矢中葫芦，鸽辄飞出，以飞之高下为胜负。往往会于清明……名曰射柳。"《识小编》谓明永乐时，禁中有剪柳之戏，其方法有多种。又在《演繁露》云："射柳本古之躤柳，柳环插球场，军士驰之射之，其镞甚阔，射之即断。"故射柳之戏即为"剪柳"、"躤柳"也。

蹴鞠——刘向《别录》谓："蹴鞠，黄帝所造，本兵势也。或云起于战国。"[11] 古人对于武

11. 引见《荆楚岁时记》，页9。

备不肯忽视，其后渐失本意，成为游乐的工具，唐明皇即好作此戏。蹴鞠一名“白打”，两人对踢叫“白打”，三人互踢叫“官场”。韦庄诗：“内官初赐清明火，上相闲分白打钱。”即此。

秋千——据《古今艺术图》考证，“秋千北方山戎之戏，以习轻趫者”。此为北边夷狄民族所发明，用以习武，传入中国后，成为游戏。《天宝遗事》谓天宝宫中，至寒食节，竞作秋千，令宫嫔戏笑以为宴乐，帝呼为半仙之戏。其衣带飘扬，体态宛转，都中市民，相与仿之，故韦庄诗云：“满街杨柳绿绿烟，画出清明二月天，好是隔帘红杏里，女郎撩乱送秋千。”到辽代改为清明日举行。据《浙津志》谓辽俗最重清明，上自内宛，下至士庶，俱立秋千架，日以嬉戏为乐。自明代以来，此风久革，不复有半仙之戏矣。

竞渡——清明举行竞渡，在唐宋间颇为流行。据《新唐书·杜亚传》所载，杜亚为淮南节度使时，春日民间有竞渡之戏，杜亚欲令龙舟轻驶，乃髹船底，又使篙人衣油彩衣，使其没水不濡。又云：寒食后，即清明节，此日有龙舟可观，都人不论贫富，倾城而出，笙歌鼎沸，鼓吹喧天……携酒贪欢，不觉日晚。南宋词人吴文英，有咏清明竞渡词（瑞龙吟）云：

> 大溪面，遥望绣羽冲烟，锦棱长练；桃花三十六陂，鲛宫睡起，娇雷乍转。去如箭，催趁戏旗，游鼓素澜雪溅；东宫冷湿鲛腥，淡阴送画，轻霏弄晚。洲上青萍生处门；春不管，怀沙人远，残日半开，一川花影零乱；山屏醉翘，连棹东西岸。阑干倒，千红妆靥，铅香不断，傍暝，疏帘卷翠涟皱净。笙歌未散，算柳娇桃嫩，犹自有玉龙黄昏吹怨，重云暗阁，春霖一片。

凡此种种，都可证明唐宋时代，尤其南宋时，清明竞渡的盛况，实不亚于近代的端午节。

五月五日话端午

天清槐露溢，麦熟夏风凉。五月标佳节，千秋献寿觞。（欧阳修《帖子词》）

在我国民间的节日中，端午节起源很早，流传也极广。从古籍的记载，可以了解古人所称的“端午”，并不像现在专指阴历五月五日而言。唐代以前，人们把每一个月的初五，都称端午。直到唐玄宗《端午临仲夏》一诗出现，历经宋、元以后，端午才成为五月五日的专称，直到现在[12]。

但是，这也有例外。在四川东部地区，就和其他地方不同，因为他们每年过三个端午节。农历五月初五，叫做“小端阳”，五月十五日，叫做“大端阳”，五月二十五日，叫做“末端阳”，在这三天，以大端阳最为热闹，末端阳较为冷清[13]。

“端阳节”亦称“端午”、“重午”、“重五”、“五月节”。“午”与“五”取其古字通用之义。端，始也、初也。所以端五即初五，重午则因五月五日而得名[14]，又因在五月故名五月节。古时端午节的主要礼俗是“蓄兰沐浴”，所以又称“浴兰令节”[15]。据《熙朝乐事》载称“端午为天中节”，在古代人们以为五月五日得一年间天地正中之气，故称之“天中节”[16]。

此外明季又通称“女儿节”，沿至清代，尚流行于北京。盖因五月一日至五日，无论已嫁、未嫁的女儿都趁此佳节尽五日之欢，故呼之为“女儿节”[17]。民国二十八年文艺作家以屈原诗风人格俱不朽，殉于此日，为表纪念之意，乃以此日为“诗人节”。由以上种种名称，可看出端午节是配合着节气而产生，伴随着热闹的活动，更有感人的故

---

12. 齐治平，《节令的故事》（《中广丛书》，1979年），页137。
13. 同上。
14. 陈恒升，《端阳节之起源与意义》（上），《建设》，十七卷二期（1968年7月），页32。
15. 黄石，《端午礼俗史》，《北大民俗丛书102》，页11。
16. 陈恒升，《端阳节之起源与意义》（上），页32。
17. 黄石，《端午礼俗史》，页14。

事穿插其中，而洋溢着过节的气息。

提到端午节，自然而然令人想起划龙船、包粽子与纪念屈原。根据早期的文献看来，端午节在最初完全是一个唤起全民驱除疫病，促进民族健康的节日，其作用并不仅在纪念屈原而已。甚至在屈原以前，端午节就已存在。后来，因为屈原于此日投江而死，人们为了纪念这位伟大的爱国诗人，便在端午节吃粽子和赛龙舟[18]，以免鱼与蛟龙去吃屈原的躯体及赛渡以解救屈原。

屈原名平，为战国时代楚国的王族，生于周显王二十九年（公元前340年）。博闻强记，精于诗词，明治乱之理。仕楚为左徒，极为楚怀王所器重。当时正是秦楚争霸的时候，楚国的政治家，对外意见分歧，有亲秦与反秦两派。屈原力主反秦，遭遇到亲秦派靳尚等排斥，并向怀王进谗，屈原因此未受重用，忧愁幽思而作《离骚》，冀怀王感悟，以显示其报国之志。这篇二千四百九十字的不朽名著，展露了他纯洁的性格与丰富的感情，刻画出时代的动荡和社会的纷乱，音节委婉，情致缠绵，辞藻瑰丽，是中国文学中与《诗经》并峙的瑰宝。

后来怀王被秦诱捕，要求割地不许，而死于秦。襄王继位，不但不思报仇，反与秦国修好。这时屈原和亲秦派，又发生一番激烈争辩，触怒襄王而被流放江南，三年不得召见。屈原在心灰意冷之余，乃续作《渔父》诸篇，以明心志，遂于襄王二十一年（公元前278年）五月五日，自投于汨罗江中，悲壮殉国而死[19]。

端午节的另一意义是纪念伍子胥。子胥名员，周末楚国人，后投奔吴国，功勋卓著，但吴王夫差听信谗言，赐伍子胥死，又将他的尸体以草席包裹丢入钱塘江中。吴人怜伍员冤死，于五月五日乘船捞其尸体。以后同日以泛舟方式纪念他。

另一说则为纪念东汉曹娥。曹娥之父溺死河中，她当时仅十四岁，沿江号哭日夜寻找其父尸体，经十七日不可得，于是投江而死，此日

---

18. 齐治平，《节令的故事》，页164。

19. 陈恒升，《端阳节之起源与意义》（上），页33—34。

恰为五月五日。而据说几日后曹娥尸体浮起，却抱着其父的尸体。当地人为纪念她的孝行，将那条河命名为曹娥江，每年五月五日也划龙舟竞渡，龙舟上并供曹娥塑像。

此外，今日的端午节也同时纪念革命女诗人秋瑾。秋瑾不但是个女诗人，也是首先揭起义旗，反对满清的革命女英雄，为清政府逮捕，坚持不屈，于光绪三十三年（1907年）六月五日殉难。后人为敬佩其诗及忠勇事迹，乃并于诗人节举行纪念[20]。

在历史上，五月五日有着很辉煌的一页。据《宋史·刘继元传》，宋太宗征讨刘继元时，行次坛渊，有太仆寺丞，名为宋捷。太宗见其姓名大喜，以为征讨继元必有捷报之兆。等大军快要到达太原城时，太宗就告诉攻城的将士们说，端午之日，当置酒高会于太原城中。于是，将士们奋力攻城，至癸未日，亦即五月五日，刘继元率部投降。这一段故事，为端午节带来了不少的光辉[21]。

仲夏月午日，毒气弥漫，在潮湿的夏天，所有飞的、爬的、丑陋的各色小动物，如：蛇、壁虎、跳蚤、臭虫等，统统由蛰伏时期出来活动了。《大戴礼记》："五月五日蓄兰为沐浴"，《夏小正》云："五月五日，蓄采众药，以蠲除毒气。"此日宜乘水临风，采艾、柳、桃、蒲等芳草，揉水煎汤为沐，以求辟恶去秽。这和后世于午日惶惶奔走于郊野，解瘟消毒之俗一线相承。自古至今，一致以五月为恶月，五日为特别可怕的凶日。

端午节起源于何时，目前所搜集的史料以汉代为最古；但不能据此遂断于汉，风俗不像物质文明，有地下埋藏的古物可资实证。没有文献，只靠推度，可靠性不大，要得到接近真相的了解，只有参用比较法。黄石先生据自古至今解瘟消毒之俗，人同此心，心同此理推断：端午节涓涓之水发源于邃古时代，到三代汇为川流，秦汉扩为大河，唐宋纳百川而汇成湖海[22]。林衡道先生据民俗资料之比较研究，则发

20. 陈恒升，《端阳节之起源与意义》（上），页36。及陈耀星，《端阳习俗琐谭》，《畅流》，三五卷九期，1967年6月，页12—14。

21. 齐治平，《节令的故事》，页162。

22. 黄石，《端午礼俗史》，页217。

现世界上许多民族都不约而同地在五月五日举行各种行事。因为五是每个人手指的数目最容易记忆[23]。

现在端午节的习俗中，仍有不少和消毒避疫有关。自来民间有许多夏令卫生运动，均掺杂在过节的习俗中。诸如："肚脐涂朱砂"、"烧苍术雄黄艾叶驱虫蚁"、"门楣悬蒲艾"、"贴朱砂午时符"、"喝雄黄酒"、"五色草浸水沐浴"、"孩子襟头挂香包"等，并插"蒲剑"、悬"艾虎"以辟邪驱瘟，后来骚人墨客，有作蒲艾图悬于堂中者。但蒲艾作图，过于单调，为求配合天中之数，于是以菖蒲叶、蒜头、榴花、龙船花等合构成图轴，名曰"天中五瑞"[24]。以下便就端午的饰物及习俗略作叙述：

23. 林衡道，《五月节》，《公论报》（1950年6月12日）。

24. 陈恒升，《端阳节之起源与意义》（下），《建设》，十七卷三期（1968年8月），页26。

蒲剑——菖蒲相传不仅可以祛鬼，吃了也可长生成仙，汉武帝求长生之术，也曾连吃菖蒲两年。菖蒲以一寸九节者最佳。

艾虎——艾，叶互生如长卵形，羽状分裂，下生密毛，成灰白色，嫩叶可供食，老叶制成艾绒，可用来灸疾除病。

蒜头——端节附于蒲剑上，悬于户外，可同收辟邪杀鬼之效。蒜叶与鳞茎，均可供食，但味辛臭甚烈。

榴花——榴花与艾叶，俱是妇女在端阳节，用以簪插鬓边而辟禳邪气者。盖石榴根与皮可作驱虫药剂，可减少疾病传染。

龙船花——本名山丹花，五月盛开，粤人名为龙船花，喜将之悬于蒲剑上，兼具点缀、除瘴之效。

佩香囊——《采风录》云："儿童五日佩香囊，以争奇斗巧，盖香囊制自闺中，以五色丝或绸布编缀成禽兽瓜果等形，中实香料，悬衣襟上，玲琅可爱，且行动时，清香洋溢，情趣盎然。"

午时符——端节张贴午时符，可辟邪祛病，驱除不祥。朱墨写于黄色长纸条上，上书"五月五日午时书破官非口舌蛇虫鼠蚁尽消除"字样，字上盖有一个八卦图，两边又有"艾旗迎百福"、"蒲剑斩千邪"

各五字。多是木刻板，与道家符之秘文有异。

画额——《闽越搜奇谈》云："五日，以雄黄浸水，醮书'王'字于儿童额上，挥洒于屋隅，以祛百毒。"《清嘉录》云："……又以余酒染小儿额，手足心……"[25]

午时水——正午时刻家家准备容器汲取井水或自来水，严加封盖，把它藏起来，这种水俗称"午时水"，相传可医治热症。

饮雄黄酒——雄黄本属矿物，含有三硫化砷成分，能溶于苛性钾液及硝酸。旧俗多以雄黄和酒涂于小儿身额，可以驱邪解毒。

提到饮雄黄酒，就让人联想起那流传民间、妇孺皆知的传奇故事——白蛇传。据说有一条修炼多年尚未成道的白蛇，名叫白素贞，她曾降服了另一条青蛇名叫小青，作为她的随身丫鬟。这条白蛇在未修道时，曾患了灾难，幸得一位书生许仙营救，才免一命归阴。白蛇感其恩义，修道未成，主婢就急急下山寻访许仙，欲报答他的救命之恩。她们寻到杭州遇到许仙时，适逢天雨，白娘娘以避雨借伞为由，与许仙搭起讪来，两人一见倾心，遂结为夫妇。后来因生活关系，卜居镇江开设药铺，时值瘟疫流行，白娘娘配"避瘟散"救人，凡患瘟疫者，一服见效。自是生意兴隆，生活也过得很好，然事为金山寺法海和尚所识破，告知许仙，许仙不信，于五月五日以雄黄酒验之，白娘娘果现出原形[26]。世俗相传雄黄酒能解蛇虺诸毒者，大抵本此。

法海和尚制伏了白娘娘后，就把她镇锢在西湖边上的雷峰塔下，并且告诫她说："你在这里要安分地修心养性，除非塔前的铁柱开花，休想出来。"但是有一天，有一个小孩子觉得热了，就把头上戴的紫红呢帽摘下来，随手挂在塔前的铁柱上，白娘娘一看塔前的铁柱果然开了一朵紫红色大花，一跃而起，侧身飞升，雷峰塔也就跟着倒塌了，那时候，正是五月五日的正午。

25. 陈恒升，《端阳节之起源与意义》（下），《建设》，十七卷三期（1968年8月），页26—27。

26. 陈耀星，《端阳习俗琐谈》，页13。

从此以后，白娘娘就在西子湖畔留下一处“雷峰夕照”的名胜古迹，供后人凭吊[27]。直到今日，端午节上演的应景戏，仍是《白蛇传》。无论国剧或各种地方戏剧，每逢端午节，都以各种形式在全国各地演出此剧，可谓家喻户晓，脍炙人口。

27. 齐治平，《节令的故事》，页163。
28. 黄石，《端午礼俗史》，页17。
29. 齐治平，《节令的故事》，页169—170。
30. 王仁裕，《开元天宝遗事》。
31. 黄石，《端午礼俗史》，页53。

至于端午节家家必吃的“角黍”——即粽子，俗有“食过五月粽，寒衣收入杠”及“未食五月粽，寒衣不敢送”之谚。意思是说粽子一出现，岁序便实实在在转入夏季，不再冷了，这有标记的功能，所以人们生活也相应地调整一番，与时序节气相适应。如此说来，粽子是一年生活转捩点的讯号，不单单是点缀节景或纪念屈原而已[28]。

根据古籍及方志的记载，吃粽子是一个很古老的习俗，大约在春秋战国时代就有了。端午节的粽子，可说是五花八门，多彩多姿。全国各地有名的粽子很多，如广东以中山芦兜粽，及肇庆的裹蒸粽最有名。浙江的湖州粽子，闽南的碱粽、豆粽、肉粽，嘉兴的白水粽，北平的江米粽、小枣粽等，都是全国驰名的[29]。

《天宝遗事》载：“唐宫中每端午，造粉团角黍，钉金盘中，纤巧可爱，以小小角弓架箭，射中粉团者得食。”[30]射粉团的习俗确是岁时行乐的韵事。宋代把粉团加以精制而成滴粉团。

端午当天的早晨或进节期盛馔之前，例必拿酒食及当天的节食如粽子之类，上供奠祭，然后合家进食，此乃“事死如事生”，有美酒佳肴应时之食，先敬祖宗，然后敢食的传统习俗[31]。

每到端午节，家家户户都挂起一幅钟馗像（图二），江淮一带尤其普遍。其用意在镇宅驱邪。宋人沈括的《补笔谈》说：唐玄宗于开元间，疟疾大发，忽有一天，梦见二鬼，一大一小，小鬼穿大红色无裆裤赤脚，偷了贵妃的香囊及玄宗的五笛，绕殿而跑，大鬼则穿蓝袍赤足，捉住小鬼，挖掉它的眼睛一口吞咽下去。

玄宗喝问，大鬼奏曰：“臣姓钟名馗，即武举不第之士也，愿为陛下

1

图一 清明戴柳。采自内田道夫编撰《北京风俗图谱》(东京，平凡社，昭和五〇年)。中国人认为清明是百鬼讨索之时。人们为防止鬼的侵扰迫害，而插柳戴柳，柳在人们的心目中有辟邪的功用。

图二 端午。采自内田道夫编撰《北京风俗图谱》。清代《北平风俗类征》记载：“五月初一至初五为端阳节，午时以朱墨画钟馗像，用鸡血点眼，俗称‘朱砂判’者悬屋中，谓能驱邪。”

除尽天下妖魔！”玄宗醒后疟疾霍然而愈，遂令吴道子依梦所见画成钟馗捉鬼像。并通令天下每届年尾，一律依样画出张贴，以驱邪魔[32]。

这个故事的起源大概是因为五月多病毒，古时卫生设备又不够，且极迷信，病毒一生，在无奈之中，只好请钟馗来施威一番，这种风俗相承日久，也就习焉不察了[33]。

32. 陈恒升，《端阳节之起源与意义》（下），页27。

33. 陈耀星，《端阳习俗琐谈》，页13。

34. 陈恒升，《端阳节之起源与意义》（上），页34。

35. 闻一多，《神话与诗》（台北，蓝灯，1975年），页239—243。

端午划龙舟也是相传已久的风俗，但到底始自何时？目的何在？则众说纷纭，至今仍未有定论。或谓为拯救屈原、或云为纪念曹娥、或曰为祭拜伍员等。其实赛渡的风俗不如说是大家想拯救被沉溺的正义，且又是健身的运动，自然值得发扬[34]。

闻一多以为划龙舟是吴越一带龙图腾祭拜的遗风。他说："古代吴越民族是以龙为图腾的，为表示'龙子'的身份，借以巩固本身的被保护权，所以有那断发文身的风俗。一年一度的今天要举行一次盛大的图腾祭，将各种食物装在竹筒或树叶里，一面往水里扔，献给图腾神吃，一面也自己吃，吃完了，还在急鼓声中划着刻画成龙形的独木舟，在水上作竞渡的游戏，给图腾神，也给自己取乐。这一切表面上虽很热闹，骨子里却只是在一副战栗的心情下，吁求着生命的保障。……等到人类对克服自然有点把握，人又发现了第二个仇敌——他自己，以前人的困难是怎样求生，现在生大概不成问题，问题在怎么生得光荣。……

时代一入战国，人们造下罪孽想是太多了，屈原的良心担负不起，于是不能生得光荣，便毋宁死。……从战国到今天应该是怎样求得光荣的时代，若我们还要让这个节目存在，就得给它装进一个我们时代所需要的意义。"[35]

姑不论众说纷纭，端午竞渡与吃粽子都是连在一起的习俗，因此必然发生在产米及多河港的地区。现存全国各地的数千种方志中，共有二百二十七种方志有龙舟竞渡的记载，依多寡顺序为：广东、湖北、湖南、江苏、江西、福建、浙江、四川、安徽、台湾、云南、广西等十二个南方的省份，其中以广东省居首，共有四十二种[36]。

我们在端午节的节俗中，找到了卫生保健的意义、宣扬忠孝的故事，健身运动的项目，也留下了情天难圆的爱情故事，这一切正足以刻画出中国文化的丰盛面貌。

36. 齐治平，《节令的故事》，页167。
37. 忠华，《秋节杂考》，《台湾风物》，九卷三期，（1959年），页9。
38. 黄创基，《明月又中天》，《青年战士报》，1969年9月26日。以及温茂华，《仲秋话俗》，《建设》，二三卷五期，页37。

月到中秋分外明

我国一年之间有不少的节日，但是没有一个节日如“中秋节”那么富有诗情画意。它又称为“月节”，“十二度圆皆好看，其中圆极是中秋”。八月十五日正是秋季的中间日子，俗称“八月半”。这一夜的月亮比任何时节的月亮，都皎洁圆亮。“月到中秋分外明”，它散放着柔和的光芒，遍照着大地，引动着千千万万的人们神往于天际的另一个银色世界，更牵引着各种不同的憧憬，这绝不是别的节气所能相侔的。

自什么时候才开始有“中秋节”？文献上找不出解答。《荆楚岁时记》中独缺中秋的记事。或许是因为我国是个农业国家，农事和季节有很大的关系，古人在播种的时候，就祀土地神祈求丰收，而在收成时也祀土地神报告丰收，答谢神祇的护佑。前者叫做“春祈”，后者叫做“秋报”。八月十五日是稻子成熟的季节，这一天各家拜的也是土地，很可能中秋节，就是“秋报”的遗俗，经过后人踵事增华而渐渐盛大起来[37]。

另一种说法以为中秋节是源于古代祭月之风。在天文学上来说，中秋节是太阳经过秋分点最接近的一个满月日。此时太阳光线垂直照射在赤道上，南北半球昼夜恰好平分，月亮在黄昏时即出现，云雾稀少，秋高气爽，最宜赏月，所以把这一天定为祭月的日子，先民于三千年前便有这样的天文常识，实在很令人钦佩[38]。

中秋节的活动以赏月为主，在美国太空人登月以前，月亮里面有什么东西，人们一无所知。种种有关月亮的神话，古今中外实在太多了。中国最早出现的是在春秋时代，《楚辞》中说月亮里有只玉兔。后来民间传说玉兔日夜不停地为神仙捣药，且附会地说石臼里捣的就是不死之药[39]。直到后来有些地方的人过中秋节，家家户户还供只“兔儿爷”。

其次便是汉朝《淮南子》书中提到的嫦娥，传说她是夏朝的美女，丈夫后羿是黩武残民的暴君，曾得到西王母所赐的长生不死灵药，便更加狂妄和胡作非为，弄得天怒人怨，最后人民忍无可忍，起来反抗暴政，嫦娥就偷吃了不死之药，飞入了月宫。这故事可以证明我们反抗暴政的民族精神，是由来已久的。再后的传说是，月中有大桂树高五百丈，仙人吴刚因犯了过，被罚用大斧天天砍树，那被斫的桂树伤口，立刻又新生愈合，他再斫又再长，只好一分一秒也不停地斫。这和以后的“月下老人”、“唐明皇游月宫”等故事，都是在唐人小说中出现的[40]。

唐明皇梦游广寒宫是家喻户晓的故事，这个故事是说：鄂人罗公远中秋夜随侍玄宗在宫中赏月，眼看玄宗凝视明月，十分向往，就邀请玄宗去游月宫。他取出一根拐杖向空中掷去，化做一条银桥，两人一同登上大桥，差不多走了数十里远，觉得精光夺目，寒气侵人，才知已到一座大宫殿前。罗公远说：“这就是月宫啦！”玄宗一看有数百个仙女穿着素练宽衣，在广大的宫廷中跳舞，歌声嘹亮，音韵非常美妙，便问道：“这是什么曲子？”罗公远答曰：“霓裳羽衣曲。”玄宗牢牢地把那曲子的音调记在脑海里，归程沿路回顾那银桥，也随着他们一步步地消失了。回到宫中，玄宗即时命令乐官，依照他所记的曲调，编成了著名的“霓裳羽衣曲”[41]。

也有人认为唐明皇的梦游月宫是思念杨贵妃，寝食难安，乃使天师作法，于八月望日夜，陪伴明皇前往月宫，寻找玉环。就如白居易

39. 娄子匡，《岁时丛话》，《北大民俗丛书103》（台北，1974年影印），页202。

40. 温茂华，《仲秋话俗》，页36—43。

41. 柳宗元，《龙城录》、《唐逸史记》。

《长恨歌》中云："升天入地求之遍，上穷碧落下黄泉，两处茫茫皆不见。"后来有没有找到并无下文；但这个故事却流传下来，也给月亮添加了许多旖旎风光。更难怪墨客骚人百姓民众，都要向往它的神秘，对它发出爱的颂赞[42]。

虽然人们都希冀能亲临月宫；但在古代，广寒宫阙毕竟是无法攀缘的，有些帝王就异想天开，造起人造月宫。南朝的陈后主就是一个例子，他曾为宠妃张丽华造了一座桂宫[43]。昔人称考中状元为"蟾宫折桂"，把登第比为登月，可见人们对月亮的向往。

42. 温茂华,《仲秋话俗》，页37。
43. 同上。
44. 何联奎,《中国之节序礼俗》,《故宫季刊》，七卷一期（1972年），页49。
45. 温茂华,《仲秋话俗》，页36。

夜凉如水，月圆如镜，桂子飘香，天气凉而未寒，惹人流连。阖家团聚，啖饼赏月，这是我国民间在中秋节全家团圆赏月消闲的情景。自古迄今世代相传，真不知度过了几多岁月。由天上的月圆，来象征人间的团圆美好的事物，因此中秋节也叫"人节"。那一天出门在异乡的人都要回家和家人团圆，所以又叫"团圆节"。月饼取团圆之义以象征团圆的皓月，即所以反映向慕人生圆满无缺的意境。所谓赏月吃月饼，亦就是鼓励自己在人生历程上要努力追求前途的光明，宏发生命的光辉[44]。

《洛中记闻》说：唐僖宗在中秋节日吃月饼，味极美，他听得新科进士在曲江设开喜宴，便命御厨房用红绫包月饼赏赐他们。这是月饼初见的记载。到了宋代，月饼有"荷叶"、"金花"、"芙蓉"等名称，制作方法更加精致。诗人苏东坡并且有诗称赞说"小饼如嚼月，中有酥与饴"。酥是油酥，饴就是糖，味道的甜脆香美可知[45]。

中秋节团圆拜月的情形各地大致相同，也有趁家人团聚之便，举行祭祖者。民间拜月没有仪式，仅焚香遥拜和陈列瓜果月饼为供。月饼必是圆形，瓜果也须是圆形的，或排成圆形。京谚"男不拜月"，因为妇女属阴，所以拜月多由妇女为之，男子并不参与（图三）。拜完焚纸撤供，设果酒肴馔于庭，家人团坐饮酒赏月。

在古代，月亮称作“太阴”，又称“夜明”，祭月是很严肃诚敬的祀典，不过到了后来却是赏月重于祭月，欢娱代替了严肃。如清末的慈禧太后，要过五天中秋节，从十三日始，前二天叫做“迎节”，后两天叫做“余节”，中间十五才叫“正节”，在颐和园景福阁排云殿里，有许多奢侈琐碎的排场[46]。

北宋首都东京（开封）每年一到中秋节的热闹情况，至今还留在历史的记录上。中秋节来临的前一天，街上的酒店都在门口用彩色的绢装饰成一个个彩牌坊，并在八月半出售新酒。当日中午的时候，新酒一经售罄，就要把招牌卸下，还有新上市的蟹、石榴、梨子、栗子、葡萄等，也并列在店铺的门面上邀人购买。中秋那一天，许多准备赏月的人都上酒楼，街上也挤满了赏月的人。据说有些人通宵饮酒，要到次日清晨才各自回家[47]。

明人张岱在《陶庵梦忆》书中，记载了苏州虎丘中秋赏月的胜景。自天暝、月上、更深、二鼓、三鼓，一时一时都有不同的情趣。古人为点缀这光明之夜，也尚灯，使得灯光月夜交相辉映，倍增佳趣。《武林旧事》载：此夕浙江放“一点红”羊皮小水灯数十万盏，浮满水面，烂若繁星引人驻足观赏。各地街市亦多悬灯，以助月色，借以庆贺中秋。广东张灯最盛，各家于节前十几天，就用竹条扎灯笼。作果品鸟兽鱼虫形及“庆贺中秋”等字样，上糊色纸绘各种颜色。中秋夜灯内燃烛用绳系于竹竿上，高树于瓦檐或露台上，或用小灯砌成字形、或种种形状，挂于家屋高处，俗称“树中秋”或“竖中秋”。富贵之家所悬之灯，高可数丈，家人聚于灯下欢饮为乐，平常百姓则竖一旗竿，灯笼两颗，也自取其乐。满城灯火不啻琉璃世界[48]。

程羽《文花历》称：“八月桂香飘”，所以中秋多赏桂折桂之举。云南八月有桂花市、四川新都有桂湖，湖畔丛桂多达二百多棵，绵延里许，中秋前后香闻数里之外，游客塞途。北平宝藏寺的桂花，甚为

---

46. 娄子匡，《台湾民俗源流》，《北大民俗丛书64》，页24。

47. 孟元老等著，《东京梦华录》，外四种，卷八。

48. 陈果夫，《国民生活历》下，《北大民俗丛书144》，页288。

著名。南昌则青云谱仲秋赏桂，轰动各地。吴俗最盛，往日虎丘看桂，倾城而出有如端午竞渡之时。我国民间素喜兰、桂，号为桂子兰孙，庭院多栽植之。月明之夜，婆娑桂影，甜香缕缕，逞佳节之良会，叙天伦之融融，乃人生之至乐[49]。

中秋赏月除在楼台凭眺外，凡江河之处，也有泛舟夜游，望月看潮的。浙江观潮一直是天下奇观，尤以中秋夜最盛。杨万里诗云："海涌银为郭，江横玉系腰。"可见气势之雄豪。而"吴儿善泅者数百，都披发文身，手持十幅大彩旗，争先鼓勇，出没于波浪之中，腾身百变，而旗尾不沾湿，以此夸能。"[50]则使钱塘的中秋更为多彩热闹。

在台湾还有"斗四红"、"听香"之俗。"斗四红"就是赛饼之戏，年轻人相邀出钱，向饼店买进一组"饼单"，可以换取大小"状元饼"六十三个，用骰子四颗或六颗来争取饼单。比赛的方法是把骰子投在碗中，以所得"四红"之数分取饼单。如得四个"四红"叫做"状元"可以夺取最大的饼。凡夺得状元饼的人，明年中秋还得送来状元饼，再来参加竞技。这是与科举制度有关的节俗，中了状元饼代表着有中状元的兆头，这种游戏今已不多见了[51]。

听香一作"拈香"，是妇女的玩意儿，由听香人燃香礼拜后静立或出游，留心窃听人语，就所听到的话语，占卜未来吉凶，此俗传自闽南[52]。

在江苏、安徽、贵州、四川、湖南等处则有"摸秋"之俗。没有生过子女的妇女，有的是自己，有的是亲友去到别人家瓜田里偷一个瓜吃了，便可以生子[53]。

若中秋夜儿童执火炬，结队走田野以摘取果豆等物相与识别，则别谓之"模秋"。因为万物都在秋成，此种风俗一方面可以验秋之丰歉，同时可增进儿童对于栽培作物的兴趣[54]，寓教于乐，甚有意义。

---

49. 同上书，页287—288。
50.《武林旧事》，卷三。
51. 娄子匡，《岁时丛话》，页211。
52. 同上书，页215—216。
53. 屈万里，《偷青与摸秋》，《台湾风物》，二卷三期，页2。
54. 陈果夫，《国民生活历》下，页289。

北方过中秋节，街上有卖兔儿爷者，兔儿爷就是塑成兔状的泥偶人，也有用布扎或纸绘的，人身兔首。有的穿衣戴帽很像大官儿的，有的穿着铠甲像将军一样的，有的骑老虎的，也有的坐在椅子上的，各式各样，是儿童的宠物[55]。

面对皓月能诗者不免吟咏感叹，中秋前后三天常有悬设"灯猜"任人猜对，而各地诗社也常在中秋日集合，拈题分笺举行击钵吟会。诗题多择有关于中秋的，如"赏月"、"拜月"、"泛月"、"待月"等以助诗兴。吟咏中秋月夜的诗词，能表达人们在月光感染的气氛下所引发的各种情绪：有人会在月夜觉得无上的欣快，因为他在心满意足的人生过程中，对月亮发生物我皆圆满的情绪；也有人会触景生情而感慨万千，便把痛心国难，或是怆怀身世，全都在诗篇辞章中尽情流露了。

李白的"望月思乡"："床前明月光，疑是地上霜。举头望明月，低头思故乡。"杜工部的"月是故乡明"，都是思念故里的千古绝唱。此外诗人咏月之作，更是不胜枚举，如韩退之有《中秋赠友诗》云："一杯相属君当歌，君歌且休听我歌。我今与君岂殊料，一年明月今宵多。人生由命非由他，有酒不饮奈愁何？"苏东坡有《水调歌头》："明月几时有？把酒问青天。不知天上宫阙，今夕是何年？我欲乘风归去，又恐琼楼玉宇，高处不胜寒，起舞弄清影，何似在人间？转朱阁，低绮户，照无眠，不应有恨，何事偏向别时圆。人有悲欢离合，月有阴晴圆缺，此事古难全，但愿人长久，千里共婵娟。"陆放翁也有《月夜吟》："小醉初醒月满床，玉壶银阙不胜凉，天风忽送荷香过，一叶飘然忆故乡。"

诗人词家眼底心头的月，自然和民间芸芸万众不完全一致。可是思乡爱国的情怀，却是人同此心。中秋吟月不仅代代相传，这些诗怀词意更是代代相沿的了[56]。

我国民间以天上月圆定为佳节，盖有团圆的民俗心理为其基础[57]。

55. 张迅齐编译，《清代北平风俗图》（台北，常春树，1978年）。
56. 娄子匡，《岁时丛话》，页185—186。
57. 娄子匡，《台湾民俗源流》，页25。

正如朱敦儒所云："偏赏中秋月，从古到如今。"中秋节表现出中国人对天上月圆、人间团圆的向往，配合着种种的节俗，生趣的活动，游乐以陶冶人心，纪念以安慰人情，历久相沿，成为一个充满欢乐与诗趣的岁时节序。

九九佳节重阳时

在我国所有节令中，最能象征孝思不匮和慎终追远者，除了清明，便数重阳。当然，重阳节除了使异乡游子们感受到"每逢佳节倍思亲"的情绪外，民间还有许多多彩多姿的节庆活动和美丽、哀怨的神话、逸事等，点缀其间；而骚人墨客的登高聚会、吟咏赋诗更使得重阳节成为一个充满温情和诗意的节日。

关于重阳节的起源，历史上并无明确的记载。《楚辞·远游》："集重阳入帝宫兮。"洪兴祖注解是："积阳而为天，因天有九重，故曰重阳。"[58] 由此可知，这里的重阳是指天空或穹苍，而非重阳节。三国时代，重阳节的名称才正式见诸记载。魏文帝曹丕给太傅钟繇的书信上说："岁往月来，忽复九月九日，九为阳数，而日月相应，俗嘉其名，以为宜于长久，故以享宴高会。"由于九为阳数[59]，又日月并应，所以称为重阳；又因正值农历九月九日，日月都逢九，所以俗称重九。

重阳节接近仲秋时节，这个时候，田禾大都登场，而且天高气爽，人情舒闲，自然成为我国秋季的一个公共娱乐日子。同时九月九日，日月皆值"阳"数，所谓"阳"就是指万物俱赖以生长的太阳，在传统农业社会人们的心目中极为重要，因此把这一天特定为节名。从全国各地关于"九月九"的谚语看来，重阳与农事收成及节气征候的关系极为密切。例如讲农事收成的有："九月九，禾成腩 。"及"九月九，

58.《楚辞补注》(台北，中华)。

59. 九为阳数之说可参考《易经》上"阳○称九"之说。关于重九的说法，按《索》、《问》、《三部九侯论》说："谓天地之数始于一，而终于九。"《管子·轻重篇》则说："伏羲作九九之数，以合天道。"

牛羊遍地走"、"九月九，大撒手"等都是讲重阳之后，农事停顿田土休闲的情况，当时田野呈现一片悠游景观：牛马、毛驴、骡子等牲畜，在广大的原野上到处溜达，好不悠哉游哉！关于节气征候的则有："九月九，雨多有"、"九月九，大水满捣捣"、"重阳无雨一冬晴，重阳有雨一冬干"，以及"重阳湿漉漉，柴草千钱束"等谚语，都说明这个节日对传统农业社会的生活多么重要[60]。

至于重阳节的故事，起自何时，文献上也没有明确记载，不过根据古籍所载，它的流行可以远溯到西汉时代。《西京杂记》上记载戚夫人的侍儿贾佩兰，后来离开宫廷，嫁给扶风人段儒为妻。平日闲谈便常提及她在宫廷时，每届九月九日，大家都佩茱萸、吃蓬饵、饮菊花酒[61]。像这样佩茱萸、吃蓬饵、饮菊花酒等活动，不过是用来点缀节景，并且带有辟邪延寿的意义。至于重阳登高的习俗则另有一段神话故事。据说，后汉时代有名的仙人费长房[62]，有一天对他的弟子桓景说："九月九日，你的家里将有灾难，如果你带了全家大小，人人用红袋盛茱萸，挂在手臂上，登高饮菊花酒，便能够避祸消灾了。"桓景届时果然照师傅所说，全家上山游玩，等到傍晚回家一看，只见所有的鸡狗牛羊等家禽、家畜，全都已死光。桓景这才明白，原来这些家禽牲畜，做了他们全家大小的替死鬼了[63]。桓景避灾之说，虽为神话，然而后世之人却代代相传，并视九月九日为登高避灾、饮酒聚会之期，久之乃渐渐成为我国的特殊风俗。

然则一年有十二个月份，每个月皆有三个九日，何以古人偏要定在九月九日去登高呢？这也有一种说法：因为重九是一"阳"登勤之日，地气上升，天气下降，古人为了避免接触不正之气，所以才登高以辟邪气。这种说法虽然不免附会，然而，九月九日正值仲秋时节，秋高气爽，登高望远，啸咏骋怀，既可随俗消灾避害，以应故事之典，复可极目远眺，雅叙畅游，以开阔胸怀，活动筋骨。所以，人们于重

60. 齐治平编著，《节令的故事》，《序言》，页7。

61. 汉·刘歆，《西京杂记》；或晋·干宝，《搜神记》。

62. 费长房是东汉时代有名的术士，《后汉书》记载着他许多神奇的事迹。参考《后汉书》，卷八十二下，《方术列传》；卷七十二下，《费长房列传》。

63. 吴均，《续齐谐记》。

九登高（图四），在时令上是最适当不过的。

重九佳节不但是我国民间盛行的风俗，也是过去文人雅士应时聚会的节令。在古人的笔记中，关于重九佳节佳话不胜枚举。现在举出两则最著名的故事，一则是“落帽参军”的故事，另一则是“白衣送酒”的佳话，以见重阳节诗意盎然的光彩。

晋朝永和年间，桓温开府荆襄，幕中有一参军名叫孟嘉，于重九日与朋友群登高至龙山，吟诗作句，啸咏骋怀，正当他们意兴风发，致趣昂扬之时，突然大风一起，把孟长史的官帽一刮，帽便落入龙山峡谷，而孟长史并未发觉，还津津有味地和别人为文酬答，饮酒赋诗。桓温看到这种情形，不禁莞尔笑说：“这真可以说是落帽参军啊！”[64]此事至今传为雅事，后世文人，竞相师尚，一杯麦酿，几朵黄花，就登高风雅去了。

64. 参见《晋书》，卷九八，《桓温列传》附《孟嘉传》。

田园诗人陶渊明，有一年的重阳节，正陶醉于“采菊东篱下，悠然见南山”的风雅情绪中，在篱边抚琴高吟，突然间他想到了酒，但美中不足的是家里并没有备酒过节，于是，他只好徘徊在菊花丛中，并摘了大束的菊花，坐在屋旁篱畔边惆怅。就在这时候，忽然有一个身穿白裳的人向他走来，这个人就是刺史王弘派来送酒给渊明的差使。既然有了酒，陶公不问其他，便打开酒坛，在篱边畅饮，直到大醉方歇。酒兴正酣时便吟出了《九日闲居》这一首名诗，而且先作说明：“余闲居爱重九之名，秋菊盈园，而持醪靡由，空服九华，寄怀于言。”然后，就把重九感怀跃然于诗句上：“世短意恒多，斯人乐久生，日月依辰至，举俗爱其名。露凄暄风息，气澈天象明，往燕无遗影，来雁有余声，酒能祛百虑，菊解制颓龄。如何蓬庐士，空视时运倾，尘爵耻虚罍，寒华徒自荣，敛襟独闲谣，缅焉起深情，栖迟既多娱，淹留岂无成。”这个白衣送酒的故事，不仅充满着人情味，也显示出授受双方那种纯然无私的情趣。唐代诗人王勃的九日诗云：“九日重阳节，开门有菊花，不知来送酒，若个是陶家？”杜子美的诗，则又呈现出另一

3

图三 中秋拜月。采自内田道夫编撰《北京风俗图谱》，京谚“男不拜月”，因为妇女属阴，所以拜月多由妇女为之，男子并不参与。

图四 重阳登高。采自内田道夫编撰《北京风俗图谱》。九月九日正值仲秋时节，秋高气爽，登高望远，啸咏骋怀，既可随俗消灾避害，以应故事之典，复可极目远眺，雅叙畅游，以开阔胸怀，活动筋骨。

种境界，他的吟咏是：“每恨陶彭泽，无钱对菊花，而今九日至，自觉酒须赊。”苏东坡的诗句则更有一份闲适的情趣：“白衣送酒舞渊明，漫绕东篱嗅落英。”此后，历代诗人词家，一到重阳有所吟咏，总不免把陶公、白衣吟在一起，而东篱黄菊也就成为重阳景色的另一点缀了。

重阳节，人们除了登高和饮酒享宴之外，尚有佩茱萸、食糕、插菊、赏菊及饮菊花酒等习俗，叙述如后：

1. 佩茱萸、插茱萸与赐茱萸：佩茱萸的习俗，大约起于后汉时代，根据《艺苑雌黄》的记载：“九月九日，作绛囊佩茱萸，或谓其事始于桓景。”《西京杂记》也提到：“九月九日佩茱萸，令人长寿。”到了唐宋时代，佩茱萸的习俗已逐渐改为插茱萸了。根据《风土记》的记载：“俗尚九月九日，谓之上九，茱萸到此日成熟，气烈色赤，争折其房以插头；云，辟除恶炁，而御初寒。”[65] 唐宋诗人词家描写重九插茱萸的诗词更是屡见不鲜。其中最负盛名的是王维的《九月九日忆山东兄弟》诗：“遥知兄弟登高处，遍插茱萸少一人。”此外，李白诗云：“九日茱萸熟，插鬓伤头白。”苏辙的《九日诗》：“茱萸漫辟恶。”黄庭坚词云：“他年同插茱萸。”朱熹词：“况有紫茱黄菊，堪插满头归。”可见唐宋人重阳插茱萸之风已极普遍。不仅民间如此，即在帝室亦用以赏赐朝臣，所以杜甫九日诗云：“茱萸赐朝士，难得一枝来。”

据《本草纲目》记载，茱萸具有润肝燥脾，温中下气，除湿解郁及去疾杀虫等功效。原产于汉中、东海、琅玡等地，于每年九月采实[66]。而重阳节之所以有佩茱萸、插茱萸等习俗，其意不外因茱萸有去邪气、镇妖毒与御初寒等作用。

2. 食糕：重阳节旧时的习俗是要吃花糕的，这正与中秋节要吃月饼一样，两者都已成为应节的食品。由于重阳节有登高的习俗，而高与糕同音，古人相信“百事皆高”的说法，所以，人们在重阳登高的

65. 茱萸也有种于井上及舍东以避邪者。《万毕术》云：“井上宜种茱萸，落叶井中，人饮其水，无瘟疫，悬其子于屋，辟鬼魅。又《五行志》：“舍东种白杨，茱萸增年除害。”类似这种习俗，现在都不用了。

66. 茱萸有吴茱萸、食茱萸和山茱萸三种。古诗中所指的茱萸，据陈汉光先生的考证，应该是山茱萸。山茱萸有祛邪逐湿、除风解氯和兴阳强阴的效用。

时候，吃一些糕饼之类的东西，是别具深意的。

重阳糕的做法，因地而异。根据《岁时杂记》所载：“大率以枣为之，或加以栗，亦有用肉者。”《东京梦华录》则云：“京都修饤果实，如榴栗银杏松实之类。”所以，大概的做法是：以米面为主要作料，配味则加枣或栗子，然后在糕面上加上各种水果，如石榴子、栗黄、银杏、松子之类，故称之为花糕。北平的糕饼铺在重阳节以前，也作出这种重阳花糕出售，是用枣泥馅子做薄薄的圆饼，样式很多，其中有一种叫作九级花糕，形状像宝塔一般，每一级的空隙里都嵌着小枣和栗子，尖顶上还插着五颜六色的旗子和菊花，取步步高升之意，看起来非常雅致美观。

有些地方，人们非常重视重阳糕，于是在重阳这一天，父母们便把重阳花糕切成薄片，放在未成年子女们的头额上，并祝福说：“愿儿百事俱高。”充分表现出望子成龙的心理[67]。

3. 饮菊花酒：重阳节正值九月初九，所以要饮酒。一方面取其九九长久之意；一方面则因为菊花酒自有其医药上的功用。陶渊明诗云：“酒能祛百虑，菊解制颓龄。”唐郭震诗亦云：“辟恶茱萸囊，延年菊花酒。”由于酒能解除忧虑，菊花能延年益寿，所以，古人认为喝菊花酒不但可以长命百岁，同时也可以辟恶及解除不祥之气。

重阳节饮菊花酒，自古至今一直是件风雅事，它激发了诗人雅士们的灵思，留下了许多令人心神激荡的诗篇。从孟浩然的：“何当载酒来，共醉重阳节？”黄庭坚的：“九日黄花倾寿酒，几回青眼望归尘？”以及卢纶九日诗：“且倾浮菊酒，聊拂染衣尘。”中都可以看出重阳置酒，倍增文士们吟诗弄词的雅兴。

关于菊花酒的做法，在《西京杂记》中也有详细的记载。大概是当菊花盛开之时，把菊花连枝带叶一起采下来，和黍米放在一起酿造，等到第二年的九月九日成熟，便可饮用，以迎重阳了[68]。重阳节除饮菊花

67. 谢肇淛，《五杂组》其中有载：“九日天明时，以片糕搭儿女头额，更祝曰：愿儿百事俱高，作三声。”

68.《西京杂记》记载关于菊花酒的记载如下：“古人于菊花舒时，并采茎叶杂黍米酿之，至来年九月九日始熟，就饮焉，谓饮菊华酒祛邪。”

酒外，尚有饮茱萸酒、桑洛酒、御赐酒等风尚，不过这些都是近人的别出心裁，并非古风。

4. 插菊枝、赏菊花：重九正值仲秋，芳菊盛开，独傲秋霜，文人雅士感物怀人，于是除饮菊花酒外，又有插菊枝、赏菊花等逸事。杜牧诗云："尘世难逢开口笑，菊花须插满头归。"刘景文诗云："重阳曾插菊花无？"而重阳插菊的寓意，也不外取其求吉祥、辟邪恶、取康宁之意，和佩茱萸的作用是殊途同归的。

重阳节的民间习俗除上述登高享宴、佩茱萸、食糕、插菊赏菊及饮菊花酒外，另外还有许多让孩童欢乐的活动。例如：骑竹马、放风筝、放纸条等游戏。重阳节那天，小孩们均骑竹马，俗名"迎寒"，一方面表示刻苦奋励与大自然相抗争；一方面也有秋高马肥，驰骋疆场的寓意。在闽广地区及台湾，由于重阳节前后风力向上，于是重阳节这天盛行放纸鸢。《凤山县志》载："九月重阳，为登高会，童子竞放风筝，如鸢，如宝幢，如八卦河洛图，缚小藤片，能因风作响，惟夜或系灯其上，官禁止之。"此外，又有些地方如南京等地，在重阳节那天将五色纸连接成为条状，长约十二丈，粘在竿头上，植立于广大的庭院中，或者携登塔顶及山顶，放长到五十余丈，使它五彩缤纷，随风飘舞，这就是所谓的"放条"或"插重阳旗"。当然，不管是放风筝或放纸条都含有高升向上及向外发展的深意。

由于骑竹马、放纸鸢、放纸条等活动颇为盛行，因此也形成了重阳节的一种特殊风光。

重阳节这天不仅是文人雅士们饮酒赋诗、儿童们欢乐活跃的佳节，也是妇女们难得的休息日。根据《搜神记》的记载，淮南全椒县有一个丁姓家妇，嫁给了同县谢家，婆婆非常凶恶，常常虐待她，并且迫她做许多家事，如果不能依照期限完成，便要鞭笞捶打，丁姓家妇不堪忍受，终于在九月九日上吊自杀，她的灵魂附在巫祝的身上说："许多为人媳妇者，经年累月地工作不息，九月重阳那天，请家婆不要再叫她操劳了。"所以江南人到了重阳这天，都称为休息日[69]。以后，每逢重阳节，妇女们依俗佩戴茱萸囊，父母们都把嫁出去的女儿，迎接回来吃重阳糕，如果不能迎接回来，母亲会生气不满，女儿也会发怒怨诟，家里的小孩们更是哭闹不休。所以《帝京景物略》也把这天称为女儿节。

重阳节也是聚会团圆的好日子，人们若未遂其愿，难免会有伤时感怀的情绪。像李清照的重九《醉花阴》词："佳节又重阳，簟枕纱橱，半夜凉初透。东篱把酒黄昏后，有暗香盈袖，莫道不销魂！帘卷西风，人比黄花瘦。"这种刻骨相思，伤离怨别之词，缠绵婉转地道尽无限凄清情景，焉得不令读者为之黯然神伤？此外王维九日诗也说："独在异乡为异客，每逢佳节倍思亲。遥知兄弟登高处，遍插茱萸少一人。"在异乡独度佳节，有说不尽的辛酸滋味，王维把异乡游子怀乡思亲及怀念手足的一片至诚，溢于字里行间了。

每一个中国节日的背后，都有一个或多个属于它的美丽神话。重阳节除了有传统性多彩多姿的活动外，民间也流传着一些脍炙人口的佳话。《江南野史》中所记载的尹氏歌声就是一个好例子。据说唐人尹氏姿容秀丽，天资明敏，性情又温婉贤慧，尤其具有歌唱的天赋。某年的重阳节，她和朋友群登至南山的文峰游玩，女伴们请她唱歌，她就笑靥迎人的舒展歌喉，清歌一曲，声音响彻行云，几里路之遥，还可以听见她曼妙的歌声。所以，当时的人形容说尹氏歌声可以声闻长安城了。另外王勃作《滕王阁序》的经过，《唐朝野史》的记载是这样的：重阳节的前一天，王勃的船经过马当山，遇见一个老翁对他说："你不是王勃吗？明天就是重九了，南昌都督阎公将会命客人作滕王阁序，我看你颇有才气，为什么不前往南昌去共襄盛举呢？"王勃答说："这里距离南昌有七百里之遥，今天已是八日了，哪里赶得上呢？"于是老人就说："我助你一席清风，你且尽管去吧！"王勃于是立即登船，就在重阳节的傍晚及时抵达了南昌城，而著名的《滕王阁序》就此产生了。《唐初四杰轶事》的记载则是：王勃的船停靠在马当山之时，有一老翁示他一名句，此名句即"落霞与孤鹜齐飞，秋水共长天一色"。

69. 干宝，《搜神记》，卷五。

而认为《滕王阁序》之所以能完成，完全是神助！

我国旧时的重阳节一直是农历的九月九日，民国十九年，国民政府正式公布以国历九月九日为重九节，而废除重阳旧称。然而，这个命令并未生效，因为以阳历九月九日代替农历九月九日，无论季节、气候均与沿袭二千年来的风俗习惯不适宜，并且民间相沿成习，一时积重难返。所以，时至今日，仍以农历的九月九日为重阳节。同时由于重阳节本来就有长久及延年益寿的象征，所以演变成一个属于老年人的节日，并且在当天举行敬老大会，掀起敬老的高潮，发扬我国固有伦理道德，表现出敦睦人伦的美德。

结 语

以上介绍了我国民间习俗里面四个重要的传统节日——清明、端午、中秋、重阳。这些节日，并非起源于同一时代，而是历经许多岁月，不断演变发展，才逐渐形成的。我国古来以孝治天下，所谓“国之大事，在祀与戎”。祀者，祭祖先也。孝的主要表现，就是对于父母的养生、送死与慎终追远，以尽为子女者事亲的责任，这就是所谓“礼”。凡能孝于亲者，必能忠于国。故“忠孝节义”四大德目，早已成了中华民族的个人性格与立国精神。如清明祭扫，以示不忘先人；中秋团圆，以叙天伦之乐；重阳登高，以崇敬老之礼。至于端午节，所谓“艾虎”、“桃印”，都是属于驱邪去恶的民间卫生运动。时届仲夏，瘴疠盛起，害虫滋生，必设法克服以保健康。这些传统习俗，不但丰富了我们民族的生活内容，更形成了国人的独有风格。今日世界各地华侨在侨居地所表现的，就是这种不可磨灭的精神力量。不过各项节日，流行日久，不免失去了原来面目而应予以纠正，如清明祭扫，不必大量焚纸、大放鞭炮，既防火灾，并免浪费。中秋月饼，更不必多食以伤肠胃。借重阳佳节，提倡老人福利，如广建养老院以安其生。端午节寓意本为消毒，更应扩大推行民间卫生运动，使环境净化，疾病绝迹。因为风俗习惯的力量，大于政治力量千万倍，民俗一旦形成，任何力量莫之能御。最好利用这些传统节日，赋予新的导向，使之在符合国民利益上，继续扩大推行，以乐民心而形成更有意义、更有价值的良善风俗。

陶情怡性、移风易俗

传统社会的民间娱乐

江淑玲

娱乐，起源于人性本能的需求，在人类生活过程中，需要一种富有乐趣的娱乐活动。从最简单如嬉戏，这种未加组织化的游戏，到严加训练的技艺游戏如球赛、棋赛；或是从以观赏性质为主的民间百戏，到以活动身体为主的各项趣味竞赛，这些都可以用来调剂忙碌的劳作生活，舒展紧张、严肃的气氛。良好的娱乐对于个人的体能、心理平衡、创造力以及道德感有莫大的助益，往往从各项游戏的活动中，及虚构的界限范围内，创造出各项规则，经由这些规则，可以把已有的生活经验结合在游戏里，并从中体会更丰富的新经验。

娱乐的形态，往往以其轻松、有趣、富变化的面貌，出现在人类社会中，这导因于人类本性中有厌单调、喜变化的特质，所以，娱乐的性质，一方面具备了规律生活以外的热闹、惊险，如民间百戏的竞呈奇技；另一方面则具有自我陶醉的功能，如歌、舞——在言语不足以表达其情感的情况下，“手舞之”、“足蹈之”。又因人类有陶醉于悲欢离合的喜好，戏剧伴而兴起。至于博弈的斗智，在变化无穷的局制中，学习“应对进退”与技巧的运用，行进之间，考验一个人的应变能力、培养一个人的沉着精神，则又是属于“玩物适情”的消遣雅戏。

中国传统社会以农为本，农事生活与节气变化的配合，逐渐产生各项节日与迎神祭典，尤其起源于中国古代傩祭的迎神祭典，几千年来一直是农业社会重要的节日，为了祈求生活上的安详，上古先民以神祇和吉兽驱鬼娱神，渐渐这种仪式含有娱乐民间的意义，每逢迎神节令，民间百姓暂时放下所有工作、热烈参与，使这段时间成为民间难得的狂欢假期。在迎神赛会中，戏曲、技艺表演是重要的一环，除了使整个迎神仪式更加热烈与隆重外，更吸引了大批的观众与信徒。今天，在各地迎神赛会中，仍可看见竹马、旱船、抱锣装鬼、舞狮、舞龙等百戏表演，这些民间百戏，源远流长，有的起源于本土，有的传自外族，经过长久的融合，已成为具有民族特色的传统技艺，借着民间的宗教活动保存下来，成为人们生活的一部分[1]。

1. 参见邱坤良，《民间戏曲散记·大道之行》（台北，时报文化，1979年），页112—113。

因此，本文以介绍民间百戏为开端，在追溯百戏的流传与演变之际，配合宋代平民文化的兴起，附带介绍传统戏剧的形成与艺术内涵，借以探讨中国传统戏剧的娱乐价值。其次介绍“寓武于娱”的团体游戏：唐宋两朝盛行的球戏，有如今日的足球、马球，本是军中练武之戏，这种运动，反映传统社会中团体游戏的娱乐情形，是集骑术、球术、武术于一身的活动。另有拖钩（又名拔河）戏，也是起源于中国上古水师操练的习武之戏，同具“寓武于娱”之义。最后介绍弈棋与博戏，这两种玩戏，起源极早，在悠久的历史中，几经演变，仍流传于今日的社会中，成为中国社会最具代表性的娱乐项目。

生活是文化的主要内涵，其中尤以休闲性的娱乐活动，最能衬托出文化的特质。娱乐，除可调剂生活，往往也在自我的喜好中，由戏剧的表达、团体游戏的竞赛，与弈棋的斗智中，培育出人生的新经验。所以公私是非的认识、守法的精神、为人处世的态度、高尚人格的修养，往往可从娱乐的休闲生活中，以轻松的心情领悟出来。在转化为人生的新经验之际，传统社会的民间娱乐已深具陶情怡性、移风易俗的特性。

奇技竞呈的百戏

所谓“百戏”，包括许多杂技表演，又称为“散乐”，散乐是指来自民间，从民间发展起来的各种表演活动[2]。这类活动，在秦汉时期已颇为丰富，随着汉、唐两朝的西域开拓，西域的胡乐杂技传入中国以后，外来的各型表演艺术，经过吸收容纳，造成日后蔚为大观的民间百戏。又因这些杂技百戏常在宫廷演出，所以内容方面，种类日繁；技巧方面，也日渐提高；这种民间百戏甚至成为宫廷宴乐及招待外国使臣，借以夸耀国力、显示文化水准的娱乐节目。

2.《唐书·乐志》曰：“散乐者非部伍之声，俳优歌舞杂奏，秦汉以来，又有杂技，其变非一，名为百戏，亦总谓之散乐，自是历代相承有之。”

汉代文献，记录了不少百戏的表演项目、形态[3]，除此之外，已出土汉墓中的陶俑、砖刻、壁画，也留下了当时的表演情况。汉代百戏大致可归纳为以下诸项：

扛鼎：属于一种举重表演，以表现臂力为主，所举的重器是铜或铁制的鼎，《史记·项羽本纪》："籍之力能扛鼎"，可推测举重大概以鼎来衡量，而且汉代之前已经有了。

都卢寻橦：都卢，国名，是西域一个小国家，《汉书·西域传》注中有"都卢体轻善缘"，傅亢《正都赋》中亦记有"都卢捷足缘竿而上下"[4]，这些均描述都卢国的人体轻善缘，长于爬竿表演。寻橦，就是运用矫健的身手，攀缘竿端表演各种动作。《西京赋》中"侲童程材，上下翩翻，突倒投而跟结，譬陨绝而复联"[5]，即描写表演者在竿上做翩翻戏，突然倒身如将坠，足跟反挂橦，将坠而未坠，却又反身翻起的情形。有时艺人用肩膀或头顶承长竿，孩童缘竿而上，在竿端上表演各种动作，这种表演，称为"橦木伎"。

走索：是指在高空绳索上表演各种动作。把绳索系于分立的两支长竿上，两人从绳索的两端出发，以舞蹈的姿势走到绳索中央，互相侧身而过，这种表演，汉代又称为"舞絙"。大抵这类绳戏的技巧与都卢寻橦相似，都是凭矫捷的身手和平衡术，在空中表演惊险的动作。

倒掷：是一种功夫表演，包括"倒立"、"下腰"与"翻"三种动作。倒立是指头向下、脚向上的固定动作；下腰是属于柔术表演，即弓腰或反腰贴地；翻是指翻筋斗。这类动作，多半由儿童表演，称为"侲童"。顶、翻是中国杂技最基本的动作，顶的技巧，在于能掌握肢体的重心点；翻的技巧则在于能随意自如地移动重心点，且要求做到快起迟落、节奏分明。这两种杂技，日后与中国戏剧融合，构成戏剧中舞台动作的特殊风格。"倒掷"的表演形象，在山东出土的汉墓中的一座立体形杂伎陶俑上，有栩栩如生的造型。此座杂伎陶俑，共塑有

3. 如东汉张衡《西京赋》所记："……临迥望之广场，程角觝之妙戏，乌获扛鼎，都卢寻橦，冲狭鷰濯，胸突铦锋，跳丸剑之挥霍，走索上而相逢……，巨兽百寻，是为曼延……"此文记载汉代百戏最为详细。见《古今图书集成》(台北，鼎文，影印本)《艺术典七》,《技戏部·艺文》所录，页8421。

4. 同上书，引傅元，《正都赋》。

5. 同上书，引张衡，《西京赋》。

杂技表演者、奏乐者和观赏者，其中表演者四人，两人双手按地，双脚上举表演“倒立”；另两人，则一人头向后，上身反折到地面，另一人上肢反折到脚跟，头从双脚中伸探出来，均属于“下腰”的动作（图一）。

跳丸飞剑：是属于使弄道具，以表演各种奇巧动作的绝技。跳丸，是以双手掷数个泥丸于空中，边抛边接，使之继续循环转动，丸数有五个或七个，或甚至更多，视技巧的高低而定。飞剑，是以剑代替泥丸，多则可以抛接数把剑在空中不坠。这类杂技表演，重点在于动作的灵巧与熟练，同时又能掌握“时间性”与“位置感觉”的协调，借此吸引观赏者的兴趣。在四川出土的汉墓砖画上，即有一组杂技表演者，一人作“跳丸”表演，另一人作“飞剑”表演（图二、图三）。

胸突铦锋：是指用胸部抵触刀剑，而肌肤不受损伤，有如现代所谓的“气功”表演，大致都是以其具备超乎常人的能力而取胜。

幻术：即《西京赋》上记载的“吞刀”、“吐火”，又称为“眩术”，类似后世所称的“戏法”、“把戏”或“魔术”。据《后汉书·西南夷列传》所记，幻人能够口中吐火，能够自缚自解[6]。这项特技又见载于《史记·大宛传》及《汉书·张骞传》[7]，大概这种表演技巧，多为外来技艺，其所以能盛行于民间，是因汉朝开拓西域，西域善于此技者到中国，将此技艺引进，传播于民间。幻术的娱乐价值，在于表演者能运用技巧，表演一些出乎常人意料之外的杂技，使观赏者叹为观止。

曼延、角觗之戏：曼延（又称曼衍）、角觗的名称，均指某些杂技的表演形态而言。“曼延”有富于变化及连绵不断的意思，是指艺人挥舞长达数丈的龙形，或巨大的鱼形及其他兽形，汇成蜿蜒不断、变化多端的行列而言。《西京赋》中“巨兽百蜎，是为曼延”即为此意。角觗，取义于兽以角相抵触，引申为人与人的角力，及人与扮演兽形者

6.《后汉书·南蛮西南夷列传》：“永宁元年，掸国王雍由调复遣使者诣阙朝贺，献乐及幻人，能变化吐火，自支解，易牛马头。”

7.《史记·大宛列传》、《汉书·张骞列传》，均述及“大宛诸国发使随汉来，观汉广大，以大鸟卵及犛靬眩人献于汉”。

的搏斗表演，却不是动物自相搏斗，或是人与真兽的格斗。汉代角觝戏的特点，在于着重对动物形象及其动作的模拟，扮演动物者，戴有面具并穿着特定服饰，称为“象人”。《西京赋》上的“东海黄公”角觝戏，就是描写东海人黄公，具有驯伏虎蛇的法术，因年老嗜酒，法术不灵，操刀斗虎，反为老虎所噬。这个角觝戏的特点，在于表演黄公者，模仿黄公的老态、醉态和窘态，表演老虎者，模仿老虎的凶猛神态[8]。

这种模仿动物形象的表演动作，对于中国日后的舞蹈、戏剧表演均有极深的影响。舞蹈方面，“孔雀舞”、“鸽舞”等就是将禽鸟的动作舞蹈化；而戏剧的舞台表演上，武戏的基本动作，有模仿老虎的“虎跳”、“扑虎”及模仿禽类的“鹞子翻身”等。至于日后遍及乡镇、城市的“舞狮”、“舞龙”，亦可视为由汉代曼延、角觝发展而来的民间技艺[9]。

大抵而言，“曼延”着重团体表演，“角觝”着重个人技巧。这两个名称，可以概括中国杂技百戏的内容与形式，所以，角觝，更演绎为各种杂技的争相竞技，成为百戏及散乐的另一代称。曼延、角觝戏的表演，是民间具有艺术性的娱乐活动，也可以视为是先民与自然灾害及毒蛇猛兽相搏斗以争生存的纪念，大概又与先民社会中的图腾崇拜有关，也许起先各部落民族各自选择一种动物作为他们的图腾标志，逐渐地，各部落民族之间由争伐兼并，产生所谓的君王廷前“百兽率舞”的情形。这些“百兽”也许就是被征服部落的图腾代表，而百兽率舞也许就是他们在其所尊奉的一个最强大的图腾部落前，举行某种仪式，以后渐发展成一个王朝用来表示其武功、文化的活动[10]。

中国传统的民间百戏，所以能够延续不断，与宫廷的爱好有关，汉武帝曾经于元封年间，召集许多民间百戏，以娱安息使者；东汉张衡《西京赋》所描述的，就是汉代宫廷在长安平乐观广场上举行的百戏表演。南北朝时代，百戏仍被宫廷列为宴乐必备的娱乐节目，根据

8. 俞大纲,《中国百戏杂技发展小史》,载《中国戏剧集刊》，第一期，页9。

9. 同上。

10. 俞大纲,《中国的民间百戏》,《中国论坛》，三卷十期(1977年2月)，页3。

1

图一 西汉乐舞杂伎陶俑群（山东济南出土）。采自《中华历史文物》（台北，河洛，1976年）。西汉陶塑，1969年山东济南无影山出土。高22、长67、宽47.5厘米。在长方形平板上，塑造一组乐舞场面的陶俑群。

图二 后汉墓砖刻画杂伎图（四川成都出土）。采自《中华历史文物》（台北，地球，1977年）。画上有一组杂伎表演者，一人作“跳丸”表演，另一人作“飞剑”表演。

《隋书·音乐志》的记载，南朝的宋、齐、梁三朝，其宫廷宴乐的散乐杂技多配以奏乐演出。隋炀帝且在隋朝大一统的基础上，汇集了南北朝的散乐艺人。大业二年（606年），朝廷召集了北周、北齐和梁、陈的乐家子弟，列为乐户，由太乐署管理教练[11]。在这种情况下，隋代百戏可以说是汉至南北朝以来百戏的总汇集。同时，隋炀帝也是继汉武以来，另一个大规模举行民间百戏，借以夸耀国威的皇帝。据《隋书·音乐志》：

> 大业二年，突厥染干来朝，炀帝欲夸之，总追四方散乐，大集东都，初于芳华苑积翠池侧，帝帷宫女观之。有金利先来戏于场内，须臾，跳跃激水满衢，鼋鼍龟鳖，水人虫鱼，遍覆于地，又有大鲸鱼喷雾翳日，倏忽化成黄龙，长七八丈，耸踊而出，名曰黄龙变。又以绳系两柱，相去十丈，遣两女对舞，绳上相逢，切肩而过，歌舞不辍。又为夏育扛鼎，取车轮、石臼、大瓮器等，各于掌上而跳弄之，并二人戴竿其上而舞，忽然腾透而换易之。又有神鳌负山、幻人吐火，千变万化，旷古莫俦，染干大骇。[12]

由书中所记，秦汉以来的杂技百戏，历历如绘，情景之盛，实非其他朝代所能比拟。

到了唐代，玄宗将民间杂技做了有计划的整理，他把外来的胡乐以及民间俗乐、散乐杂技，划归教坊执掌，据《教坊记》所载，教坊中有杂技者三百多人，可见散乐之盛[13]。唐代百戏的表演形态，融合了"舞蹈"与"特技"两种性质，且每一种特技常有固定的音乐配合，这是唐代百戏的特殊风格。在诸项百戏中，以"载竿"（即汉代的"寻橦"）和"绳使"（即汉代的"舞絙"）最为时人所欢迎，名为"热戏"。唐代人之所以喜欢这两种高空表演，可能与其性格较为开放，又富有冒险精神有关[14]。

---

11. 见《隋书·音乐志》下，页373—374。
12. 同上书，页381。
13. 崔令钦，《教坊记》（台北，世界，《四部刊要》本），《教坊记序》，页二。
14. 俞大纲，《中国百戏杂技发展小史》，页11。

民间百戏的发展，到了宋代，达于极盛，由于工商业的发达，新兴的市民阶层，对于物质生活的要求日高，娱乐活动也日渐蓬勃。北宋的汴京、南宋的临安，皆有民间杂技表演使用的场所——“瓦市”（或称“瓦舍”、“瓦子”），瓦市中有许多乐棚，每一个乐棚，演出不同的节目，最大的瓦市内，有可以容纳一千多名观众的乐棚。瓦市里的诸般艺人，有职业性表演团体的组织，称为“社”[15]。凡喜庆节日，不论宫廷或民间，都可以雇他们来表演[16]。

宋代的民间百戏，名目繁多，有些是由传统的基础上发展而来，有些是新兴技艺，其中继承传统杂技发展而来的，是使用道具来表演各种奇巧技能。杂技使用的道具，已不限于丸、剑、盘碟，而扩展到日常生活所用的器物，像“踢缸”、“踢锤”、“踢瓶”、“弄斗”、“弄碗”等，这些踢弄表演，又称为“杂手艺”，表演的人称为“踢弄家”或“踢弄人”，《梦粱录》记载“又有村落之人，拖儿带女，就街坊桥巷，呈百戏使艺，求觅铺席宅舍钱酒之赀，且‘杂手艺’，即使艺也”。[17]其性质充分表现宋代杂技的民间性。

与踢弄同为宋代杂技特色的是“角觝戏”，据《都城记胜》云：“百戏在京师时，各名左右军，并是开封府衙前乐营，相扑争交，谓之‘角觝之戏’，别有‘使拳’，与相扑曲折相反，而与军头司大夫相近也。”[18]角觝，此时已称为“相扑”，相扑、使拳，是指北宋军中的武术而言。到了南宋，这两种技艺在民间普遍发展，其中尤以使拳与日后的拳术发展有密切的关系，后世中国拳术的衍成派别，很多记述都溯源于宋代[19]。

民间百戏，发展到宋代，项目之多，非其他朝代所能比拟，除了以上所述源自秦汉以来的民间杂技表演以外，民间尚流行着与传统戏剧有密切关系的说话、讲史、皮影戏与傀儡戏等娱乐项目。

---

15. 孟元老，《东京梦华录》（台北，世界，1963年），卷二，《东角楼街巷》，页67。
16. 吴自牧，《梦粱录》（台北，新兴，《笔记小说大观》二十一编二册），《百戏伎艺》：“……遇朝家大朝会圣节，宣押殿庭承应，则官府公筵、府第筵会，点唤供筵，俱有大犒……”页280。
17. 同上书，页280—281。
18. 耐得翁，《都城纪胜》（台北，商务），《瓦舍众伎》，页12。
19. 俞大纲，《中国百戏杂技发展小史》，页14。

1. 说话：说话类似现在的说书，以口头演说故事。这项娱乐的产生，是受“变文”的影响而起。

变文是一种由散文与韵文交织而成的叙事诗，叙述事情时，讲、唱文体皆备，是一种讲唱文学。它兴起于唐代寺院，是僧侣们为了宣扬佛教经义，用以吸引听众的表达方法。变文，又简称为“变”，讲唱时以散文讲说，以韵文歌唱，歌唱除了用梵呗的声调外，也杂用俗曲。为了使佛教能深入民间，容易为一般人所接受，更有人把佛经以变文的形式改写成有趣的故事，再配合音乐、以歌唱演出，演变到后来，产生了许多劝善行孝的戏剧，“目连戏”即为其中之一。变文的发展，随着内涵的改变，渐渐由寺院流入市井，一部分偏重于讲的，演变成为宋代的民间娱乐“说话”；另一部分偏重于唱的，便成为宋代的陶真、汇词、鼓子词、诸宫调等。元代的词话，明清的弹词、鼓词、宝卷等均受其影响。变文的最大功能，在于使民间发展出许多变文体的通俗文学，有利于描述现实的生活。

宋人说话，各有专家，如《都城纪胜》中《瓦舍众伎》所记：“说话有四家，一者‘小说’，谓之银字儿，如烟粉、灵怪、传奇公案，皆是搏刀赶棒及发迹变泰之事；‘说铁骑儿’，谓士马金鼓之事；‘说经’，谓演说佛书；‘说参请’，谓宾主参禅悟道等事。”[20]日后，只有“小说”一家话本流传于世者最多。因为话本是说话人用来作为说故事的底本，所以体裁与后来纯粹叙述的小说有些不同，话本充满说话的口气，并且在每一本话本之前，有一段“入话”或“得胜头回”，以诗词或故事作开端，有的与正文有关，有的与正文全无关系。这种情形，为后世一般小说所无，这可能是因为说话已演变为一种职业，为了迁就观众，怕开讲时听众没有到齐，所以先来一段入话或头回，以等待迟来的听众，其称为“得胜头回”，大概与听众多为军民有关，所以冠以“得胜”的吉语[21]。

2. 讲史：《都城纪胜》中提到讲史云：“讲说前代书史文传兴废争

---

20. 耐得翁，《都城纪胜》，《瓦舍众伎》，页12。

21. 杨荫深，《中国俗文学概论》（台北，世界，1961年），页33。

战之事”，讲史可能在宋代之前已经有了，不过到了宋代，讲史极为发达。苏轼《东坡志林》引王彭的话：“涂巷小儿薄劣，为其家所厌苦，辄与数文，令聚坐听说古话。说三国事，闻玄德败，则颦蹙，有出涕者；闻曹操败，则喜跃畅快。以是知君子小人之泽，百世不斩。”[22]可知，北宋讲史极为普遍，连小儿也喜欢听讲，且为内容所感动。《东京梦华录》中，记载当时讲史的名家有孙宽、孙圭、曾无党、高恕等，又有“霍四究说三分，尹常卖五代史”之言，可知霍、尹各以专说三国与五代为擅长[23]。到了南宋，不但男子讲史，女人也有以此为职业。今日所见最早的讲史书，为宋人所作的《新编五代史平话》，所以现代也有人称讲史为平话、或评话。元代以后，讲史益形发达，讲述内容不再限于史事，所用的讲本也非职业说书人所作，而是文人的创作，演变到后来，则成为“章回小说”的文学作品。

22. 苏轼，《东坡志林》（台北，商务），卷一，《怀古》，页5。

23. 孟元老，《东京梦华录》，卷二，《东角楼街巷》，页137—138

24.《古今图书集成》，《艺术典七》，《傀儡部艺文二》，页8545。

25. 吴自牧，《梦粱录》，页281。

3. 傀儡戏：即木偶戏（古称窟礧、魁礧）。传说周穆王已有刻木为人之事，《通典》据《风俗通》之说，认为汉代傀儡子做偶人之戏，善歌舞，本是丧家乐，到汉末始用于嘉会。《旧唐书·音乐志》云：“窟礧子作偶人之戏，善歌舞，齐后主高纬尤所好。”可见傀儡善于歌舞表演，且由丧家乐转为娱乐戏；而齐后主又是傀儡戏的喜好者。唐代，随着变文出现及讲唱文学的发达，傀儡戏的故事性越来越浓，趣味性也相对提高。但是玄宗以其非正声，所以置于内教坊观赏。唐代元宗《傀儡吟》：“刻木牵丝做老翁，鸡皮鹤发与真同，须臾弄摆寂无事，还似人生一梦中。”[24]描述出傀儡子的模样。由宋人流传到今天的著作看来，傀儡戏在内容与技艺方面皆相当进步，不但广泛流传于民间，且应召在宫廷演出，受欢迎的程度不在杂剧散乐之下。《梦粱录》载：“凡傀儡敷衍烟粉、灵怪、铁骑、公案、史书，历代君臣相将故事，或讲史、或作杂剧……”[25]可知宋代的傀儡戏大致以表演各类故事为主。

其使用道具，以悬丝傀儡、杖头傀儡、水傀儡和肉傀儡等为主。所谓悬丝傀儡，又称“提偶”，有如现代的提丝木人；杖头傀儡，又称“托偶”，傀儡较大，演出时人手较多，又称为“大台宫戏”；水傀儡，据《梦粱录》记载：“其水傀儡者，有姚遇仙、赛宝哥、王吉、金时好等，弄得百怜百悼，兼之水百戏往来出入之势，规模舞走，鱼龙变化，功艺如神。”[26] 大概是指水中表演的傀儡戏，其中有木制的人物、鱼龙之类的动物，参与其中表演；肉傀儡，是以小孩装扮演出，也是一种活人装扮的傀儡戏。大致上，傀儡戏均以木偶表演，所以也叫做木偶戏或木人戏。这种傀儡戏，一直流传到现代，如闽南和台湾所流行的木偶戏，就是傀儡戏的一种。

4. 影戏：影戏的起源年代已不可考，宋朝以前的文献中，不见有关影戏的记载，《事物纪原》上说：“宋仁宗时，市人有能讲三国事者，或采其说加以缘饰，作影人，始为魏、蜀、吴三分战争之象，至今传焉。”[27] 又据《梦粱录》所记：

> 更有弄影戏者，汴京初以素纸雕簇，自后人巧工精，以羊皮雕形，用以彩色妆饰，不致损坏，杭城贾四郎、王升、王闰卿等，熟于摆布，立讲无差，其话本与讲史书颇同，大抵真假相半，公忠者雕以正貌、奸邪者刻以丑形，盖亦寓褒贬于其间耳。[28]

可知皮影戏在宋朝已经是民间娱乐中的表演项目之一，其雕镂彩绘之技巧，以及剧中人物的脸谱造型均十分考究，把人物的身份性格完全表现在脸部，并寓有褒贬之意。

影戏，除了所玩弄的工具与傀儡戏不同外，内容颇为相似，所以影戏又有“平面傀儡”之称。根据《武林旧事》的“诸色伎艺条”所记，擅长影戏的名手，多出傀儡戏一倍[29]，其盛行的程度，或较傀儡

---

26. 吴自牧，《梦粱录》，页281。
27.《事物纪原·博弈嬉戏部》，页658。
28. 吴自牧，《梦粱录》，页281。
29. 周密，《武林旧事》(《笔记小说大观》续编四册)《诸色伎艺人》，页2256、2258。

戏为甚。当时社会上有“绘革社”，就是属于影戏的社团组织。

影戏在南宋之后，仍然流传于明、清两代；明清之际，冀东的滦州、关西的乐亭，成为独享盛名的两个据点。

大致说来，傀儡戏与皮影戏虽然不是由人来扮演，但是这两种技艺却具备戏剧的形态，内容上，能表现一个有头有尾的故事；有固定的脚本、有生动的表情、有服饰的变化，并且配合音乐、歌唱，有声有色，引人入胜，故能在民间备受欢迎。

宋代的民间百戏，有其他朝代少见的丰富内容。但是，有些杂技，尤其是高空的惊险表演，如唐代的“载竿”、“绳伎”，在宋代似乎不如唐代盛行；同时唐代绳伎的靓装盛容，也不复在宋代出现。又艺者使用的道具，皆与民间日常生活有关，由此可见整个中国杂技百戏风格的转移，亦可反映平民文化的提高。

民间百戏历经明清以来，陈陈相因，似乎无太多新花样出现；不过，百戏杂技的被引用于拳术与舞台动作，宋元已肇其端，至明清而大盛。尤其随着明代戏剧的盛行，杂技更大量融入戏剧表演，《陶庵梦忆》记：

> 余蕴叔演武场搭一大台，选徽州旌……，搬演目连，凡三日三夜，四围女台百什座，戏子献技台上，如“度索”、“舞絙”、“翻桌”、“翻梯”、“觔斗”、“蜻蜓”、“蹬坛”、“蹬臼”、“跳索”、“跳圈”、“窜火”、“宠剑”之类……[30]

文中所列的项目，是表演“目连救母”故事时，加进戏剧动作中的杂技技巧。源自汉朝以来的走索、倒掷、踢弄等杂技，都可以在这出戏中表现出来，一方面说明了民间百戏的源远流长，一方面也显示出中国传统戏剧具有包容的特色。

30. 张岱，《陶庵梦忆》(台北，商务)，《目连戏》，页47。

赏心悦目的戏剧

戏剧，起源于人类模仿的本能。中国传统戏剧，又称为戏曲，是配合歌舞演出故事的艺术，综合了中国历代歌舞、百戏以及诗词的精华而成。戏剧的娱乐价值在于聆听音乐（悦耳）、与欣赏舞蹈（娱目）之际，又陶醉于人生的悲欢离合（赏心）；因此要把一个故事活跃地在舞台上表现出来，以达到娱乐效果，戏剧的体裁必为代言体，“做作”与“对话”必为其中要素。据此，传统戏曲的发展，随着元杂剧的产生，才呈现出戏剧成熟的面貌。

- 元杂剧

元杂剧继宋、金的杂剧、院本而来，内容方面，纯粹是代言体，又有做作、宾白及歌曲，再加上脚色化装及舞台布置的讲求，已具备了戏剧成熟的条件。而元杂剧之所以发达，其原因，一方面是承袭宋金以来戏剧文学的发展；再加上戏剧的发展，有赖于繁荣的社会经济与富饶的都市为其背景，宋元以来，中国南北各地，商业城市星罗棋布，提供了杂剧发达的有利条件。另一方面，也因元统治者对于歌舞戏曲的嗜好，而加以提倡；同时，元代轻鄙儒生文士，入主中国后废除科举，文人无所用力，在此杂剧兴起之际，转而参加剧本的写作，既可抒情怨、写故事、展示其才华，又可作为娱乐的实用艺术。元杂剧的发达，使剧本的数量日增，同时也奠定了日后传统戏剧的发展形态[31]。

元杂剧的演出，其剧场称为勾栏，是在平地上围以低矮栏杆，以为戏场与观众的界限。勾栏内有戏台，戏台即今之舞台，为演戏之场所，古代戏台，大都为庙宇附属建筑物。演戏以酬神为目的，却也达到娱人的效果。另外也有一种临时性的戏台，是走江湖者临时搭来上演的。

角色方面，元杂剧大多数由末、旦司唱，是剧中正角，此外尚有

31. 孟瑶，《中国戏曲史》（台北，传记文学），第一册，页159－161。

净、丑，故称为四大角色，其中，末、旦两角支派弥繁。各个角色又以年龄关系，分有孛老，即剧中扮老人者；卜儿，即剧中扮老妇者；徕儿，即剧中饰演幼童角色者。尚有以职业地位关系，在本色之外，再表明其身份，如孤是指官，细酸是指秀才。剧中末、旦充任的主角，大都善美而鲜恶，至于卑污之徒，多由净、丑任之[32]。

元杂剧演出时须穿着戏衣，角色化装，似乎限于旦、净。上演时，有各种道具，以供剧中人使用，帮助观众了解剧情，称为“砌末”，包括枪、刀、剑、戟、锣、板、鼓、笛、账额、牌、旗等。演员登场，先念白，而后歌唱，然后通名。通名有一种方式，凡是同上场的演员，由主要角色代通名，然后再将剧中情节大致说明，使观众得此数语后，明了剧情。剧情介绍之后为歌唱；至于下场，则有用唱下，也有用诗下，或是道白而下，无一定成例[33]。

32. 陈万鼐,《元明清剧曲史》(台北，鼎文)，页213—218。

33. 同上书，页230—242。

元杂剧的故事，多属市井性质，剧情往往以生、旦同场团圆为结尾，故当故事进行时，往往在保持事件进行的合理性下，穿插许多离奇的情节，借以引人入胜。至于元杂剧的“大团圆”形式，其形成与传统的文化精神相关，以中国人的心理而言，实不愿因小过而掩大德，希望精神世界能得现实世界的支持，认为人的德性应与福俱，即百备之谓福，因而有《西厢记》之“愿天下有情人皆成眷属”，这也是无私的至仁精神的表现。

- 南戏

正当宋、元杂剧发展期间，中国南方也有一种戏曲正在发展，称为南戏，是由南方的语言、南方的歌曲所组成的一种民间戏曲。这种戏曲最初文字质朴，形式也不够严谨，经宋、元两朝的发展，逐渐转变为曲词优美、长篇巨制的明代传奇。

南戏是北宋宣和年间，酝酿于浙东永嘉一带的民间小戏，又称为温州杂戏。《南词叙录》云："永嘉杂剧，即村坊小曲而为之，本无宫调，亦罕节奏……"可以推想，南戏在起初只是流行于民间的小戏，这种戏曲的组成，一部分是宋词，一部分是流行的小曲，没有严格的曲调限制，适合民众舞台的扮演与社会大众的欣赏。宋室南渡以后，故宫乐曲在丧乱之际佚失殆尽，给予南戏发展的机会，自元朝入主中国，北曲大盛，南戏则仍在江南一带的民间剧场流行。

元代中、末期，杂剧南移，北戏、南戏在相互竞争之下，南戏无形中受北戏影响，逐渐改进。南戏的歌曲，长短自由，不像元杂剧以四折为限；动作台词，有科有白；角色，有生、旦、外、贴、丑、净、末等，大体上与杂剧相同，但在角色的分配上，杂剧中担任主角的"末"，退为配角，其地位由"生"来代替。根据《录鬼簿》的记载，南戏剧作大家范居中、沈和、兰德祥所作的南曲戏文，综合南北腔，可以推想南戏作家吸取杂剧的优点，用以改良南戏[34]。文人的加入创作，使南戏在艺术水准上得以提高，元末明初，南戏的代表作品，如《荆钗记》、《杀狗记》、《琵琶记》、《拜月亭记》等，盛行一时，当时称为戏文，也称为传奇，以后传奇便成为南戏的专称。

南戏先盛行于江南各省，但因地域不同，各地的歌唱腔调，也因之而异。《南词叙录》上说："今唱家称弋阳腔者，则出江西，两京、湖南、闽、广用之；称余姚腔者，出会稽，常、润、池、太、扬、徐用之；称海盐腔者，嘉、湖、温、台用之。惟昆山腔止行于吴中。"[35]可知，南戏腔调，极不统一，以弋阳腔流行最广，而昆腔范围最小。明嘉靖年间，昆山县文士魏良辅，一面改良昆腔音律，翻为新调，一面研究南、北戏曲的乐器，配合北曲的弦与南曲的管，造成高低抑扬的复音，自嘉靖以后，流布愈广，取代弋阳诸腔，于是南戏在演唱方面，渐由昆曲形成一统的局面，南戏也因而称为昆曲。

昆曲在听觉上予人流利悠远的感觉，因而大受欢迎，逐渐取代其

34. 王国维，《宋元戏曲史》（台北，河洛），页146—147。
35. 徐渭，《南词叙录》。

他各腔的地位，成为中国戏剧发展中，独霸曲坛二百多年的腔调，日后的地方戏剧，仍然承袭其精神。

但是，随着昆曲名家的改良而来的，固然是艺术水准的提高，然而也因此拉大了戏曲与民众的距离，昆曲渐渐成为文人雅士的戏剧，与文学关系日密，与舞台关系日疏，到乾隆年间，昆曲遂为花部乱弹中的皮黄所取代。

• 皮黄

花部是雅部的相对词，雅部指昆山腔，花部则泛指昆山腔以外的地方声腔，如京腔、秦腔、弋阳腔、梆子腔、罗罗腔、二簧调等，统称之为“乱弹”[36]。其中皮黄是指西皮、二黄两种腔调而言，因其发煌于北京，所以又称为“京戏”，民国以后改称“平剧”。皮黄戏的形成，大约始于明末，由西秦腔衍变为西皮调而来，再经湖北、安徽一带地方戏剧的影响，而在江浙两省广受欢迎。皮黄戏的基本精神，仍承袭昆曲以来的旧传统，其剧本的取材，以及舞台上的服装、道具，都没有超出昆曲的范围。两者之不同在于唱腔：皮黄的唱腔坦率，曲文通俗，加以腔调杂乱，各种腔调，如弋阳腔、梆子腔、徽调、楚调，乃至其他地方戏曲，都能兼容并蓄。正因为皮黄较其他地方戏剧更具包容性与通俗性，所以皮黄能统摄花部剧坛，盛行不歇。

传统戏剧，是在狭隘的空间和简单的布景中演出，所以在表现上往往以虚拟实，以简代繁，舞台上的重要特征，全靠演员的表演，在特殊的舞台逻辑中，表现生活的逻辑。因此只要掌握空间、时间的自由性，三五步可以是登山涉水，七八人可能是千军万马，这种象征性的表现方式，能使人游目畅怀，仰视宇宙之宽阔，俯察大地之类繁，达到赏心悦目之娱。这种象征性的特质，表现在舞台上，则为有声必歌，无动不舞，且无真实布景。以平剧为例，欲在一个

36. 李斗，《扬州画舫录》（台北，世界，1963年），卷一第一条。

有限的空间中，表现无限的时空流转，将宇宙万物搬演出来，唯有以超现实的象征性手法演出，这种“象征性”的运用，就是平剧的最大特色[37]。

平剧的象征性，对于剧中人物往往要求“善恶分明，爱憎判然”，角色的分配，显然是将人世社会中的各型人物予以类型化，再配合演员的资质和技艺，经分析、归纳，而有所谓生、旦、净、丑等角色的出现。演员脸上的脸谱，往往以色彩的不同，表现出象征的意义。

例如：红色代表忠耿，白色代表阴鸷，黑色代表戆直，青色代表凶狠等都是以色彩来象征人物的性质，而寓褒贬之意。道具（砌末）方面，几乎全为象征式的器物，因为舞台空间有限，所以只得用假物，使之徒具其形，或是以部分代替全体，完全采取象征来比喻，譬如：一块布画上城墙可以是铜墙铁壁；画上水是波涛汹涌；挥动一支马鞭，便有万里驰骋的英姿；摇动一支舟楫，就是孤帆远影的写照。动作（科泛）方面，每个动作都含有舞蹈的意味，运用优美的手势身段，来抒情、指事，而将喜、怒、哀、乐、爱、欲、恶等情绪表现出来。因此，平剧角色一上场，由其举止扮相，即可了解其所扮演的是什么样的人物，传达什么样的感情[38]。

中国传统戏剧的演进，无论元杂剧、明传奇、昆曲、平剧，其表演方式、剧场结构、角色分类、行头砌末等，大都一脉相传。只有在故事题材、文学词句、音乐声腔方面，有所不同。大抵当某一剧种的艺术形式逐渐成熟，获得群众喜爱，进军都市而得到经济上的支持以后，随即扩大剧团组织，增添行头，由扮演通俗小剧进而扮演历史故事、或神话故事的大戏，再经艺术家参与而提高其艺术水准，因而获得知识分子的赏识，为其编写剧本，终于得到贵族宫廷的欢迎，上行下效，风行全国，成为当时代表性的戏剧。

37. 杨俐芳，《中国戏剧的特质》，《中国戏剧集刊》，第一期，页91—93。

38. 同上。

寓武于娱的团体竞赛

中国传统的游戏与杂技，大多数是个人单独显身手，较少趣味性的团体竞技；古代的体育活动，种类并不少，自秦汉以来，却大多附属于传统的“民间百戏”或“乐舞”之中，缺乏独立的性质与价值。尽管如此，追往溯昔，在悠久的历史中，仍不乏以体能竞技为主的活动，以下以中国古代的球戏与拔河，来描绘古人团体活动的戏乐情形。这两项活动，传说均起源于军中习武之戏，日后逐渐转变为寒食等节日的岁时娱乐活动。

- 球戏

中国传统的球戏，以蹴鞠及击鞠为主，前者有如现代的足球，后者有如现代的马球。

1. 蹴鞠：根据《事物纪原集类》：“蹴鞠者，传言黄帝所作，或曰起于战国之时，蹋鞠兵势也，所以练武士，知有材也，皆因嬉戏而讲练之。”[39]蹴鞠的起源，传说为黄帝时代，或战国期间，本作为军事训练与体育活动，却兼具嬉戏的性质，以后逐渐普及民间。《战国策·齐策》中曾提到齐国临淄市民嗜爱蹴鞠[40]，这种球戏经秦汉至六朝，已成为寒食节应时的嬉戏。唐宋时代，球风最盛，皇室民间，多以球戏为岁时乐事。

关于球的制法，唐之前采用皮制的外壳，中间塞满羽毛之类的东西。到了唐宋时代，球的制法大有进步，开始以灌气来代替羽毛，晚唐归氏子弟嘲皮日休诗云：“八片尖皮砌作球，火中弹了水中揉，一包闲气如常在，惹踢招拳卒未休。”[41]可见，气球在当时已颇为盛行。

战国时代的蹴鞠竞赛方式，仅知其排列成行，互相攻守，详细的规则与方法，因缺乏资料，无从详述。汉代鞠室的竞赛方式，以射入

39. 引自宋高承撰，明阎敬校正，《事物纪原集类·博弈嬉戏部》，页648。

40.《史记·苏秦列传》云：“临淄甚富而实，其民无不吹竽鼓瑟、弹琴击筑、斗鸡走狗、六博蹋鞠者。”

41. 引自宋高承撰，明阎敬校正，《事物纪原集类·博弈嬉戏部》，页648。

鞠室球数的多寡而定胜负[42]。唐代使用气球，且分两队“交相竞逐”，唐朝仲无颜的《气球赋》中有“入门”、“投足”等语[43]。北宋末叶，据《东京梦华录》记载，球场中央树球门一座，两队各十余人，称为左、右军，分队竞踢[44]。元、明两代，沿北宋之旧，但人数减少，踢法也有变更[45]。

两宋时代，蹴鞠之风最盛，其踢法有多种方式和花样，《水浒传》据《宣和遗事》，记高俅因善踢球得徽宗殊宠而贵为太尉，可想见球戏在当时受欢迎的情形。陆游诗：“少年骑马入咸阳，鹘似身轻蝶似狂，蹴鞠场边万人看，秋千旗下一春忙。”[46] 由第三句所述，蹴鞠在宋朝或已有公开比赛的情形。南宋民间有“齐云社”、“圆社”等球戏社团，其中多有身怀蹴球绝技的人，组织球艺社，以“蹴气球”为业，可以想见球艺水准之高超。

2. 击鞠：击鞠是指骑马持杖击球，互相攻守，以攻球入门为目的的运动。唐代人称之为“击球”。唐代击球之风极盛，韩愈诗云：“球掠杖奋合且离，红厘缨绂黄金羁，侧身转臂著马腹，霹雳应手神球驰”，形容骑术及击球术的巧妙灵活。唐宋的艺术品中，颇多马球雕塑与绘画（图四），可以想见当时马球流行的盛况，更为后代留下当时赛球的情景。

两宋时代，马球之风不亚于唐，《东京梦华录》记：

> 又作乐，先设彩结小球门于殿前，有花装男子百余人，皆裹角子，向后，曲拳花幞头，半著红，半著青，锦袄子义栏束带，丝鞋，各跨雕鞍䆬花驴子，分为两队，各有朋头一名，各执彩画球杖，谓之小打。一朋头用杖击弄球子如缀，球子方堕地，两朋争占，供与朋头，左朋击球过门入孟为胜。[47]

42. 吴文忠，《中国历代体育活动史料分类与研析》，《中华体育文化史图选集》（台北，汉文），页20。

43. 唐·仲无颜，《气球赋》，录于《古今图书集成·艺术典七》，《蹴鞠部·艺文》，页8397。

44. 邓之诚，《东京梦华录注》（台北，世界，1963年），页141—144。

45. 吴文忠，《中国历代体育活动史料分类与研析》，页21。

46. 陆游，《晚春感事》诗，录于《精选陆放翁诗集》（台北，商务），页67上。

47. 孟元老，《东京梦华录》，页201—202。

赛球分两队进行，每队各有“朋头”一名，各球员的衣着也有一定，同时赛球时也须奏乐，这里所述的骑驴持杖击球，是为“小打”；其他骑马而戏者，则为“大打”。

明代，击鞠之风仍盛行不衰，吴宽的《匏翁家藏集》中云：“京师胜日称燕九，少年尽向城西走，白云观前作大会，射箭击球人马吼。”[48] 可以想见北京西郊白云观在燕九节（正月十九日）的庙会中竞打马球的热闹情景。

如上所述，传统的球戏活动，由来已久，这种团体性的嬉戏活动，除了可以锻炼身体，真正达到“寓武于娱”的效果外，还可以培养团队的合作精神及严守规则的守法精神，是一项极具意义的体能活动。可惜，这种活动自清代以来日趋式微，今日所盛行的球类运动，反而是西方所传入的。

48. 吴宽，《戊申燕九》诗，录于《匏翁家藏集》（台北，商务），页105下。

49. 宗懔，《荆楚岁时记》（台北，中华），页6—7。

• 拔河

拔河原名拖钩，拖是拉大缆，钩是搭篙把别条船拉过来。原行于长江地区，《荆楚岁时记》云：

> 寒食拖钩之戏。注云：拖钩之戏，以绠作篾缆，相骨，绵亘数里，鸣鼓牵之。求诸外典，未有前事。公输子游楚，为舟战，其退则钩之，进则强之，名曰“钩强”，遂以败越。以钩为戏，意起于此。[49]

可见拖钩发源于楚国，创制者是公输子。荆楚是江湖沼泽地区，公输子教士兵习水战，乘舟操练于水上，学习拖钩拉缆，终于打败越军。

拖钩之戏相沿到南北朝，已由水师操练转变为民间寒食节的游艺节目，年年照例举行，规模盛大，“绵亘数里、鸣鼓牵之”，可以想象一个城邑万人空巷，都来参加这个活动的热烈情形。

拖钩戏流传到唐代，才换上今日通行的名称——“拔河”，唐朝封

3

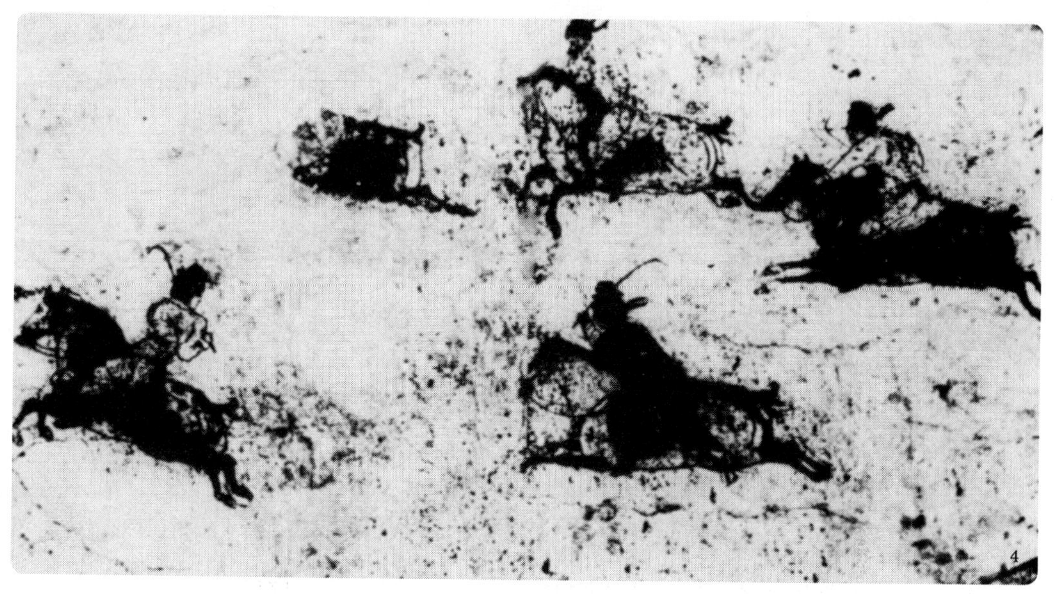

图三 汉代杂伎表演图。采自《图说中国的历史2：秦汉帝国的威容》（东京，讲谈社，昭和五十三年）

图四 马球图（唐章怀太子李贤墓壁画）。采自《图说中国の历史4：华なゐ隋唐帝国》（东京，讲谈社，1977年）。此件藏品马球图为唐朝的文物，1971年出土于陕西省乾县章怀太子李贤墓，画面高229、宽688厘米。图绘于墓道西壁。有20余骑马人物，均着深浅两色窄袖长袍，戴幞头，穿黑靴。壁画突出五个持偃月球杖的骑者驱马抢球。

演《封氏闻见记》云：

> 拔河，古谓之牵钩，襄汉风俗，常以正月望日为之。相传楚将伐吴，以为教战。梁简文帝临雍邱，禁之而不能绝。古用篾缆，今民则以大麻絚，长四五十丈，两头分系小索数百条，挂于胸前，分二朋两相齐挽。当大絚之中，立大旗为界，震鼓叫噪，使相牵引，以却者为输，名曰拔河。[50]

由上述记载，则唐代拔河举行的时间，已由寒食节改为元宵节，而且襄汉一带的人相传是为伐吴而创，吴越皆为水国，舟战是争战主力，这种传说是可以成立的。与现代拔河不同的是，古代拔河是用小索数百条，分系于大麻絚两端，使拔河者“挂于胸前”，以双手挽住大麻絚即可。

唐时相传拔河运动，可致年丰，元宗《观拔河俗戏诗》云：

> 壮徒恒贾男，拔河抵长河。欲练英雄志，须明胜负多。噪齐山岌业，气作水腾波。预期年岁稔，先此乐时和。[51]

“预期年岁稔，先此乐时和”，大概凡应时应节的戏乐，最早都有驱邪逐疫，或占卜时运的意味，这种震鼓叫噪的拔河戏，可能有驱邪作用，以期农事大兴、年成丰稔。

拔河戏的演变，如《事物原始》所述：“儿童索拽而对挽之，力强者牵弱者而仆，则以为胜负，此唐清明节拔河之戏也。”[52]则一般儿童也以此为戏乐。现代一般学校将拔河纳入体育课程中，因为拔河是集体的竞技，举行这种运动，一方面可以锻炼儿童的体魄，一方面也可以养成团结合作的精神。

---

50. 封演，《封氏闻见记》（《笔记小说大观》六编第一册），卷六，页134。
51.《古今图书集成·艺术典七》，《技艺部·艺文二》，页8424。
52.《古今图书集成·艺术典七》，《技艺部·汇考》，页8421。

怡情养性的弈棋

- 围棋

围棋，古谓之弈，又叫綦、或棊棋。《论语·阳货篇》：“饱食终日，无所用心，难矣哉！不有博弈者乎，为之犹贤乎矣。”《孟子》：“弈秋，通国之善弈者……”这里所谈到弈，便是指围棋而言，一直到汉朝，北方仍称围棋为弈，南方则以围棋称之。

关于围棋的创始，说法不一，晋张华《博物志》云：“尧造围棋，以教子丹朱，或云舜以子商均愚，故作围棋教之。”认为尧、舜发明围棋。明朝刘基的《赠弈棋相子先序》云：“吾尝读《孙子》十三编，而知古人制敌之术，意弈棋必出于兵家。自天下为战国，而司马穰苴、孙武、吴起之徒公然以兵为教，于是学战阵者不必寓于物以求之，而棋遂为娱乐之具。”则把弈棋的起源归诸兵家。东汉桓谭《新论》，也有相同的看法，而《隋书·经籍志》也将围棋列入兵家，认为围棋源出于此[53]。大概因为围棋的棋略重在攻守，有如兵家之讲求战略。另根据围棋文献记载，围棋之创始于春秋战国时代殆可无疑。

围棋最早的局制如何？今已不得而知，棋盘上的曲道，据邯郸淳《艺经》：“棋局纵横各十七道，合二百八十九道”可知最初各为十七道，到南北朝，已增为各十九道，与今日的体制相同。当时棋艺极具规模，梁武帝且命柳恽订立九品制度，好比现代的分段，同时发行棋谱[54]。

汉末以来，围棋流行于士大夫之间，“建安七子”中孔融、应玚、王粲，都爱好围棋，《魏志》上记载，王粲观人下棋，有人碰翻棋盘，棋子散落一地，王粲帮忙捡起，一一置归原位，可见他有“复局”的能力[55]。两晋以来，棋风颇盛，围棋也有别称。《世说新语》记：“王中郎以围棋是坐隐，支公以围棋为手谈”，王中郎是指中郎官王坦之，支公是指和尚支

53. 朱铭源，《中国围棋史话》（台北，中央日报社），页200。

54. 李甲孚，《中国文化故事》（台北，综合月刊社），第一集，页68。

55.《三国志》，《魏书·王粲传》，页597。

遁。而《晋书·祖纳传》中记载，祖纳喜欢下棋，他的好友王隐劝说："大禹惜寸阴"，祖纳回答："我以忘忧。"所以后世有以"坐隐"、"手谈"、"忘忧"来代称围棋者[56]。

至于史上弈棋名家，根据记载，周朝有弈秋，即孟子所谓"通国之善弈者"；汉朝有杜夫子，《西京杂记》称为"天下第一人"；曹魏时王粲复局不误一道，明冯元仲的《弈旦评》以为"弈中神人也"。南北朝以来，棋有九品之分，《世说新语》说："江彪与王恬等棋第一品"，南朝则有"第一品王抗"的说法。至于唐、宋、元、明、清以来，国手辈出，亦可见围棋在民间流行之普遍[57]。

围棋的术语中，有方罫、眼、活、死、杀、打劫等，"方罫"是形容棋道纵横成方的界形，"眼"是对局双方，任何一方的数枚接连的棋子形成一圈，其中所包围的空白交叉点。眼是围棋游戏的重要环节，眼之内，对方除了可以"提"之外，不准下子；反之，如果对方能提，则可以下一子于眼内，而将原包围成眼的数棋吃掉。由于围棋的胜负，以所占有区域的多寡来决定，所以布局以布成两个或两个以上的"活眼"为诀窍。宋代黄庭坚诗："湘东一目诚堪死，天下中分尚可恃"[58]，即描述围棋作一眼即死，作两眼方活的情形。马融的《围棋赋》中也有："离离马目兮"[59]，是以马目来形容棋局的两眼。"打劫"则是为了争一子而来回相杀，劫对方别处的棋子，使对方照顾不及。

下围棋的方法，古今稍有不同，秦汉之前下棋，在棋盘中央和四角各下一子，叫做五岳；汉魏以降下棋，先在四角下四子，白黑各占两子，现代人称为下"四柱"，大概是边和角都易"活"，易于作眼。从古到今，所有的棋局很少是相同的，棋技全在下棋者的妙用匠心，棋子下得适当则胜，下错一着，可能全盘皆输[60]。棋子的进退、攻劫、放舍等都操诸下棋者手中，晋代和尚支遁称围棋为"手谈"，实在不

56. 杨荫深，《中国游艺研究》（台北，世界），页53。

57. 同上书，页54。

58. 黄庭坚，《棋》诗，录于《古今图书集成·艺术典七》，《弈棋部·艺文二》，页8377。

59. 马融，《围棋赋》，录于《古今图书集成·艺术典七》，《弈棋部·艺文一》，页8370—8371。

60. 李甲孚，《中国文化故事》，第一集，页72。

无道理。

唐代白居易《棋诗》:“山僧对棋坐，局上竹阴清，映竹无人语，时闻下子声。”两个和尚面对棋盘而坐，竹影映现在棋局上，只听得棋子落在棋盘上的声音，充满幽静的情趣。杜荀鹤的《观棋》:“对面不相见，用心如用兵，算人常欲杀，顾己自贪生，得势侵边远，垂危打劫赢，有时逢敌手，当局到深更。”描写下围棋的人全心全意的沉醉在棋局中，一方面求自己棋子的活路，一方面还要劫杀对方的棋子，情势有利，还可以侵越远处的边角，双方棋逢对手，一盘棋可以下到深更半夜[61]。

61. 同上书，页74。

62. 牛僧孺，《玄怪录》，转引自《太平御览》。

• 象棋

今天所流行的象棋，最早的记载，见于唐代。据唐僧念常的《佛祖历代通》所记，有唐文宗开成四年（839年）制象棋之说。而唐宰相牛僧孺所著的《玄怪录》中，记有肃宗时代一件与象棋有关的故事：

> 宝应元年（762年），汝南岑顺于吕氏故宅夜闻鼙鼓声，岑顺明烛以观，夜半后，见东壁鼠穴化为城门，有两军列阵，军师进曰：天马斜飞度三止，上将横行击四方，辎重直入无回翔……于是鼓之，两军俱有一马斜行三尺，又鼓之，各有步卒横行一尺，再鼓之，车进，须臾，炮石交下……岑顺被鬼气所中……得古墓，有象戏局，车马俱备。[62]

牛僧孺所记的象棋戏法，和现代下象棋的方法，几乎完全相同，“天马斜飞”指马走日字角，“辎重直入”指车走直线，“炮石交下”指炮必须隔子才能轰击敌人。

两宋以来，象棋普遍流行，南宋以后，所谓的楚河、汉界，炮、卒、象、车、马、士等名称，皆与今日的象棋体制相同。

象棋中各棋子的象征，及其攻守的戏法，深具战术思想，因此论者多将象棋视作兵棋。其中棋子乃用以战斗的战斗员，各有其代表的性能。帅（将）是军队统帅，居中指挥；士、相是谋臣兼警卫，专司保卫将帅及调协诸子；车是战车，在古代战争中为军中主力，因其勇猛迅速，故能攻、守、进、退，无往不利；炮是重武器，能遥制对方、联系诸子，凭借士相，攻守兼施；兵（卒）是步兵，在古代战术侧重猛冲的原则下，在己方地盘内，只能一往直前，进入敌阵（过河后）时，为了协助友军及扩张战果，才能左右行动，兵（卒）数多，勇于牺牲，杀之不易尽，死之有大功；马是骑兵，可以行日字，即是象征其可以纵横冲闯，但仍要受地形与障碍限制，在线的活动上较车炮迟缓，面的活动则较广泛、灵活。象棋之孤子，不论是车、马、炮或兵，均难单独发挥杀敌夺帅之效果，必须各战斗诸子联合运用方能奏功，这就属于兵种的联合战术了。

象棋的运弈之道，在于外观敌势，内察虚实，内虚而坚守，内实而进攻，故善弈者量敌而进，知难而退，攻其无备，持以有恒。

围棋、象棋，都是属于斗智的雅戏，大致说来，围棋战场甚大而愈弈愈狭，象棋则战场虽小而愈弈愈宽。围棋本无战士而愈弈愈多，象棋初多战士而愈弈愈少。围棋各子能力相等，合战之力强，象棋则每棋能力有厚薄。围棋重在占地，象棋意在捉将。由此观之，围棋之巧在乎洞微，象棋之妙在于活动，一是文棋，一是武棋，以国家喻之，则围棋似政治而象棋似军旅，两者配而习之，正是玄奥相侔，阴阳共济[63]。

围、象棋因其蕴育数理玄机，深具启发悟性、锻炼思考之特性。大抵人间百戏皆取其热闹，唯有弈棋，取其宁静，独运心思，所谓“坐隐”、“忘忧”都是一种沉醉于棋局的意境。一枰相对，潜神乐志，烦虑尽忘，意趣盎然，故能为老少贤愚所共好。当然，在这变化无穷的棋局中，也蕴涵了做人处世的品德训练，所谓“观棋不语真君子，起手无回大丈夫”，不但

---

63. 许弼德，《象棋围棋喻》，《棋桥》，十二期，（1952年10月），页13。

是棋友之间的法则，也是一种潜移默化的人生修养。

引人入胜的博戏

博戏，是长久以来，一直盛行于人类社会的娱乐。起初大概是以游戏为目的，但因为博戏有胜负之分，演变到后来，则有以赌钱为目的者。这种游戏，大抵以“机会”与“技巧”的运用得当与否而判输赢，如果导之以正，可以培养一个人的思考和应变能力，亦可以成为雅俗共赏的游戏。

- 六博

中国现存古籍中，有关博戏的记载，不甚周详，只知其起源极早，孔子云：“不有博弈者乎”（《论语·阳货篇》）。博，古作簙，《说文》：“簙，局戏也，六箸十二棋也，古者乌曹作簙。”这里提到的用具是六支箸和十二个棋子，为古代乌曹所创。宋朝何法盛《晋中兴书》中提到：

> 陶侃在荆州，见佐史博弈戏具，投之于江曰：“围棋者，尧舜以教愚子，博者，殷纣所造，诸君并怀国器，何以为此？”

则以博戏为殷纣所造。但《史记·殷本纪》又载有：

> 帝武乙无道，为偶人谓之天神，与之博，令人与行，天神不胜，乃僇辱之。武乙之时已有博戏，则可推测博戏的起源，应该出于殷纣之前了。[64]

博的别称很多，根据扬雄《方言》所云：

64. 杨荫深，《中国游艺研究》，页67。

簙，谓之蔽，或谓之箘，秦晋之间谓之簙，吴楚之间或谓之蔽，或谓之箭里，或谓之簙毒，或谓之……所以投簙谓之枰，或谓之广平；所以行棋谓之局，或谓之曲道。[65]

由其名称的驳杂不一，可以推测古代博戏可能广布各地，但因各地所称不同，乃有各种名称。又因博戏时，双方各以六棋行于棋枰上，所以又通称为“六博”（图五）。如《楚辞·招魂》中有“菎蔽象棋，有六簙些”，王逸注云：“投六箸，行六棋，故称六博也。”

六博以棋与箸为博具而戏，棋，大概是有如弈棋的棋；箸，又称为“箭”，大概形状与箭相似。《颜氏家训·杂艺编》：“古者六博则六箸，小博则二茕，今无晓者”[66]，可见古时候的博戏，大致分为大簙、小簙两种。大簙用六箸十二棋，小簙用二茕十二棋。茕，又名琼，与箸同样都是一种投掷采数的博具，和现在所用的“骰子”有类似的功能。

至于六博的琼、棋与局制，据《古博经》所载：

博法，两人相对坐，向局，局分为十二道，两头当中名为水。用棋十二，故法六白六黑，又用鱼二枚，置于水中。其掷采用琼为之，琼畟方寸三分，长寸五分，锐其头，钻刻琼四面为眼，亦名为齿，二人互掷采行棋，棋行到处即竖之，名为骁，棋即入水食鱼，亦名牵鱼，每牵二鱼，获二筹，翻一鱼，获三筹，若已牵两鱼而不胜者，名为被翻双鱼，彼家获六筹为大胜也。[67]

依其所述，则六博的戏法，是以黑、白棋子各六枚，置于棋局上，再以琼来掷采，借以决定棋子前进的次数。既然是用琼，可以推测是小博，另有鱼二枚，可能是获胜的目的物[68]。

65. 扬雄，《方言》，页21上。

66. 颜之推，《颜氏家训》，《杂艺篇十九》，页44上。

67.《列子·说符篇》张湛注。

68. 劳榦，《六博及博局的演变》，《史语所集刊》，三十五本（1964年9月），页15。

琼的形制，是一个六面体，除去两端各有一个尖头外，其余四面，第一面刻一画——叫做“塞”，第二面刻二画——叫做“白”，第三面刻三画——叫做“黑”，第四面不刻——叫做五，其中塞、白、黑都属于正数值，第四面的五却是负数值。这种四面的骰子，不论在中国或中东，都是较为古老的博具，六面的骰子可能是由四面的骰子变化而来，但是四面的骰子也未曾完全废除，直到今天，升官图所用的骰子，还是四面，其中“德”、“才”、“功”三面代表正的数值，第四面“赃”代表负的数值，这和古代的“琼”是一致的。所不同的，只是琼是两面尖头，而升官图用的骰子只有一面尖头，另一面改为小柄，以便持柄而转[69]。

六博所用的“棋”，是在博局上能够活动的小标帜，形状为长方形，“二人互掷采行棋，棋行到处即竖之，名曰骁”，“互掷”是轮流掷琼或箸，依照采的大小来决定行棋的步数，到达终点以后，将棋子竖立起来，就成为骁棋（或称枭棋），未成骁的棋，就称为散棋。骁棋可以攻击别人的骁棋，也可以放弃走的机会而不动，散棋却不可。

劳榦先生曾依汉镜的构图，再根据武梁祠石刻及四川汉代浮雕（图六），推测出汉代博局的形制。博局一般分为四区，两区靠自己，两区靠对方，每一区都画有对角线，相交于四区的中心，四区边缘的线及对角线，都是行棋的路线，在每方靠自己边线之处，另外画出一个地方，作为排列棋子之用[70]。这一区域的棋子共六个，只能依序从右边出去，未出之前，不受别人攻击，也不能攻击别人。从这个区域出发，到转角处的斜线区域，仍是一个封闭区域，不能作战，直到从这个区域出来，才能战斗。斜线区域，可能是用来保护刚刚出来的“散棋”。从博局己方右下角出发的散棋，前进的目的地是对方的边缘，然后再成枭回来。每次行棋步数，由掷采来决定，所以行棋的路线，要找最

69. 同上书，页17。

70. 依所叙述之意，简化其图如下：

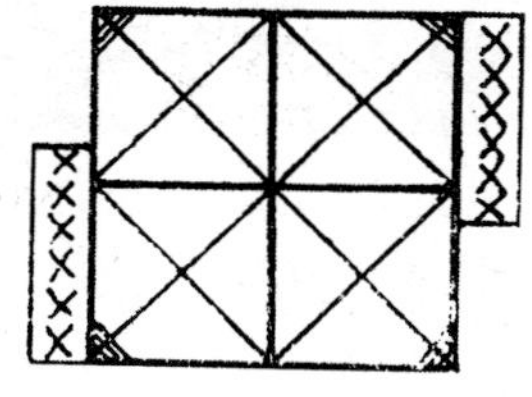

引自劳榦，《六博及博局的演变》，页20。

5

图五 汉　六博陶俑（河南灵宝后汉墓出土）。采自《中华历史文物》（台北，河洛，1976 年）。博戏时，双方各以六棋行于棋盘上，所以通称为六博。

图六 东汉墓砖刻画博弈图（四川成都出土）。采自《中国历史图说（五）：秦汉》。汉画像石上的“博弈图”常为榻上二人对坐，中间置博局和箸枰。

经济而且最安全的路线，还要找机会来攻击对方的散棋，这种技术就是博局上的战略问题了[71]。

六博的博戏，大约始于殷，盛于周秦、汉魏之间，到了南北朝，渐行废绝，所以颜之推说：“今无晓者。”唐代盛行的博戏“双陆”，则可能受到六博博戏的影响。双陆的博具包括棋子及骰子，玩法也是互相掷骰行棋，不过这种博具，自宋以后，就不多见了[72]。

•升官图

唐代还有一种以骰子为专戏的，别称为“叶子戏”或“彩选”，演变到后来，则为“升官图”。叶子戏，相传始于唐之李郃。《太平广记》引《咸定录》云：“唐李郃为贺州刺史，与妓人叶茂莲江行，因撰《骰子选》，谓之叶子戏，咸通以来，天下尚之。”叶子戏的玩法，是把官名列在图上，以六粒骰子投掷的点数，作为晋升职官的依据，后世升官图的玩法亦与其相同，只是时代有所转移，职官名称随之改变。至于升官图升迁的情形，据清金学诗《牧猪闲话》所记，一次用六粒骰子，四点最大称为“德”，六点次之称为“才”，五点第三称为“功”，一点则称为“赃”，前三者是升官，只有一点是降级[73]。

明清时代，科举盛行，影响所及，升官图成为一种普及大众的游戏，一直到民国的升官图，都可以说是由唐代彩选一脉相传而来。这种游戏，除了与中国传统注重科举入仕有关外，它的升迁方式，首重其“德”，次重其“才”，第三才论及“功”，却也具体而微地象征官场人事制度中的理想考核方式[74]。

• 麻将

最后必须介绍的博戏是麻将。麻将，是由明代的马吊牌衍变而来的，马吊又称为马掉。马吊牌有四十张牌，包括文钱十一张、索子九

71. 劳榦,《六博及博局的演变》，页21。

72. 同上书，页27。

73. 杨荫深,《中国游艺研究》，页76—81。

74.《中国童玩专集》(二)(台北，汉声杂志社)，页109。

张、万字九张、十字十一张。钱是圆形，中间有方孔，方孔象征大而贵，十一张文钱牌面的图案是由尊空没文、半文钱、一钱……到九钱，共十一张。索的图案是象征圆钱的形状（古代的钱，贯钱一百文叫做索），马吊牌上的索，最小的是一索、最大是九索。万是钱数上索的累十而得名，最小的是一万，最大的是九万，马吊牌中万字牌上绘有半身强盗像。十是钱的成数，从二开始，即二十……九十、百万、千万、尊万、万贯，共十一张，牌面也绘有半身强盗像[75]。

马吊牌的戏法是玩者四人，四人各拿牌八张，剩八张置于中央，各人出牌，因牌有大小，以此互争输赢。因此，胜负的关键，除了机会的好坏外，还在于玩者的运用智慧，以掌握牌局。

马吊牌演变至清代而成默和牌，默和牌共有六十张牌，虽然比马吊牌多了二十张，但因为每种牌有二张，所以反而少了“十字”牌，且各门牌数一律改为九数，万贯仍然绘有人形。其戏法却以三、四页配搭连属为一副，大概有如今天打麻将，将数字搭配成副。也有将六十张牌增为一百二十张，称为“碰和牌”，与默和牌稍有不同。由马吊、默和及碰和衍变而来的是麻将[76]。

麻将最初流行于闽、粤沿海，光绪年间，盛行于津沪一带。牌面的变化与太平军有关，相传太平军的军官于占领南京后，喜玩麻将，将牌面增加了天化、王化和东南西北风化，这些都是太平军对有功勋军官的封号。演变到后来，麻将的牌面共分为万、筒、索、风、三元，共一三六张，另又有再加入花牌（春、夏、秋、冬、梅、兰、菊、竹）八张，而成一四四张。打麻将要四个人才能成局，每个人有十三张（或十六张）牌，可吃或碰，每式连成三张，最后一式遇上相合的牌，就可以和牌。

麻将只有一百多张牌，打起来却变化无穷，可以说是一种斗智的博戏。玩麻将虽与运气有很大关系，但亦讲求技巧，所谓“将欲取之，

75. 李甲孚，《中国文化故事》，第三集，页121—122。

76. 杨荫深，《中国游艺研究》，页96—100。

必先与之，将兼取之，必各与之”是其策略，然“其争也君子”亦为玩牌者应有的风度。

结 语

由以上对于中国传统社会的民间娱乐之介绍，可以了解古人丰富的娱乐生活，从这些娱乐活动的演变过程，更可以反映中国传统文化的源远流长。以百戏为例，随着汉唐开拓西域，胡乐、杂技融于民间百戏之内，表现出中国文化的兼容并蓄。宋代的民间娱乐，随着平民文化的兴起而益发流行，使得百戏纷陈。今天，在城镇乡村的社集中，仍可看见“跑旱船”、“竹马”、“耍和尚”等极富民间趣味的杂技。再如今日的国剧，其艺术渊源于原始的歌舞，逐渐发展成为多彩多姿的戏剧，不仅继承历代艺文的特长，且吸收全国各地方剧种的精华，成为代表性的中国戏剧。这些均可反映传统文化的包容性与延续性。

传统的民间娱乐，除了反映中国文化的包容性与延续性外，更具有陶情怡性与移风易俗的内涵。如戏剧情节大多取材于历史故事，表演历代可歌可泣的忠烈事迹、感天动地的孝义行为，以及崇高无上的高风亮节。通过演员精湛的演出，获得观众的共鸣，因而传达了伦理道德的行为规范，发挥了既深刻又普及的社会教育，达到潜移默化、化民成俗的功能。

游戏，是一种有意义的经验，也是一种经过选择的经验，因此可以形成一种特殊形式的教育活动。传统娱乐中，博弈具有一定规则而又是呈现变化无穷的局制，玩者双方必须面对游戏中的变化，了解游戏本身的精神。思考之间，对于个人智力的发展，有很大的帮助。尤可训练一个人，使之具有不疾不徐、应对进退的能力。智慧的运用，固然系乎全局，但，沉着、礼让也是不可或缺的修养。团体竞技的球戏与拔河，除了表现寓武于娱的本质外，更能培养一个人合作、守纪律、重荣誉的风度，借以陶冶个人的行为修养。

总之，中国传统社会的民间娱乐，除了发展个人的体魄、智慧与才能外，也养成了良好的性情、态度与习惯，真正发挥了陶情怡性、移风易俗的功能，阐扬了传统文化的精义。

作者简介

蓝吉富

台湾南投人，1943 年生。东海大学历史硕士。历任东海大学、成功大学、文化大学、辅仁大学讲师，中华佛学研究所研究员、佛光山中国佛教研究院研究部主任，并出任第一届现代佛教学会理事长。现任佛光大学人文社会学院宗教系副教授。多年致力于佛教文献的汇集与佛教史的研究，编有《世界佛学名著译丛》(1978)、《大藏经补编》(1985)、《中华佛教百科全书》(1994)、《禅宗全书》(2004)等。

刘增贵

台湾大学历史系研究所博士。现任台湾中央研究院历史语言研究所研究员、台湾大学历史研究所兼任教授、台北大学历史研究所合聘教授；曾任该所人类学组主任及副所长、美国哈佛大学燕京学社访问学者、台湾成功大学历史学系讲师等。著作有《汉代婚姻制度》(1980)、《法制与礼俗》(2002)等。

杨惠南

1943 年生，台中清水人。曾任台湾大学哲学系教授、现代佛教学会理事长，并于东海大学、文化大学、东吴大学、华梵大学、中华佛学研究所及法光佛教文化研究所兼任。著作有《六祖坛经——佛学的革命》(1988)、《佛教思想发展史论》(1993)、《禅思与禅诗》(1999)等。

丁 敏

1956 年生，山东省济南人。台湾政治大学中国文学研究所博士，曾任台北市立师范学院副教授，现任政治大学教授，研究范围包括佛教文学经典、中国佛教史等。著作有《佛教譬喻文学研究》(1996)。

李丰楙

台湾政治大学中国文学研究所博士，中央研究院中国文哲所研究员。拥有正式的道士牌照，专门研究道教文学、道教文化、中国古典文学、中国现代文学。著有《误入与谪降：六朝隋唐道教文学论集》、《六朝隋唐仙道类小说研究》、《李丰楙道教文学系列》等。

王明珂

1952年生于台湾；1992年获美国哈佛大学东亚系博士，现为台湾中央研究院历史语言研究所研究员。曾任该所人类学组主任及副所长，并曾任教于台湾大学、台湾清华大学、东吴大学。主要从事对华夏及其边缘人群的历史人类学研究。著作有《华夏边缘：历史记忆与族群认同》(1997)、《羌在汉藏之间：一个华夏边缘的历史人类学研究》(2003)、《英雄祖先与弟兄民族》(2006)、《游牧者的抉择：面对汉帝国的北亚游牧部族》(2008)等。

洪德先

1955年生于台湾，台湾师范大学历史研究所博士，现任铭传大学通识教育中心专任副教授。曾任东海大学历史系讲师、阳明大学副教授等。主要研究现代中国政治思想史及台湾开发史。著作有《台湾史地》(2002)及曾撰写《从考古材料与传统文献看早期中国与台湾的关系》(2004)、《通识教育<历史文化与社会变迁>课程理论、实践与检讨》(2003)等文章。

李今芸

卢布亚那大学历史学博士。现任台湾暨南国际大学历史学系助理教授，专研欧洲十九、二十世纪经济史、中国近代经济史等。撰有《宋辽贸易研究》(1984)等文章。

何湘妃

台湾清华大学历史研究所博士。现任中华大学通识教育中心讲师。学术专长有历史教学、中国文化史、台湾社会运动史等。

耿立群、周云锦、江淑玲 资料欠奉

本书为台湾联经出版公司授权出版发行简体字版

图书在版编目（CIP）数据

中国人的精神生活与礼俗/ 蓝吉富、刘增贵主编. ——合肥 : 黄山书社, 2012.4（文化中国丛书）

ISBN 978-7-5461-2471-1

Ⅰ.①中… Ⅱ.①蓝… Ⅲ.①民族精神－研究－中国 ②礼仪－风俗习惯－研究－中国 Ⅳ.①C955.2 ②K892.26

中国版本图书馆CIP数据核字(2011)第275295号

中国人的精神生活与礼俗 **蓝吉富 刘增贵 主编**

出版人：左克诚 **责任编辑：**郑实 李钰洁

责任印制：李磊 赵彬 **装帧设计：**范晔文

出版：时代出版传媒股份有限公司（http://www.press-mart.com）

黄山书社（http://www.hsbook.cn）

合肥市翡翠路1118号出版传媒广场7层 邮编：230071

策划：香港三联书店北京工作室

发行：北京时代联合图书有限公司 **电话：**010-65513628

经销：全国新华书店

印制：环球印刷（北京）有限公司 **电话：**010-61202350

开本：710×1050 1/16 **印张：** 29.25 **字数：**402 千字

版次：2012年5月第1版 2012年5月第1次印刷

书号：ISBN 978-7-5461-2471-1 **定价：** 59.00 元